L'Armée française

pour les nuls

L'Armée française pour les nuls

Dominique Lormier
Historien

L'Armée française pour les Nuls

« Pour les Nuls » est une marque déposée de John Wiley & Sons, Inc.
« For Dummies » est une marque déposée de John Wiley & Sons, Inc.

© Éditions First, un département d'Édi8, Paris, 2012 Publié en accord avec John Wiley & Sons, Inc.

Éditions First, un département d'Édi8
12, avenue d'Italie
75013 Paris – France
Tél. : 01 44 16 09 00
Fax : 01 44 16 09 01
Courriel : firstinfo@efirst.com
Site Internet : www.pourlesnuls.fr

ISBN : 978-2-7540-2479-2
Dépôt légal : mai 2012

Imprimé en France
Correction : Ségolène Estrangin
Index : Emmanuelle Mary
Dessins humoristiques : Marc Chalvin
Couverture et mise en page : ReskatoR

Tous droits réservés. Toute reproduction, même partielle, du contenu, de la couverture ou des icônes, par quelque procédé que ce soit (électronique, photocopie, bande magnétique ou autre) est interdite sans autorisation par écrit d'Édi8.

Limites de responsabilité et de garantie. L'auteur et l'éditeur de cet ouvrage ont consacré tous leurs efforts à préparer ce livre. Édi8 et les auteurs déclinent toute responsabilité concernant la fiabilité ou l'exhaustivité du contenu de cet ouvrage. Ils n'assument pas de responsabilité pour ses qualités d'adaptation à quelque objectif que ce soit, et ne pourront être en aucun cas tenus responsables pour quelque perte, profit ou autre dommage commercial que ce soit, notamment mais pas exclusivement particulier, accessoire, conséquent, ou autre.

Marques déposées. Toutes les informations connues ont été communiquées sur les marques déposées pour les produits, services et sociétés mentionnés dans cet ouvrage. Édi8 décline toute responsabilité quant à l'exhaustivité et à l'interprétation des informations. Tous les autres noms de marques et de produits utilisés dans cet ouvrage sont des marques déposées ou des appellations commerciales de leur propriétaire respectif. Édi8 n'est lié à aucun produit ou vendeur mentionné dans ce livre.

À propos de l'auteur

Dominique Lormier, historien et écrivain, est considéré comme l'un des meilleurs spécialistes de l'histoire militaire. Membre de l'Institut Jean-Moulin et membre d'honneur des Combattants volontaires de la Résistance, prix de la Légion d'honneur (Honneur et Patrie) en mai 2006, prix général Chassing-Dufourg de l'Académie nationale des sciences, belles-lettres et arts de Bordeaux en décembre 2011, il collabore à de nombreuses revues historiques, comme *Historia, Histoire(s) de la dernière guerre, Actualité de l'histoire, Champs de bataille, Seconde Guerre mondiale, Ligne de front, Batailles & Blindés, 2e Guerre mondiale, 14-18, La Revue Napoléon*...

Il est l'auteur d'une centaine d'ouvrages, dont principalement : *L'Italie en guerre. 1915-1918*, éditions Ulysse, 1986 ; *Les Guerres de Mussolini*, éditions Jacques Grancher, 1988 ; *La Résistance dans le Sud-Ouest* (préface de Jacques Chaban-Delmas), éditions Sud-Ouest, 1989 ; *L'Épopée du corps franc Pommiès*, éditions Jacques Grancher, 1990 ; *L'Affaire Grandclément*, éditions Sud-Ouest, 1991 ; *Le Livre d'or de la Résistance dans le Sud-Ouest*, éditions Sud-Ouest, 1991 ; *Bordeaux pendant l'Occupation*, éditions Sud-Ouest, 1992 ; *Les FFI au combat*, éditions Jacques Grancher, 1994 ; *Souvenirs de la guerre 1939-1945*, éditions Sud-Ouest, 1995 ; *Gabriele D'Annunzio en France. 1910-1915*, éditions J/D, 1997 ; *Mussolini*, éditions Chronique, 1997 ; *Rommel*, éditions Chronique, 1998 ; *La Poche du Médoc. 1944-1945*, éditions CMD, 1998 ; *Jacques Chaban-Delmas*, éditions CMD, 1998 ; *Bordeaux brûle-t-il ? La libération de la Gironde. 1940-1945*, éditions Les Dossiers d'Aquitaine, 1998 ; *Bordeaux, la base sous-marine. 1940-1944*, éditions CMD, 1999 ; *Histoire de la France militaire et résistante*, éditions Le Rocher, 2000 ; *Aquitaine. Histoire de la Résistance*, éditions CMD, 2000 ; *Limousin. Histoire de la Résistance*, éditions CMD, 2001 ; *La Poche de Royan. 1939-1945*, éditions Les Chemins de la Mémoire, 2002 ; *Les Combats victorieux de la Résistance dans la Libération. 1944-1945*, éditions Le Cherche Midi, 2002 ; *La Bataille des cadets de Saumur. Juin 1940*, éditions Les Chemins de la Mémoire, 2002 ; *La Libération du Sud-Ouest. 1944-1945*, éditions Les Chemins de la Mémoire, 2003 ; *Les Plages du Débarquement*, éditions Les Chemins de la Mémoire, 2003 ; *La France combattante de la victoire. 1944-1945*, éditions Les Chemins de la Mémoire, 2003 ; *La Poche de La Rochelle. 1944-1945*, éditions Les Chemins de la Mémoire, 2003 ; *Rommel. La fin d'un mythe*, éditions Le Cherche Midi, 2003 ; *Comme des lions. Le sacrifice héroïque de l'armée française. Mai-juin 1940*, éditions Calmann-Lévy, 2005 ; *Les Grandes Affaires de la Résistance*, éditions Lucien Souny, 2005 ; *C'est nous les Africains. L'épopée de l'armée française d'Afrique 1940-1945*, éditions Calmann-Lévy, 2006 ; *Histoires héroïques et extraordinaires de la Seconde Guerre mondiale*, éditions Lucien Souny, 2006 ; *Jean Moulin*, éditions Infolio, 2006 ; *La Libération de la France. 1944-1945*, éditions Lucien Souny, 2007 ; *Mers el-Kébir. Juillet 1940*, éditions Calmann-Lévy, 2007 ; *Les Poches de l'Atlantique. 1944-1945*, éditions Lucien Souny, 2008 ; *La Guerre italo-grecque. 1940-1941*, éditions Calmann-Lévy, 2008 ; *Les Victoires militaires françaises de la Seconde*

Guerre mondiale, éditions Lucien Souny, 2009 ; *La Bataille de Bir Hakeim. Une résistance héroïque*, éditions Calmann-Lévy, 2009 ; *Les Grandes Figures de la Résistance*, éditions Lucien Souny, 2009 ; *La Bataille de France jour après jour. Mai-juin 1940*, éditions Le Cherche Midi, 2010 ; *La Bataille de Stonne. Ardennes, 1940*, éditions Perrin, 2010 ; *L'Apport capital de la France dans la victoire des Alliés. 14-18/39-45*, éditions Le Cherche Midi, 2011 ; *La Bataille de Dunkerque. 26 mai-4 juin 1940*, éditions Tallandier, 2011 ; *La Résistance dans les Hautes-Pyrénées. 1940-1944*, éditions du Val d'Adour, 2012 ; *39-45. Les soldats oubliés*, éditions Alain Jourdan, 2012 ; *Kœnig, l'homme de Bir Hakeim*, éditions du Toucan, 2012.

Dédicace

À la mémoire de mon arrière-grand-père Gaston Lormier, combattant de la guerre de 14-18 dans les chasseurs à pied, blessé au front.

À la mémoire de mon arrière-grand-père Prosper Dorizon, combattant de la guerre de 14-18 dans l'infanterie, décoré de la croix de guerre.

À la mémoire de mon oncle, le commandant Prosper Dorizon, aviateur des forces aériennes françaises libres en 1940-1945, décoré de nombreuses médailles militaires françaises et alliées.

À la mémoire de mon grand-père Lucien Lormier, ingénieur, mobilisé dans l'armée de l'air en 1939-1940, qui a sauvé de la capture au péril de sa vie, avec son équipe, le prototype du premier radar français en juin 1940.

À mon père, Alain Lormier, ingénieur au Commissariat à l'énergie atomique (secteur militaire), qui par sa profession a participé à l'indépendance et à la grandeur de la France.

À la mémoire des femmes et des hommes morts pour la France.

Lucien Lormier (collection privée, DR).

Sommaire

Introduction 1

  À propos de ce livre 2
  Les conventions utilisées dans ce livre 3
  Comment ce livre est organisé 3
    Première partie : Pourquoi s'intéresser à l'armée française ? 3
    Deuxième partie : Vaincre ou mourir : histoire de l'armée française 4
    Troisième partie : Dissuader et intervenir : l'armée française aujourd'hui ... 4
    Quatrième partie : La partie des Dix 4
    Cinquième partie : Annexes 4
  Les icônes utilisées dans ce livre 5
  Et maintenant, par où commencer ? 6

Première partie : Pourquoi s'intéresser à l'armée française ? ... 7

Chapitre 1 : Un rôle essentiel dans l'histoire de France 9

  Une France fondée par les armes 9
    Guerriers et invasions 10
    Armées royales et armes nouvelles 10
    L'armée nationale 11
  Les armes et la politique 12

Chapitre 2 : Un monde fascinant à découvrir 13

  Une vocation de gloire et d'aventure 13
  Le patriotisme et l'esprit fraternel de corps 14
  L'immense prestige de l'armée française d'hier et d'aujourd'hui 14

Deuxième partie : « Vaincre ou mourir » : histoire de l'armée française 17

Chapitre 3 : Le glaive et le bouclier : Gaulois, Romains et Francs 19

  « Les Gaulois sont dans la plaine » 19
    Le triomphe des guerriers 20
    Intrépides Gaulois 20
  « Veni, vidi, vici » 21
    L'efficacité de l'armée romaine 22

La résistance héroïque de Vercingétorix 22
Les Gallo-Romains et la défense du Rhin 23
Le déclin de l'armée du Rhin 24
Les Francs 25
Les Francs mérovingiens 25
Les Francs carolingiens et la bataille de Poitiers 25
L'armée impériale de Charlemagne 26
Les derniers Carolingiens et les Normands 27

Chapitre 4 : Le temps des chevaliers : les armées féodales 29

Un système hiérarchisé 29
La chevalerie 30
Les roturiers militaires 31
La conquête de l'Angleterre 31
Les croisades 32
L'armée de Philippe Auguste 34
La guerre médiévale 34
La bataille de Bouvines 35
La guerre de Cent Ans 36
Les armées en présence 36
La bataille de Crécy 37
La bataille de Poitiers 38
La guérilla de Bertrand Du Guesclin 38
La défaite d'Azincourt 40
Jeanne d'Arc renverse le cours de la guerre 41
Les réformes militaires de Charles VII 44
La victoire décisive de Castillon 45

Chapitre 5 : « Au-dessus de tous » : la puissance de l'armée royale 49

L'œuvre militaire de Louis XI 49
Organiser pour mieux commander 49
Les soldats suisses au service de la France 50
Les guerres d'Italie (1494-1559) 52
Les guerres de Religion 54
L'évolution de l'armée au XVIe siècle 55
La guerre de Trente Ans (1618-1648) 56
La bataille de Rocroi 57
L'hégémonie française 58
L'œuvre militaire de Louis XIII et de Richelieu 58
L'armée de Louis XIV 60
L'organisation de Louvois 60
Armement et tactique 60
Les guerres de Louis XIV 62
Les armées de Louis XV et de Louis XVI 64
La bataille de Fontenoy 64
Autres victoires françaises 66

La guerre de Sept Ans en Europe (1756-1763) 66
La guerre franco-britannique au Canada (1754-1760) 67
Louis XVI prend sa revanche en Amérique 68

Chapitre 6 : « La victoire en chantant » : l'armée française sous la Révolution 71

L'armée nationale 71
    La montée en puissance des effectifs 72
    Apparition du service militaire obligatoire 73
Les habiles manœuvres des généraux Dumouriez et Kellermann 74
    La victoire de Valmy 75
    Jemmapes : nouvelle victoire française 76
La campagne de 1793 76
La campagne de 1794-1795 78
La stupéfiante campagne d'Italie (1796-1797) 80
L'incroyable expédition d'Égypte 81
Nouvelle guerre de Napoléon Bonaparte contre l'Autriche 83

Chapitre 7 : « Valeur et discipline » : l'armée française du Premier Empire 87

Organisation et armement de l'armée napoléonienne 87
    Une pléiade exceptionnelle de maréchaux et de généraux 89
    Les écoles militaires 90
    La vie quotidienne des soldats de Napoléon Ier 91
Les batailles du Premier Empire 96
    La victoire d'Ulm 97
    Le soleil brille à Austerlitz 97
    L'armée prussienne écrasée 98
    L'armée russe vaincue 99
    Le bourbier espagnol 101
    Nouvelle guerre franco-autrichienne 103
    La terrible campagne de Russie 105
    D'étonnants succès militaires 107
    L'incroyable campagne de France de 1814 108
    La première abdication 110
    Les trois batailles des Cent Jours de l'Empereur 111
    La seconde abdication de Napoléon 113

Chapitre 8 : Tirailleurs, zouaves et légionnaires : l'armée française de 1816 à 1913 115

Le renouveau militaire de la France 115
La campagne française d'Espagne en 1823 116
La conquête de l'Algérie et la naissance de l'armée d'Afrique 117
La guerre de Crimée 119
L'intervention française en Italie 120

La furia italo-française 121
L'héroïsme des tirailleurs, des zouaves, des légionnaires
et des bersaglieri 121
La bataille de Solferino 122
L'intervention française au Mexique 123
La guerre franco-allemande de 1870-1871 125
La faiblesse de l'armée française 125
Des batailles particulièrement sanglantes 127
La France vaincue 128
L'armée française prépare la revanche 129

Chapitre 9 : « Courage, on les aura ! » : la Grande Guerre de l'armée française 133

1914 : l'apport capital de l'armée française 133
La nation en armes 134
La bataille des frontières 134
Le repli français sur la Marne 136
La victoire française de la Marne 137
La bataille de la Course à la mer 138
1915 : la puissance de l'armée française 140
L'armement français 140
Les offensives françaises de 1915 142
1916 : Verdun et la Somme 143
Verdun : la résistance héroïque de l'armée française 143
La bataille de la Somme 147
1917 : l'année Pétain 149
L'offensive du Chemin des Dames 149
La crise morale de l'armée française 151
Le général Pétain redonne confiance à l'armée française 151
Le général Pétain remporte plusieurs succès sur le terrain ... 152
1918 : l'armée française devient la première du monde 153
L'armée française sauve les Britanniques d'un désastre en Picardie 154
L'armée française sauve les Britanniques dans les Flandres ... 155
La seconde victoire française de la Marne 156
Le tournant de la guerre sur le front occidental 158
La victoire de l'armée française et de ses alliés 158
L'armée française pionnière de la guerre moderne 160
La montée en puissance de l'aviation française 161
Les chars français 163
Le fabuleux canon de 75 mm modèle 1897 164
La marine française dans la Grande Guerre 165

Chapitre 10 : Les colonies et la doctrine défensive : l'armée française de l'entre-deux-guerres 169

La puissance de l'empire colonial 169
Une armée présente aux quatre coins du monde 170

La guerre du Rif (1921-1926) 170
La guerre du Djebel druze (1925-1926) 171
Une marine moderne et puissante 172
La ligne Maginot 173
La fin des offensives meurtrières 173
Se protéger d'une offensive allemande 174

Chapitre 11 : La défaite et la gloire : la Seconde Guerre mondiale 177

1940 : un sacrifice méconnu 177
Les forces en présence 178
Le général Gamelin se trompe 181
Une résistance acharnée 181
Le miracle de Dunkerque 184
La Somme et l'Aisne : une résistance héroïque 185
La ligne Maginot résiste de tous les côtés 187
Des pertes éloquentes 189
Le renouveau et la victoire 190
La résistance de l'armée d'armistice 190
Les forces françaises libres 192
Les forces navales et aériennes françaises libres 194
La campagne de Tunisie 1942-1943 196
Une armée nouvelle 197
La campagne d'Italie 1943-1944 198
La campagne de France 1944-1945 201
La campagne d'Allemagne 1945 203
Le rôle des FFI 205
La marine et l'aviation 206
Bilan des pertes 207

Chapitre 12 : « Le rêve passe » : l'armée française et la décolonisation   209

La guerre d'Indochine 209
L'aide chinoise contre la France 211
Les succès du général de Lattre 211
Diên Biên Phu et la fin de la présence française 212
La guerre d'Algérie 214
Le FLN en guerre contre la présence française 214
L'engagement massif de l'armée française 216
Guérilla et contre-guérilla 216
Victoire française sur le terrain 217
Le putsch des généraux et l'indépendance de l'Algérie 219

Chapitre 13 : « Une certaine idée de la France » : la guerre froide et la dissuasion nucléaire 223

Otan et pacte de Varsovie 223
Paris, siège de l'Otan 224
La sortie française de l'Otan 224

La force nucléaire française	225
La volonté gaullienne	225
L'armée française maintient sa puissance nucléaire	227
Les évolutions de l'armée conventionnelle	227
La force d'action rapide et la présence militaire française en Allemagne	228
Les forces armées françaises en 1996	229
Les interventions militaires extérieures	229
Les femmes dans l'armée	232
La fin du service national	234

Troisième partie : Dissuader et intervenir : l'armée française aujourd'hui 235

Chapitre 14 : Ne pas baisser la garde : les effectifs et l'organisation 237

L'armée de terre	237
L'organisation de l'armée de terre	238
Les effectifs de l'armée de terre	241
L'armée de l'air	242
L'organisation de l'armée de l'air	242
Les effectifs de l'armée de l'air	243
La Marine nationale	244
L'organisation de la Marine nationale	244
Les effectifs de la Marine nationale	245
La gendarmerie nationale	246
Effectifs de la gendarmerie nationale	246
Organisation de la gendarmerie nationale	246

Chapitre 15 : Mobilité, vitesse et puissance de feu : le matériel 251

Le principal armement de l'armée de terre	251
Le char Leclerc AMX 56	251
Le véhicule blindé de combat d'infanterie (VBCI)	254
L'hélicoptère de combat Tigre EC665	255
L'armée de l'air en deux avions de combat	258
L'avion de combat Mirage 2000	258
L'avion de combat Rafale	259
Une force navale complète	262
Le porte-avions Charles de Gaulle	262
La frégate furtive classe La Fayette	265
Le sous-marin nucléaire d'attaque classe Rubis	266
Le sous-marin nucléaire lanceur d'engins classe Le Triomphant	267

Chapitre 16 : Une présence active : des missions aux quatre coins du monde 271

La France réintègre le commandement de l'Otan 272
L'intervention militaire française en Afghanistan 273
    Sécuriser, reconstruire et instruire 273
    La formation de l'armée afghane et la montée en puissance des forces spéciales 274
L'armée française : fer de lance de l'intervention en Libye 276
    La rapidité et l'efficacité de l'armée française 276
    La fin du colonel Kadhafi 278
    Une intervention décisive 278
L'armée française et le plan Vigipirate 280
La brigade des forces spéciales 281
Les pompiers militaires (terre, air, marine) 282

Chapitre 17 : Faire carrière au service de la France : les recrutements des forces armées françaises 285

Les filières de recrutement de l'armée de terre 285
    Les engagés volontaires de l'armée de terre (Evat) 286
    Les volontaires de l'armée de terre (VDAT) 286
    Devenir officier sous contrat dans l'armée de terre (OSC) 287
    Devenir sous-officier de carrière dans l'armée de terre 288
    Devenir officier sous contrat dans l'armée de terre par la filière pilote ... 290
    Devenir officier de carrière dans l'armée de terre 291
Les filières de recrutement de l'armée de l'air 293
    Officier et ingénieur 293
    Officier et diplômé de l'institut d'études politiques (IEP) 294
    Commissaire de l'air 295
    Officier sous contrat du personnel non navigant 295
    Officier sous contrat du personnel navigant 295
    Sous-officier dans l'armée de l'air 296
    Les spécialités de sous-officier de l'armée de l'air 297
    Militaire technicien de l'air 298
    Les métiers de militaire technicien de l'air 299
    Cours d'enseignement technique (élève technicien) 300
    L'École des pupilles de l'air (EPA) 300
    Volontaires de l'armée de l'air 301
Les filières de recrutement de la Marine nationale 302
    De la 3e au niveau bac, devenir matelot de la flotte 302
    L'École des mousses et autres filières 303
    Devenir volontaire et découvrir la marine 303
    De bac à bac + 3, devenir officier marinier (sous-officier) 304
    De bac + 3 à bac + 5 et plus, devenir officier 304
    Une carrière de pilote ouverte aux bacheliers de 17 à 23 ans 305
    Les conditions à remplir suivant les filières 305

Les filières de recrutement de la gendarmerie nationale 306
    Devenir officier de la gendarmerie 306
    Devenir sous-officier de la gendarmerie 308
    Devenir volontaire dans la gendarmerie 309
    Devenir officier du corps technique et administratif 310
    Devenir sous-officier du corps de soutien technique et administratif ... 311
    Devenir volontaire pour occuper un emploi particulier 313
    La classe préparatoire intégrée de la gendarmerie 314

Quatrième partie : La partie des Dix 317

Chapitre 18 : Dix grandes batailles de l'armée française 319
Poitiers (732) 319
Bouvines (1214) 320
Castillon (1450) 320
Marignan (1515) 321
Rocroi (1643) 321
Fontenoy (1745) 322
Austerlitz (1805) 323
Solferino (1859) 325
Verdun (1916) 325
    Pétain rétablit la situation 326
    La contre-offensive victorieuse de l'armée française 326
Garigliano (1944) 327

Chapitre 19 : Dix chefs militaires français de légende 329
Bertrand Du Guesclin (1320-1380) 329
Henri de Turenne (1611-1675) 331
Sébastien Le Prestre de Vauban (1633-1707) 332
Napoléon Bonaparte (1769-1821) 334
    Chef de la Grande Armée 334
    Face à une nouvelle coalition 335
    Les incroyables victoires de 1814 336
    Le retour de l'Aigle 336
Joachim Murat (1771-1815) 337
Ferdinand Foch (1851-1929) 338
Alphonse Juin (1888-1967) 340
    Vainqueur à Gembloux et en Italie 340
    Maréchal de France 341
Jean de Lattre de Tassigny (1889-1952) 342
    Le plus jeune général de France 342
    La gloire et les lauriers de la victoire 342
    La fin du « roi Jean » 343

Philippe Leclerc de Hauteclocque (1902-1947) 344
    Le refus de la défaite 344
    L'épopée de la 2ᵉ division blindée 345
Marcel Bigeard (1916-2010) 346
    Les corps francs de 39-40 et les paras de la Libération 346
    L'Indochine 347
    L'Algérie 348
    Une carrière fulgurante 349
    Le militaire français le plus décoré de son vivant 349

Chapitre 20 : Dix décorations militaires françaises 351

L'ordre national de la Légion d'honneur 351
L'ordre de la Libération 352
La médaille militaire 353
La croix de guerre 354
La croix de la valeur militaire 355
La médaille de la gendarmerie nationale 355
La médaille de la Résistance 355
La croix du combattant volontaire 356
La croix du combattant volontaire de la Résistance 356
La médaille de la défense nationale 356

Chapitre 21 : Dix théâtres d'opérations de l'armée française 357

Opération Épervier 357
Opération Licorne 358
La contribution française à la Finul 358
Les forces françaises en République centrafricaine 358
Opération Atalante et présence militaire à Djibouti 358
Les forces françaises au Kosovo 359
Mission humanitaire en Tunisie 359
Le dispositif militaire en Afghanistan 359
Mission aérienne en Islande et aux pays Baltes 360
Forces de présence et de souveraineté 360

Chapitre 22 : L'armée française en dix œuvres 361

« Histoire de l'armée française » 361
« La France et son armée » 362
« Napoléon » 362
« Les Duellistes » 362
« Les Dernières Cartouches » 363
« Les Chemins de la gloire » 364
« Les Croix de bois » 364
« La Madelon » 365
« La Marche de la 2ᵉ DB » 365
« La 317ᵉ section » 366

Cinquième partie : Annexes 367

Annexe A : Les grandes dates de l'armée française 369

Annexe B : Les grades de l'armée française 385

Armée de terre, armée de l'air et gendarmerie 385
    Officiers généraux 385
    Officiers supérieurs 385
    Officiers subalternes 385
    Sous-officiers 386
    Militaires du rang 386
Marine nationale 386
    Officiers amiraux 386
    Officiers supérieurs 386
    Officiers subalternes 386
    Officiers mariniers (sous-officiers) 387
    Militaires du rang 387

Annexe C : Sigles et abréviations 389

Annexe D : Pour aller plus loin 395

Livres 395
Revues 396
Site internet 397

Index 399

Introduction

Un récent sondage, publié en juillet 2011, à l'occasion du défilé militaire du 14 Juillet, révélait que 86 % des Français avaient une opinion favorable de leur armée. Ce chiffre témoigne de l'importance que tient cette institution au sein de la population nationale, du fait de sa capacité protectrice dans un monde à l'avenir incertain. Chaque famille française a été touchée par les deux derniers conflits mondiaux. Le service militaire, institué en 1798 et maintenu jusqu'en 2001, a marqué des générations de Français. En bref, l'univers militaire peuple la mémoire collective du pays, sans parler des anciens pays colonisés par la France, qui ont apporté une large contribution en effectifs sur les champs de bataille.

Autre fait marquant, le budget français de la défense est l'un des dix plus importants du monde et occupe la troisième place dans la répartition des dépenses de l'État, avec 11,3 % en 2011.

L'armée française a joué un rôle important au sein de l'histoire de l'Europe. Tenant une place prépondérante dès le Moyen Âge, sous une forme féodale et royale, elle permet à la France d'étendre et de défendre son territoire en Occident, de même qu'elle intervient lors des croisades au Moyen-Orient. Sous l'Ancien Régime, l'armée française monte sans cesse en puissance, pour devenir sous le règne de Louis XIV la première d'Europe. Sous le règne de Louis XVI, elle permet à l'Amérique de se libérer de la tutelle anglaise, grâce à l'apport capital d'un corps expéditionnaire français.

Sous la Révolution et le Premier Empire, l'armée française écrase à de nombreuses reprises les coalitions européennes. Au milieu du XIXe siècle, elle commence à prendre pied en Afrique, permettant ensuite à la France de disposer du deuxième empire colonial du monde. Elle favorise l'unité italienne et redevient la plus puissante d'Europe.

Malgré la défaite de 1870-1871 face à l'hégémonie germanique, l'armée française prend sa revanche lors du premier conflit mondial, en apportant l'essentiel de l'effort de guerre des Alliés sur le front occidental, par l'importance de ses effectifs, sa puissance matérielle, l'énorme sacrifice de ses troupes en pertes humaines, son rôle capital dans la défaite de l'Allemagne sur un plan tactique et stratégique. Dès 1914, elle condamne sa rivale allemande à la guerre sur deux fronts à la suite de la victoire de la Marne, fixe le gros des forces germaniques dès le début du conflit, résiste héroïquement à Verdun en 1916, sauve à deux reprises l'armée britannique d'un désastre en Picardie et dans les Flandres de mars à avril 1918. Dès juillet 1918, avant l'arrivée massive des renforts américains, l'armée française remporte la seconde bataille de la Marne, condamnant l'Allemagne à une défaite définitive, du fait de l'emploi massif des chars et des avions français. En novembre 1918, elle devient la plus puissante armée du monde.

Défaite en 1940, malgré la résistance héroïque et méconnue de ses troupes, l'armée française permet cependant à la Grande-Bretagne de poursuivre la guerre, en sauvant à Dunkerque le gros de son armée professionnelle, comme l'a reconnu Winston Churchill lui-même ; sans oublier l'importance des pertes infligées à l'aviation allemande, permettant à la chasse britannique de s'opposer dans de meilleures conditions à l'offensive aérienne de la Luftwaffe (aviation militaire allemande). Les combats héroïques des forces françaises libres en 1941-1942, notamment en Afrique, les campagnes de Tunisie en 1942-1943, d'Italie en 1943-1944, de France en 1944-1945 et d'Allemagne en 1945 permettent à l'armée française de se distinguer particulièrement, offrant ainsi la possibilité à la France de figurer parmi les quatre grandes puissances victorieuses alliées (États-Unis, Russie soviétique, Grande-Bretagne et France), lors de la capitulation allemande à Berlin, en mai 1945.

La décolonisation, la guerre froide, la fin du pacte de Varsovie et la professionnalisation de ses unités n'entament pas son rôle prépondérant en Europe, qui va s'étendre dans le monde en de multiples interventions pour maintenir ou rétablir la paix, dans le cadre des instances internationales.

Étant donné son armement conventionnel et nucléaire de premier plan, son expérience de la guerre moderne, sans oublier la qualité exceptionnelle de son personnel, l'armée française demeure l'une des plus puissantes du monde au XXIe siècle.

À propos de ce livre

Cet ouvrage met en lumière le rôle considérable joué par l'armée française dans l'histoire et insiste également sur son développement actuel, sur l'organisation et le fonctionnement de ses unités, sur l'importance de la qualité du matériel et du personnel dans les choix tactiques et stratégiques du pays, sur son rôle économique et social. Il offre un panorama détaillé des filières professionnelles permettant de faire carrière dans l'armée de terre, l'armée de l'air, la Marine nationale et la gendarmerie nationale. Il présente les grandes figures militaires de la France, les principales batailles et campagnes ayant scellé le destin de la nation, les décorations les plus prestigieuses…

Cet ouvrage captivant, à l'usage des amateurs et des spécialistes, dresse un tableau complet de l'armée française sous toutes ses formes, institutionnelles et historiques, anecdotiques et techniques, tactiques et stratégiques.

Le lecteur prend ainsi conscience de l'importance de l'institution militaire dans l'évolution d'un pays, en tant que grande puissance mondiale.

Les conventions utilisées dans ce livre

Pour l'écriture de cet ouvrage, nous avons utilisé un certain nombre de conventions propres à tous les ouvrages de la collection « Pour les Nuls » :

- Chaque fois qu'un terme technique est utilisé pour la première fois, il apparaît en *italique* et la définition vous en est donnée ;
- Figurent en **gras** tous les mots-clés et étapes des énumérations ;
- Quand un groupe ou une organisation est mentionné (par exemple, l'Organisation du traité de l'Atlantique nord), son nom complet est donné à la première occurrence ; par la suite, il est écrit en utilisant l'abréviation usuelle (Otan) ;
- Conformément à l'usage, le numéro des unités armées françaises et alliées est écrit en chiffres arabes, et celui des unités ennemies en chiffres romains.

Comment ce livre est organisé

Cinq parties et vingt-deux chapitres, il n'en faut pas moins pour présenter l'armée française dans un cadre chronologique, des origines à nos jours, combiné avec un découpage thématique, permettant de comprendre l'importance de cette institution dans tous ses détails.

Première partie : Pourquoi s'intéresser à l'armée française ?

L'armée française a joué un rôle essentiel dans la création géopolitique et institutionnelle de la France, ainsi que dans le déroulement des principaux conflits européens et mondiaux. Elle représente l'ultime rempart contre les dangers extérieurs et intérieurs. Elle ne cesse de fasciner les esprits avides de gloire et d'aventures. Elle véhicule des valeurs chevaleresques et patriotiques, dans un monde matérialiste en perte de valeurs. Elle bénéficie d'un prestige mondial de grande puissance et assure la paix en divers endroits de la planète. La compétence de son personnel et la qualité de son matériel sont appréciées par les hautes instances internationales.

Deuxième partie : Vaincre ou mourir : histoire de l'armée française

Tribale, féodale, royale, impériale, coloniale et nationale, l'armée française a profondément marqué l'histoire de notre pays, jouant également un rôle de tout premier plan en Occident et dans plusieurs parties du monde. Sa montée constante en puissance lui permet d'affirmer et de préserver un État fort et souverain, dans un monde marqué par des crises et des conflits multiples durant des siècles. À plusieurs reprises, l'armée française occupe la première place en Europe, grâce à la qualité de ses chefs, de ses soldats et de son matériel.

Troisième partie : Dissuader et intervenir : l'armée française aujourd'hui

Considérée par les experts militaires internationaux comme l'une des meilleures du monde, l'armée française s'articule autour de quatre grandes composantes (terre, marine, aviation et gendarmerie). Elle assure des missions aux quatre coins du monde, dans le cadre des instances internationales, pour préserver et rétablir la paix, tout en assurant la sécurité et la défense du territoire national et de l'outre-mer. Elle offre de nombreux métiers aux jeunes générations, permettant d'accomplir une carrière au service de la nation.

Quatrième partie : La partie des Dix

Cette partie permet de connaître dix chefs militaires français de légende, dix grandes batailles, dix décorations militaires françaises, dix grands films, livres, chansons ou tableaux inspirés par l'armée française, dix théâtres d'opérations actuels.

Cinquième partie : Annexes

Une chronologie historique, la présentation des grades, un glossaire, la bibliographie et les sites sur Internet viennent compléter cet ouvrage de référence, outil indispensable à la culture générale.

Les icônes utilisées dans ce livre

Pour vous guider dans la lecture de cet ouvrage et faire ressortir les informations essentielles, nous avons disposé dans la marge de gauche certaines icônes :

Il y a l'histoire de l'armée française avec un grand H. Et il y a aussi la petite histoire. Cette icône signale un fait insolite, une scène mémorable, ou un mot d'esprit particulièrement savoureux.

Telle la foudre s'abattant sur la terre avec fracas, cette icône indique le déclenchement et le déroulement d'une bataille ou d'une campagne.

Une déclaration de guerre, un tournant décisif, la signature d'un traité ou encore une évolution notable : cette icône pointe un événement de première importance.

Ce symbole attire votre attention sur un fait méconnu ou tombé dans l'oubli.

Certains faits d'armes sont entrés dans les annales. Ce symbole signale une bataille célèbre, un épisode héroïque durant lequel l'armée française s'est illustrée.

Cette icône met l'accent sur des informations essentielles à retenir.

Cette icône signale un as de l'aviation, un chef de guerre, un stratège de génie ou, plus largement, un soldat entré au panthéon de l'armée française grâce à ses aptitudes au combat hors du commun.

La guerre ressemble à une partie d'échecs, chaque camp déplaçant méthodiquement ses pièces pour battre son adversaire. Cette icône souligne un plan d'attaque ou de défense particulièrement audacieux ou une avancée majeure dans l'art de la guerre.

Avec la précision d'un missile sol-air, cette icône pointe les passages concernant l'armement, l'équipement, le matériel et les innovations technologiques.

Et maintenant, par où commencer ?

Par où vous voulez ! Je vous conseille cependant de lire cet ouvrage de manière classique, du début à la fin, en suivant l'ordre chronologique. Vous comprendrez mieux les tenants et les aboutissants de cette institution. Vous pouvez cependant piocher dans les différents chapitres en fonction de vos besoins de connaissances. Si vous voulez vous informer sur la puissance actuelle de l'armée française, rendez-vous aux chapitres 14 et 15. Si vous voulez connaître les origines de l'armée française, reportez-vous au chapitre 3. Si vous voulez découvrir des faits méconnus de la Seconde Guerre mondiale, balayant les clichés habituels, allez donc au chapitre 11. Si la gloire et l'aventure vous attirent, le chapitre 7 répondra à vos attentes dans ce domaine. Si vous admirez le courage légendaire des poilus, alors c'est le chapitre 9 qui vous conviendra. Le chapitre 13 vous permettra de suivre les évolutions de l'armée française des cinquante dernières années : période clé de l'histoire contemporaine. Enfin, si vous souhaitez faire carrière dans l'armée, le chapitre 17 répondra à toutes vos questions sur le sujet. À tout moment, vous pouvez sauter des pages ou revenir en arrière. Ici, c'est vous qui commandez !

Première partie
Pourquoi s'intéresser à l'armée française ?

Dans cette partie…

Nous verrons que l'armée française tient une place essentielle dans la compréhension de l'histoire du pays. C'est elle qui fait et défait les régimes politiques. Elle assure la liberté souveraine de l'État en tant que rempart contre les invasions. Elle démontre une capacité exceptionnelle à se réformer en des temps souvent records. Elle véhicule des valeurs chevaleresques dans un monde dominé par le culte de l'argent et le matérialisme. Elle bénéficie d'un prestige de grande puissance, à travers ses innombrables victoires, la qualité exceptionnelle du personnel et de l'armement.

Chapitre 1
Un rôle essentiel dans l'histoire de France

Dans ce chapitre :
- « La France fut faite à coups d'épée »
- La victoire, la défaite et le renouveau
- L'importance du politique et du militaire

L'armée est présente sous différentes formes dans toute l'histoire de France. Elle fait et défait des royaumes, des empires et des nations. Des chefs s'y dévoilent, des héros s'y distinguent, des victoires et des défaites se suivent. Les périodes de paix sont assurées par la présence d'une armée dissuasive, de même que la volonté de vaincre triomphe sur les champs de bataille, lorsque la tactique appropriée vient s'y associer. « La France fut faite à coups d'épée », comme l'a écrit avec justesse Charles de Gaulle.

Une France fondée par les armes

L'histoire de France est marquée par les victoires et les défaites militaires, le bruit des batailles, la volonté de puissance, la liberté conquise par les armes. Durant des siècles, l'institution militaire, qu'elle soit tribale, féodale, royale, impériale, coloniale ou nationale, occupe une place capitale dans l'évolution territoriale et politique de la France.

Dès l'origine, la France se trouve devant l'impérieuse nécessité de se battre pour exister. En raison de sa configuration géographique, elle doit repousser les invasions venant des Pyrénées, des plaines du Nord, du Rhin, des Alpes, mais également de ses immenses côtes maritimes, ce qui nécessite non seulement l'existence de troupes terrestres, mais également la constitution d'une marine militaire.

Guerriers et invasions

Au IXe siècle avant l'ère chrétienne, les Celtes franchissent le Rhin, et au VIe siècle avant J.-C. progressent vers le sud et dominent par les armes les Ligures. À peine les Celtes installés en Gaule, les Ibères franchissent les Pyrénées en sens inverse, en occupent le versant septentrional. Les Celtes, plus guerriers que les Ligures, s'étendent sur l'ensemble de la Gaule, envahissent la vallée du Rhône, vers l'an 400 avant J.-C., pénètrent profondément en Italie. César et ses légions romaines soumettent les tribus gauloises en quelques années, de 58 à 51 avant J.-C. Durant plusieurs siècles, une paix relative règne sur la Gaule, qui bénéficie de la présence militaire romaine, veillant notamment sur le Rhin face au péril germanique.

Au Ve siècle, les grandes invasions germaniques mettent fin à la puissance romaine en Gaule. Les peuples d'origine celtique, romaine et germanique s'unissent pour un temps afin de repousser les Huns, partis du Caucase, après avoir dévasté une partie de l'Europe. Au début du VIe siècle, les Francs s'imposent aux autres peuples de la Gaule, mais l'unité du royaume fondé par Clovis éclate en luttes implacables entre les héritiers, mettant fin à la dynastie mérovingienne. Y succède la dynastie carolingienne, qui doit faire face aux invasions arabes au VIIIe siècle et scandinaves au IXe siècle.

La dynastie des rois capétiens, du Xe siècle au XIVe siècle, marque l'histoire de France par l'importance des armées féodales (rattachées à des seigneurs), les luttes internes et externes pour la conquête du pouvoir, les croisades vers la Terre sainte du Moyen-Orient. La chevalerie, ordre militaire par excellence, occupe une place privilégiée au sein d'un système hiérarchisé.

Armées royales et armes nouvelles

La guerre de Cent Ans (1337-1459) entre les royaumes de France et d'Angleterre sonne le glas des armées féodales au bénéfice des armées royales, voit l'apparition d'armes nouvelles, comme les *bombardes*, ancêtres des canons, et les *serpentines*, ancêtres des mousquets et des fusils.

Le roi Louis XI (1423-1483) consolide l'unité française en formant une armée royale soumise à son autorité. De 1494 à 1559, le royaume de France s'engage dans des guerres extérieures, avec notamment des opérations militaires en Italie. De 1562 à 1598, les guerres de Religion, opposant les catholiques aux protestants, mettent en péril l'unité du royaume de France. L'organisation militaire se perfectionne, avec l'apparition des premiers régiments. Les mousquets et les canons triomphent sur les champs de bataille, même si l'épée et la lance, déjà utilisées par les Gaulois et les Romains, conservent une place déterminante lors des corps à corps.

Figure 1-1 : Bombardes françaises au XVᵉ siècle (collection privée, DR).

Le règne de Louis XIV, aux XVIIᵉ et XVIIIᵉ siècles, est marqué par de nombreuses guerres contre les puissances voisines, durant lesquelles l'armée française devient la plus puissante d'Europe.

L'armée nationale

Viennent ensuite les guerres de la Révolution française et de l'empire napoléonien (de 1791 à 1815), pendant lesquelles l'armée française affronte diverses coalitions dans toute l'Europe. La Grande Armée, fondée par Napoléon Iᵉʳ, assoit sa suprématie sur la plus grande partie du continent européen, tandis que l'Angleterre assure sa puissance sur mer.

À partir de 1830, l'armée française joue un rôle capital dans la création d'un vaste empire colonial, principalement en Afrique. La guerre franco-allemande de 1870-1871, marquée par le triomphe militaire de la Prusse, met fin pour un temps à la suprématie militaire française en Occident. La guerre de 1914-1918 réinstalle l'armée française au premier rang en Europe, à l'issue d'un conflit particulièrement sanglant. La Seconde Guerre mondiale balaie pour un temps la suprématie militaire française, au bénéfice de l'Allemagne hitlérienne, puis finalement se termine par la victoire des alliés américains, soviétiques, britanniques et français. Une fois de plus, les armes et les militaires ont tranché sur le destin du monde.

L'apparition de l'arme nucléaire sanctuarise une partie de l'Europe, mettant fin à des siècles de conflits conventionnels, mais la décolonisation engage l'armée française en Indochine et en Algérie durant de longues années. L'unité économique de l'Europe occidentale, la puissance militaire américaine, la fin du bloc militaire soviétique ne mettent pas fin aux conflits extérieurs, où l'armée française intervient à de nombreuses reprises, dans le cadre d'instances internationales ou d'alliances militaires, pour y maintenir ou rétablir la paix. Les intérêts nationaux et économiques n'en sont pas absents, de même que les rivalités entre les diverses puissances.

Au début du XXIe siècle, l'armée française reste l'une des plus puissantes du monde. Les enjeux stratégiques du futur, la menace du terrorisme sous toutes ses formes, la montée des intégrismes et des nationalismes démontrent l'importance de maintenir une armée dans un monde en pleine mutation.

Les armes et la politique

Les conflits militaires ont souvent joué un rôle déterminant dans l'évolution politique des pays. La Gaule des tribus gauloises ne peut résister à la puissance militaire romaine, fondée sur l'ordre et la discipline. La faiblesse du pouvoir impérial romain, sur le plan politique et militaire, favorise l'expansion des peuples germaniques en Gaule. Le manque d'unité politique des Mérovingiens permet à la dynastie carolingienne de s'imposer militairement. La volonté de puissance du pouvoir royal a finalement raison des seigneuries féodales. La montée en puissance de l'armée française permet au royaume de France d'agrandir son territoire au détriment de ses voisins, tout en s'assurant une continuité politique durant des siècles.

La Révolution française balaie la monarchie par les armes et la volonté politique. L'empire napoléonien maintient durant des années son hégémonie politique et militaire sur une bonne partie de l'Europe, malgré les coalitions successives de plusieurs monarchies, qui finiront cependant par l'emporter. Les idées politiques antagonistes s'affrontent sur les champs de bataille.

Les rivalités nationales entraînent la création d'armées de plus en plus puissantes en effectifs et en moyens, dont la Première Guerre mondiale est la «consécration». La Seconde Guerre mondiale oppose également les idées politiques sur les champs de bataille, bouleversant ensuite durant des décennies la carte géographique des pays européens. La guerre froide oppose deux systèmes politiques rivaux (capitalisme démocratique et communisme totalitaire). La puissance militaire devient non seulement conventionnelle, mais également nucléaire.

Les intérêts politiques, stratégiques et économiques dominent encore le monde, où l'armée joue toujours un rôle considérable pour affronter les nouveaux dangers, comme le terrorisme et l'intégrisme.

Chapitre 2
Un monde fascinant à découvrir

Dans ce chapitre :
- La gloire et l'aventure
- Des valeurs patriotiques et chevaleresques
- Le prestige mondial d'une grande puissance

L'armée française marque les esprits par la continuité d'une institution qui a su s'adapter à toutes les situations de l'histoire du pays. Elle fascine par le rayonnement de son passé, marqué par de grandes victoires et des chefs prestigieux, mais également par sa présence dans le monde actuel, où elle représente la puissance française en tant que nation souveraine et respectée. Elle véhicule des valeurs chevaleresques de don de soi pour assurer la paix dans un monde incertain, dominé parfois par la cupidité, la violence et l'injustice.

Une vocation de gloire et d'aventure

Le métier militaire a toujours fasciné les esprits avides de gloire et d'aventure. Depuis les origines lointaines de l'humanité, le guerrier est entouré d'un immense respect, car il symbolise dans les populations tribales celui qui protège le clan, affronte les dangers, fait preuve de courage devant l'adversité. Les récits qui suivent en font parfois des demi-dieux, des héros exemplaires, des mythes fondateurs. Chez les Ibères, les Ligures, les Celtes, les Romains, les Germains, les Francs, les Scandinaves et autres populations ayant peuplé la métropole, le guerrier et le soldat tiennent une place prépondérante, comme le démontrent les systèmes hiérarchiques des sociétés de l'époque et la multitude de conflits tout au long des siècles de cette période tourmentée, où les systèmes politiques et sociaux se font et se défont à coups de glaive, de lance, d'épée et de flèche. L'armée romaine permet d'accéder à un statut de citoyen par le courage sur les champs de bataille.

La chevalerie du Moyen Âge donne une image idéalisée et religieuse du statut militaire dans la société hiérarchisée de l'époque. Avec les ordres militaires et religieux, comme notamment les ordres des Templiers et Teutonique, le chevalier occupe un rang aussi important que la seigneurie. Il est celui qui défend la veuve et l'orphelin, le pèlerin contre les méchants. Contes et légendes, récits et histoires héroïques de la chevalerie sont colportés d'une région à l'autre. Les poètes, les troubadours et autres conteurs y trouvent certains des thèmes préférés de leurs compositions. Le chevalier fascine, car il témoigne d'une volonté de s'affranchir de la médiocrité de la vie quotidienne par le courage, le don de soi, la gloire et la victoire, l'aventure et la passion. La chevalerie française occupe une place prépondérante au sein de l'Occident chrétien et va perdurer à travers les mousquetaires du roi, la cavalerie à cheval et motorisée, la gendarmerie nationale et les troupes d'élite.

Le patriotisme et l'esprit fraternel de corps

Dans un monde matérialiste, fondé sur le culte de l'apparence et de l'argent, l'armée semble être l'un des derniers sanctuaires qui valorise les qualités de loyauté, de courage, de discipline au service de la nation. L'esprit fraternel de corps cimente les unités militaires pour une plus grande efficacité sur le terrain. L'attention permanente portée à la défense de la population donne à l'armée une image altruiste pouvant conduire jusqu'au sacrifice suprême.

La gendarmerie, institution militaire d'un pays démocratique comme la France, garantit la protection et la défense des personnes et des biens, renseigne, alerte et porte secours, assure le maintien de l'ordre public et l'exécution des lois. L'armée participe à la défense de la nation et à la protection des institutions. Le patriotisme de sa mission, fondé sur le sens de l'honneur et de la discipline, est apprécié du plus grand nombre, conscient de l'importance d'une armée pour préserver la paix.

L'immense prestige de l'armée française d'hier et d'aujourd'hui

Considérée comme l'une des plus puissantes du monde, l'armée française bénéficie d'un immense prestige international. Les campagnes napoléoniennes sont enseignées dans les plus grandes écoles militaires de la planète. Des soldats et des officiers étrangers viennent s'instruire et se former dans les écoles militaires françaises. Tous les experts militaires mondiaux vantent les mérites des forces armées françaises.

Chapitre 2 : Un monde fascinant à découvrir

L'armée française a souvent été à la pointe de la guerre tactique et stratégique. À plusieurs reprises dans son histoire, elle a occupé la première place en Occident, comme notamment durant certaines périodes du Moyen Âge et de la Renaissance, sous les règnes de Louis XIV, de Louis XV, de Louis XVI et de Napoléon Ier, à la suite de la défaite allemande en 1918, où son rôle a été déterminant dans la victoire des Alliés. Bien que battue en 1940, elle se retrouve parmi les quatre grands vainqueurs de la Seconde Guerre mondiale, après une résurrection spectaculaire, grâce en particulier à son armée d'Afrique, victorieuse en Tunisie, en Italie, en France et en Allemagne de 1942 à 1945.

L'artillerie française a souvent été considérée comme l'une des meilleures du monde, tant par la qualité de son matériel que par l'instruction exemplaire de son personnel. L'infanterie française a étonné le monde par sa fougue et son endurance, son sens du sacrifice. L'arme blindée française a souvent utilisé un matériel à la pointe de la qualité et de l'innovation, du char Renault FT 17, premier tank moderne équipé d'une tourelle rotative, au redoutable char Leclerc AMX 56, considéré comme sans équivalent au monde. Il en va de même sur le plan maritime, où la flotte française a toujours tenu le rang d'une des plus puissantes marines mondiales, particulièrement de nos jours avec son porte-avions nucléaire unique en Europe, son aviation embarquée, ses sous-marins nucléaires, ses frégates furtives… L'armée de l'air française a été la première à fonder des groupes de chasse, à effectuer des bombardements avec des escadrilles durant la Première Guerre mondiale. Le plus grand as allié de ce conflit est français, en la personne de René Fonck (75 victoires homologuées). De nos jours, avec l'avion de combat Rafale, l'aviation française demeure l'une des plus performantes du monde.

L'importance de l'engagement militaire de la France dans le monde actuel souligne la compétence de son personnel et la qualité de son équipement, reconnues par les hautes instances internationales et les états-majors des alliances militaires. L'armée française est actuellement considérée comme la plus opérationnelle et la plus puissante d'Europe occidentale. De nombreux experts militaires internationaux la classent même au rang de deuxième armée du monde (derrière celle des États-Unis), en tenant compte de sa puissance de feu conventionnel et nucléaire, de sa capacité de projection à l'extérieur, de son expérience de la guerre moderne, de la qualité exceptionnelle de son matériel, de l'immense valeur tactique de son personnel. Le soldat français demeure l'un des meilleurs soldats du monde.

Deuxième partie

« Vaincre ou mourir » : histoire de l'armée française

Dans cette partie...

*V*ous découvrirez que l'armée française fascine par sa capacité à affronter les pires épreuves, par sa faculté à redresser les situations les plus compromises. D'innombrables victoires se succèdent à travers les siècles, tandis que les défaites permettent de corriger les erreurs et de préparer la revanche de la victoire prochaine. L'armée, qu'elle soit tribale, féodale, royale, impériale, coloniale ou nationale, s'adapte à l'évolution dans le temps avec une étonnante rapidité. La modernisation de l'armement connaît des périodes qui bouleversent le sens même de la tactique militaire. La qualité du commandement tient également une place prépondérante, de même que la bravoure des combattants.

Chapitre 3

Le glaive et le bouclier : Gaulois, Romains et Francs

Dans ce chapitre :
- La grande disparité des armées anciennes
- L'importance grandissante de l'organisation militaire
- Le choc des civilisations

Durant des siècles, les structures militaires changent en fonction des régimes politiques, des bouleversements géostratégiques, des invasions et des guerres. Le système militaire repose sur l'existence d'un système social hiérarchisé, où le guerrier et le militaire occupent un rang de tout premier plan. Les valeurs telles que le courage, le sacrifice, la gloire et la victoire sont considérées comme essentielles à la survie d'une civilisation, d'un peuple, d'un système social et politique. Les divers peuplements, de ce qui deviendra ensuite la France, garantissent leur sécurité et leur survie par la présence de guerriers.

Les Gaulois, les Romains et les Francs occupent tour à tour le sol de la future France grâce à leur puissance guerrière. Les mieux organisés sur le plan militaire parviennent à s'y maintenir durant des siècles, malgré les rivalités internes et les invasions.

« Les Gaulois sont dans la plaine »

Ce titre d'une célèbre marche militaire de l'armée française veut signifier les origines gauloises de cette institution nationale. La réalité est cependant beaucoup plus complexe. Le peuple de France s'est constitué d'un apport successif de populations diverses : Ligures, Celtes, Ibères, Romains, Germains, Scandinaves et autres, à travers les siècles.

Le triomphe des guerriers

Vers la fin du Ve siècle avant l'ère chrétienne, le territoire de la Gaule, couvrant en grande partie l'actuel territoire français, est peuplé de Celtes et d'une moindre proportion d'Ibères, conquérants superposés aux Ligures, couche profonde du peuplement de l'Europe occidentale.

Les Ligures, petits et trapus, sont des marcheurs infatigables et d'adroits chasseurs. Intelligents et rusés, ils défendent courageusement leurs foyers et leurs tombeaux. Plus laboureurs et chasseurs que guerriers, ils sont facilement submergés par les Celtes.

Les Celtes, braves et glorieux, aiment se distinguer dans les combats et professent le mépris de la mort. Ils disposent d'armes de bronze et connaissent vite l'arme de fer, la longue épée, qui va devenir leur armement principal, tandis que les Ibères préfèrent une épée plus courte et mieux trempée.

Les institutions, à la fois politiques et militaires, se bornent au début à des groupements en tribus d'un certain nombre de familles sous l'autorité d'un chef, le plus souvent héréditaire. Tout homme valide est généralement un guerrier. La sélection guerrière, lors des combats entre tribus rivales, favorise l'éclosion d'une aristocratie, comprenant des familles royales ou princières et une noblesse. De cette élite sort un conseil de tribu.

Du début du IVe siècle à la fin du IIIe siècle avant J.-C., les Celtes, aimant mieux combattre que défricher, vont s'étendre vers le Pô et le Danube, en balayant militairement ceux qui tentent de s'opposer à leur expansion. Le chef gaulois Brennus occupe Rome en 390 avant J.-C., après avoir écrasé l'armée romaine près du confluent de l'Allia et du Tibre. L'an 360 voit les Celtes à Corinthe. Puis ils atteignent les rives de Troie.

Comment expliquer cette suite de succès militaires? D'abord par le nombre : la Gaule compte à cette époque 20 millions d'âmes ; lorsque la levée des guerriers est décrétée, les institutions politiques permettent de mettre en mouvement des masses importantes sous une même autorité. Les combattants à pied représentent une force considérable. Brennus aligne 150 000 hommes à pied, dont les chefs acceptent les combats singuliers. La cavalerie voit grandir son importance à l'instigation de Brennus, avec la formation de 20 000 cavaliers.

Intrépides Gaulois

Le guerrier gaulois reste fidèle à l'épée de fer, longue de plus d'un mètre, aux tranchants affilés, car il frappe toujours à la taille. Dépourvu de lance, il dispose seulement d'une longue pique dont il se sert comme javelot. Relégués à la chasse, les archers et les frondeurs ne sont pas appréciés

Chapitre 3 : Le glaive et le bouclier : Gaulois, Romains et Francs

dans les combats, tout étant sacrifié à la recherche brutale du corps à corps. Confiant dans son élan ou dans celui de son cheval, le guerrier gaulois méprise les armes défensives. Il met son honneur à se présenter au combat le torse nu. Apanage des chefs, les casques d'airain sont souvent surmontés de cimiers fantastiques.

Les Gaulois combattent autour de leurs enseignes, symboles du culte militaire, exposés dans les sanctuaires en temps de paix. La troupe se rend au combat en phalanges serrées de rangs nombreux, au coude à coude, les boucliers formant une protection ininterrompue. La cavalerie se charge de poursuivre l'ennemi en fuite, alors que l'infanterie forme la puissance de choc principal. Dans son mépris souverain de la mort, le Celte considère comme un privilège de tomber sur le champ de bataille, aussi ne lui vient-il pas l'idée d'épargner un adversaire vaincu.

Figure 3-1 : Casques gaulois en bronze (collection privée, DR).

« Veni, vidi, vici »

« Je suis venu, j'ai vu, j'ai vaincu. » Ainsi, rapporte la chronique, s'exprime Jules César, sous la conduite duquel l'armée romaine conquiert la Gaule de 58 à 51 avant J.-C. La force de frappe de cette armée est la légion, véritable instrument des conquêtes et de la domination romaines.

L'efficacité de l'armée romaine

Forte de 6 000 hommes, la légion se divise en 10 cohortes de 3 manipules de 2 centuries. Au premier rang combattent les hastaires, les hommes les plus jeunes, d'abord armés de la lance, puis du javelot ; derrière eux, les princes, armés de l'épée ; en troisième ligne viennent les triaires, pris parmi les plus âgés, les plus expérimentés des soldats, et formant une réserve de 600 hommes qui n'est engagée qu'à la dernière extrémité. L'épée romaine est courte et aiguë. Le javelot est léger et facile à lancer. Protégé par un casque, une cuirasse et des jambières, le légionnaire romain dispose également d'un bouclier épais et bien trempé. La légion est complétée par des auxiliaires étrangers, en général spécialistes de la fronde et de l'arc. La cavalerie repose en partie sur des cavaliers auxiliaires germains, souvent supérieurs aux cavaliers gaulois.

Ainsi articulée, la légion offre une souplesse lui permettant de modifier rapidement ses dispositions lors d'une action. Elle se porte à l'attaque en criblant de pierres, de flèches et de javelots l'ennemi gaulois, mal protégé par son faible bouclier. Dans le corps à corps, une fois l'épée gauloise émoussée sur le solide bouclier romain, le légionnaire glisse sous le bouclier gaulois ou l'arrache avec le javelot et tue son adversaire à la pointe de son glaive. Dans la défensive, l'efficacité de sa protection permet au légionnaire d'attendre l'adversaire avec assurance et d'avoir ainsi à sa merci un ennemi peu protégé.

Sédentaires et enrichis, les Gaulois (Éduens, Bituriges, Carnutes, Turons, Rômes) laissent s'affaiblir leurs vertus combatives, tandis que leurs armements et leurs tactiques ne font aucun progrès. L'infanterie, toujours dépourvue de solide protection, est devenue médiocre et sans expérience, tandis que la cavalerie reste l'arme des nobles et des riches, devenus peu enclins au sacrifice suprême. La force de résistance des Gaulois réside alors dans les nations habitant les rudes pays de forêts et de montagnes, non encore amollies par les facilités de la vie, au premier rang desquelles se trouvent les Arvernes, les Helvètes et les Belges.

La résistance héroïque de Vercingétorix

Devant faire face à dix légions romaines, le chef gaulois Vercingétorix (vers 72 av. J.-C.-46 av. J.-C.) parvient cependant à organiser une résistance efficace. Connaissant son infériorité tactique dans le cadre d'une bataille rangée, il décide de refuser l'affrontement frontal, afin de harceler et d'affamer un adversaire éloigné de ses bases. Il rétablit la discipline et prépare son armée à une lutte défensive. Il exige des combattants à pied qu'ils se couvrent par des terrassements. Il revient aux armes de jet, propres aux embuscades et aux surprises, fait appel aux frondeurs et aux archers. Il renforce sa cavalerie d'excellents cavaliers aquitains. Les cuirasses et les casques se multiplient afin d'améliorer la protection de tous les combattants.

Chapitre 3 : Le glaive et le bouclier : Gaulois, Romains et Francs

Tenu en échec devant la forteresse gauloise de Gergovie en 52 avant J.-C., César s'empare cependant durant la même année de la forteresse d'Alésia, après un siège méthodique, en encerclant les défenseurs dans une ligne fortifiée, forte notamment de 23 redoutes, et en se couvrant contre les attaques du dehors par des moyens défensifs puissants et des troupes de réserve bien instruites. Les guerriers gaulois de l'armée de secours ne peuvent contraindre les légions romaines à abandonner le siège d'Alésia, qui capitule finalement avec son chef Vercingétorix, après une résistance héroïque de neuf mois.

Les Gallo-Romains et la défense du Rhin

La Gaule trouve sous l'autorité romaine l'organisation qui lui a fait défaut. Durant les trois premiers siècles de l'ère chrétienne, les institutions romaines apportent la paix à la Gaule, devenue gallo-romaine. Le commandement romain reconnaît la vaillance des guerriers gaulois. Il les attire dans ses armées, en tant que troupes auxiliaires, comme les archers du Rouergue, les fantassins de l'Aquitaine, les cavaliers de la Celtique. Bientôt, certains Gaulois sont admis à faire partie des légions, honneur recherché mais aussi avantage matériel. Les légions du Rhin, qui ne comprennent guère au début du Ier siècle que des Italiens et des Espagnols, incorporent finalement des Gaulois, de telle sorte que cent cinquante ans après la conquête de la Gaule, on n'y compte presque plus d'Italiens. À cette armée gallo-romaine échoit la défense des frontières, principalement celle du Rhin, où le danger germanique menace à tout instant.

En l'an 10, Auguste arrête sur place, avec Drusus et Tibère, les dispositions de défense du Rhin. Deux circonscriptions se partagent les territoires rhénans, avec la Germanie supérieure en amont de Coblence et la Germanie inférieure en aval. Chacune d'elles est gardée par quatre légions. L'ensemble de ces forces romaines compte 50 000 hommes. Elles sont appuyées par 75 corps auxiliaires présentant un effectif équivalent, avec un nombre égal d'esclaves, de valets, de marchands et de vivandiers, de femmes et d'enfants, qui portent à 200 000 personnes le total des êtres humains constituant l'armée du Rhin.

Au début du IIe siècle, les légions du Rhin sont d'excellentes troupes, remarquablement entraînées dans les camps, exécutant chaque mois trois marches d'entraînement de 30 km. En raison des vastes espaces à défendre, l'organisation des légions se renforce d'engins mobiles, capables de lancer à 150 m des projectiles de 250 livres. L'occupation des points forts de la rive droite du Rhin est confiée aux troupes auxiliaires, et ainsi des véritables colonies gauloises s'implantent entre Rhin et Danube. Le système défensif se compose de retranchements, de redoutes, de murailles solides, de tours de garde et de fossés.

Le déclin de l'armée du Rhin

Le déclin de la valeur guerrière de l'armée du Rhin débute au IIIe siècle. Les citoyens romains ne fournissent plus les volontaires nécessaires, l'esprit de rébellion et la désertion succédant à la discipline. L'austérité des vieilles coutumes militaires romaines disparaît, laissant place au goût du bien-être et à la débauche. Un haut idéal militaire cesse d'animer les légions. Les mercenaires mal payés ouvrent l'ère des séditions militaires. Profitant de ces faiblesses, les Germains, fédérés pour une action commune, franchissent en masse le Rhin vers le milieu du IIIe siècle et ravagent à peu près impunément la Gaule durant une dizaine d'années. L'invasion de 275 y laisse un souvenir particulièrement affreux, en raison des massacres et des pillages des populations.

Au milieu de cette débâcle, le sursaut de volonté d'un homme, en la personne de Probus (276-282), redonne force à l'armée gallo-romaine, qui parvient finalement à chasser les barbares de la Gaule. Il fait remettre en état les camps et les forts, répond à la mobilité des bandes germaniques en augmentant le rôle des troupes auxiliaires et de la cavalerie. Les légions, accrues en nombre et réduites à 1 000 hommes, bénéficient dans leur armement et leur tactique de profondes modifications, comme la puissance renforcée des archers et des frondeurs. Les armes portatives se multiplient.

Cette belle façade va finir par se lézarder du fait des luttes internes qui divisent l'empire romain. À la fin du IVe siècle, la puissance romaine se dissout et se désintéresse de la Gaule. Dans cet écroulement, l'armée gallo-romaine du Rhin demeure, malgré tout, ce qu'il y a de plus solide dans l'empire. Les légions, maintenues à un certain niveau, permettent encore aux chefs gallo-romains de poursuivre la lutte parfois avec avantage. Les grandes invasions du Ve siècle débutent avec les Vandales. En 410, Alaric, roi des Wisigoths, s'empare de Rome. En 450, les Huns, venus du Caucase, ravagent une partie la Gaule mais sont finalement écrasés par une coalition celtique, romaine et germanique.

Jusqu'en 475, date de la déposition du dernier empereur, les Gallo-Romains tentent de s'opposer aux empiétements des Francs, des Bretons et des Wisigoths, mais leurs efforts sont vains, car ils ont abandonné tout ce par quoi Rome avait vaincu, la force et la souplesse de ses légions. Revenus aux massives formations des vieux Gaulois, ils vont au combat en phalanges de 30 000 combattants, formées sur 16 rangs en profondeur, devenant ainsi vulnérables aux attaques de flanc de l'adversaire. Rendus moins vulnérables par l'emploi généralisé du casque et de la cuirasse, les fantassins et cavaliers francs sont alors capables de combattre un fantassin gallo-romain peu mobile et facilement désorienté par les assauts venant de tous côtés.

Chapitre 3 : Le glaive et le bouclier : Gaulois, Romains et Francs

Les Francs

Aux Ve et VIe siècles, sur le territoire de la France future, les Francs s'imposent au détriment des autres peuples, sous la direction des rois successifs comme Clodion, Mérovée et surtout Clovis, qui, en 486 à Soissons, écrase son rival Syagrius, fils d'un ancien chef de la milice de Gaule, qui portait encore le titre de roi des Romains. Cette victoire militaire donne à Clovis un grand ascendant sur les Gallo-Romains et les autres peuples germaniques. Après avoir soumis les Alamans à Tolbiac, puis les Burgondes, Clovis bat, en 507 à Vouillé, les Wisigoths, tuant même de son épée le roi Alaric, son principal rival. Comme sous César, et cinq siècles après lui, l'unité de la Gaule est rétablie.

Les Francs mérovingiens

Le roi des Francs prend l'avis d'un conseil, composé de chefs guerriers (ducs et comtes), mais décide seul. Chef de guerre avant tout, élevé sur un bouclier par ses guerriers, il trouve dans leur force et leur obéissance son autorité, mais parfois aussi sa limite dans leur indépendance. Les rois francs sont entourés de leur *truste*, troupe de guerriers d'élite, braves, bien armés et équipés, troupe peu nombreuse mais augmentant rapidement avec la puissance du chef. Le roi emploie les milices locales que dans des opérations menées à proximité de leur habitat. Lorsqu'il s'agit d'une véritable expédition, le roi franc met en pratique l'antique règle en vertu de laquelle l'homme libre doit prendre les armes en cas de guerre. Ce service militaire est exigible de tous les hommes libres, peuplant les territoires du royaume.

Jusqu'au VIIe siècle, les Francs sont essentiellement hommes de pied, seuls leurs chefs sont à cheval. Ils combattent toujours en masses profondes. L'arme principale demeure la longue épée, à laquelle s'ajoutent la lance, un javelot portant une sorte de harpon appelé *angon*, la dague et le poignard, sans oublier une arme caractéristique, une sorte de hache, nommée *francisque*. Dans la mêlée, le fantassin franc cherche à découvrir son adversaire en arrachant son bouclier avec l'angon, il le frappe alors avec la francisque et l'achève à l'épée ou au poignard. Pour les cavaliers francs, le casque, l'armure et les étriers sont devenus l'équipement normal. Les conducteurs de chariots sont armés d'arcs et de couteaux.

Les Francs carolingiens et la bataille de Poitiers

À la fin du VIe siècle, après la mort de Clovis, le royaume des Francs connaît une période de luttes implacables entre les successeurs, mettant fin à la dynastie mérovingienne, éclatée en trois principautés rivales. À la fin du VIIe siècle et au début du VIIIe siècle, on assiste alors à l'essor de la dynastie franque carolingienne, avec Pépin de Herstal (679-714), qui parvient à réunifier une partie du royaume des Francs, notamment par la victoire militaire de Terty, en 687. Charles Martel (690-741), fils naturel de Pépin de Herstal, consolide le royaume, devient maître de tout le territoire franc, à l'exception de l'Aquitaine, indépendante sous le roi Eudes.

En 720, les Arabes s'emparent de Narbonne et menacent le royaume des Francs. Les Arabes ont déjà conquis la Syrie, la Perse, l'Égypte, le littoral méridional de la Méditerranée, l'Espagne et franchi les Pyrénées. Pendant dix ans, le roi Eudes d'Aquitaine les a contenus, mais, en 732, il est débordé et appelle Charles Martel à la rescousse. Les forces musulmanes atteignent le Poitou et quelques Sarrasins sont dans la vallée de la Loire et le bassin de la Seine. La rencontre principale a lieu dans les plaines de Poitiers. Durant six jours, les deux armées adverses s'observent. Au matin du septième, le 17 octobre, les cavaliers arabes s'élancent à l'attaque sans parvenir à rompre la phalange des Francs, malgré leurs charges vingt fois renouvelées. Débordés alors par la cavalerie d'Aquitaine, ils tournent la bride et s'enfuient. Charles Martel sauve ainsi son royaume de l'invasion arabe.

L'armée impériale de Charlemagne

L'empire carolingien de Charlemagne (768-814) occupe la plus grande partie de la France actuelle, la Bretagne en moins, s'étend en Italie centrale, dans le nord jusqu'au Danemark, en Germanie jusqu'en Bohême. L'activité guerrière de Charlemagne est considérable. Il soumet les Saxons au nord (772-804), conquiert le royaume de Lombardie au sud-est (773-774), sécurise les Pyrénées au sud-ouest (777-778).

Charlemagne perfectionne l'armée franque. Les seigneurs, rattachés à l'empereur par un serment de fidélité, disposent d'une petite armée composée de mercenaires et de sujets (paysans et valets), tous généralement pourvus d'un casque et d'un vêtement de cuir revêtu d'une plaque de métal, appelé *brogne* ou *cotte*. Les plus pauvres gens font leur service dans les convois et les services auxiliaires. Charlemagne dispose également de quelques milliers de mercenaires armés et équipés par lui. L'armement marque peu de progrès : le cavalier est armé d'une lance et d'une épée. Les gens de pied (paysans et valets) ont l'arc et la pique. Au combat, les gens de pied font pleuvoir une grêle de flèches sur la troupe ennemie, et s'élancent sur elle avec la pique, tandis que la cavalerie intervient par la suite, en profitant de l'ébranlement ainsi obtenu. Les troupes emportent dans des chariots les outils indispensables au creusement des tranchées et à la protection des camps. Le matériel de siège est proche de celui des Romains, avec notamment les catapultes pour lancer des boulets de pierre ou de plomb, sans oublier des tours roulantes de 10 à 12 m de haut, munies d'un système de poulies, agencées de telle sorte que les bœufs qui les tirent les approchent des remparts en s'en écartant eux-mêmes.

Ces armées sont ravitaillées par voie d'eau et de terre. Pour faciliter les mouvements, de véritables lignes d'étapes sont constituées par l'échelonnement des fermes, le long des routes les plus suivies.

L'impression produite par les armées de Charlemagne est, d'après les chroniqueurs, très forte, sans doute en raison de l'ordre et de la discipline qui règnent dans ces petits corps de 6 000 à 10 000 hommes bien concentrés et soigneusement équipés. Leur valeur réside également dans la qualité des chefs, audacieux et intelligents, prompts à décider comme à exécuter, ayant le sens de l'autorité et du pouvoir de l'État.

Les derniers Carolingiens et les Normands

Le traité de Verdun, conclu en 843 entre les fils de Charlemagne, consacre le partage de l'empire. Charles le Chauve obtient la France, Louis la Germanie, Lothaire les Pays-Bas et l'Italie. Le royaume de France s'étend en longueur des Pyrénées à une partie de la Flandre, et en largeur à un peu plus de la moitié de la France actuelle, sans la Bretagne.

Charles le Chauve se trouve à la tête d'une armée fortement diminuée, à la suite de l'éclatement de l'empire de son père. Il doit accorder l'indépendance à l'Aquitaine lorsqu'il a besoin de son concours contre les Normands, nouvelle menace venue de l'Europe du Nord. Ces guerriers et marins scandinaves, appelés également les Vikings, pratiquent une tactique de guerre audacieuse et habile. Naviguant avec des bateaux de 20 m, fortement construits pour porter une cinquantaine d'hommes armés, ils s'engagent en nombreuses flottilles dans les estuaires et les fleuves, puis pénètrent à terre dans le pays pour le piller. Attaqués, ils retraitent sur leur base de mouillage et rembarquent avec leur butin. Leur adversaire ne dispose d'aucune flotte pour les poursuivre.

En 885, plusieurs milliers de Vikings portés par 700 navires remontent la Seine jusqu'à Paris, défendu par Eudes, duc entre Seine et Loire. Dans la période troublée qu'ouvre cette invasion, l'empereur d'Allemagne, Charles le Gros, puis Eudes, sauveur de Paris, exercent successivement le gouvernement de la France, sans pouvoir empêcher les Normands de s'installer dans la région qui devait prendre le nom de Normandie. Lorsqu'un Carolingien, Charles le Simple, revient sur le trône de France, il se résigne à l'inévitable en signant, en 911, un traité avec le chef Rollon, donnant d'une manière officielle la Normandie aux Normands.

Chapitre 4
Le temps des chevaliers : les armées féodales

Dans ce chapitre :
- La chevalerie
- Les croisades
- La puissance de l'armée de Philippe Auguste

La condition de l'avènement de la féodalité est la création d'une chevalerie, formée de guerriers équipés de chevaux. Dans la seconde moitié du VIIIe siècle, ils apparaissent de plus en plus au premier plan, mais c'est surtout à la fin du Xe siècle que leur rôle devient prépondérant. Grâce à une concession de terre, le guerrier acquiert son indépendance économique qui lui permet de se procurer un cheval et des armes. Un lien de fidélité s'établit entre un vassal et son seigneur, fondé sur la réciprocité entre le concédant et le concessionnaire du fief (la terre concédée par le seigneur). Le vassal doit obéissance à son seigneur et s'engage à combattre à ses côtés. En échange, le seigneur doit au vassal justice et protection. Le fief devient héréditaire en 877, ce qui nécessite pour le défendre la création d'une troupe. On assiste alors, sous les ordres du vassal et du seigneur, à la multiplicité de petites armées féodales. Le roi de France dispose lui-même d'une armée privée, complétée en cas de conflit contre un autre pays par celles des seigneurs et des vassaux fidèles au royaume de France.

Un système hiérarchisé

Par l'intermédiaire de son seigneur immédiat, le vassal relève indirectement des barons et des grands feudataires du royaume, ducs et comtes, eux-mêmes fidèles au roi. Les simples vassaux comprennent deux classes, les chevaliers et les écuyers. Le *chevalier*, possesseur d'un fief, a le privilège de porter l'épée. S'il est maître d'un château fortifié et d'un village de

24 maisons, il est dit *banneret* et il a lui-même des vassaux sous sa bannière ; dans le cas contraire, il est simple *bachelier*. L'*écuyer*, de situation plus modeste, combat sous les ordres des chevaliers.

Le chevalier, homme de guerre de naissance, est exercé dès l'enfance à l'équitation et à l'usage des armes, dont principalement l'épée. Il va au combat à cheval, accompagné au plus près de son fidèle écuyer, entouré de ses sergents, tenanciers de la terre, et suivi de ses valets ou courtilliers prêts à le protéger ou à achever un ennemi désarçonné. Le chevalier est la force vive de cette armée féodale.

Figure 4-1 : Chevaliers français au combat (collection privée, DR).

La chevalerie

Le seigneur pousse ses vassaux les plus braves et les plus fidèles, possédant un revenu suffisant, à se faire chevaliers dès qu'ils ont 21 ans. Formé jusque-là en qualité de page ou d'écuyer dans la maison de son suzerain, le futur chevalier a fait preuve de hardiesse et de loyauté, de force et d'adresse.

La cérémonie de l'adoubement se déroule à l'occasion d'une grande fête ou d'un beau fait d'armes. Sur le perron du château, devant les vassaux et les paysans, ou sur le lieu même de la bataille, devant les guerriers, le parrain remet à son filleul le casque, l'épée, le bouclier blasonné, la lance et lui donne l'accolade. Les éperons aux pieds, le nouveau chevalier saute en selle et fait valoir son adresse à manier son cheval et ses armes. Dans certains fiefs, la cérémonie prend un caractère plus religieux. L'aspirant se prépare par des journées de jeûne et des nuits de prière. Après s'être confessé, il s'approche, vêtu de blanc, du sanctuaire où le prêtre lui donne la communion et lui passe le baudrier autour du buste. Le nouveau chevalier, «vrai fils de l'Église», jure de défendre les faibles, la veuve et l'orphelin. Même lorsqu'elle s'affranchit de cette mainmise religieuse, la chevalerie conserve le culte et la pratique des vertus auxquelles s'attache encore son nom : le courage, la fidélité à la foi jurée, la défense des humbles.

Les roturiers militaires

Dès le IXe siècle, l'esclavage fait place au servage, qui apporte au serf une situation différant parfois fort peu de celle de l'homme libre, qui est admis à combattre derrière son seigneur. La coutume ayant admis le droit du seigneur au concours de ses tenanciers roturiers, une réglementation s'établit, variable avec les usages locaux. Ce droit entraîne rapidement une foule d'abus et de vexations contre lesquels réagissent le clergé et les villes. La constitution des milices paroissiales et, plus tard, l'établissement des communes répondent au besoin des petits de s'associer et de se défendre contre la tyrannie des puissants.

La conquête de l'Angleterre

Au XIe siècle, le duché de Normandie est l'un des plus puissants du royaume de France. On voit les Normands se battre en Espagne, fonder le royaume des Deux-Siciles et conquérir l'Angleterre.

La bataille d'Hastings, le 14 octobre 1066, au sud de l'Angleterre, représente le grand événement militaire de l'époque. Guillaume le Conquérant, duc de Normandie, prépare longuement son expédition avec une remarquable prévoyance. Il réunit une flotte de 700 navires. Son armée se compose de tous les contingents féodaux de son duché, ainsi que ceux de plusieurs fiefs français et bretons, des pays rhénans, de la Pouille et de l'Espagne. En huit mois, cette armée forte de 15 000 hommes dont 3 000 cavaliers est bien encadrée et armée, instruite et disciplinée.

Guillaume met la voile de Saint-Valery-sur-Somme et débarque aisément en Angleterre du Sud, à Pevensey, le 28 septembre 1066. Son adversaire, le roi anglo-saxon Harold Godwinson l'attend sur un terrain élevé et bien choisi, à 8 km au nord d'Hastings, avec une armée de 7 500 guerriers anglo-saxons déterminés et vigoureux, formant une masse compacte de gens de pied armés principalement de la grande hache danoise à deux mains. Ils alignent peu d'archers, la cavalerie est absente. De son côté, Guillaume le Conquérant engage pour livrer cette bataille 5 000 fantassins ou archers et 2 000 cavaliers, soit un total de 7 000 combattants.

L'armée normande, rattachée au royaume de France, s'avance en trois corps. Chaque corps présente trois lignes : la première d'archers, la deuxième d'infanterie bien armée et articulée à la manière des légions romaines, la troisième formée de cavaliers. Les archers des deux camps engagent la bataille. À cette action succède une charge de la cavalerie normande qui ne peut ébranler la masse anglo-saxonne. Guillaume ordonne à une partie de sa troupe de feindre une retraite, tandis qu'il prépare sa cavalerie à attaquer l'ennemi en plein mouvement à découvert. C'est alors la mêlée durant laquelle l'épée normande perce de sa pointe le guerrier anglo-saxon forcé de se découvrir pour manier sa lourde hache. Le roi Harold Godwinson, d'abord blessé par une flèche, périt finalement sous les coups d'épée des chevaliers normands.

Les pertes des guerriers anglo-saxons auraient été cinq fois plus importantes que celles des Normands. La bataille d'Hastings dure toute une journée, de 9 heures du matin à la tombée de la nuit. Une durée exceptionnelle pour l'époque où les combats se règlent en général en deux heures.

Victorieuse à Hastings, l'armée normande progresse jusqu'à Londres en novembre. Début décembre, la ville capitule. Guillaume le Conquérant est couronné roi d'Angleterre le 25 décembre 1066, en l'abbaye de Westminster.

Les croisades

Au XIe siècle, le royaume de France joue un rôle essentiel dans la conquête des Terres saintes en Palestine, au Liban et en Syrie, alors occupées par les Turcs, convertis à l'islam.

✔ **La première croisade (1096-1099) mobilise 15 000 pèlerins venus de Picardie, de Normandie, de Lorraine, d'Auvergne, du Languedoc ou de Provence, sous la conduite de chefs improvisés comme Pierre l'Ermite et le chevalier bourguignon Gautier sans Avoir.** À cette troupe bigarrée, composée surtout de paysans et de citadins, vient se joindre une armée de 30 000 soldats et chevaliers lorrains, normands, français et germains. À l'issue d'un siège de cinq semaines et de sanglants combats, la ville sainte de Jérusalem est prise par les croisés le 15 juillet 1099.

Les chevaliers du Temple

Après la prise de Jérusalem, les États chrétiens d'Orient (royaume de Jérusalem, comtés de Tripoli et d'Édesse, principauté d'Antioche) voient le jour. Pour défendre ces États et les pèlerins qui s'y rendent et s'y installent, on assiste à la création d'ordres militaires et religieux, dont celui des Templiers, fondé par des chevaliers français en 1129, avec l'assentiment du pape. Les moines soldats des chevaliers du Temple s'organisent militairement et administrativement aussi bien en Terre sainte qu'en Occident, principalement en France.

L'organisation hiérarchique des templiers repose sur le *maître de l'ordre*, auquel le roi de France, Louis VII, donne le rang de prince, ce qui le place à l'égal des souverains. Vient ensuite le *sénéchal*, lieutenant du maître, qui peut le remplacer en cas d'absence. Le *maréchal* s'occupe des affaires militaires et peut déléguer ses pouvoirs à des maréchaux provinciaux. Les *commandeurs* dirigent les provinces. Le drapier se charge des équipements et de l'habillement. Les *commandeurs de maison* gèrent la commanderie dont ils ont la charge, sous la tutelle du commandeur de province. Les *commandeurs des chevaliers*, lieutenants du maréchal, dirigent une troupe de dix chevaliers. Les *chapelains*, liens entre le maître et le pape, sont les seuls ecclésiastiques habilités à célébrer les offices religieux et à confesser les frères. Le *sous-maréchal* exerce une fonction d'armurier. Le *gonfanonier* s'occupe de la discipline et de l'intendance. Le *turcoplier* est responsable des non-nobles, écuyers, sergents et cavaliers auxiliaires, comme les *turcopoles*, chrétiens orientaux ou musulmans convertis au christianisme, recrutés en Terre sainte.

La hiérarchie des frères s'établit conformément à la société féodale avec les *frères chevaliers* issus de la noblesse, qui sont ceux qui combattent. Les *frères chapelains* assurent les offices religieux. Les *frères sergents* sont les auxiliaires des chevaliers. Les commanderies se présentent comme de vastes exploitations agricoles, dépourvues souvent de fortifications.

En 1136, l'ordre du Temple repose sur 300 chevaliers et 3 000 hommes de troupe. Cette armée se trouve répartie en diverses forteresses qui défendent la Terre sainte, afin de protéger les Occidentaux.

En 1307, l'ordre du Temple est victime d'un complot fomenté par le roi de France Philippe le Bel, qui ne supporte plus la puissance militaire, administrative et financière des templiers. Il fait arrêter le maître Jacques de Molay et ses principaux lieutenants le vendredi 13 octobre 1307. Menacé de mort par le souverain français, le pape Clément V abolit l'ordre du temple le 22 mars 1312.

Chevalier de l'ordre du Temple (collection privée, DR).

- **La deuxième croisade (1147-1149), regroupant des chevaliers et combattants français et allemands, est marquée par deux expéditions malheureuses contre Damas et Ascalon.** En 1187, on assiste même à la prise de Jérusalem par le sultan Saladin, qui triomphe des croisés à la bataille d'Hattin.

- **La troisième croisade (1189-1192), conduisant des chevaliers français, allemands et anglais, aboutit à la prise de Saint-Jean-d'Acre, en 1191,** et à un armistice avec Saladin, qui autorise des pèlerinages à Jérusalem.

- **Les dernières croisades sont des échecs,** marqués par la perte définitive de Jérusalem, en 1244, et de Saint-Jean-d'Acre, en 1291.

L'armée de Philippe Auguste

Philippe Auguste (1180-1223), roi de France, est non seulement un admirable administrateur, mais aussi un ardent défenseur du royaume. Il resserre les liens avec les vassaux et améliore les milices communales. Il favorise l'instruction des miliciens et fonde de véritables unités organiques, réunies en formations de 80 à 100 cavaliers, aptes aux missions réclamant de la mobilité et de la vitesse. Des détachements d'arbalétriers voient le jour. Les sergents à pied sont constitués en compagnies de 100 hommes, les arbalétriers et les archers formant des fractions spéciales. On voit apparaître également des compagnies de mineurs et de pionniers. Philippe Auguste peut compter sur une garde du corps de 3 000 hommes, cadets ou nobles sans fortune, tandis que son armée permanente repose sur 2 000 sergents et 800 chevaliers convoqués à tour de rôle. Le royaume de France a la capacité de mobiliser 300 000 fantassins sur l'ensemble du territoire, relevant des milices communales, des troupes féodales, des domaines de la Couronne. Cette puissance quantitative fait de l'armée royale et féodale du roi Philippe Auguste la plus puissante d'Occident.

Le commandement est l'objet d'importantes innovations. Le *bailli* (justicier du roi) voit ses pouvoirs étendus à la conduite des combattants des communes et de la petite noblesse, et à la mise en état de la défense des châteaux et des forteresses. Le *connétable de France* se charge d'établir les plans de guerre et d'en assurer l'exécution. Les *maréchaux*, créés en 1185, sont ses intermédiaires vis-à-vis des ducs, comtes et barons. Il existe même un commandement spécial de l'infanterie, précurseur de celui des colonels.

La guerre médiévale

Philippe Auguste est également un maître d'art de la fortification, avec la construction massive de châteaux forts en pierre, généralement bâtis au bord d'un escarpement, dont le donjon est la demeure du seigneur et le réduit défensif, tandis que les épaisses murailles (simples, doublées ou triplées) assurent le gros de la défense, avec des tours et des tourelles. Les meurtrières permettent l'usage des arcs et des arbalètes. Les édifices annexes (chapelle, écuries, magasins, cuisines, habitations) complètent l'ensemble défensif à l'intérieur du château.

Les moyens d'attaque augmentent en puissance : engins à ressort, balistes, trébuchets et mangonneaux lançant des boulets de pierre de 10 à 150 kg, béliers ou moutons pour ébranler les maçonneries, tours roulantes et beffrois pour prendre pied sur les murailles, galeries mobiles permettant de se glisser à l'abri jusqu'au pied du rempart. Les mineurs creusent sous les tours de la défense une galerie soutenue par un coffrage de bois enduit de matières inflammables, qui s'effondre lorsque l'on y met le feu. La plupart de ces engins très pesants sont intransportables, aussi Philippe Auguste constitue des compagnies de charpentiers et un corps d'ingénieurs capables de les construire sur place.

Les moyens défensifs suivent une évolution parallèle. Le plus efficace est le *hourd*, galerie de bois couverte qui couronne en encorbellement tours et enceintes, et permet de faire pleuvoir, au pied du mur, des projectiles de toutes sortes pour rendre la place intenable à l'assaillant. Les hourds sont remplacés par les mâchicoulis en pierre.

La tactique du champ de bataille repose soit sur l'attaque frontale brutale et puissante, soit sur une action d'aile, rapide et discrète. Dans la défensive, il convient d'éviter la rupture par l'adoption d'un dispositif sur plusieurs lignes, et le débordement par le déploiement sur un front égal à celui de l'adversaire.

Le chevalier demeure le maître du champ de bataille : armé de la lance et de l'épée, protégé par un *heaume* (casque en métal couvrant le visage, le crâne et la nuque), un bouclier et une *cotte de mailles* (vêtement formé d'anneaux de métal). Le sergent d'arme se contente de la tunique en cuir rembourrée, appelée *gambison*, et d'un casque conique. Cette cavalerie est donc à la fois propre à la charge lourde de rupture et à des actions plus souples de reconnaissance ou d'encerclement. Le fantassin, casqué et protégé généralement d'un bouclier, dispose d'une épée, d'une hache, d'une masse d'arme ou d'une lance. L'arbalétrier, également casqué, peut toucher sa cible à 150 m avec une flèche capable de briser un membre ou de percer les protections métalliques. L'arc présente l'avantage de tirer plus vite. Les essaims d'archers et d'arbalétriers, postés en avant ou sur les ailes, couvrent la cavalerie et l'infanterie des assauts imprévus de l'ennemi.

La bataille de Bouvines

Cette bataille a lieu le dimanche 27 juillet 1214, près de Lille. Elle oppose les troupes royales françaises de Philippe Auguste, renforcées par les milices communales, à une coalition anglo-germano-flamande menée par l'empereur allemand Otton IV. Environ 7 000 combattants français, dont 1 500 chevaliers, affrontent 9 000 adversaires.

Les chevaliers français d'Eudes de Bourgogne chargent l'aile gauche de l'armée d'Otton IV, qu'ils parviennent à mettre en fuite. Au centre, l'infanterie de l'empereur met en danger le dispositif de Philippe Auguste. L'intervention des chevaliers français renverse la situation. La charge des troupes françaises (fantassins et cavaliers) au centre et aux deux ailes sème la panique dans les rangs adverses. Otton manque de se faire occire par les chevaliers français. Il ne doit son salut qu'à sa fuite du champ de bataille. Les soldats anglais s'enfuient également. Matthieu de Montmorency s'empare de 12 bannières ennemies. La victoire de Philippe Auguste est totale, ses pertes humaines sont minimes et une bonne partie des seigneurs coalisés se trouve entre ses mains : 900 combattants français sont hors de combat, contre 6 000 dans les rangs adverses.

La guerre de Cent Ans

En 1328, Philippe de Valois, neveu du roi Philippe le Bel par son père, monte sur le trône de France, sous le nom de Philippe VI. Édouard III, petit-fils de Philippe le Bel par sa mère, règne en Angleterre depuis l'année précédente. Supportant de moins en moins la puissance affichée par le royaume de France, il se proclame roi de France le 21 août 1337. La lutte tragique entre la France et l'Angleterre commence. Elle va durer plus de cent ans (1337-1453), marquée par de longues périodes de trêve, des revers et des victoires. Une partie de la France se trouve sous la couronne d'Angleterre durant des décennies, comme notamment l'Aquitaine, la Normandie et la Champagne.

Les armées en présence

En Angleterre, le recrutement est assuré par un service obligatoire, entre 16 et 60 ans, pour tout homme libre. Des revues régulières permettent de vérifier la réalité des effectifs, l'état de l'armement et de la préparation. La cavalerie anglaise, peu nombreuse, est cependant instruite à combattre à pied comme à cheval. Les chevaliers anglais sont protégés d'armures légères, facilitant les mouvements. L'infanterie est l'objet de tous les soins, avec les vigoureux piquiers gallois et irlandais, et quelques mercenaires flamands d'une qualité égale. Les archers britanniques sont les meilleurs d'Europe. Avec leurs arcs de 6 pieds, ils lancent des flèches avec une remarquable précision et une grande rapidité. Les Français préfèrent l'arbalète, plus lente et dont le tir est mécanique : ils ne lancent que deux flèches dans le temps que l'archer anglais prend pour en envoyer seize.

En France, les armées féodales sont divisées par l'antagonisme et le manque de confiance réciproque des nobles et des roturiers. L'indispensable solidarité du champ de bataille ne peut naître d'un tel manque de cohésion, aggravée par la présence de contingents étrangers. La cavalerie française

Chapitre 4 : Le temps des chevaliers : les armées féodales

est en décadence : les chevaliers français se gardent mal, ne font plus de reconnaissance. Leur force, jusque-là irrésistible, réside dans la vitesse et la brutalité du choc, mais la portée accrue des armes de jet et la résistance des carrés gallois, irlandais et flamands brisent désormais cet élan. Enfin, l'alourdissement considérable des armures prive les chevaliers français de la mobilité indispensable. Désarçonnés, ils sont perdus et ne peuvent échapper à la mort que par la rançon que l'on espère tirer d'eux. La protection des chevaux participe à cette même évolution, avec des plaques de fer réduisant la mobilité et la vitesse. Les armes des chevaliers français sont lourdes et encombrantes, comme la longue lance et l'épée massive. Quant à la troupe à pied, la France ne possède pas d'infanterie capable de tenir ou d'attaquer massivement. Les arbalétriers savent surtout combattre par petits groupes. Les milices urbaines fondent « comme neige au soleil ». Les groupements français de combat sont le plus souvent constitués non en raison d'aptitudes ou de missions, mais avec le seul objet de tenir compte des origines sociales ou de respecter les susceptibilités.

La bataille de Crécy

Non loin d'Abbeville, sur la Somme, la bataille de Crécy, le 26 août 1346, oppose 50 000 combattants français à 20 000 britanniques. L'armée anglaise présente une première ligne (fantassins et archers) parfaitement positionnée derrière des rangées de pieux où doivent s'empaler les chevaliers français. Sur une seconde ligne, les chevaliers anglais sont prêts à contre-attaquer si besoin. L'armée française est organisée en trois lignes. Au-devant on trouve les arbalétriers génois, ainsi que deux lignes de chevaliers. Le reste est composé de troupes à pied qui occupent l'arrière et les côtés.

Le roi de France Philippe VI envoie ses arbalétriers génois entamer le combat, mais leurs armes ont souffert de la pluie : les cordes sont humides et perdent de leur puissance, alors que la corde rustique en chanvre, celle des longs arcs traditionnels gallois, gagne en dureté lorsqu'elle est mouillée. Les Génois ne tirent qu'à une cadence de 2 à 4 flèches à la minute, tandis que les Gallois tirent chacun de 6 à 16 flèches à la minute. Ces derniers, au nombre de 6 000, expédient donc de 36 000 à 96 000 flèches à la minute ! Décimés, les arbalétriers génois doivent se replier. Croyant à une trahison, Philippe VI ordonne à ses chevaliers de tuer les fuyards. Dans leur enthousiasme dément, ceux-ci bousculent et massacrent leurs alliés génois puis se ruent comme des démons sur les lignes anglaises. La suite n'est qu'une succession de charges inutiles et meurtrières, sans cohérence ni commandement d'ensemble. Les chevaliers français effectuent sans succès une quinzaine de charges, brisées par les archers gallois.

Cependant, un assaut français plus organisé, mené par le duc d'Alençon, frère de Philippe VI, atteint la première ligne d'archers gallois, qui au corps à corps, face à des chevaliers au grand galop, ne peut résister. Les chevaliers français en rage commencent un terrible massacre, tandis que les archers, horrifiés par le carnage, reculent en désordre. L'infanterie britannique serre alors les rangs. Après avoir traversé la ligne d'archers, l'attaque du duc d'Alençon se heurte aux fantassins et aux chevaliers anglais. Cernés de toutes parts, épuisés par le poids de leur armure, déshydratés par la chaleur, les chevaliers français subissent de lourdes pertes, car leurs chevaux sont finalement abattus par les archers. Parmi les morts français se trouve le fougueux duc d'Alençon tué sous son cheval. Les actes héroïques se succèdent, dont celui de Jean de Luxembourg, qui, bien qu'aveugle, charge à cheval la masse britannique.

La victoire anglaise est totale : 1 542 chevaliers français et 2 300 arbalétriers génois sont tués, contre 300 morts dans les rangs britanniques.

La bataille de Poitiers

Le 19 septembre 1356, à Nouaillé-Maupertuis, à 8 km au sud de Poitiers, se déroule une nouvelle bataille entre les Français et les Anglais. Une fois de plus, les 15 000 cavaliers français chargent les 7 000 combattants britanniques, dont les redoutables archers gallois. La bataille ressemble à s'y méprendre à celle de Crécy, où 2 500 Français sont tués, contre des pertes limitées dans les rangs britanniques, estimées à 500 morts. Le roi de France, Jean II le Bon, luttant avec courage au milieu de ses hommes, est capturé par le Prince Noir. Le combat s'est déroulé sur un terrain accidenté et coupé de haies, favorable à la défense. En 1360, le traité de Brétigny rend la liberté au roi Jean le Bon contre une importante rançon.

La guérilla de Bertrand Du Guesclin

Né en 1320, au château de la Motte-Broons, près de Dinan, au sein d'une famille de la noblesse bretonne, Bertrand Du Guesclin devient un chef de guerre remarquable par son sens tactique, redouté des Anglais. En 1337, lors d'un tournoi sur la place des Lices à Rennes, auquel il a l'interdiction de participer du fait de son jeune âge (15 ans), il défait, masqué, tous ses adversaires, avant de refuser de combattre son père, en inclinant sa lance par respect au moment de la joute, à la grande surprise de l'assemblée. Lors du siège de Rennes (1356-1357), il ravitaille la ville et effectue plusieurs coups de main contre les Anglais. En 1359, il défend avec succès Dinan assiégé par les troupes anglaises.

Admirable chevalier et grand capitaine, à la fois prudent, avisé et audacieux, Du Guesclin mène une véritable guérilla contre l'occupant anglais. Frappant là où l'on ne l'attend pas, il intervient avec une rapidité et une soudaineté remarquables, marchant de nuit, par tous les temps et sur tous les terrains, avec sa petite armée de quelques centaines ou milliers d'hommes, les seuls qu'il aime à commander. Il sait ce qu'il peut exiger de ses hommes, vivant au milieu d'eux, s'en occupant avec sollicitude, il est, malgré la dureté de son commandement, adoré d'eux, et il peut tout leur demander. Dans le combat, nul n'égale son ardeur, son intrépidité, son endurance, sa force physique.

Fait lieutenant en 1360, puis capitaine en 1364, il accumule les succès militaires, en s'emparant de plusieurs villes occupées par les Anglais. Durant la seule année 1364, il capture Mantes le 7 avril, Meulan le 13 avril, puis Vernon, Vétheuil et Rosny-sur-Seine les jours suivants. Le 16 mai, il remporte la victoire de Cocherel. En 1365, il délivre le royaume de France des grandes compagnies, amas de soldats indisciplinés qui ravagent les provinces. Il les persuade de participer à la première guerre civile de Castille au côté d'Henri de Trastamare, favorable à la France, qui dispute le trône de Castille à Pierre le Cruel, allié des Anglais. Il s'y couvre de gloire en poussant jusqu'à Tolède, Séville et Cordoue en 1366. Fait connétable de France par le roi Charles V en octobre 1370, il bat les troupes anglaises à la bataille de Pontvallain le 4 décembre 1370, poursuivant les Anglais, il les défait devant Bressuire le 8 décembre et fait tomber Saumur le 15. En avril 1371, il met le siège devant Bècherel, prend Conches en février 1372. En juin-juillet 1372, ses troupes prennent Montmorillon, Chauvigny, Lussac, Moncontour, Sainte-Sévère. En mars 1373, il remporte la bataille de Chizé. En avril, Du Guesclin prend Niort, Lusignan, La Roche-sur-Yon, Cognac, Mortemer. Après le débarquement anglais à Saint-Malo, il se dirige vers la Bretagne. En juin, il assiège Brest tenu par les Anglais et attaque Jersey en juillet.

D'août à septembre 1374, Du Guesclin et le duc d'Anjou lancent une offensive en Guyenne et prennent Penne-d'Agenais, Saint-Sever, Lourdes, Mauléon, Condom, Moissac, Sainte-Foy-la-Grande, Castillon, Langon, Saint-Macaire, Sainte-Bazeille, La Réole.

D'avril à juin 1378, Du Guesclin et ses troupes libèrent la Normandie, en s'emparant de Bernay, Carentan, Valognes, Avranches, Remerville, Beaumont, Breteuil, Saint-Lô, Évreux, Pacy-sur-Eure, Gavray, Nogent-le-Roi, Anet, Mortain et Pont-Audemer.

En l'espace de quelques années, il a ainsi libéré la Normandie, une partie de la Guyenne, la Saintonge et le Poitou de la présence anglaise. Sa troupe, mobile et souple, avec un noyau d'élite breton bien soudé, anticipe les actions commandos du XXe siècle en frappant vite, à l'improviste, en restant insaisissable, en entretenant l'insécurité chez l'ennemi et en le décourageant petit à petit. Cette guérilla est la mieux adaptée aux circonstances, puisqu'il s'agit de reprendre des châteaux dispersés, qui commandent routes et carrefours.

En 1378, Du Guesclin participe à la campagne contre la Bretagne. En 1380, il lutte en Auvergne et au sud du Massif central, met le siège devant Châteauneuf-de-Randon. Après plusieurs assauts terribles, la forteresse promet de se rendre, si elle n'est pas secourue dans quinze jours. Mais Du Guesclin meurt dans cet intervalle, le 13 juillet 1380, sans doute pour avoir trop bu d'eau glacée après avoir combattu en plein soleil. Le gouverneur de Châteauneuf-de-Randon vient, la trêve expirée, déposer les clés sur son cercueil. Son corps est déposé à la basilique de Saint-Denis.

La défaite d'Azincourt

La bataille d'Azincourt, en Artois, le 25 octobre 1415, oppose 13 500 combattants français, principalement chevaliers et cavaliers, à 9 000 combattants britanniques (1 000 chevaliers, 6 000 archers et 2 000 fantassins). Le terrain et le temps sont des éléments déterminants de l'issue de l'affrontement. Une lourde pluie tombe toute la nuit sur les deux armées peu abritées. Le champ de bataille, tout en longueur, est fortement détrempé, particulièrement côté français, placé dans le bas de la colline, où coule un ruisseau devenu torrent durant la nuit. Le terrain boueux désavantage l'armée française, composée de nombreux chevaliers en armure.

Le corps de bataille britannique s'organise sur quatre rangs, avec les archers et les fantassins en avant, protégés par des rangés de pieux, tandis que la cavalerie se trouve en arrière pour contre-attaquer. Les Français sont groupés sur trois lignes et en masse, avec une avant-garde de 3 000 chevaliers. Le corps de bataille principal, 150 m derrière l'avant-garde, est fort de 4 000 hommes en armure ayant mis pied à terre. L'arrière-garde se compose de 4 100 combattants de petite noblesse et de simples soldats. Le commandement français refuse la présence de 4 000 arbalétriers génois, car il estime son armée assez nombreuse. Sur les flancs, deux contingents de cavalerie lourde, soit 2 400 cavaliers français, doivent briser les rangs d'archers britanniques et faciliter l'attaque du corps de bataille principal.

Henri V d'Angleterre fait avancer ses hommes de 600 m vers les lignes françaises, d'une part pour les provoquer et les faire attaquer, d'autre part afin d'occuper la partie la plus étroite de la plaine, entre deux forêts. En se plaçant aussi près, il met les Français à portée de flèches des arcs gallois. Les archers s'abritent derrière des pieux qu'ils ont taillés et plantés dans le sol le soir, la veille de la bataille, et décochent une première volée.

Oubliant les leçons des défaites de Crécy, de Poitiers et le génie tactique de Bertrand Du Guesclin, 900 chevaliers français, issus des deux ailes, chargent à cheval les rangs adverses. Le premier obstacle est le terrain détrempé par la pluie, le second obstacle se trouve dans les archers anglais et leurs redoutables capacités. Criblés de flèches, les chevaliers français et les montures n'atteignent même pas les rangs ennemis. Les rares qui y parviennent sont empalés sur les pieux des archers. Les chevaux cherchent à s'enfuir et se heurtent à l'avant-garde française à pied, qui, devant ce massacre, décide d'attaquer. Les archers anglais déversent leurs flèches et en noircissent le ciel.

Sous le poids de leurs armures, les chevaliers et les écuyers français s'enfoncent profondément dans la boue à chaque pas. Ils atteignent cependant les lignes anglaises et engagent le combat contre les archers et les fantassins britanniques. La lutte est intense. L'armée anglaise doit reculer et le roi Henri V est menacé d'être tué. Il est rapidement dégagé par sa garde rapprochée. Piégés dans un entonnoir, les Français, embourbés et contraints de se protéger avec les boucliers, sont incapables de lever leurs armes dans cette mêlée trop serrée. Les Anglais en profitent pour pénétrer les rangs français. Les archers délaissent leurs arcs pour des armes de corps à corps (épées, haches, maillets, masses d'arme) et entrent dans la mêlée. L'avant-garde française est taillée en pièces en une demi-heure. Les survivants battent en retraite mais se heurtent à la deuxième ligne française, qui entre également dans la mêlée, ce qui engendre une extrême confusion. Les cadavres des chevaux et des hommes empêchent toute progression et tout assaut. La troisième ligne française attaque à son tour et se brise sur les empilements de cadavres et les combattants anglais.

La défaite française est totale. Revenant le lendemain matin sur le champ de bataille, Henri V fait supprimer les blessés français qui ont survécu. L'armée française déplore 6 000 morts et 2 200 prisonniers, contre 600 morts dans les rangs britanniques.

Jeanne d'Arc renverse le cours de la guerre

En 1428, les Anglais occupent la moitié nord du royaume de France, tandis que le dauphin Charles conserve le Sud, qui lui reste fidèle. La Loire fait la frontière entre les deux. Le siège d'Orléans est un épisode majeur de la guerre de Cent Ans. Les Anglais sont près de prendre cette ville, verrou sur la Loire, protégeant le sud de la France, mais la cité est sauvée par Jeanne d'Arc, qui renverse le cours de la guerre.

Née le 6 janvier 1412, à Domrémy, en Lorraine, Jeanne d'Arc porte une particule qui n'indique en rien des origines nobles, une particule pouvant être portée tant par des roturiers que par des nobles. Jacques d'Arc, son père, simple laboureur, a émigré d'Arc-en-Barrois, en Champagne, pour s'installer à Domrémy, où il a fondé un foyer avec Isabelle Romée. À 13 ans, Jeanne affirme avoir entendu les voix célestes des saintes Catherine et Marguerite et de l'archange saint Michel lui demandant d'être pieuse, de libérer le royaume de France de l'envahisseur et de conduire le dauphin sur le trône. À 16 ans, elle se met en route pour rencontrer le dauphin du trône de France, Charles. Portant des habits masculins, elle traverse la Bourgogne, alliée aux Anglais, et se rend à Chinon, où elle est finalement autorisée à voir le dauphin Charles, grâce à une lettre de recommandation de Robert de Baudricourt, capitaine de Vaucouleurs. Elle annonce alors au dauphin sa mission salvatrice. Après l'avoir fait interroger par les autorités ecclésiastiques à Poitiers, et après avoir engagé une enquête à Domrémy,

Charles donne son accord pour envoyer Jeanne à Orléans, alors assiégée par les Anglais.

On l'équipe d'une armure et d'une bannière blanche frappée de la fleur de lys, elle y inscrit *Jésus Maria*, qui est la devise des ordres mendiants (franciscains et dominicains). Le dauphin donne à Jeanne d'Arc et ses lieutenants le commandement d'une armée de 4 000 hommes, tandis que Jean Dunois assure le commandement de la défense de la ville. Le 8 mai 1429, les Anglais, qui font le siège d'Orléans depuis le 12 octobre 1428, battent en retraite. La levée du siège résulte d'une série de coups de main tactiques parfaitement exécutés par les troupes de Jeanne d'Arc et de Jean Dunois. Les 6 400 soldats français ont finalement raison des 7 000 soldats anglais. On déplore 2 000 morts dans les rangs français et 5 000 tués chez les Britanniques. Après cette éclatante victoire, de nombreux volontaires viennent gonfler les rangs de l'armée française, qui remonte la vallée de la Loire et marche sur Reims pour couronner Charles VII.

L'armée conduite par Jeanne d'Arc et ses lieutenants remporte une suite incroyable de succès militaires lors de la campagne de la vallée de la Loire. La bataille de Jargeau, le 12 juin 1429, opposant 3 000 Français à 5 000 Anglais, se termine à l'avantage des troupes de Jeanne d'Arc.

La bataille de Meung-sur-Loire, le 15 juin 1429, où 6 000 soldats de Jeanne d'Arc et du duc Jean II d'Alençon combattent un nombre équivalent de soldats anglais, se conclut par une nouvelle victoire française : après avoir capturé la ville et le château, les Français organisent l'assaut frontal face au pont, qui est conquis après une journée de combat. Les Anglais sont désormais contraints de mener une guerre défensive. La bataille de Beaugency, les 16 et 17 juin, permet aux troupes françaises de s'emparer d'un pont stratégique sur la Loire et du château des environs.

Le 18 juin 1429, la bataille de Patay oppose 5 000 soldats anglais à l'avant-garde française de 1 500 cavaliers et piquiers, menée par les capitaines La Hire, Ambroise de Loré et Jean Poton de Xaintrailles. Les Français attaquent les archers anglais par les flancs qui ne sont pas protégés par des pieux faute de temps. Ceux-ci se débandent rapidement. Tandis que l'élite des archers anglais est taillée en pièces par les piquiers français, les chevaliers anglais fuient la charge de cavalerie française. Pour la première fois, la tactique française de la charge de cavalerie lourde l'emporte, avec des résultats inattendus : 2 500 morts dans les rangs anglais, contre seulement une centaine chez les Français. C'est la revanche française de Crécy, de Poitiers et d'Azincourt. Ultime haut fait de la reconquête française du Val de Loire, la bataille de Patay décapite pour longtemps l'armée anglaise, qui y perd ses meilleurs officiers et l'élite de ses archers.

Chapitre 4 : Le temps des chevaliers : les armées féodales

Les soldats français peuvent escorter Charles VII vers Reims sans avoir à combattre et le faire couronner le 17 juillet 1429, dans la cathédrale, par l'archevêque Renault de Chartres, en la présence de Jeanne d'Arc.

Le retentissement de ce sacre est considérable. Dans la foulée, Jeanne d'Arc tente de convaincre le roi de reprendre Paris aux Bourguignons, alliés des Anglais, mais il hésite. Jeanne d'Arc s'y présente seule, à la tête d'une troupe affaiblie, et échoue. Le roi finit par interdire tout nouvel assaut. Jeanne d'Arc conduit désormais sa propre troupe. Le 4 novembre 1429, elle s'empare de Saint-Pierre-le-Moûtier. Le 23 novembre, elle met le siège devant La Charité-sur-Loire, puis regagne Jargeau à la suite de l'échec du siège. Elle est alors conviée par le roi de France à rester dans le château de la Trémouille-sur-Loire. Elle s'échappe rapidement de sa prison dorée, pour répondre à l'appel à l'aide de la ville de Compiègne, assiégée par les Bourguignons. Finalement, elle est capturée par les Bourguignons le 23 mai 1430. Elle tente de s'échapper par deux fois, mais échoue. Elle est rachetée par les Anglais pour 10 000 livres et confiée à Pierre Cauchon, évêque de Beauvais et allié des Anglais. Après un simulacre de procès, elle est brûlée vive sur la place du Vieux-Marché de Rouen, le 30 mai 1431, à l'âge de 19 ans. Béatifiée en 1909, canonisée en 1920 par l'Église catholique, Jeanne d'Arc est proclamée patronne de la France en 1922.

Figure 4-2 : Jeanne d'Arc au combat (collection privée, DR).

Les réformes militaires de Charles VII

Le roi de France Charles VII (1422-1461) entreprend d'importantes réformes militaires, afin de contrebalancer la puissance anglaise. La cavalerie est réorganisée par l'édit royal du 26 mai 1445. Quinze compagnies sont formées avec pour chacune 100 lances. La *lance* comprend l'homme d'armes et cinq assistants, un page, trois archers et un «coustillier». Une compagnie de 100 lances représente donc un effectif de 600 cavaliers, dont 100 hommes d'armes et 500 cavaliers plus légèrement équipés. L'encadrement de la compagnie comprend un capitaine, généralement de haute noblesse, un lieutenant qui commande effectivement, un guidon, un enseigne et un maréchal des logis. Le roi choisit lui-même les 15 capitaines en tenant à la fois compte de leur naissance et de leur expérience de la guerre.

L'homme d'armes est coiffé d'un casque couvrant toute la tête appelé l'*armet*, porte la cuirasse avec gorgerin d'acier, recouverte d'une cotte d'armes ou d'une tunique d'étoffe de couleur. Il est armé d'une lance de 5 m de long, d'une épée droite et longue, la masse d'armes pendant à sa selle. Il dispose de quatre chevaux dont un pour le combat, un bidet pour la route, un cheval de bât et un cheval pour le page. Les hommes d'armes combattent à part. Les archers, moins protégés, forment une cavalerie légère, chargée d'escarmoucher, d'éclairer ou de poursuivre.

Charles VII s'occupe également de réorganiser l'infanterie. Un édit royal de 1448 institue les francs-archers. Dans chaque paroisse un archer est choisi en raison de sa valeur militaire, et plus particulièrement de son adresse au tir à l'arc. Il est coiffé d'une *salade*, casque muni ou non d'une visière, porte le *jacque*, justaucorps rembourré, ou la *brigantine*, corselet de lames de fer. Il est armé d'un arc, d'un carquois garni de 18 flèches, d'une dague ou d'une courte épée. Le franc-archer est astreint à s'exercer au tir à l'arc tous les jours de fête et les jours non ouvrables. Il reçoit quatre pièces par mois et se trouve exempt de tout impôt, à l'exception des aides de guerre. Les francs-archers jurent de ne servir que le roi de France et de bien le servir. En dehors des guerres et des périodes de service, ils vaquent librement à leurs occupations. Sous Charles VII, ils sont au nombre de 8 000 environ.

La France n'est pas la première à employer l'artillerie sur le champ de bataille, mais, sous Charles VII, elle rattrape vite le temps perdu, grâce à trois artilleurs éminents. Pierre Bessonneau est maître général de l'artillerie de 1420 à 1444. Il pousse surtout au gros calibre et fait construire des bombardes d'un poids énorme. Les deux frères Bureau, Jean et Gaspard, sont ingénieurs. Jean se distingue par des qualités de technicien émérite, tandis que Gaspard a sa part dans les grandes réformes de l'armée royale. On doit aux deux frères l'invention des boulets de fonte, le perfectionnement des affûts, la simplification des calibres.

Les artilleurs pratiquent le tir plongeant avec les bombardes, et le tir de plein fouet avec les canons longs, appelés *veuglaires* ou *couleuvrines*. Les boulets de pierre sont cerclés de fer pour battre plus puissamment les murailles, et, malgré les affûts rudimentaires, le tir de ces boulets, bien centrés dans l'âme de la pièce par des coins de bois, est assez précis pour que l'on pratique le tir en brèche. La portée atteint 1 500 à 2 000 pas, supérieure à celle de tous les engins de siège. Cette époque connaît aussi les canons se chargeant par la culasse ; mais, bien que ce système ne soit appliqué qu'aux canons de petits calibres, on doit l'abandonner pour des raisons de sécurité. À la fin de son règne, Charles VII possède une puissante artillerie et des hommes spécialement affectés au service des pièces et à leur charroi.

L'emploi judicieux de l'artillerie transforme la tactique du champ de bataille et celle des guerres de siège. En rase campagne, les canons, groupés et cachés, ouvrent le feu à des distances telles que les archers anglais sont dominés et neutralisés, les hommes d'armes sont dissociés lorsqu'ils marchent à l'assaut. Conscients de leur infériorité, les Anglais, fuyant la campagne, se retirent dans les forteresses et les places. Mais le canon français les suit. La batterie de brèche, poussée à bonne distance dans les tranchées ou couverte par des tonneaux remplis de terre, et reliée à l'approvisionnement de l'arrière par des boyaux, a raison des plus épaisses murailles de l'époque. Le siège en règle est abandonné : le règne de Charles VII voit les dernières bastilles et les derniers beffrois. L'effet matériel et moral est considérable : châteaux et villes tombent en quelques jours. En complément de l'artillerie, l'infanterie française s'arme de *serpentines*, sortes de fusils courts ou mousquetons, se chargeant par la bouche et très allongées pour augmenter la précision du tir.

La victoire décisive de Castillon

À la suite de la reconquête de la Normandie, lors de la campagne de 1450, l'armée française dirige ses efforts vers l'unique région encore aux mains des Anglais, à savoir la Guyenne, qui est finalement presque entièrement reconquise.

Henri VI, roi d'Angleterre, charge le seigneur de guerre John Talbot de reprendre cette région. Après une rapide campagne, Bordeaux est de nouveau aux mains des Anglais le 23 octobre 1452. La situation anglaise demeure cependant très fragile du fait de l'arrivée massive des troupes françaises de Charles VII, qui décident de contre-attaquer l'été suivant, en lançant quatre colonnes vers Bordeaux. L'une d'entre elles avance par la vallée de la Dordogne, prenant Gensac le 8 juillet 1453, approchant Castillon, ville fortifiée, mais ne l'assiégeant pas. Les commandants français Jean Bureau et André de Lohéac, dirigeant les opérations, changent de tactique. Il n'est plus question de reprendre la Guyenne ville par ville, mais de détruire l'armée anglaise du comte Talbot en une unique bataille, engageant le sort de l'Aquitaine.

L'armée française s'établit à 1 800 m à l'est de Castillon, dans la vallée, sur la rive droite de la Dordogne. Elle aligne 10 000 hommes, 1 800 lances, des francs-archers, une artillerie de 300 pièces servies par 700 personnes, auxquels il faut ajouter l'armée bretonne de 1 000 hommes, dont une cavalerie de 240 lances : soit un total de 11 000 soldats et auxiliaires. L'armée anglaise de Talbot repose sur 9 000 hommes.

Figure 4-3 : Armure de chevalier français en 1460 (collection privée, DR).

Les troupes françaises aménagent une solide position pour leur artillerie, véritable camp retranché, de telle sorte que le champ de bataille jusqu'à la Dordogne se trouve sous le feu des canons.

Le 17 juillet 1453, les pages français et les bagages inutiles au combat quittent le camp retranché. Talbot, persuadé que les troupes françaises prennent la fuite en voyant des nuages de poussière s'élever des positions adverses, n'hésite pas un seul instant à lancer l'assaut, afin de mettre les Français en déroute. Il charge à cheval à la tête de ses hommes et se heurte aux tirs dévastateurs des 300 pièces françaises d'artillerie, qui, chargées de mitraille, causent un effroyable carnage dans les rangs anglais. Les survivants se regroupent courageusement pour attaquer de nouveau, mais de nouvelles décharges jettent la débandade parmi eux. L'artillerie de Talbot n'a pu arriver à temps. Les cavaliers français et bretons, maintenus en réserve à Horable, chargent et précipitent la déroute des Anglais. Les Français ouvrent également les barrières du camp retranché et poursuivent les Anglais. Dans la mêlée qui s'ensuit, Talbot, dont le cheval est tué par un boulet, est précipité à terre et achevé par un archer français, Michel Pérunin, qui inscrit son nom dans les annales de cette bataille, en tuant le comte anglais d'un coup de hache sur la tête. Le fils de Talbot, Lord L'Isle, est également tué dans cette bataille.

Les survivants anglais s'enfuient, les uns en franchissant la Dordogne, où beaucoup se noient, les autres en refluant vers l'ouest jusqu'à Saint-Émilion, d'autres enfin en s'abritant dans la place de Castillon. Refuge bien éphémère : le 18 juillet, les Français postent quelques pièces d'artillerie et obtiennent rapidement la reddition de la ville. Le reste du commandement anglais capitule au château de Pressac, à Saint-Étienne-de-Lisse.

Le corps de Talbot est déposé à Notre-Dame-de-Colle, sur le champ de bataille, puis transporté en Angleterre et inhumé à Witchurch. Le comte Talbot mort, toutes les dernières places tenues par les Anglais se rendent et Bordeaux capitule sans effusion de sang. Cette bataille met fin à la guerre de Cent Ans et permet d'asseoir l'autorité de Charles VII sur l'ensemble du royaume de France, libéré de toute présence anglaise. La bataille de Castillon est une grande victoire française : seulement 100 hommes tués ou blessés dans les rangs des troupes françaises, contre 4 000 tués ou blessés dans l'armée anglaise.

Chapitre 5

« Au-dessus de tous » : la puissance de l'armée royale

Dans ce chapitre :
- L'importance de l'arme à feu
- Des chefs de guerre remarquables
- Des effectifs toujours plus nombreux

La fin de la guerre Cent Ans marque le déclin des armées féodales au profit de l'armée royale. La monarchie française, par le renforcement de sa puissance militaire, accroît son territoire, porte la guerre à l'extérieur de ses frontières, affronte avec succès les puissances et les alliances étrangères. De grands chefs militaires émergent, l'artillerie et les armes à feu prennent une place prépondérante, la tactique évolue sur les champs de bataille. L'armée française devient la plus puissante d'Europe.

L'œuvre militaire de Louis XI

En vingt-deux ans (1461-1483), le règne du roi de France Louis XI accroît le territoire d'une manière significative avec la Bourgogne et la Picardie, l'Anjou, le Maine et la Provence, le Roussillon et la Cerdagne, avec des frontières largement éloignées de Paris et appuyées aux Alpes comme aux Pyrénées.

Organiser pour mieux commander

La cavalerie forme une troupe solide et vaillante, avec les compagnies d'ordonnance, fortement constituées et encadrées. L'annexion de la Bourgogne renforce la cavalerie française de ces excellentes compagnies. La France se trouve partagée en quatre circonscriptions territoriales, dans chacune desquelles un capitaine général commande 4 000 francs-archers, répartis en huit compagnies de 500 hommes, armées par moitié d'armes d'estoc ou de jet, dont la première est commandée par le capitaine général, et les sept autres par les capitaines. Dans chaque circonscription existent quatre centres d'appel où les capitaines généraux passent leurs revues et s'assurent de l'exécution des prescriptions concernant la discipline, l'équipement, la solde, l'instruction. Philippe de Crèvecoeur est mis à la tête de l'ensemble de ces 16 000 francs-archers.

Les soldats suisses au service de la France

De toutes les bandes étrangères, que les rois de France (depuis Philippe le Bel) ont coutume de prendre à leur service, les Suisses sont les meilleurs. Louis XI apprend à les estimer. À la fin de la guerre de Cent Ans, l'artillerie française a eu raison de l'archer anglais. L'infanterie suisse est la première en possession d'un procédé efficace de lutte contre l'artillerie : courant sus à l'ennemi et droit à ses canons, elle s'en empare, les tournant parfois contre lui, et le tenant dès lors à sa merci. C'est une grande nouveauté. Auparavant, l'infanterie quittant sa position en marchant était systématiquement battue.

Cette aptitude de l'infanterie suisse au mouvement sur le champ de bataille est due à la création des bataillons, à la judicieuse combinaison des armes au sein des bataillons : plusieurs rangs de piquiers, protégés par cuirasses et salades (casques), en forment les faces extérieures ; les hallebardiers, arbalétriers et couleuvriniers (artilleurs et tirailleurs) en proportions variables, allégés et mobiles, sont disposés pour combiner au mieux les effets de leurs armes. Les canons trouvent leur place entre les échelons. Le courage et la discipline de ces troupes leur assurent une cohésion inébranlable lorsqu'elles se portent à l'attaque au pas de course. Contre la cavalerie, les piques appuyées au sol forment une véritable forêt d'épines. Cette tactique réussit aux Suisses jusqu'au jour où l'augmentation de la puissance de feu interdit à l'infanterie de rester en masse aussi compacte.

Louis XI utilise l'infanterie suisse pour conquérir la Franche-Comté. Il fait venir en France 6 000 d'entre eux commandés par Guillaume de Diesbach, afin de les utiliser également à l'instruction de ses propres troupes. Il fait prélever 6 000 piquiers sur les francs-archers, 4 000 francs-archers de Normandie, 4 000 recrues de Picardie, de Gascogne et du Dauphiné, et 1 500 lanciers qui doivent apprendre à combattre à pied, afin de former une infanterie permanente de 21 500 hommes organisée et exercée selon les méthodes suisses. Il les réunit au camp du Pont-de-l'Arche, près de Rouen, sous les ordres du sieur d'Esqueredes, le 9 octobre 1480.

Chapitre 5 : « Au-dessus de tous » : la puissance de l'armée royale

Cette masse est répartie en bataillons de 1 000 hommes et instruite par les soldats et les officiers suisses. La discipline de fer offre une grande cohésion. On dote les bataillons de tout le nécessaire en arcs, piques, hallebardes et dagues, en brigantines et salades, en tentes et en charrettes attelées. Les progrès sont rapides, et les Suisses sont renvoyés chez eux au bout de quelques mois. Les Français demeurent dans le camp deux années pour y achever leur formation. Ils le quittent lorsque le roi décide de les envoyer occuper les garnisons de la Picardie et de l'Artois. Les bataillons sont alors nommés « bandes de Picardie » : c'est la première infanterie française régulière et permanente, dont le drapeau de couleur rouge est traversé d'une croix blanche.

À sa mort, en 1483, Louis XI laisse à la France une armée puissante et redoutée de 4 500 hommes d'armes (ancêtres des gendarmes), 60 000 combattants à pied (fantassins suisses, francs-archers ou bandes de Picardie), avec une artillerie nombreuse et efficace, des forteresses en état.

Figure 5-1 : Le siège d'une ville au XVe siècle (collection privée, DR).

Les guerres d'Italie (1494-1559)

Les guerres d'Italie sont une suite de 11 conflits menés par les souverains français en Italie pour faire valoir ce qu'ils estiment être leurs droits héréditaires sur le royaume de Naples et sur le duché de Milan.

- **Lors du premier conflit (1494-1497), l'armée française, engagée en Italie, affronte le royaume de Naples, la république de Venise, les États pontificaux, le Saint Empire germanique, les royaumes d'Aragon et de Castille et le duché de Milan.** Une partie des mercenaires fait défection, poussant les Français à la capitulation.

- **Le deuxième conflit (1499-1500) oppose la France et la république de Venise au duché de Milan.** La victoire de Novare, le 10 avril 1500, permet aux troupes françaises d'occuper le duché de Milan.

- **La troisième guerre d'Italie (1500-1504) est marquée par les défaites françaises de Semirana, de Cerignole et du Garigliano** contre les royaumes de Naples et d'Aragon.

- **La quatrième guerre d'Italie (1508-1513) fait perdre à la France le duché de Milan au profit de la Sainte Ligue,** regroupant l'Espagne, les États pontificaux, Venise, l'Angleterre et les cantons suisses.

- **La cinquième guerre d'Italie (1515-1516) permet au roi de France François Ier de récupérer le duché de Milan, à la suite de la victoire de Marignan,** où 2 500 cavaliers et 35 000 fantassins français et vénitiens affrontent 200 cavaliers et 22 000 fantassins suisses et milanais. À l'issue de cette bataille meurtrière, les troupes françaises et vénitiennes perdent 6 000 hommes, contre 14 000 dans les rangs ennemis. L'artillerie joue une fois de plus un rôle important, de même que la cavalerie légère.

- **La sixième guerre d'Italie (1521-1525) se solde par une déroute française à Pavie (1525)** contre le Saint Empire germanique, allié à l'Espagne, à l'Angleterre et aux États pontificaux.

- **La septième guerre d'Italie (1526-1530) oppose la France et ses nouveaux alliés (États pontificaux, république de Venise, Florence, Angleterre, duché de Milan) au Saint Empire germanique.** Les Français, battus, doivent abandonner le royaume de Naples et subissent une défaite en Lombardie.

- **La huitième guerre d'Italie (1536-1538) débute par l'invasion de la Savoie par 40 000 soldats français et se termine par une solution négociée avec le Saint Empire et l'Espagne,** au bénéfice de la France.

- **La neuvième guerre d'Italie (1542-1546), entre la France et le Saint Empire germanique, allié à l'Angleterre, se déroule non seulement en Italie, mais également en Provence, en Picardie, en Champagne et dans les Flandres.** François Ier conserve la Savoie et le Piémont mais doit renoncer à ses prétentions sur la Flandre, le Milanais et Naples.

Chapitre 5 : « Au-dessus de tous » : la puissance de l'armée royale

- **La dixième guerre d'Italie (1552-1556) se déroule en Lorraine, en Toscane et en Corse, entre la France et le Saint Empire germanique.** La France conserve la Savoie et le Piémont, Toul et Verdun, comme la Corse, qui a été conquise.

- **La onzième guerre d'Italie (1556-1559) voit la France, alliée à l'Empire ottoman et à Sienne, affronter le Saint Empire germanique, l'Espagne, Gênes, l'Angleterre, Florence et le duché de Savoie.** Ce dernier conflit, qui se déroule à la fois dans les Flandres et en Italie, empêche l'invasion de la France, permet la reconquête française de Calais, le 6 janvier 1558, anglais depuis 1347.

Figure 5-2 : Armée française en action au XVIe siècle (collection privée, DR).

Ces campagnes d'Italie donnent le spectacle d'une mêlée des nations, où paraissent tous ceux qui en Europe occidentale sont capables de tenir une arme. L'infanterie française, principalement avec l'apport des Picards et des Gascons, se révèle brave et endurante. Les Suisses se hissent au sommet de la meilleure infanterie du moment. Les fantassins allemands, nommés *lansquenets*, tirent leur force principale de l'impitoyable discipline qui leur est imposée, mais sont parfois inaptes à faire face à une situation imprévue. Les soldats italiens sont d'esprit vif, fort ouverts à toutes les habiletés du métier des armes et font d'excellents arquebusiers (l'*arquebuse* est un fusil utilisant un support pour tirer). Les fantassins espagnols sont des adversaires redoutables, courageux, froids et implacables, tandis que les fantassins britanniques sont solides et pugnaces.

La cavalerie redevient la maîtresse du champ de bataille. À Fornoue, Ravenne et Marignan, elle décide du succès sur le terrain par sa mobilité, enfin débarrassée des lourdeurs de la protection métallique, devenant ainsi une cavalerie légère.

François Ier décide de posséder une infanterie nationale en créant des légions, en 1534, fortes chacune de 6 000 hommes ; chacune d'elles étant recrutée dans une région française déterminée : Normandie, Bretagne, Picardie, Languedoc, Guyenne, Bourgogne, Champagne, Nivernais, Dauphiné, Auvergne, Lyonnais. Chaque légion est partagée en six cohortes de 1 000 hommes, commandées par un capitaine, et comprend deux compagnies de 500 hommes, dont le quart d'arquebusiers, commandées par les lieutenants. On y trouve les ancêtres des brigades et des régiments. Les artilleries françaises et italiennes surclassent toutes leurs rivales. On y découvre des grosses pièces, des canons et doubles canons, des couleuvrines et des pièces plus légères, appelées *faucons* et *fauconneaux*.

Les guerres de Religion

Les guerres de Religion sont une série de huit conflits, s'étendant de 1562 à 1598, qui ont ravagé le royaume de France et au cours desquelles se sont opposés catholiques et protestants. La guerre se politise, entrecoupée de périodes de paix, avec la mise en place finale de l'édit de Nantes, du roi Henri IV, grâce auquel les protestants obtiennent la liberté de culte et l'égalité civile avec les catholiques en 1598.

Cette guerre est également marquée par l'intervention de puissances étrangères (Espagne, Angleterre, Saint Empire germanique) qui prennent la défense d'un camp contre l'autre. Sacré roi de France en février 1594, Henri IV déclare la guerre à l'Espagne et entame une campagne militaire en Bourgogne qui débouche sur l'écrasement des forces adverses à la bataille de Fontaine-Française. L'Est reconquis, Henri IV protège sa frontière nord attaquée par les Espagnols, occupant les Flandres. Les affrontements à Laon rétablissent la situation en sa faveur, tandis que la ville d'Amiens est reprise. En 1598, la France et l'Espagne sont à bout de force et signent la paix de Vervins.

L'évolution de l'armée au XVIᵉ siècle

Le développement des armes à feu est à la base des transformations de la tactique. L'adoption de l'arquebuse rencontre en France une vive opposition des militaires, qui la trouvent lourde, inutilisable sous la pluie et d'effet insuffisant. Ils voient dans cette manière de tuer à distance un procédé déloyal. Les meilleurs arquebusiers se rencontrent en Allemagne, dans le Piémont et en Lombardie. Finalement, l'arquebuse rencontre ses défenseurs en France : l'expérience des guerres de Religion révèle qu'elle est la meilleure arme d'embuscade.

Les progrès techniques sont rapides. Le *mousquet*, sorte d'arquebuse à crosse redressée, apparaît d'abord très pesant, puis, se tirant sur une fourche, comme finalement plus léger. Pour la mise à feu, le rouet succède à la mèche. La portée et la pénétration du projectile sont accrues. La balle pèse 40 g et porte à 400 m avec une certaine précision. Le chef de guerre Strozzi est tué au siège de Thionville par une mousquetade tirée à plus de 500 pas.

Figure 5-3 : Utilisation du mousquet au XVIIᵉ siècle (collection privée, DR).

L'artillerie augmente sa portée par la réduction du calibre et l'allongement de certaines pièces appelées « couleuvrines ». Sous Charles VIII, les pièces de bronze et l'affût à double flasque font leur apparition. L'équipage de sa campagne de Naples comprend 140 canons de bronze, dont 104 couleuvrines et 36 canons de 32 tirant leur nom du poids du projectile, sans compter 200 faucons, pièces légères longues et courtes. La traction des plus grosses pièces (doubles canons, serpentins et couleuvrines) exige l'effort de 17 à 35 chevaux. Louis XII et François Iᵉʳ poussent à la fabrication de canons légers, plus commodes à manier, ce qui ne se montre pas sans danger devant les Espagnols et les Allemands, fidèles aux gros calibres. Sous Henri II, le grand maître d'Estrées réglemente le système dit « des six calibres de France », qui remet de l'ordre dans cette confusion. Il comporte une proportion d'un tiers de grosse artillerie, canons et grandes couleuvrines, tirant des projectiles de 15 à 33 livres ; et de deux tiers d'artillerie de campagne : pièces bâtardes, moyennes, faucons et fauconneaux, tirant des projectiles de 1 à 7 livres.

Depuis la fin du XVe siècle existe une organisation régionale de maîtrise d'artillerie, comprenant 14 arsenaux où se fabriquent canons, poudres et projectiles. Un personnel de maîtres experts, canonniers, charpentiers et pionniers assurant le service des pièces. La technique des tirs fait des progrès.

L'unité de base de l'infanterie est le bataillon, formé de plusieurs bandes et d'un effectif variant de 6 000 à 8 000 hommes, marchant à l'ennemi dans la même formation et selon les mêmes principes. Lorsque le combat s'engage, le gros du bataillon s'arrête, et les arquebusiers se déploient en couverture sur le front et les flancs ; au moment du choc frontal ceux-ci reviennent prendre l'abri des piquiers dont le hérisson se forme, prêt à recevoir les charges ou à se porter à l'attaque. Parfois les arquebusiers agissent seuls, comme lors de la bataille de Cerisoles, où 800 arquebusiers français repoussent durant quatre heures 7 300 fantassins et lanciers italiens.

Avec l'intervention croissante des armes à feu, la cavalerie française s'efforce de donner à la fois plus de vitesse et de force de pénétration à ses formations. À l'exemple des cavaliers allemands, les cavaliers français se munissent également d'armes à feu, comme le pistolet. Bien protégés par leurs armures et leurs casques, ils vont à la charge au trot, en un ordre intermédiaire entre la haie et l'escadron, profond au plus de 18 rangs, s'approchant des lances de l'ennemi et ne tirant que lorsqu'ils voient les yeux de l'adversaire. Ils tirent au ventre et se précipitent ensuite sur lui l'épée au poing : habile combinaison de l'arme à feu et de l'arme blanche.

Une variété de casques aux formes diverses apparaît, avec la « bourguignotte », le « morion » et le « cabasset ». La protection de la tête, essentielle à la survie du soldat, devient plus importante du fait de la puissance accrue des armes à feu.

La guerre de Trente Ans (1618-1648)

La guerre de Trente Ans est une série de conflits armés en Europe, trouvant son origine dans la volonté de la dynastie des Habsbourg d'accroître son hégémonie en Occident. Les Habsbourg d'Espagne et du Saint Empire germanique, soutenus par l'Église catholique et le royaume du Portugal, luttent contre les États allemands protestants, le royaume de Suède et le royaume de France. Ce dernier, bien que catholique, entend réduire l'hégémonie des Habsbourg sur le continent, surtout celle de l'Espagne, principale rivale de la France.

La bataille de Rocroi

Dans le cadre de la guerre de Trente Ans, la bataille de Rocroi, dans les Ardennes, permet à la France de redevenir la première puissance militaire en Europe occidentale, au détriment de l'Espagne, marquant le lent déclin hégémonique de cette dernière. L'armée espagnole des Flandres décide d'envahir le nord de la France pour aider celle qui lutte en Catalogne et réduire la menace d'une invasion française de la Franche-Comté. Le 19 mai 1643, l'armée française, conduite par Louis de Bourbon, duc d'Enghien, âgé seulement de 22 ans, affronte sa rivale espagnole, commandée par Francisco de Melo. On compte 17 000 fantassins et 8 000 cavaliers dans les rangs français, contre 18 000 fantassins et 9 000 cavaliers du côté espagnol. L'ensemble s'organise du côté français en 12 régiments français, 2 régiments suisses, 1 régiment écossais et du côté espagnol en 5 *tercios* (gros bataillons) espagnols, 3 *tercios* italiens, 5 régiments wallons, 5 régiments allemands et 2 régiments bourguignons.

La bataille n'est pas facile à engager : Rocroi se présente sur un plateau qui, à l'époque, offre l'aspect d'une vaste clairière, entourée de toutes parts de bois et de marais. C'est un champ clos par lequel on arrive par des défilés faciles à défendre. La bataille se déroule sur un terrain allant de Rocroi à Sévigny-la-Forêt.

L'artillerie espagnole ouvre le feu la première. L'armée française lance des attaques de flanc qui déconcertent l'adversaire, puis un assaut frontal qui enfonce l'infanterie ennemie. Les Espagnols contre-attaquent en divers endroits, parvenant même à faire plier certains secteurs tenus par les Français. Le duc d'Enghien, parvenu au centre de la ligne ennemie, voit ce qui se passe. Il charge l'aile droite et la réserve ennemie, pendant qu'une partie des troupes françaises, conduites par Gassion, disperse la gauche espagnole. La victoire française semble certaine mais encore incomplète : au centre de cette plaine jonchée de cadavres, un gros bataillon espagnol reste immobile, c'est le noyau dur de cette armée. Ils sont 4 500 vieux soldats, principalement espagnols et italiens, sous les ordres d'un général octogénaire perclus de douleurs mais d'une énergie indomptable, le comte de Fontaines, qui se fait porter en litière à la tête de ses braves. Le duc d'Enghien engage sa cavalerie et fonce sur le dernier carré d'irréductibles. Le bataillon italo-espagnol s'ouvre et 18 canons se dévoilent et tirent leur mitraille sur les intrépides cavaliers français, qui doivent reculer. Le duc d'Enghien, d'un courage exemplaire, ramène sa cavalerie à la charge à trois reprises. Les Espagnols et les Italiens sont cependant cernés et pilonnés par l'artillerie française. La cavalerie française de Gassion, conduite par Simon Gibert de Lhène d'une part et la réserve de Sirot d'autre part, se rue sur les Espagnols et les Italiens, qui sont finalement ébranlés puis culbutés.

Avec les Espagnols, les meilleurs régiments italiens et wallons sont détruits. L'armée espagnole ne sera jamais en mesure de se remettre de cette défaite. Le renom de supériorité militaire qu'avaient les Espagnols passe aux Français. La bataille de Rocroi, victoire française décisive, se termine par la mise hors de combat de 4 500 soldats (tués et blessés) dans les rangs français et 3 500 tués ou blessés et 3 826 prisonniers dans les rangs adverses.

L'hégémonie française

La France est la grande gagnante de la guerre de Trente Ans : son hégémonie va bientôt s'affirmer, sous Louis XIV. Elle bénéficie de plusieurs gains territoriaux sur ses frontières : les Trois-Évêchés, Brisach, Philippsburg, l'Alsace et Strasbourg, la forteresse de Pignerol et le Roussillon.

Sur le plan militaire, ce conflit marque le déclin de l'emploi de mercenaires. L'Europe se dirige vers un système national d'armée de métier, si bien que les effectifs de l'armée permanente augmentent, notamment en France de manière exponentielle.

L'œuvre militaire de Louis XIII et de Richelieu

Sous le règne de Louis XIII (1601-1643) et du cardinal de Richelieu (1585-1642), l'armée française connaît un important essor. Le nombre des régiments permanents passe de six à douze, avec les six « vieux » et les six « petits vieux » : les « vieux » sont les régiments des gardes françaises, Picardie, Champagne, Piémont, Navarre et Normandie ; les « petits vieux » sont les régiments Chappes, Rambures, Bourg de l'Espinasse, Sault, Veaubécourt et Beaumont. Les six premiers régiments prennent le nom de provinces, tandis que les six derniers se distinguent avec le nom de gentilshommes de guerre.

En 1636, les forces de Louis XIII reposent sur 245 000 hommes. Le recours aux soldats étrangers se maintient pour un temps, principalement suisses et hollandais, sans oublier des Écossais et des Irlandais et même des Polonais. Richelieu fait également un large appel à la cavalerie étrangère, si bien que plus de 80 régiments étrangers de cavalerie servent dans les armées du roi de France. L'artillerie française maintient sa puissance incontestée.

« Un pour tous, tous pour un ! » : les mousquetaires du roi

Le corps militaire des mousquetaires du roi de France est créé en 1622 lorsque Louis XIII arme de mousquets (arme plus puissante et maniable que l'arquebuse) une compagnie de cavalerie légère, fondée par Henri IV.

De 1622 à 1629, les mousquetaires dépendent du capitaine-lieutenant de cavalerie légère, dont le premier poste est occupé par Jean de Bérard de Montalet. En 1634, le commandement effectif est assuré par Jean-Armand du Peyrer, comte de Tréville. Ce corps est d'abord nommé compagnie de « mousquetons du roi » puis des « mousquetaires du roi ».

Les mousquetaires sont recrutés parmi les gentilshommes ayant déjà servi dans la garde royale. L'accès aux mousquetaires, corps d'élite par excellence, proche du roi, lui-même capitaine de cette unité, représente une promotion. Les mousquetaires sont d'abord des combattants à cheval, puis à pied ou à cheval. Ils forment la garde habituelle du roi à l'extérieur, la garde des appartements royaux étant assurée par les gardes du corps et des gardes suisses.

Le cardinal de Richelieu fonde aussi un corps de mousquetaires pour son service. En 1646, le cardinal Mazarin fait dissoudre la compagnie des mousquetaires du roi, sous prétexte qu'ils sont trop turbulents. Elle réapparaît cependant en 1657 avec un effectif de 150 hommes. À la mort de Mazarin, en 1661, la compagnie des mousquetaires du cardinal passe au service du roi. Chaque compagnie dispose d'un fourrier, d'un aumônier, d'un apothicaire, d'un sellier, d'un maréchal-ferrant, de six tambours et de quatre hautbois. Chaque mousquetaire s'habille à ses frais et achète son épée et ses pistolets, tandis que le roi fournit le mousquet. L'uniforme change en fonction des modes de l'époque. Au début du XVIIIe siècle, l'effectif des compagnies double, afin de satisfaire la demande de la noblesse.

Parmi les mousquetaires devenus célèbres, on trouve le comte Pierre de Montesquiou, maréchal de France (1640-1725), et l'écrivain Louis de Rouvroy, duc de Saint-Simon (1675-1755). Les mousquetaires français sont devenus mondialement célèbres avec le roman d'Alexandre Dumas (1802-1870) *Les Trois Mousquetaires* (1844) mettant en valeur la bravoure de ce corps d'élite, à travers notamment le comte d'Artagnan.

En 1776, le corps des mousquetaires du roi est dissous par Louis XVI pour des raisons économiques. Il est reformé en 1789 et dissous de nouveau peu après. Il est reformé, le 6 juillet 1814, sous la Restauration, et définitivement dissous, le 1er janvier 1816.

L'armée de Louis XIV

Roi de France de 1643 à 1715, Louis XIV (1638-1715) trouve en la personne du marquis Michel de Louvois (1641-1691) un organisateur hors pair de l'armée française qui, par le nombre des officiers et des soldats, par son règlement ainsi que par sa professionnalisation poussée, peut être considérée comme la première puissance militaire en Europe.

L'organisation de Louvois

Louvois fait de la maison militaire du roi une école de formation des futurs cadres, officiers et sous-officiers. Il rend le port de l'uniforme obligatoire en fonction des régiments. Les officiers doivent rendre des comptes quant à l'application d'une stricte discipline et la régularité du versement des soldes. Louvois inaugure l'avancement en grade par ordre de tableau, permet que la croix de Saint-Louis soit attribuée au mérite, fonde l'institution de l'hôtel des Invalides, destiné à accueillir les vieux soldats et les grands mutilés de guerre. Il commence l'encasernement des troupes, qui permet d'éviter les désordres que le passage des soldats cause lors de la traversée d'une région. Les effectifs de l'armée française atteignent des chiffres jusqu'alors inconnus en Europe, allant jusqu'à 400 000 hommes, avec un total de 350 régiments, dont 230 d'infanterie et 120 de cavalerie.

Armement et tactique

En 1699, l'infanterie française adopte la *baïonnette*, adaptable au fusil, mettant fin ainsi au binôme de la pique et du mousquet : désormais un seul combattant peut à la fois tirer et se battre à l'arme blanche. En 1703, le dernier mousquet et la dernière pique ont disparu. Le bataillon d'infanterie, fort de 600 à 700 hommes uniformément armés du fusil et de la baïonnette, combat désormais sur trois ou quatre rangs, alors qu'auparavant le bataillon d'infanterie, fort de 1 200 hommes, se formait sur huit rangs, piquiers au centre et mousquetaires aux ailes. Le régiment d'infanterie comprend généralement d'un à trois bataillons. Les fantassins sont entraînés au mouvement et au tir par rangs et par files. Des camps d'entraînement sont organisés. La tente pour huit hommes est distribuée à tous les régiments pour assurer le cantonnement en campagne.

Chapitre 5 : « Au-dessus de tous » : la puissance de l'armée royale

Figure 5-4 : Baïonnettes françaises aux XVIIe et XVIIIe siècles (collection privée, DR).

Sous Louis XIV, le grenadier accède au statut de spécialiste à part entière au sein de l'infanterie. Les premiers à faire usage de la grenade en Europe sont les Français, au siège d'Arras en 1536. C'est un ovoïde métallique creux dont la mise à feu se fait à l'aide d'une mèche. Ultérieurement la mèche est remplacée par un cylindre creux, sorte d'ampoule garnie d'une substance qui met quatre à cinq secondes à se consumer. À partir de 1672, 30 régiments d'infanterie possèdent des grenadiers. Ils forment dans chaque bataillon une compagnie. Cette mesure est ensuite généralisée à toute l'infanterie.

En 1679, le sabre remplace l'épée. La cavalerie française agit par le choc : on charge au trot ou au galop après avoir tiré au pistolet, puis on aborde l'adversaire à l'arme blanche dans « une charge à cheval intrépide », préconisée par le maréchal Henri de Turenne (1611-1675). Cet officier exceptionnel commande l'armée française d'Allemagne durant la guerre de Trente Ans. Il occupe le Rhin de Philippsburg à Mayence ; avec Condé, il remporte la victoire de Nördlingen (1645), et en 1648 il gagne la bataille de Zusmarshausen. Il triomphe des Espagnols à la bataille des Dunes (1658). Commandant de l'armée française en 1667 et en 1672, il conquiert l'Alsace durant l'hiver 1675. Il est tué par un boulet près de Sasbach, la même année. Tacticien hors pair, il insuffle un esprit offensif remarquable à l'armée française, faisant d'elle une machine de guerre redoutée par toutes les autres armées étrangères.

L'organisation de l'artillerie est améliorée : on la distingue en pièces lourdes de siège et en pièces de campagne, dont ces dernières réparties en brigades de 4, 8 ou 10 pièces sont à l'origine des batteries. Les six calibres réglementaires reposent sur des pièces de 32, 24, 16, 12, 8, 4 pouces, toutes pièces de bronze ou de métal. L'affût à avant-train est utilisé, apportant, avec les chariots à munitions, plus de mobilité. Les pièces ont une portée moyenne de 450 à 600 m. Le canon de 24 peut tirer de 100 à 150 coups dans une journée, les calibres inférieurs 250 coups. Des écoles d'artillerie fonctionnent à Douai, Metz et Strasbourg. Aux armées, la proportion des canons varie d'un à deux pour 1 000 hommes. L'artillerie, qui avançait auparavant seule en avant ou sur les flancs du dispositif, est répartie par Turenne entre les diverses colonnes. Avec son adjoint Luxembourg, il est le premier à comprendre l'importance de son emploi en masse.

Les guerres de Louis XIV

De 1667 à 1668, l'armée de Louis XIV, en lutte contre l'Espagne, la Hollande, la Suède et l'Angleterre, se voit reconnaître la possession de 12 villes dont Lille, Douai, Armentières, Tournai et Charleroi, reportant ainsi la frontière à deux journées de marche au nord de la Somme. De 1672 à 1678, l'armée du Roi-Soleil (Louis XIV) affronte victorieusement les troupes espagnoles, hollandaises et germaniques. La France prend possession de la Franche-Comté, ainsi que des places du Nord, non acquises lors du conflit précédent en Artois, en Flandre, en Cambrésis et dans le Hainaut : Valenciennes, Cambrai et Maubeuge.

Figure 5-5 : Louis XIV visite une tranchée française en 1667 (collection privée, DR).

Chapitre 5 : « Au-dessus de tous » : la puissance de l'armée royale

Le génie militaire de Vauban

La guerre de siège tient une place considérable dans les batailles des XVIIe et XVIIIe siècles, donnant naissance au plus grand ingénieur militaire français, en la personne du maréchal Sébastien Le Prestre de Vauban (1633-1707). Nommé commissaire général des fortifications en 1678, il perfectionne la défense des villes et dirige lui-même de très nombreux sièges. Il porte au plus haut degré l'art de défendre et d'attaquer les places. Il est l'inventeur de la baïonnette à douille, introduit le tir à ricochet dans l'artillerie de siège.

À Lille, devant Louis XIV, il obtient, en 1667, la reddition de 50 000 hommes en huit jours. Un bombardement intensif préalable et le creusement de tranchées jusqu'au pied des bastions ont raison de la résistance adverse.

À Maastricht (le célèbre d'Artagnan y trouve la mort), en 1673, il lui faut treize jours pour s'emparer de la citadelle imprenable. Vauban fait creuser, par plus de 2 000 ouvriers, un système de lignes concentriques parallèles aux lignes adverses. Il s'installe ainsi, au fond des boyaux, à proximité des murailles ennemies. Il peut y disposer des canons (une cinquantaine de pièces approvisionnées de 50 000 boulets) et les troupes d'assaut, qui d'un bond pourront s'engouffrer dans la citadelle, une fois les brèches creusées par l'artillerie et les mines, ce qui permet de minimiser les pertes. De nouveau, le roi Louis XIV assiste en direct au prodigieux événement.

En 1674, il obtient la capitulation de la forteresse de Besançon en six jours, après un puissant pilonnage de l'artillerie. En 1684, il assiège la forteresse de Luxembourg, défendue par 3 000 soldats espagnols et une puissante artillerie : après vingt-six jours de siège, la citadelle finit par se rendre.

De 1678 à 1698, Vauban fait construire ou améliorer 333 fortifications, s'étalant sur l'ensemble des frontières et des côtes françaises. Il révolutionne le système défensif par l'implantation d'une double et même triple rangée de fortifications, par l'absence totale d'angles morts pour permettre aux canons de l'assiégé de tirer dans tous les coins, par l'élargissement des bastions équipés de pièces d'artillerie à la place de mousquets ou de fusils, par l'élargissement des fossés protecteurs remplis d'eau, par l'établissement de demi-lunes entre les bastions en forme semi-circulaire, aptes à résister au canon.

De 1689 à 1697, la France est seule de nouveau face à l'Europe, où elle compte de redoutables adversaires : l'Autriche, à laquelle les souverains d'Allemagne sont acquis, et l'Angleterre. La puissance militaire de Louis XIV lui permet cependant de remporter de nombreuses victoires, notamment à Fleurus en 1690, puis à Neerwinden en 1693. Devant une coalition qui se renforce, Louis XIV doit cependant signer la paix de Ryswick, en 1697. Si le Roi-Soleil conserve Strasbourg, il restitue le Luxembourg, la Lorraine, et évacue la plupart des territoires conquis auparavant, dont les places de Charleroi, Mons, Courtrai. Cependant, sa position reste forte en Europe.

De 1701 à 1713, l'armée française parvient à mobiliser jusqu'à 700 000 hommes, milices comprises, dont 400 000 au début d'un conflit opposant la France à la Hollande, aux princes allemands, à l'Autriche et à l'Angleterre. La France sort épuisée, mais conserve ses acquis, la menace d'encerclement est conjurée. Le « pré carré » délimité par les places fortifiées de Vauban a parfaitement joué le rôle qui lui avait été assigné : servir de môle d'arrêt à l'invasion tout en permettant une vaste contre-offensive.

Le territoire du royaume de France s'accroît de 50 000 km^2 sous le règne de Louis XIV. Il a brisé l'encerclement des Habsbourg et s'est attaché une alliée de poids, l'Espagne, que les liens du sang lient à sa Couronne. Par sa puissance militaire, il établit une réelle hégémonie française en Europe.

En 1715, l'armée française, la plus puissante d'Europe, compte 122 régiments d'infanterie, 73 régiments de cavalerie, 5 bataillons lourds d'artillerie avec 7 912 canons et mortiers.

Les armées de Louis XV et de Louis XVI

Sous le règne de Louis XV (1715-1774), l'armée française compte des effectifs variables allant de 160 000 à 300 000 hommes, répartis en 1740 dans 98 régiments d'infanterie et 57 régiments de cavalerie, soit un total de 155 régiments d'infanterie ou de cavalerie. À titre de comparaison, l'armée prussienne aligne durant la même période 62 régiments d'infanterie et 33 régiments de cavalerie, l'armée autrichienne 70 régiments d'infanterie et 32 régiments de cavalerie, l'armée des Provinces-Unies de Hollande 63 bataillons d'infanterie et 44 escadrons de cavalerie, l'armée britannique 55 régiments d'infanterie et 22 régiments de cavalerie. Comme on peut le constater par les chiffres, l'armée française demeure la première d'Europe à cette époque.

La bataille de Fontenoy

Dans le cadre de la guerre de Succession d'Autriche (1740-1748), l'armée française du roi Louis XV, commandée par le maréchal Adrien de Noailles, conquiert en mai 1744 les Pays-Bas autrichiens et s'empare rapidement des forteresses de Menin, Ypres, La Kenoque et Furnes.

L'année suivante, sous les ordres du maréchal Maurice de Saxe, officier tacticien d'une qualité exceptionnelle, l'armée française débute le siège de la ville de Tournai, importante forteresse verrouillant la vallée de l'Escaut. Sous le couvert d'une diversion lancée vers Mons, le maréchal de Saxe rabat le gros de son armée vers Tournai, qui est totalement investi le 26 avril 1745. Trompés par la diversion française, les généraux alliés (royaume de

Grande-Bretagne, Provinces-Unies de Hollande, électorat de Hanovre et archiduché d'Autriche) rassemblent dans la précipitation leurs troupes près de Bruxelles et se mettent d'abord en route, le 30 avril 1745, vers Mons avant finalement d'obliquer leur marche vers Tournai. Le roi Louis XV, arrivé le 8 à la tête de son armée, établit le lendemain ses quartiers au château de Curgies, à Calonne, sur la rive gauche de l'Escaut, à 2 km de Fontenoy.

La bataille qui se déroule le 11 mai 1745, dans la plaine de Fontenoy à 7 km au sud-est de Tournai, oppose 47 000 soldats français avec 65 canons à 60 500 soldats alliés (Britanniques, Hollandais, Autrichiens et Allemands) avec 80 canons. Louis XV et le maréchal Maurice de Saxe dirigent les opérations du côté français, tandis que les officiers William de Cumberland, Joseph Lothar Dominik von Königsegg-Rothenfelds et Charles Auguste de Waldeck commandent le camp adverse.

Prévoyant l'arrivée de l'armée alliée, le maréchal de Saxe fortifie solidement ses positions. La bataille débute le mardi 11 mai dès 5 heures du matin par de violents duels d'artillerie. Deux attaques hollandaises sont repoussées par les troupes françaises vers 9 heures. Voulant enfoncer les positions françaises sans tarder, le duc de Cumberland, commandant l'ensemble des forces alliées, ordonne aux bataillons anglo-hanovriens d'attaquer vers 10 h 30. Malgré une riposte meurtrière des canons français, l'infanterie britannique arrive au contact de la première ligne adverse vers 11 heures.

À la tête du premier bataillon des gardes britanniques, l'officier Charles Hay, voulant encourager ses hommes en se moquant des Français, sort une petite flasque d'alcool en buvant à la santé de ses adversaires par bravade. En voyant cet insolent britannique, un officier français, le comte d'Anterroches, pense qu'il s'agit d'une invitation à tirer le premier. Il aurait répliqué en disant : « Monsieur, nous n'en ferons rien ! Tirez vous-mêmes ! » La tradition populaire n'a retenu de cela qu'une citation : « Messieurs les Anglais, tirez les premiers ! »

Sous l'effet de la nervosité, les premiers tirs des fusils partent cependant des lignes françaises, causant de lourdes pertes dans les rangs britanniques. Néanmoins, tirant à leur tour des salves meurtrières, les Britanniques enfoncent les premiers rangs français. Craignant que son armée ne soit coupée en deux, le maréchal de Saxe lance de furibondes contre-attaques qui parviennent à arrêter les Britanniques. Le duc de Richelieu, Louis-François Armand de Vignerot du Plessis, se distingue particulièrement lors de cette opération de colmatage. Contraints de se réorganiser défensivement, les régiments anglo-hanovriens adoptent une position de rectangle à trois côtés fermés.

Vers 13 heures, les troupes françaises repoussent l'adversaire. Un des régiments du maréchal de Saxe s'empare même du drapeau du second bataillon des gardes britanniques. La bataille prend fin vers 14 heures. Les troupes alliées battues par l'armée française se replient vers la place d'Ath.

La bataille de Fontenoy, victoire française décisive, comptabilise les pertes militaires suivantes : 3 000 morts et 4 600 blessés dans les rangs des troupes françaises, 6 500 morts et 8 500 prisonniers ou blessés chez les Alliés.

Autres victoires françaises

Après la victoire de Fontenoy, l'armée française s'empare facilement de la ville de Tournai, puis en l'espace de deux années envahit l'ensemble des Pays-Bas autrichiens. Au terme de trois grandes batailles (Fontenoy, Raucoux, Lawfeld) et de 24 sièges des places dans les Provinces-Unies de Hollande et des Pays-Bas autrichiens, la paix est signée le 18 octobre 1748, à Aix-la-Chapelle. Bien que totalement victorieux sur le plan militaire, Louis XV, voulant traiter « en roi et non en marchand », rétrocède toutefois toutes ses conquêtes autrichiennes sans la moindre contrepartie. Cette paix est contestée en France. Le maréchal de Saxe déplore la rétrocession des places. Louis XV, qui souhaite se poser en arbitre de l'Europe, n'a pas voulu d'un traité imposé par la volonté hégémonique du vainqueur français mais, en ouvrant la voie de l'établissement de nouveaux rapports entre les États, a tenté d'établir une paix équitable et durable, tout en montrant l'invincibilité de l'armée française.

En effet, la bataille de Raucoux (11 octobre 1746), nouvelle victoire française, se solde par la mise hors de combat de 3 000 soldats français (tués et blessés), de 8 000 soldats ennemis (tués, blessés et prisonniers) et la capture de 22 canons hollandais. La bataille de Lawfeld (2 juillet 1747) permet à l'armée française de s'emparer de 29 canons et 16 drapeaux ennemis, tout en déplorant 5 000 soldats français hors de combat, contre le double chez l'adversaire.

La guerre de Sept Ans en Europe (1756-1763)

Ce conflit oppose principalement la France à la Grande-Bretagne et son allié du Hanovre d'une part, l'Autriche à la Prusse d'autre part.

En 1756, l'armée française aligne 260 000 soldats, répartis en 357 bataillons d'infanterie, 64 régiments de cavalerie et 9 bataillons d'artillerie. L'armée prussienne est forte de 140 000 hommes, l'armée britannique dispose de 150 000 hommes et son allié du Hanovre de 20 000 hommes, l'armée autrichienne compte 200 000 hommes.

En mai 1756, l'armée française s'empare de la possession britannique de Minorque, en Méditerranée. En 1757, l'offensive française vers le Hanovre, commandée par le maréchal d'Estrées, à la tête d'une armée de 60 000 hommes, progresse facilement en Allemagne face aux

47 000 Anglo-Hanovriens. La supériorité numérique française s'impose à la bataille de Hastenbeck le 26 juillet 1757 (1 500 soldats français et 3 000 soldats ennemis hors de combat). Dans le but de détourner l'armée française du Hanovre, la flotte britannique tente de s'emparer en septembre de Rochefort, qui demeure cependant imprenable. Le 5 novembre 1757, à Rossbach, l'armée prussienne, volant au secours du Hanovre et des Britanniques, met en déroute une partie de l'armée française, surprise en flagrant délit de mouvement. En 1758, les opérations militaires françaises en Allemagne se terminent par la victoire de Lutterberg, le 10 octobre, contre les troupes anglo-hanovriennes. L'année 1759 est marquée par la défaite française de Minden, le 1er août, où 8 000 soldats français et 2 600 soldats anglo-hanovriens sont mis hors de combat. L'armée française prend sa revanche le 16 octobre 1760, lors de la bataille de Clostercamp, où 12 000 soldats français affrontent 15 000 soldats anglo-hanovriens ; les premiers perdent 2 661 hommes (tués ou blessés) et les seconds plus de 4 000 hommes. Les opérations militaires en Allemagne, en 1761 et 1762, se terminent en guerre de position, où les armées en présence s'épuisent sans pouvoir emporter la décision. Les troupes françaises repoussent cependant tous les assauts adverses. Le 3 novembre 1762, les préliminaires de paix mettent fin aux hostilités entre la France et l'Angleterre sur ce théâtre de guerre.

La guerre franco-britannique au Canada (1754-1760)

En 1754, la France possède un vaste empire en forme de croissant qui s'étend de la région du Canada et des Grands Lacs aux rives du golfe du Mexique. Le Canada se découpe en deux parties, à savoir la Nouvelle-France et la Nouvelle-Angleterre. Les rivalités territoriales entraînent un conflit entre la France et la Grande-Bretagne. Les Britanniques sont en position de force, avec 1 500 000 colons contre 70 000 colons français. Cependant, les troupes françaises, parfaitement entraînées à la guérilla, soutenues par diverses tribus indiennes et surtout commandées par un tacticien hors pair en la personne du marquis Louis de Montcalm, accumulent les succès sur le terrain, face à une armée britannique nettement plus nombreuse, mais luttant d'une manière inadaptée au terrain.

Les batailles de Fort Necessity (3 juillet 1754), de la Monongahela (9 juillet 1755), de Peticoudiac (3 septembre 1755), de Fort Oswego (14 août 1756), de Fort William Henry (8 août 1757), de Fort Carillon (8 juillet 1758), de Fort Dusquesne (14 septembre 1758) sont toutes d'éclatantes victoires françaises. Lors de la bataille de Fort Oswego (14 août 1756), les Français tuent ou capturent 1 780 Britanniques et s'emparent de 121 canons, pour des pertes limitées dans leurs rangs avec seulement 30 morts ou blessés. La bataille de Fort Carillon (8 juillet 1758), opposant 3 000 Français à 16 000 Britanniques, voit les troupes anglaises avancer en ordre serré vers les troupes françaises, qui les déciment par des tirs d'une grande précision. Cette bataille se solde par une nette victoire française et l'avance britannique est stoppée.

L'arrivée massive de renforts anglais, la maîtrise des mers de la flotte anglaise, l'écrasante supériorité numérique des colons britanniques vont avoir finalement raison de la résistance héroïque des soldats et des colons français, après encore de durs combats en 1759 et 1760, où lors des batailles de Beauport (31 juillet 1759) et de Sainte-Foy (28 avril 1760), les Français battent de nouveau les Britanniques. La bataille de Sainte-Foy se termine par la mise hors de combat de 833 Français et de 1 124 Britanniques (tués ou blessés). Cependant, en septembre 1760, les Britanniques lancent une puissante offensive sur Montréal, puis occupent la ville. S'ensuit la prise du fort de Pontchartrain, encore aux mains des Français, qui met fin à la guerre au Canada.

Louis XVI prend sa revanche en Amérique

La « guerre d'Amérique », comme on l'appelle en France, débute en 1775 et se termine en 1781 sur terre, mais se poursuit sur mer jusqu'en 1783. Elle oppose d'un côté les insurgés américains et les alliés français à la Grande-Bretagne, qui désire maintenir sa présence militaire et politique sur divers territoires américains de la côte Atlantique, du Massachusetts à la Géorgie. Le roi de France Louis XVI (1774-1791) y voit une excellente occasion de prendre sa revanche contre l'Angleterre, qui l'a dépossédé du Canada en 1760.

Le marquis Marie Joseph de La Fayette prend une part active à l'intervention française en se rendant sur le terrain, afin de prendre contact avec les insurgés américains. Dès 1777, la France fournit aux insurgés américains un armement conséquent, de quoi équiper 25 000 hommes. Cet arrivage par mer joue un rôle décisif dans la première grande victoire américaine, celle de Saratoga (17 octobre 1777), la moitié des munitions et des armes utilisées dans cette bataille ayant été fournies par la France, sans oublier la présence de nombreux volontaires français, recrutés par La Fayette. Le royaume de France compte à cette époque 28 millions d'habitants, contre 9 ou 10 millions en Grande-Bretagne. Les flottes françaises des amiraux d'Estaing et de Grasse sont en mesure de rivaliser avec le meilleur de la marine britannique.

La bataille de Yorktown, en Virginie, du 28 septembre au 17 octobre 1781, décide du sort de la guerre. L'armée française, commandée par le comte Jean-Baptiste de Rochambeau, y joue un rôle déterminant, avec la flotte française de l'amiral de Grasse. On compte 12 000 soldats français, 8 800 soldats américains (commandés par George Washington et le marquis de La Fayette), opposés à 9 000 soldats britanniques, dirigés par les officiers Lord Cornwallis et Charles O'Hara.

Chapitre 5 : « Au-dessus de tous » : la puissance de l'armée royale

La flotte française de l'amiral de Grasse assure le blocus de Yorktown, empêchant tout ravitaillement des Britanniques par mer, tandis que les troupes franco-américaines encerclent la ville. Après avoir conquis les redoutes et bastions qui devaient la défendre, l'armée franco-américaine assiège la ville. Finalement Lord Cornwallis se rend, avec 8 000 de ses soldats britanniques. L'armée anglaise déplore également dans ses rangs 638 tués ou blessés. L'armée française compte 186 tués ou blessés, l'armée américaine 76 tués et blessés. Cette éclatante victoire laisse aux Franco-Américains 214 canons, 22 étendards en plus des 8 000 prisonniers britanniques qui défilent entre une rangée de soldats français et une autre d'Américains. La nouvelle de la victoire est accueillie par des transports de joie dans toute l'Amérique puis à Versailles avant de faire tomber le gouvernement anglais.

Les régiments français d'infanterie ayant participé à cette bataille décisive sont les suivants : régiment de Bourbonnais (colonel marquis de Laval), régiment royal Deux-Ponts (colonel comte de Deux-Ponts), régiment de Soissonnais (colonel marquis de Saint-Maime), régiment de Saintonge (colonel marquis de Custine), régiment d'Agenois (colonel marquis d'Audechamp), régiment de Gâtinais (lieutenant-colonel de L'Estrade), régiment de Touraine (colonel vicomte de Pondeux). La cavalerie française est commandée par le colonel Armand Louis de Gontaut-Biron, duc de Lauzun. L'artillerie française est dirigée par le colonel d'Aboville.

L'importance numérique des troupes françaises dans cette victoire est, lors des cérémonies de reddition (19 octobre 1781), à l'origine d'un incident révélateur du rôle joué par la France dans ce conflit. La tradition veut que le général vaincu remette son épée au vainqueur. Prétextant une « indisposition », Lord Cornwallis, mauvais perdant, demande à son second, le général Charles O'Hara, de le remplacer. O'Hara s'approche alors du comte de Rochambeau, le véritable vainqueur à ses yeux, et lui tend l'épée. Rochambeau lui indique que l'épée doit être remise à Washington.

Au terme de longues et multiples tractations, un traité est finalement signé à Paris, le 3 septembre 1783, entre la Grande-Bretagne, la France et les États-Unis. La naissance de la République américaine est sans conteste la plus grande réussite de Louis XVI.

L'âge d'or de la marine française

Moribonde durant des siècles, la marine de guerre française connaît un essor spectaculaire sous les règnes de Louis XIV, Louis XV et Louis XVI. Auparavant, la prédominance financière accordée à l'armée terrestre a condamné la marine française à un rôle de second plan.

Durant la période des croisades du Moyen Âge, le transport des troupes se fait principalement par les marines des États italiens. Au début de la guerre de Cent Ans, la flotte britannique a facilement raison des navires français, notamment lors de la bataille navale de l'Écluse (24 juin 1340).

La constitution d'une véritable marine d'État débute sous le règne de Louis XIII, grâce à l'administration de Richelieu. On assiste à une période particulièrement brillante sous le règne de Louis XIV, grâce notamment à la politique de Colbert, mise cependant en sommeil durant la première partie du règne de Louis XV, la monarchie française cherchant à maintenir une politique de paix avec la Grande-Bretagne. Ce défaut de continuité d'une puissance militaire navale aboutit à la perte du Canada. Une renaissance est cependant amorcée sous Choiseul (ministre de la Marine en 1761), dont l'effort est poursuivi par Sartine (1774) puis Castries, soutenus par des amiraux de valeur comme Guichen, La Motte-Picquet, de Grasse et Suffren, aboutissant sous Louis XVI à quelques grandes victoires sur la marine britannique pendant la guerre d'indépendance des États-Unis. Ce sursaut est de courte durée et la marine française va être ruinée durant la Révolution et l'Empire, permettant à la Grande-Bretagne d'acquérir la suprématie navale pendant plus d'un siècle.

La bataille de la Grenade, le 6 juillet 1779, est une belle victoire navale française qui laisse 4 navires anglais hors de combat. Mais elle n'est pas exploitée, car l'amiral d'Estaing ne poursuit pas son adversaire. La bataille de la Martinique, le 18 décembre 1779, est un brillant succès de la marine française de La Motte-Picquet, qui repousse une forte escadre anglaise avec seulement 3 vaisseaux, afin de couvrir l'arrivée d'un convoi. La flotte de l'amiral d'Estaing parvient à détruire 18 navires britanniques, en capture 14 de guerre et 106 de commerce, durant les premières années de la guerre d'indépendance des États-Unis.

En 1780, la marine britannique perd la maîtrise de l'Atlantique lors de l'intense guerre des convois que lui mène la marine royale française. Lors de la bataille de la Dominique, le 17 avril 1780, la flotte française démontre qu'elle se trouve au même niveau d'entraînement que sa rivale anglaise.

En 1781, la marine royale française est en mesure d'aligner 70 vaisseaux contre 94 vaisseaux britanniques. La flotte française accumule les victoires sur mer, bouscule sa rivale anglaise, permettant l'envoi d'importants renforts en troupes terrestres aux États-Unis. La bataille de Yorktown (28 novembre-17 octobre 1781) est marquée par l'engagement de 35 navires français de l'amiral de Grasse.

Pendant la guerre d'Amérique (1775-1783), les arsenaux et les ports français montrent une capacité à produire sans faiblesse une quantité de vaisseaux presque égale à celle dont se dote en parallèle la marine britannique. Entre 1777 et 1783, les chantiers navals français lancent 80 navires, dont 28 vaisseaux deux-ponts de 74 canons et 46 frégates. La stratégie de la guerre périphérique, qui mondialise le conflit avec les opérations simultanées aux Antilles, aux Indes et en Amérique du Nord, exige la concentration de toutes les énergies à la préparation des escadres, à celle du mouvement des vaisseaux, au rassemblement des troupes et équipages.

La bataille de Gondelour, le 20 juin 1783, clôt les affrontements navals de la guerre d'Amérique entre la France et la Grande-Bretagne. C'est une belle victoire française de Suffren, mais qui n'est pas exploitée, car elle intervient après la signature de paix.

Chapitre 6

« La victoire en chantant » : l'armée française sous la Révolution

Dans ce chapitre :
- Une armée en pleine mutation
- La guerre patriotique et l'épopée d'incroyables victoires
- De nouvelles élites militaires

La Révolution française, qui débute en 1789, bouleverse profondément l'armée française, alors forte d'environ 200 000 hommes. Dès 1791, les monarchies d'Europe regardent avec préoccupation la Révolution française et se demandent si elles doivent intervenir pour aider Louis XVI, tout en profitant du chaos en France pour reconquérir des territoires anciens, perdus lors des guerres précédentes.

L'armée nationale

Lorsque la Révolution se radicalise, elle se trouve rapidement menacée par des ennemis extérieurs et intérieurs. Cet état de guerre permanent entraîne plusieurs réformes des trois armées françaises existantes en 1791 (armées du Rhin, du Nord et du Centre). Elles sont divisées en 7, puis 11, pour culminer à 15 armées, après la réorganisation par Lazare Carnot, membre du Comité de salut public, à l'automne 1793.

Figure 6-1 : Étendard de l'armée française de la Révolution (collection privée, DR).

La montée en puissance des effectifs

Afin de défendre ses frontières et d'assurer la sécurité intérieure, l'armée française de 1791 aligne l'armée du Nord, l'armée du Centre et l'armée du Rhin. Les trois armées sont pourvues en infanterie, cavalerie et artillerie. En 1792, on assiste à la création de dix armées : armée des Ardennes, armée de la Moselle, armée des Vosges, armée des Pyrénées, armée du Midi, armée des Alpes, armée d'Italie, armée de l'Intérieur, armée du Nord et armée du Rhin.

Alors qu'en février 1793 l'armée française aligne 200 000 hommes, la levée en masse, pour faire face aux dangers extérieurs et intérieurs, gonfle considérablement les effectifs : on compte 500 000 hommes en juillet, 732 000 en septembre, 804 000 en décembre 1793. Aux dix armées précédentes viennent s'ajouter, en mai 1793, l'armée des côtes de Brest et l'armée des côtes de Cherbourg, afin de faire face à la menace anglaise.

En 1794, l'ensemble des forces armées françaises s'articule autour de 11 armées : armée du Nord, armée de Sambre-et-Meuse, armée de la Moselle, armée du Rhin, armée des Alpes, armée d'Italie, armée des Pyrénées occidentales, armée des Pyrénées orientales, armée de l'Ouest, armée des côtes de Brest, armée des côtes de Cherbourg. Chaque armée dispose de divisions, de brigades et de régiments.

De 1792 à 1802, l'armée française a mobilisé de 1 200 000 à 1 500 000 hommes pour défendre ses frontières et mener des offensives contre les armées du Saint Empire germanique, de l'Autriche, de la Prusse, de la Grande-Bretagne, du royaume de Naples, du royaume de Sicile, de la Russie, du Portugal, des Provinces-Unies, du grand-duché de Toscane, du duché de Modène, du duché de Parme, de la Suède, de l'Espagne et de l'Empire ottoman.

Figure 6-2 : Jeune officier de l'armée française de la République (collection privée, DR).

Apparition du service militaire obligatoire

Sous l'Ancien Régime, le service militaire est réservé à des professionnels. Cependant, à partir de 1688, le roi oblige ses sujets à fournir des milices provinciales afin de compléter ses troupes. Les miliciens provinciaux sont souvent désignés par tirage au sort.

Le 5 septembre 1798, le député Jean-Baptiste Jourdan fait voter la loi qui rend le service militaire obligatoire. L'article premier de la loi énonce que tout Français est soldat et se doit de défendre la patrie. Tous les hommes français doivent effectuer un service militaire de cinq ans, de 20 à 25 ans.

Les habiles manœuvres des généraux Dumouriez et Kellermann

L'Assemblée nationale française déclare la guerre à l'empereur d'Autriche, François Ier, le 20 avril 1792. Une armée étrangère de 200 000 hommes, formée de troupes prussiennes, autrichiennes, allemandes de la Hesse, à laquelle se sont joints 20 000 émigrés royalistes français ayant fui la Révolution, envahit la France le 12 août 1792, sur toute la ligne de sa frontière nord-est, entre Dunkerque et la Suisse. Elle est sous le commandement du duc de Brunswick, représentant de Frédéric-Guillaume II de Prusse. Le 15 août, l'armée prussienne, alliée à l'Autriche, campe entre Sierck et Luxembourg, tandis que le général Clairfayt, à la tête de l'armée autrichienne, coupe la communication des troupes françaises entre Longwy et Montmédy.

Le 19 août, le maréchal français Luckner subit une attaque de 22 000 Autrichiens à Fontoy. Le 23, la forteresse de Longwy tombe. Les troupes françaises ne subissent que des revers depuis la déclaration de guerre. Le 2 septembre, Verdun, place forte réputée imprenable, capitule : la route de Paris est ouverte. Le colonel Beaurepaire, chargé de défendre la place de Verdun, indigné par la lâcheté du conseil de guerre, se suicide à l'aide d'un pistolet. Les commandants en chef des armées françaises deviennent suspects. Les trois armées de Rochambeau, de La Fayette et de Luckner sont réparties entre les généraux Charles François Dumouriez (1739-1823) et François Christophe Kellermann (1735-1820).

Le 3 septembre, pressé d'occuper Paris, le roi de Prusse donne l'ordre à son armée d'avancer à travers les plaines de Champagne. Dumouriez comprend que les Prussiens se dirigent vers la capitale. Quittant Valenciennes, où il devait à la tête d'une armée envahir la Belgique, Dumouriez se porte avec ses troupes dans l'Argonne, par une marche rapide et osée, sous les yeux de l'avant-garde prussienne et barre ainsi à l'envahisseur la route de Paris, tout en demandant à Kellermann de l'assister de Metz. Dumouriez compte faire de l'Argonne un Thermopyles pour la France, faisant ainsi référence à la résistance héroïque d'une poignée de 300 Spartiates contre la puissante armée de Xerxès en 480 avant J.-C., au défilé de Thessalie.

Kellerman se rapproche, mais, avant qu'il n'arrive, la partie nord de la ligne de défense de Dumouriez est enfoncée. Dumouriez accomplit cependant une remarquable manœuvre de nuit, regroupe ses troupes pour faire face à la menace ennemie dans toute son ampleur. C'est sur une nouvelle position que Kellermann fait sa jonction avec Dumouriez, à Sainte-Ménehould, le 19 septembre 1792.

La victoire de Valmy

Les armées en présence vont finalement livrer bataille à Valmy, commune de la Marne, près de Sainte-Ménehould, où 50 000 soldats français font face à 75 000 soldats ennemis (40 000 Prussiens, 30 000 Autrichiens et 5 000 émigrés royalistes). Les deux coalisés veulent en finir d'un seul coup avec les deux armées françaises (Dumouriez et Kellermann) qui s'opposent à leur marche sur Paris.

Le 20 septembre 1792, jusque vers 7 heures du matin, le brouillard épais empêche les deux armées en présence de connaître leurs positions respectives. Lorsqu'il se dissipe un peu, l'artillerie commence à tirer de part et d'autre. Vers 10 heures, Kellermann observe le dispositif de l'ennemi lorsque son cheval est tué d'un coup de canon. Il parvient à se défaire de cette posture inconfortable et rejoint la première position de ses troupes.

Le duc de Brunswick, voyant que les tirs de son artillerie n'ont pas ébranlé les troupes françaises, décide d'attaquer de vive force. Vers 11 heures, le feu de son artillerie redouble d'intensité. Il forme trois colonnes d'attaque soutenues par la cavalerie. Les deux colonnes de gauche se dirigent vers le moulin de Valmy, la colonne de droite se tenant à distance. Cette attaque en ordre oblique est la tactique habituelle de l'armée prussienne.

Estimant qu'il n'est plus possible de maintenir la discipline en restant passif sous les tirs de l'ennemi, Kellermann ordonne à son armée d'avancer. Lorsque les bataillons sont formés, il les parcourt et leur adresse cette courte harangue : « Soldats, voilà le moment de la victoire ; laissons avancer l'ennemi sans tirer un seul coup de fusil, et chargeons-le à la baïonnette. » L'armée française, pleine d'enthousiasme, aguerrie par une canonnade de quatre heures, répond aux paroles du général Kellermann par le cri : « Vive la nation ! » Kellermann répond également : « Vive la nation ! » En un instant, tous les chapeaux des fantassins français sont sur les baïonnettes et un immense cri s'élève de tous les rangs de l'armée. Cet enthousiasme guerrier surprend totalement le duc de Brunswick et son infanterie. D'autant que l'artillerie française redouble de puissance, foudroyant les premières colonnes prussiennes. Devant tant de détermination, le duc de Brunswick donne le signal d'une première retraite. Le duel d'artillerie se poursuit jusqu'à 16 heures. Encore une fois, l'infanterie prussienne reforme ses colonnes et débute une nouvelle attaque. Mais la bonne contenance de l'armée française, son ardeur manifestée par de nouveaux « Vive la nation ! », suffit à arrêter l'adversaire une seconde fois. Vers 19 heures, les troupes prussiennes regagnent leurs premières positions, laissant aux soldats français le champ de bataille couvert de morts : 300 tués du côté français, 184 tués chez les Prussiens. L'armée française, maîtresse du terrain, peut fêter sa victoire.

La retraite des Prussiens étonne les observateurs, on parle de tractation occulte ayant fait reculer le duc de Brunswick, sans oublier la thèse fumeuse d'une armée d'invasion troublée par une dysenterie due à la consommation de raisins verts. Or, en réalité, la victoire française de Valmy est avant tout le résultat de choix tactiques courageux, ayant permis de rétablir une situation militaire fortement compromise. La manœuvre de Dumouriez facilite la jonction avec Kellermann, coupe l'approvisionnement de l'armée d'invasion, permet de prendre pour terrain de la bataille décisive un plateau favorable au déploiement de l'artillerie (un des points forts de l'armée française), place les forces françaises dans une situation favorable, où il leur suffit de tenir le terrain alors que l'ennemi doit se disperser et se découvrir pour engager le combat. Valmy est bien une victoire militaire tactique et non un mythe révolutionnaire éculé.

Jemmapes : nouvelle victoire française

Une armée française révolutionnaire, forte de 40 000 hommes et 100 canons, commandée par Dumouriez, remporte le 6 novembre 1792 la bataille de Jemmapes, près de Mons, en Belgique. Elle est face à une armée autrichienne de 13 716 hommes et 56 canons, sous les ordres du duc Albert de Saxe-Teschen, qui doit évacuer une partie des Pays-Bas autrichiens.

Le général Jean Becays Ferrand, commandant l'aile droite de l'armée française, contribue largement au succès de cette bataille par l'intrépidité avec laquelle il emporte à la baïonnette les villages de Carignan et de Jemmapes, et par l'habileté qu'il déploie en manœuvrant sur le flanc droit de l'ennemi. Les pertes sont lourdes dans les deux camps : 650 morts et 1 300 blessés du côté français ; 305 morts, 513 blessés, 423 prisonniers et 5 canons perdus du côté autrichien.

Louis-Philippe d'Orléans (1773-1850), duc de Chartres, âgé de 19 ans à l'époque, futur roi de France en 1830, ainsi que son frère cadet, Antoine d'Orléans (1775-1807), duc de Montpensier, participent à cette bataille dans les rangs de l'armée française. Se distinguant dans le commandement de son unité, Louis-Philippe d'Orléans devait s'enorgueillir toute sa vie d'avoir été un des artisans de cette victoire française.

La campagne de 1793

Le 21 janvier, le gouvernement révolutionnaire fait exécuter le roi Louis XVI, accusé de trahison envers son pays. L'Espagne et le Portugal rejoignent la coalition anti-française en janvier et, le 1er février, la France déclare la guerre à la Grande-Bretagne et aux Provinces-Unies.

Chapitre 6 : « La victoire en chantant » : l'armée française sous la Révolution

Pour faire face aux troupes étrangères qui menacent l'ensemble de ses frontières, la France décrète une nouvelle levée de centaines de milliers d'hommes. L'armée française subit de graves revers au début. Elle est chassée de Belgique et doit faire face à des révoltes internes dans l'ouest et le sud du pays.

L'une d'entre elles, à Toulon, permet à un jeune capitaine d'artillerie de se distinguer, en la personne de Napoléon Bonaparte (1769-1821). Son rôle décisif dans le siège victorieux de la ville et du port (aux mains de 15 000 insurgés royalistes et de 12 000 soldats anglais), grâce à l'emplacement judicieux de l'artillerie, est le début d'une foudroyante ascension.

Le 19 décembre, les Anglais, battus par les troupes françaises, évacuent le port de Toulon avec, à bord de leurs navires, plusieurs milliers de royalistes français prêts à tout pour échapper à la répression.

À la fin de l'année, la levée de nouvelles armées et une politique interne de répression féroce, marquée par des exécutions de masse, permettent de repousser les invasions et de réprimer les révoltes.

La Révolution sauvée

Alors qu'en juillet 1793 les redditions de Valenciennes, Condé et Mayence, cumulées à la multiplication des défaites infligées aux Français, laissent espérer aux Coalisés une conclusion rapide de la guerre, les opérations victorieuses menées par la France le 8 septembre, notamment la victoire de Hondschoote, où l'infanterie tricolore charge héroïquement l'ennemi à la baïonnette, bouleversent le cours du conflit. Cette bataille de Hondschoote oppose 40 000 soldats français à 24 000 ennemis et se conclut par 3 000 tués ou blessés chez les Français et 4 000 chez l'adversaire.

Comme le souligne fort justement Hugues Marquis, la campagne de 1793 dans les Flandres est un tournant des guerres de la Révolution, par ses conséquences stratégiques et politiques. Elle dévoile la faiblesse de la coalition et la situation difficile dans laquelle se trouve l'armée britannique : les opérations sur Dunkerque ont coûté au duc d'York 10 000 hommes, soit plus d'un quart de son armée d'origine. Elle marque également l'échec des buts de guerre des Coalisés et montre l'importance des enjeux politiques dans le conflit, consacrant la force de l'esprit révolutionnaire d'une République française qui rassemble toutes ses ressources pour repousser l'envahisseur. La campagne de 1793 marque le début d'une nouvelle période de succès français et annonce la conquête des Provinces-Unies en 1794. La Révolution française est sauvée.

Lors de la bataille de Wattignies, dans les Flandres, les 13 et 14 octobre 1793, opposant 45 000 soldats français à 66 000 soldats coalisés, les officiers Carnot et Duquesnoy avancent en portant leur chapeau de représentant du peuple sur la pointe de leur sabre. Les soldats français courent à l'ennemi en chantant *La Marseillaise*. Devant une telle audace, l'armée ennemie décide de se replier et abandonne le siège de Maubeuge le 17 octobre. La victoire de Wattignies, saluée comme une seconde Valmy, met fin à la menace d'une invasion de la France par les Coalisés.

Fin octobre, une colonne de 12 000 soldats français, commandée par le général Vandamme, part de Dunkerque, prend Furnes et assiège Nieuport, dont le bombardement débute le 24 octobre. Vandamme est cependant contraint d'abandonner le siège devant l'arrivée de renforts anglais. Les deux armées prennent ensuite leurs quartiers d'hiver. À la fin de l'année 1793, les Français sont de nouveau en position de force dans la région.

La campagne de 1794-1795

L'année 1794 est marquée par de nombreux succès des armées françaises révolutionnaires. La France chasse les troupes espagnoles du Roussillon et pénètre en Catalogne.

Le 26 juin 1794, une armée française de 89 592 hommes et 100 canons, conduite par les officiers Jean-Baptiste Kléber, Jean-Baptiste Jourdan et Jean Étienne Championnet, remporte une victoire décisive à Fleurus, entre Charleroi et Namur, dans les Pays-Bas autrichiens (Belgique actuelle), contre une armée coalisée, regroupant des troupes autrichiennes, hollandaises, britanniques et allemandes, dont l'ensemble repose sur 52 000 hommes et 111 canons. Les Coalisés, commandés par le prince Frédéric de Saxe-Cobourg et le général autrichien Johann von Beaulieu, organisés en cinq colonnes, frappent simultanément les forces françaises déployées en arc de cercle autour de Charleroi et appuyées aux deux extrémités sur la Sambre. La gauche française recule d'abord à travers le bois de Monceau jusqu'à Marchienne. Kléber contre-attaque avec ses troupes et parvient à faire reculer l'assaillant. Le centre français se replie sur Gosselies, tandis que Championnet doit abandonner Heppignies. Jourdan, amenant des renforts, fait reprendre ce dernier village. Von Beaulieu arrive avec une nouvelle colonne, mais Jourdan engage ses réserves, si bien que les Français restent maîtres du village de Lambusart. Ainsi, partout l'assaillant est repoussé. La bataille se déroule toute la journée sous un soleil de plomb. Le soir, les Coalisés abandonnent le terrain et débutent une retraite générale sur Bruxelles. La bataille de Fleurus cause de lourdes pertes dans les deux camps : 5 000 tués et blessés chez les Français, autant chez les Coalisés.

Le lendemain, les Coalisés abandonnent la Belgique et retraitent jusqu'en Allemagne. Les Autrichiens perdent définitivement le contrôle des Pays-Bas. Les Français prennent Bruxelles le 10 juillet et Anvers le 27 juillet. Le corps expéditionnaire britannique est contraint de rembarquer. La dernière bataille

Chapitre 6 : « La victoire en chantant » : l'armée française sous la Révolution

sur le territoire de l'actuelle Belgique se déroule à Sprimont, le 18 septembre, au bénéfice des Français (116 000 soldats français opposés à 83 000 soldats autrichiens). La victoire de Fleurus permet non seulement à l'armée française de s'emparer de toute la Belgique, mais également d'occuper la Rhénanie.

Un nouveau type de guerre

Les liens nouveaux entre le peuple français et la nation bouleversent les armées et l'art de la guerre. C'est le signal de l'essor des nationalismes en Europe. La guerre devient l'affaire de toute la nation : levées en masse, réquisitions générales. Les méthodes de combat évoluent : attaque à la baïonnette en ordre dispersé de l'infanterie française bousculant les positions ennemies des armées traditionnelles, rajeunissement des cadres par épuration et par promotion des éléments les plus capables sans considération des titres de noblesse, rôle de la propagande révolutionnaire et patriotique jouant la corde sensible de la « guerre aux tyrans ». Cette nouvelle armée française, composée de toutes les classes sociales, désormais soudée par un fort sentiment national, persuadée de défendre des valeurs universelles comme la liberté, l'égalité et la fraternité, devient rapidement invincible sous le commandement d'un militaire de génie, en la personne de Napoléon Bonaparte.

L'armée française en 1794 (collection privée, DR).

La Prusse et l'Espagne, vaincues, signent le traité de Bâle, le 22 juillet 1795, qui cède la rive gauche du Rhin à la France. La France peut désormais se sentir libre de toute menace d'invasion pour de nombreuses années. La Grande-Bretagne tente de soutenir les rebelles vendéens mais échoue et, à Paris, une tentative royaliste de renverser le gouvernement par la force est mise en échec par la garnison militaire, brillamment commandée par Napoléon Bonaparte.

La stupéfiante campagne d'Italie (1796-1797)

L'armée française d'Italie (30 000 hommes), commandée par le général Napoléon Bonaparte, écrase successivement cinq armées piémontaises et autrichiennes (300 000 hommes) et conquiert l'Italie en l'espace d'une année.

Le 10 avril 1796, fidèle à son esprit offensif, Bonaparte attaque le premier en tentant de prendre de vitesse les armées ennemies qui défendent le Piémont. Le 12 avril, bénéficiant de l'effet de surprise, il écrase les Autrichiens à Montenotte. Le lendemain, il anéantit les Piémontais à Millesimo, puis se retourne contre les Autrichiens le surlendemain, à Dego, les humiliant de nouveau. Le 21 avril, la bataille de Mondovi élimine définitivement les forces piémontaises au service de l'Autriche, qui implorent l'armistice à Cherasco.

Dès lors, Bonaparte se concentre sur les seuls Autrichiens, rendus prudents, qui se replient sur Lodi, à l'abri de la rivière Adda. Le 10 mai, les troupes françaises s'emparent du pont de Lodi, et entrent triomphalement dans Milan le 15. Le gros de l'armée autrichienne retraite tout en laissant 15 000 hommes défendre Mantoue.

Le général autrichien Wurmser, renforcé par 70 000 soldats, tente de délivrer Mantoue, assiégée par les Français. Pendant six mois, de rudes batailles se déroulent pour le contrôle de la cité fortifiée. À Lonato, le 4 août, le général français Masséna bat les Autrichiens ; le lendemain, Bonaparte remporte un brillant succès à Castiglione, en faisant 20 000 prisonniers. À Roverdo et Bassano, une attaque autrichienne est repoussée. Une nouvelle offensive autrichienne parvient aux portes de Mantoue. À Arcole, du 15 au 17 novembre 1796, l'armée autrichienne est de nouveau vaincue. À Rivoli, le 19, l'armée autrichienne doit reculer. L'ultime effort autrichien, le 13 janvier 1797, porte de nouveau sur Rivoli. Le général français Joubert repousse tous les assauts. Le 14, Bonaparte vient lui prêter main-forte. Les Autrichiens, vaincus, abandonnent 12 000 tués et prisonniers. Le général français Masséna brise une contre-offensive d'une armée autrichienne de secours le 16, à La Favorite. Le 2 février, Mantoue capitule : la route de Vienne est ouverte à Bonaparte.

Les batailles de Rivoli, de La Favorite et la prise de Mantoue coûtent en trois jours à l'armée autrichienne 45 000 soldats tués ou faits prisonniers et 600 canons capturés.

S'enfonçant en Lombardie, traversant, grâce aux victoires de Masséna, les territoires de la république de Venise et ceux de Carinthie, puis parvenant à Graz, les troupes françaises s'arrêtent à Leoben le 7 avril 1797. Des pourparlers s'engagent : une trêve est conclue.

Vainqueur, Bonaparte n'en fait qu'à sa tête, malgré les ordres du Directoire (gouvernement français de l'époque) : il s'empare de Venise, transforme la Lombardie en République cisalpine en l'augmentant de Gênes et de la Romagne pontificale. Bonaparte négocie seul la paix de Campoformio, le 18 octobre. L'Autriche est privée de la Lombardie et de la Belgique, recevant Venise, en guise de compensation.

Le jeune général Bonaparte, auréolé de son triomphe en Italie, se comporte en chef absolu : il institue une seconde république à Gênes, la Ligurie, alors que le Directoire s'efforce de le maintenir à l'étranger en lui proposant de négocier avec les princes allemands que l'on vient de déposséder des territoires de la rive gauche du Rhin.

Bonaparte crée la République romaine, en janvier 1798, en dépouillant le pape et en l'exilant à Sienne. Puis il rentre en France, pour être nommé général en chef de l'armée, préparée en vue de l'invasion de la Grande-Bretagne.

L'incroyable expédition d'Égypte

De retour à Paris, Bonaparte s'oppose au projet d'invasion de l'Angleterre, irréalisable sans flotte de combat capable de maîtriser la Manche. Il propose d'atteindre l'Angleterre de manière détournée, en envahissant l'Égypte pour lui couper la route des Indes, dont le trafic commercial est nécessaire au ravitaillement de la Grande-Bretagne. Trop heureux d'éloigner ainsi le dangereux général Bonaparte, le Directoire donne son accord.

En occupant Suez, Bonaparte compte mettre fin à la domination coloniale anglaise sur une partie du monde. Cependant, la prééminence de la flotte britannique en Méditerranée rend cet objectif aléatoire. D'autant que l'on surévalue considérablement les richesses potentielles de l'Égypte.

Dès le printemps 1798, 32 300 soldats, 2 000 canons, 33 navires de guerre et 232 navires de transport sont réunis dans le port de Toulon. Bonaparte est également attentif à l'armée de 175 ingénieurs et savants qu'il emmène avec lui. L'Égypte est alors une province de l'Empire ottoman repliée sur elle même et soumise aux dissensions des Mamelouks, dynastie guerrière qui se veut indépendante des Turcs.

Après s'être emparée de Malte (11 juin 1798) et avoir évité la flotte anglaise, l'expédition française parvient en Égypte. Après un débarquement laborieux à Alexandrie (1er juillet), 12 300 soldats remontent le Nil, cependant que le gros de l'armée, 20 000 hommes, traverse le désert pour atteindre Le Caire. Le 21 juillet 1798 débute la bataille des Pyramides, opposant 20 000 soldats français à 50 000 soldats ennemis : les troupes mamelouks et turques de Mourad Bey sont anéanties, laissant 20 000 tués et blessés sur le terrain, alors que l'on compte seulement 300 tués ou blessés chez les Français.

Cependant, l'amiral britannique Nelson surprend une partie de la flotte française au mouillage en rade d'Aboukir (1er et 2 août 1798). Malgré les ordres formels de Bonaparte, l'amiral Brueys n'a pas osé abandonner l'armée française sans protection navale. Les Français résistent avec courage, mais perdent 11 vaisseaux et 6 000 hommes, dont une moitié de prisonniers.

Plein d'énergie, Bonaparte poursuit son avance. Les dernières troupes mamelouks sont écrasées le 7 octobre 1798, lors de la bataille de Sédiman. La révolte du Caire du 21 octobre 1798, fermement réprimée, démontre qu'une partie des Égyptiens demeure hostile à la France. Face au risque d'une offensive turque, Bonaparte prend de nouveau l'initiative. À la tête de 13 000 hommes, il entend remonter jusqu'au Bosphore. L'opération débute plutôt bien : après la prise d'El-Arich, Jaffa est emporté et ses 2 500 défenseurs, bien que faits prisonniers, sont massacrés au sabre et à la baïonnette. Le 17 mars 1799, Bonaparte entreprend de s'emparer de Saint-Jean-d'Acre. Privé d'une partie de son armement lourd, détruit par la flotte anglaise en rade d'Aboukir, il ne parvient pas à l'emporter, malgré huit assauts. Une troupe turque s'approchant, Bonaparte se retourne contre elle pour éviter d'être pris entre deux feux. Il bat les Turcs à Nazareth, le 8 avril, et à Cana, le 11 avril 1799. À proximité du mont Thabor (16 avril 1799), il écrase des forces turques deux fois plus nombreuses. Bien que victorieux, il décide de revenir sur ses pas, ayant perdu un bon tiers de ses effectifs en de multiples affrontements.

Le 31 août 1799, Bonaparte quitte l'Égypte, avec ses fidèles officiers Masséna, Berthier, Murat, Marmont, Bessières et Andréosy, à bord de deux frégates. Ils sont tous indispensables pour la préparation d'un éventuel coup de force en France, contre un Directoire moribond, qui tente de promouvoir le général Joubert, rival dangereux. Bonaparte débarque en France le 9 octobre. Auréolé de l'immense prestige des campagnes d'Italie et d'Égypte, il s'impose politiquement en devenant Premier consul, lors du coup d'État du 18 Brumaire (novembre 1789).

Resté seul maître en Égypte, le général français Kléber, excellent militaire, tient tête aux attaques anglo-turques. Le 20 mars 1800, il repousse à Héliopolis, avec 10 000 hommes, des forces turques six fois plus nombreuses.

Hélas pour lui, il est assassiné par un fanatique à son retour au Caire. Le successeur de Kléber, le général Menou, ne peut, le 8 mars 1801, résister à un débarquement anglais, en rade d'Aboukir. Le 21 mars, à Canope, les Français, qui ont rassemblé leurs faibles forces, ne parviennent pas à contraindre les Britanniques à rembarquer. Les pertes sont importantes des deux côtés, dépassant 4 000 morts. Menou cherche alors à négocier pour sauver ce qui peut l'être. La convention d'Alexandrie, signée le 31 août, prévoit le rembarquement des troupes françaises par la flotte anglaise. Les Anglais, admiratifs du courage déployé par les soldats français, tiennent parole. Bonaparte vient, en janvier 1802, à Lyon, passer en revue les troupes rescapées de l'expédition d'Égypte. Le grand rêve oriental se termine, ayant coûté près de 20 000 hommes à l'armée française. Les pertes de l'adversaire (Mamelouks, Turcs, Égyptiens et Britanniques) sont dix fois plus importantes.

Nouvelle guerre de Napoléon Bonaparte contre l'Autriche

Devenu Premier consul de la République française, Napoléon Bonaparte souhaite la paix extérieure. Mais il se heurte au refus absolu des Britanniques et de leur Premier ministre, William Pitt, qui s'appuie sur l'Autriche pour porter la guerre en Europe contre la France. Bonaparte décide alors d'abattre l'Autriche pour la contraindre à traiter avec lui, laissant la Grande-Bretagne isolée en Occident. Les Anglais devront alors reconsidérer leur position.

S'étant assuré de la neutralité prussienne, Bonaparte conduit une attaque sur deux fronts : en Allemagne, avec le général Moreau, et en Italie, sous sa propre direction. Faisant preuve une fois de plus d'une grande audace, il franchit le col du Grand-Saint-Bernard, dans les Alpes, et débouche, sans rencontrer de résistance, dans la plaine milanaise. Le 2 juin 1800, il pénètre dans Milan et décide aussitôt de se porter à la rencontre du général autrichien Michael von Melas. Le 9 juin, le général Lannes repousse les Autrichiens à Montebello. Puis, pour empêcher Mélas de se dérober, Bonaparte lance les deux divisions Desaix et Monnier à la poursuite de l'Autrichien. Ce dernier, habilement, décide d'attaquer Bonaparte ainsi affaibli et lance une attaque frontale et inattendue le 14 juin, à Marengo, dans le Piémont, où 28 000 soldats français affrontent 33 000 soldats autrichiens. Presque dépourvus d'artillerie, les Français ploient sous le nombre d'adversaires. En début d'après-midi, Melas est si sûr de la victoire qu'il l'annonce, par des courriers, à l'empereur d'Autriche. À 16 heures, les deux divisions Desaix et Monnier surgissent sur le champ de bataille et retournent la situation en faveur des Français. Desaix trouve une mort héroïque dans la contre-attaque, tandis que la cavalerie française fait éclater le centre autrichien par une furibonde charge au sabre. Les Autrichiens doivent reculer et repassent la Bormida vers 21 heures. Ils perdent 8 772 hommes et 40 canons, tandis que Bonaparte déplore dans ses rangs 5 600 soldats hors de combat (tués, blessés et disparus).

De son côté, le général Jean Moreau, à la tête d'une armée de 53 795 soldats et 99 canons, pénètre en Allemagne pour affronter l'armée autrichienne de Jean-Baptiste d'Autriche, forte de 60 261 soldats et 214 canons, à Hohenlinden, à 30 km de Munich. Les troupes françaises repoussent tous les assauts adverses, contre-attaquent ensuite avec succès, balayant toute résistance autrichienne : une fois de plus l'infanterie française démontre son invincibilité dans l'attaque à la baïonnette, de même que la cavalerie française dans la charge au sabre, sans parler de l'efficacité tactique redoutable de l'artillerie tricolore. La bataille de Hohenlinden (3 décembre 1800) se termine par la mise hors de combat (tués ou blessés) de 4 000 soldats français et de 8 000 soldats autrichiens, sans oublier la capture par les troupes françaises de 76 canons et de 12 000 prisonniers autrichiens.

L'Autriche, éreintée par deux éclatantes victoires militaires françaises, signe la paix à Lunéville, le 9 février 1801. Elle perd toute la rive gauche du Rhin et ne conserve que la Vénétie et l'Adige, en Italie. Elle doit évacuer la Ligurie, le Piémont et la Lombardie. Désormais, l'Angleterre est seule contre une France victorieuse sur tous les fronts. En 1802, Bonaparte signe la paix d'Amiens avec une Angleterre plus conciliante, sous la direction d'un nouveau Premier ministre, Lord Addington.

La Grande-Bretagne, ne supportant pas l'emprise de la France sur le continent européen, multiplie les provocations. En mai 1803, elle ouvre de nouveau les hostilités en saisissant 1 200 bateaux de commerce français et hollandais dans les ports anglais sans déclaration de guerre. Les Français réagissent quelques jours plus tard en arrêtant tous les Anglais se trouvant en France, puis Napoléon Bonaparte mobilise son armée le long du littoral, notamment au camp de Boulogne, afin de préparer l'invasion de l'Angleterre. Pendant un an, ce qui devient la Grande Armée s'équipe, s'entraîne, forme ses conscrits, encadrés par des officiers compétents. La plupart d'entre eux ont acquis en dix ans de guerre une expérience sans équivalent.

Chapitre 6 : « La victoire en chantant » : l'armée française sous la Révolution

L'armée française contre toute l'Europe

De 1792 à 1815, l'armée française mobilise 3 millions d'hommes. Elle bénéficie du soutien de 300 000 soldats polonais, italiens, belges, hollandais, suisses, croates et allemands, portant la totalité de ses effectifs à 3 300 000 soldats. Elle a face à elle une coalition regroupant 5 450 000 soldats ennemis, dont 1 million d'Autrichiens, 2 300 000 Russes, 700 000 Prussiens, 750 000 Britanniques, 400 000 Espagnols, 300 000 autres coalisés (Turcs, Portugais, Piémontais, Sardes, Suédois, Hollandais et Allemands).

De 1792 à 1815, l'armée française déplore 800 000 tués, ses alliés 200 000 et la coalition européenne adverse 2 112 000 (400 000 Autrichiens, 600 000 Russes, 300 000 Prussiens, 312 000 Britanniques, 300 000 Espagnols, 200 000 autres coalisés).

De 1792 à 1815, bien qu'ayant des effectifs inférieurs de presque de moitié, l'armée française a cependant causé le double de pertes à ses adversaires. Le génie militaire de Napoléon, les qualités de ses principaux officiers et de son armée ont fait la différence.

Chapitre 7

« Valeur et discipline » : l'armée française du Premier Empire

Dans ce chapitre :
- L'apogée d'une puissance militaire
- Le génie militaire de Napoléon
- La Grande Armée défait les coalitions

Afin d'asseoir davantage son autorité en France, avec cependant l'assentiment du peuple français par un vaste plébiscite, Napoléon Bonaparte se proclame empereur des Français, le 28 mai 1804, et se couronne, le 2 décembre, avec la bénédiction du pape.

Consciente que son armée de terre, peu nombreuse, serait incapable de s'opposer seule à la Grande Armée une fois débarquée sur son sol, l'Angleterre décide, pour éloigner la menace d'invasion française, de former une nouvelle coalition contre la France. Le 11 avril 1805, l'Angleterre et la Russie concluent un traité visant à chasser la France de la Hollande, de la Belgique et de la rive gauche du Rhin. L'Autriche rejoint la nouvelle coalition contre la France le 4 juillet, suivie par le royaume de Naples et la Suède le 9 août. Pendant ce temps, la Grande Armée se prépare à envahir l'Angleterre.

Organisation et armement de l'armée napoléonienne

Dès l'automne 1803, trois divisions françaises sont réunies dans chacun des camps de Montreuil, Boulogne et Bruges, sous les ordres de Ney, Soult et Davout, puis d'autres troupes dans les camps d'Utrecht et Brest sous les commandements de Marmont et Augereau. Le centre d'activité est à Boulogne, où l'installation du château de Pont-de-Briques permet à

Napoléon de soudaines apparitions qui maintiennent son monde en haleine. De nombreuses garnisons françaises se trouvent également réparties sur le territoire et aux frontières.

Forte de 200 000 hommes en 1805, la Grande Armée atteint un effectif de 615 000 hommes en 1812. Elle se compose de sept corps d'armée et d'un corps de réserve de cavalerie en 1805, respectivement commandés par les maréchaux ou généraux Bernadotte, Marmont, Davout, Soult, Lannes, Ney, Augereau et Murat. La garde impériale, unité d'élite qui sert de garde rapprochée à l'empereur ainsi que de dernière réserve de l'armée, est sous les ordres du maréchal Mortier. Les autres troupes françaises réparties sur le territoire et aux frontières reposent sur 200 000 hommes, portant ainsi la totalité de l'armée française à 400 000 hommes en 1805.

Les forces armées françaises alignent au total 156 régiments d'infanterie de ligne, 37 régiments d'infanterie légère, 14 régiments de cuirassiers, 2 régiments de carabiniers à cheval, 30 régiments de dragons, de 26 à 30 régiments de chasseurs à cheval, 6 régiments de chevau-légers lanciers, de 10 à 11 régiments de hussards, 1 régiment de grenadiers à cheval de la Garde, 8 régiments d'artillerie à pied, 6 régiments d'artillerie à cheval, 2 bataillons de pontonniers et 8 bataillons du train d'artillerie.

- ✔ **L'infanterie de ligne est une infanterie de base constituant le gros des troupes.** L'infanterie légère est destinée à opérer dans les terrains difficiles (bois, traversée de cours d'eau, terrain montagneux), mais elle est souvent utilisée comme infanterie de ligne. L'infanterie de la garde impériale est destinée à la protection du souverain. Elle comprend des unités de grenadiers, fusiliers, tirailleurs, chasseurs à pied et voltigeurs. Le 1er régiment de grenadiers et le 1er régiment de chasseurs à pied forment l'infanterie de la Vieille Garde, l'élite de la Grande Armée.

L'infanterie française est toujours armée du fusil modèle 1777, qui reste malgré certains perfectionnements une arme médiocre, efficace jusqu'à 200 m et sans précision au-delà. Le tir du fusil est cependant très efficace à petite distance. Les pertes peuvent être considérables : à Austerlitz, en 1805, un régiment d'infanterie perd 220 grenadiers sur 230 en quelques minutes.

- ✔ **La cavalerie légère (hussards, chasseurs à cheval et chevau-légers lanciers) est intégrée dans les unités d'infanterie, ne faisant pas partie du corps de réserve de cavalerie.** La cavalerie légère attaque les lignes ennemies par les flancs ou par-derrière, afin de créer la surprise, voire la panique chez l'adversaire. Elle a également des missions de reconnaissance.

- ✔ **La cavalerie légère de la Garde comprend un régiment de chevau-légers lanciers et un régiment de chasseurs à cheval.** En 1813 sont créés trois régiments d'éclaireurs de la Garde.

- **La cavalerie de ligne (lanciers et dragons) est utilisée comme la cavalerie lourde pour créer une faille dans les lignes adverses, afin de permettre à l'infanterie de pénétrer les rangs ennemis.** La cavalerie lourde (cuirassiers, carabiniers à cheval et grenadiers à cheval) doit enfoncer la ligne ennemie préalablement affaiblie par les tirs d'artillerie. Elle peut charger la cavalerie ennemie, ainsi que poursuivre l'ennemi en retraite. La cuirasse en métal de 3 mm d'épaisseur pèse 7 kg et protège des coups de sabre et de lance, mais pas toujours des balles de fusil. Le régiment de cavalerie lourde de la Garde est le régiment de grenadiers à cheval.

- **L'artillerie se compose de trois types d'unité : la compagnie à pied, la compagnie à cheval et la compagnie du train.** La compagnie d'artillerie à pied comprend 120 hommes, 6 canons et 2 obusiers. La compagnie d'artillerie à cheval aligne 100 hommes, 4 canons et 2 obusiers. La compagnie du train a un effectif de 141 hommes et de 250 chevaux : elle se charge du transport du matériel et des munitions. La garde impériale dispose également d'une puissante réserve d'artillerie.

L'artillerie napoléonienne se compose de pièces de 4, 8 et 12 livres (poids du boulet) et d'obusiers de 6 pouces. C'est, à quelques modifications près, l'artillerie mise au point par l'ingénieur Gribeauval en 1776. La portée efficace est de 500 à 600 m selon le calibre, mais la pièce de 4 se révèle encore dangereuse à 1 250 m et celle de 12 jusqu'à 1 800 m.

Une pléiade exceptionnelle de maréchaux et de généraux

Avec l'Empire naît une haute société militaire destinée à hausser le prestige de la France impériale au niveau de celui de l'Ancien Régime. Philippe Auguste avait décerné le premier titre de maréchal en 1185, la République avait aboli cette dignité sous la Révolution, Napoléon la recrée par un décret en date du 19 mai 1804 et nomme maréchaux d'empire quatorze de ses anciens compagnons d'armes qui l'ont aidé à gravir les échelons du pouvoir. Ils ont une moyenne d'âge de 40 ans et s'appellent : Augereau (1757-1816), Bernadotte (1763-1844), Berthier (1753-1815), Bessières (1768-1813), Brune (1763-1815), Davout (1770-1823), Jourdan (1762-1833), Lannes (1769-1809), Masséna (1756-1817), Moncey (1754-1842), Mortier (1768-1835), Murat (1767-1815), Ney (1769-1815), Soult (1769-1851).

Ce nombre est porté à dix-huit par la création de quatre maréchaux honoraires (1804), puis encore augmenté par la nomination de Victor (1766-1841) en 1807, Oudinot (1767-1847), Macdonald (1765-1840) et Marmont (1774-1852) en 1809, Suchet (1772-1826) en 1811, Gouvion-Saint-Cyr (1764-1830) en 1812, Poniatowski (1762-1813) en 1813 et Grouchy (1766-1847) en 1815.

Les effectifs des généraux enflent également : 259 généraux de divisions, 703 généraux de brigade sont nommés en 1805 et 1815.

La science de la guerre napoléonienne

La recherche de la démoralisation préalable de l'adversaire domine la pensée napoléonienne. À la décision politique d'entrée en campagne succède le coup de foudre stratégique. La vitesse est un élément indispensable pour créer le choc moral. Le facteur principal consiste à faire apparaître ses forces sur la ligne de communication de l'ennemi. L'armée napoléonienne s'y porte à toute allure en s'efforçant d'y occuper une barrière naturelle pour lui couper la retraite. Napoléon veut imposer sans retard la bataille dont il attend la fin rapide et victorieuse de la guerre.

Tout cela ne peut aller sans une science militaire profonde : connaissance des vitesses de marche de la troupe, des longueurs d'écoulement et de déploiement des colonnes, le tout calculé en fonction du plus ou moins grand éloignement de l'ennemi. Science grâce à laquelle l'armée impériale se trouve en tout temps apte au mouvement et au combat.

La conduite de la bataille repose à la fois sur la direction audacieuse et les habiletés du dispositif. Si l'ennemi, trop lent à prendre parti, demeure immobile, c'est l'encerclement. Si l'adversaire cherche à se dérober, il est pris en flagrant délit de mouvement. La bataille de Napoléon comporte en général un combat de front ou d'usure, destiné à fixer le plus de forces adverses ; un mouvement débordant, ayant pour objet de surprendre l'ennemi par une menace d'enveloppement, afin de l'obliger à s'étirer ou à se démunir de réserves pour y faire face ; une attaque principale lancée sur le point de moindre résistance ainsi créé ; enfin la poursuite de l'adversaire en pleine retraite.

Les écoles militaires

Avant la Révolution, il existait 13 écoles militaires réparties au sein du royaume. Seuls y étaient admis les élèves pouvant prouver une ancienne noblesse. La République ouvre leurs portes à tous les citoyens et il s'ensuit un tel désordre que la Convention supprime les anciennes écoles à l'exception de celle d'Auxerre.

✔ **En 1794 s'ouvre l'École des travaux publics, qui devient, le 1er septembre 1795, l'École polytechnique.** Sous l'Empire, elle a un gouverneur et les élèves sont astreints à fournir leur trousseau et une pension annuelle de 800 francs, livres et matériel étant également à leurs frais.

Chapitre 7 : « Valeur et discipline » : l'armée française du Premier Empire

- **En 1802 apparaît l'École militaire de Fontainebleau, transférée sous l'Empire à Saint-Cyr.** Les élèves y forment deux bataillons soumis à un entraînement militaire intensif, avec en plus des cours de géographie, d'histoire, de dessin, de géométrie, d'arpentage, de diction, d'équitation et de natation. Une seconde école militaire, fondée sur le même principe, est ouverte à La Flèche : le Prytanée.
- **En 1809, Napoléon imagine l'École militaire de cavalerie, dont les élèves sont versés dans les régiments de cavalerie avec le grade de sous-lieutenant.** L'école s'installe dans le château de Saint-Germain. Après quatre années d'existence, elle est transférée à Saumur.

La vie quotidienne des soldats de Napoléon Ier

L'armée napoléonienne est composée de soldats portés par un idéal patriotique et une dévotion sans faille à l'Empereur. Ils supportent les pires conditions, que les armées monarchistes de l'époque seraient bien incapables d'accepter. Napoléon aime ses soldats, il sait qu'il peut leur demander des efforts surhumains pour faire triompher les valeurs de la Révolution et de l'Empire. La vie quotidienne du soldat français de l'époque est riche en événements historiques et en aventures singulières. Elle est également marquée par des souffrances extrêmes, transcendées souvent par le courage et le don de soi.

Marches et contremarches

La marche est l'élément essentiel de la stratégie de l'Empereur, son arme absolue. La rapidité de déplacement des troupes de la Grande Armée permet de fondre sur l'ennemi avant qu'il ait eu le temps d'achever la concentration de ses forces, sans oublier de procéder à de vastes manœuvres d'enveloppement, prenant l'adversaire à revers, en lui coupant ses lignes de ravitaillement et de retraite. La vie quotidienne du soldat français en campagne est donc marquée principalement par les marches et les contremarches.

Dès la campagne d'Italie, l'armée française frappe de stupeur l'ennemi par la rapidité de ses déplacements. La veille de la bataille d'Austerlitz, le tsar Alexandre apprend d'un prisonnier français que le corps d'armée du maréchal Davout se trouve au contact des Russes ; le tsar objecte que ce corps est à Vienne. « Il y était hier, aujourd'hui il est ici », réplique le Français : 140 km parcourus en un jour et demi ! À Friedland, le général russe Bennisgen est surpris, car il ne peut admettre que les Français ont fait en moins de douze heures un trajet qui demande aux Russes trois journées.

La Grande Armée se déplace de 20 à 60 km par jour, avec sur le dos un équipement allant de 24 à 33 kg. Seul délassement, la « halte aux pipes », cinq minutes toutes les heures pour les fantassins, et, pour les officiers, les « honneurs de la goutte » offerts à l'occasion de la première halte par le chef de bataillon. Le fantassin de la Grande Armée marche avec des souliers « à pied unique » : ni pied gauche ni pied droit, c'est la route qui façonne la chaussure.

« L'Empereur a trouvé une nouvelle méthode de faire la guerre ; il ne se sert que de nos jambes et pas de nos baïonnettes. » Jolie formule qui permet au rédacteur officiel d'une feuille de propagande d'écrire avec aplomb : « À présent, les soldats français vont si vite qu'ils n'ont pas le temps d'être tués » (archives militaires françaises, Vincennes).

Un engagé de 1803, nommé Guichard, du 17e régiment d'infanterie légère, couvre en dix années la bagatelle de 36 000 km, avec le poids d'un barda d'une trentaine de kilos. François-Joseph Jacquin, grenadier à la 37e demi-brigade d'infanterie de ligne, parcourt 856 km du 14 janvier au 25 février 1806. L'année 1809, le même Jacquin accomplit 1 800 km du 1er mars au 21 avril, soit une moyenne journalière de 20 km.

Les soldats foulent les labours ou les sables, les fondrières ou le verglas, sous la neige, le soleil ou la pluie. Ils commencent une campagne avec des chaussures neuves, ils la terminent souvent les pieds entourés de chiffon. Pour qu'ils aillent plus vite, on les entasse parfois dans des voitures de poste, charrettes paysannes à roues pleines, garnies de paille. Mais ils y sont tellement serrés et cahotés qu'ils préfèrent aller à pied.

Sur la route, les soldats français sont volontiers goguenards et râleurs : ils détestent un ordre mal donné ou mal compris qui fait faire plus de chemin que nécessaire. Mais ces mêmes soldats français, lorsque leurs pas les portent près du champ de bataille, serrent les rangs, les tambours battent *Aux champs*, les fantassins pressent le pas cadencé, les officiers saluent de l'épée : l'assaut de la « furie française » est irrésistible. Aucune armée européenne ne résiste à l'infanterie française !

La solde

Le soldat de Napoléon reçoit une solde différente s'il se trouve en garnison, en déplacement ou en guerre, et, bien entendu, suivant le grade. Le *grognard* (fantassin français) peut rester rêveur devant les 40 000 francs que touche chaque année un général commandant en chef, et même les 1 500 francs d'un colonel. Le fantassin ou fusilier de base perçoit 30 centimes par jour, sur lesquels on lui retient une somme variable pour l'équipement. Un sergent touche 62 centimes, un adjudant 1,60 franc. Le grognard dispose de 10 centimes d'argent de poche quotidien. Les vétérans, ayant dix ans et plus d'ancienneté, ont droit à quelques dizaines de centimes de plus par jour : cette largesse concerne surtout la garde impériale.

Chapitre 7 : « Valeur et discipline » : l'armée française du Premier Empire

Les officiers et hommes de troupe sont souvent logés à la même enseigne : à savoir que leur solde est très irrégulièrement versée. La Grande Armée, qui, le 14 juin 1807, remporte la victoire de Friedland n'a pas été payée depuis six mois. En Espagne, le retard atteint parfois quinze mois. En 1814, le général Curely réclame un arriéré de solde de deux années !

Le ravitaillement

Les convois de vivres se faisant toujours attendre, la nourriture devient un souci constant des soldats. L'instruction du 12 janvier 1812 équipe chaque compagnie de 16 gamelles, 8 marmites et 8 bidons pour l'eau et l'eau-de-vie. Les règlements du 12 septembre 1801 et du 9 avril 1802 fixent la ration quotidienne du soldat à 750 g de pain, 30 g de riz, 250 g de viande et un quart de litre de vin. Ce tableau idyllique sera rarement respecté. La rapidité des manœuvres interdit que l'armée s'encombre d'un ravitaillement trop important. La Grande Armée doit vivre le plus souvent sur le pays. Entrant en campagne, le grognard a quatre jours de pain dans sa musette ; après quoi, il doit acheter ses victuailles, lorsqu'il a de l'argent, dans les villages traversés, dépendre des réquisitions en pays ennemi, ou compter sur son sens de la débrouillardise, c'est-à-dire le pillage. Les officiers voient leurs hommes revenir au bivouac avec de la volaille, des moutons ou des œufs.

À l'armée d'Italie, Bonaparte avait proclamé que les pillards seraient « impitoyablement fusillés ». Or, la plupart du temps, les officiers ferment les yeux devant le dénuement de leurs hommes. À Eylau, le 14ᵉ de ligne qui lutte héroïquement jusqu'à la mort n'a vécu, depuis plusieurs jours, que de quelques pommes de terre et de neige fondue ! Au beau milieu de cette même bataille, des grenadiers bravent l'artillerie russe pour déterrer une poignée de pommes de terre pourries. Un chirurgien en chef voit de jeunes soldats boire de l'eau de mares infectes et dévorer des viandes immondes… L'armée a faim : si l'ennemi pouvait la retenir quelques jours dans ce pays-ci, elle périrait de misère. En Espagne, un officier plaint ses hommes épuisés qui n'ont pour se nourrir que quelques châtaignes. La veille de la bataille de Wagram, Maurice de Tascher, le petit cousin de Joséphine, voit ses hussards disputer l'herbe des chevaux !

La Grande Armée fouille avec le sabre, la baïonnette ou la baguette du fusil le moindre terrain pour découvrir les précieuses pommes de terre, voire les cachettes des paysans.

Camps et bivouacs

La « belle vie », le soldat la connaît en campagne lorsqu'il a son cantonnement chez l'habitant : pour les officiers, ce sont les dîners, les bals et les fêtes dans de belles demeures, chez la bonne société. Pour les soldats c'est l'hébergement dans une ferme, où ils aident volontiers les paysans locaux. Le soldat français ne tarit pas d'éloges sur les Allemands… et les Allemandes, mais semble vouer à l'exécration les Espagnols.

Le plus souvent, au long des marches interminables dans les campagnes désolées de Pologne ou de Russie, le soldat doit se contenter d'une étable. Le rêve est alors de coucher sur de la bonne paille, sans trop de puces et de poux.

Parfois, après une grande victoire, il est possible de construire un camp avec des arbres abattus dans une forêt et des matériaux récupérés dans les villages désertés : on voit alors s'élever en quelques jours des baraques à toit de chaume, souvent peintes de couleurs vives, avec même un parquet pour celles des officiers ; et dans les rues divisant le camp s'installent des magasins, des cafés.

D'une façon générale, la nuit du soldat se passe à la belle étoile. Les tentes, conçues pour abriter 8 ou 16 hommes, sont souvent abandonnées parce qu'elles alourdissent le paquetage des troupiers et le chargement des chevaux. À la tombée de la nuit, on forme alors les faisceaux d'armes sur un espace dégagé entouré de sentinelles, on allume le grand feu et chaque escouade se met en devoir de faire la soupe. Les soldats mangent debout, s'abritent de la pluie sous les arbres. Puis débute une veillée où l'on répare les uniformes, nettoie les armes, en buvant du vin chaud. Lorsque le temps et le climat le permettent, on joue aux cartes.

Les soirs de grande bataille, tout le camp est en effervescence : on vend aux enchères les dépouilles des morts. Malgré de nombreuses ordonnances destinant les armes et les effets des hommes et officiers tués à l'armée et à leur famille, cette coutume perdure dans la Grande Armée. Le général Marbot y doit la vie, lorsque, laissé pour mort et dépouillé de tous ses vêtements sur le champ de bataille d'Eylau, sa pelisse et sa montre sont reconnues par son domestique, qui veut revoir son corps et le ramène sanglant et nu au campement. Puis on s'étend pour dormir sur une botte de paille ou quelques branches d'arbre, enveloppé dans sa capote, les pieds au feu.

Les duellistes

Lorsque les soldats de la Grande Armée sont au repos et bien nourris, ils éprouvent le besoin de se défouler. Apparaît alors l'une des formes de distraction qui divertit toutes les couches hiérarchiques de la Grande Armée : le duel.

Guerriers à part entière, les soldats de la Grande Armée cherchent à préserver leur honneur en se défiant d'arme à arme, de régiment à régiment : ferrailler est une marotte qui sévit dès le collège et l'école militaire. Les duels au sabre ou au pistolet sont les plus prisés. La simple blessure suffit le plus souvent à laver l'honneur bafoué. Les officiers veillent, effectifs obligent, à ce que les duellistes s'épargnent mutuellement.

Chapitre 7 : « Valeur et discipline » : l'armée française du Premier Empire

On lutte héroïquement partout

Les soldats français de 1805 ont un moral d'acier. «Cela explique qu'avec un pareil état d'esprit, témoigne Octave Levavasseur, et de tels hommes, aucune force ni aucune puissance ne pouvaient résister. L'ennemi eût-il été dix fois plus nombreux, on l'eut écrasé de même» (archives militaires françaises, Vincennes). Cette opinion se trouve confirmée par le commandement prussien : «Cette armée française était probablement la meilleure et la plus redoutable qu'aient vue les soldats modernes» (archives militaires allemandes, Fribourg-en-Brisgau). Les officiers coalisés (Anglais, Autrichiens, Russes, Espagnols, Portugais…) les plus insignes, adversaires de la Grande Armée, portent des jugements similaires sur l'excellence du soldat français de la Grande Armée.

La bataille n'est plus la bataille «rangée» dans laquelle les troupes alignées presque au coude à coude entrent en action toutes à la fois. On y voit, engagés sur des fronts irréguliers, des tirailleurs et des bataillons déployés, des soutiens en colonnes, des groupements de batteries, et en arrière des réserves massées. Leur dispositif présente des intervalles, et leur engagement peut être successif. C'est un art nouveau.

Tous les officiers ont l'expérience de la guerre, car plus de la moitié ont servi comme soldats ou sergents dans l'armée royale. Les colonels sont jeunes, 39 ans en moyenne ; les chefs de bataillon et les capitaines sont à peu près du même âge et quelques lieutenants plus âgés.

Les exercices de guerre portent généralement sur la charge du fusil en douze temps, la formation en bataille sur trois rangs, le basculement de la colonne au carré pour soutenir une charge, et surtout l'endurance de la marche, le passage du pas de route (la cadence de 90 pas à la minute) au pas de charge (120 pas à la minute).

On meurt et on opère partout

Il n'y a pas ou trop peu de brancardiers. L'évacuation des blessés sur les champs de bataille se fait par des moyens de fortune, car le matériel n'arrive jamais à temps. Des hôpitaux de campagne sont improvisés dans les lieux les plus inattendus : à Vienne, les écuries impériales reçoivent 8 000 blessés, à Madrid les églises servent de salle de chirurgie, à Moscou on se satisfait d'une maison de bois, humide et pleine de vermine, pour y entasser les blessés ou les malades qui souffrent du choléra ou du typhus. Car en plus des boulets et des coups de baïonnette ennemis, les soldats sont victimes de toutes les maladies. Alors on se soigne comme on peut : le fusilier Vachin a sa recette personnelle : «Il y a cinq ou six jours, je m'aperçus que mon appétit se refroidissait. Le matin, j'avais la bouche pâteuse, mais je me gargarisai le gosier avec un bon verre de rhum qui me disposa du mieux possible. Depuis j'en fais autant tous les matins» (archives militaires françaises, Vincennes).

« Vive l'Empereur ! »

Pendant des années, campagne après campagne, les soldats français vont connaître et supporter des souffrances effrayantes, presque inhumaines. Jamais auparavant, une armée n'a dû se battre sous le soleil espagnol pour se retrouver, un an plus tard, dans l'hiver russe avec, entre ces deux extrêmes, une traversée de l'Europe, à pied !

En Égypte, c'est la terrible découverte de la chaleur suffocante et du sable brûlant. Les soldats, habitués au climat tempéré, sont brusquement assommés par le soleil, assoiffés, dépaysés au point parfois d'en perdre la raison. L'horrible peste les attend à Jaffa. Cette maladie très contagieuse se propage sans prévenir.

En Espagne, les soldats connaissent la chaleur du Sud, mais aussi le froid glacé des sierras du centre. Ils apprennent aussi la peur et l'angoisse face à la guérilla, cette guerre qui se cache partout et tue par surprise. La Pologne a triste réputation dans les souvenirs. On y a combattu le ventre vide pendant plusieurs jours, sous la neige ou la pluie glacée. Terrible retraite de Russie ! Quand on ne peut pas survivre, on se réfugie dans le ventre du cheval à peine mort que l'on ouvre d'un coup de sabre pour y trouver un peu de chaleur.

Les soldats français sont parfois découragés, épuisés, ne sachant plus pourquoi ils continuent à marcher. Certains se couchent, bien décidés à ne plus se relever, à rester là, dans l'herbe, à dormir, en attendant... on verra bien. Soudain, une silhouette se profile dans la lumière du soir, et tous se redressent, ils crient d'une seule poitrine : « Vive l'Empereur ! » Dès qu'il apparaît, tout change, les doutes disparaissent, la fatigue est oubliée. Et cent fois, mille fois lors des campagnes, le miracle s'accomplit. L'Empereur sait très bien leur parler. Lorsqu'ils entendent « Vous êtes dignes de mes braves ! » ou bien « Je suis content de vous ! », les plus endurcis ont du mal à retenir leur émotion. Plusieurs années après, le capitaine Coignet se souvient : « Je l'aimais de toute mon âme, mais j'avais toujours le frisson quand il me parlait » (archives militaires françaises, Vincennes). « Notre père Napoléon », lit-on souvent dans leurs lettres. Ils savent qu'ils sont aimés de leur chef, qui vient les voir au bivouac, n'hésitant pas à leur parler en les tutoyant, alors qu'il arpente le champ de bataille couvert de morts et de blessés.

Les batailles du Premier Empire

Fin août 1805, la nouvelle coalition, formée de la Russie, de l'Autriche, du royaume de Naples et de la Grande-Bretagne, entre en guerre contre la France. Le 9 septembre, l'Autriche attaque la Bavière, alliée de la France. Napoléon réagit immédiatement en faisant transférer des côtes maritimes la plus grande partie de la Grande Armée, afin de contrer la menace autrichienne à l'est. Dès le 24 septembre, la Grande Armée atteint Strasbourg et traverse le Rhin deux jours plus tard.

La victoire d'Ulm

La première bataille entre la France et l'Autriche se déroule à Ulm, dans la région du Bade-Wurtemberg et de la Bavière, du 10 au 20 octobre 1805. Une armée française de 80 000 hommes encercle 40 000 soldats autrichiens et remporte une éclatante victoire, en ne perdant que 500 hommes pour la mise hors de combat de 29 000 ennemis (4 000 morts et 25 000 prisonniers, dont 18 généraux) et la capture de 60 canons. Le reste de l'armée autrichienne s'enfuit, mais elle est taillée en pièces par la cavalerie de Murat (16 000 Autrichiens tués ou capturés et 50 canons pris). La Prusse préfère se déclarer neutre, tandis que l'armée russe, venant de quitter la Galicie, arrive pour porter secours au reste de l'armée autrichienne. En moins de quinze jours, la Grande Armée a mis hors de combat 60 000 Autrichiens, en ne perdant de son côté que 1 500 soldats. Napoléon entre dans Vienne le 14 novembre et décide d'en finir avec la coalition austro-russe. La bataille décisive doit se dérouler à Austerlitz, à 80 km au nord de la capitale autrichienne.

Le soleil brille à Austerlitz

La bataille d'Austerlitz, aujourd'hui Slavkov en République tchèque, à 8 km à l'est de Brno, se déroule le 2 décembre 1805. L'armée française, conduite par Napoléon Ier, forte de 73 200 soldats et 139 canons, affronte une armée austro-russe de 85 400 soldats (70 400 Russes, 15 000 Autrichiens) et 278 canons, commandée par le général russe Koutouzov et le général autrichien von Weyrother.

Le plan français, conçu par l'Empereur en personne, est habile : abandonner le plateau de Pratzen à l'adversaire, l'amener à attaquer son aile droite, puis concentrer ses forces pour briser le centre du dispositif adverse, qui se trouvera alors dégarni. C'est exactement la manière dont les choses se passent. Coupé en deux, l'ennemi s'enfuit en désordre et espère échapper à l'encerclement en traversant les marais et les étangs gelés proches des villages de Melnitz et de Satschan. L'artillerie française fait pleuvoir des boulets qui rompent la glace. La victoire française est totale.

Les actes de bravoure ont été innombrables durant la bataille. La cavalerie française, bien que luttant à un contre quatre, taille en pièces l'élite de la cavalerie russe, les chevaliers de la garde de Constantin : 375 chasseurs à cheval de la garde et 706 grenadiers à cheval de la garde chargent la cavalerie russe en deux vagues en criant : « Faisons pleurer les dames de Saint-Pétersbourg ! » Un cavalier français revient à trois reprises apporter à l'Empereur un étendard russe. La troisième fois, Napoléon veut le retenir, mais il s'élance de nouveau et ne revient plus. Le colonel russe Repnine, commandant des chevaliers de la garde de Constantin, fait prisonnier, est présenté comme « trophée » à Napoléon.

L'armée française déplore 1 290 tués et 6 943 blessés, contre 16 000 morts (11 500 Russes, 5 500 Autrichiens) et 15 000 prisonniers chez l'ennemi. Les troupes françaises s'emparent de 45 drapeaux, qui iront orner la voûte de l'église Saint-Louis des Invalides. Les 185 canons également pris seront fondus pour former la colonne Vendôme de Paris.

Les débris de l'armée russe retournent en Russie par la Galicie, cependant que l'Autriche signe une trêve le 6 décembre et un traité à Presbourg, le 26. L'Autriche est amputée de la Vénétie, de l'Istrie et de la Dalmatie. En outre, elle doit donner ses territoires allemands, comme le Tyrol, au profit de la Bavière et du Wurtemberg. La France a alors les mains libres pour réorganiser l'Allemagne à sa guise, afin de former la Confédération du Rhin sous sa dépendance. L'empereur d'Autriche est contraint de dissoudre le Saint Empire romain germanique. Enfin, l'Autriche paie à la France une indemnité de 40 millions de florins, soit 1/7 de son revenu national.

Parallèlement aux opérations militaires dans l'est de l'Europe, le maréchal français Masséna, à la tête d'une armée de 37 000 hommes, affronte victorieusement à deux reprises une armée autrichienne de 50 000 hommes, à la bataille de Vérone le 18 octobre et à celle de Caldiero le 30 octobre 1805, en Italie. Il perd 4 052 soldats dans ses rangs (tués, disparus et blessés) et inflige à l'adversaire la perte de 10 834 hommes hors de combat, dont 6 970 prisonniers.

L'armée prussienne écrasée

La Prusse désapprouve la réorganisation de Napoléon du Saint Empire germanique en Confédération du Rhin : les principaux États qui la composent sont sous le protectorat de la France. Pendant les mois d'août et de septembre 1806, la reine de Prusse, Louise de Mecklembourg-Strelitz, attise la haine de l'armée et de la population prussiennes contre la France. Les officiers prussiens se plaisent à aiguiser leurs sabres sur les marches de l'ambassade de France à Berlin, tandis que Frédéric-Guillaume III de Prusse lance à qui veut l'entendre : « Pas besoin de sabres, les gourdins suffiront pour ces chiens de Français. »

Alexandre Ier, tsar de toute la Russie, et Frédéric-Guillaume III de Prusse se rencontrent à Potsdam et jurent, sur le tombeau de Frédéric II de Prusse, de ne plus jamais se séparer avant la victoire sur la France. La Prusse, la Russie, la Suède, la Saxe et la Grande-Bretagne forment une nouvelle coalition et mobilisent leurs troupes le 9 août 1806.

L'armée prussienne, forte de 150 000 hommes, se trouve en première ligne contre la Grande Armée de Napoléon avec ses 180 000 hommes. Deux batailles décisives sont livrées le même jour, le 14 octobre 1806, la première à Iéna (actuel land de Thuringe), la seconde à Auerstaedt, à proximité de Leipzig, 20 km au nord-est d'Iéna.

Chapitre 7 : « Valeur et discipline » : l'armée française du Premier Empire 99

À Iéna, 81 000 soldats français et 180 canons, commandés par Napoléon, affrontent 60 000 soldats prussiens et saxons, appuyés par 215 canons et dirigés par le général de Hohenlohe-Ingelfingen. Dès 6 heures du matin, Napoléon donne l'ordre d'attaquer. La surprise des Prussiens est totale lorsqu'ils voient surgir du brouillard 30 000 soldats français qui bousculent leur flanc gauche. Les troupes françaises progressent également à droite. La cavalerie prussienne contre-attaque mais se heurte à sa rivale française, soutenue par l'artillerie. Vers midi, les lignes prussiennes sont enfoncées au centre. La bataille est gagnée par Napoléon, qui perd 6 375 soldats (tués ou blessés) contre 26 312 morts et 15 000 prisonniers chez l'ennemi. L'armée française s'empare également de 112 canons et 40 drapeaux.

À Auerstaedt, 23 000 soldats français et 44 canons, dirigés par le maréchal Louis Davout, luttent contre 65 000 soldats prussiens et 230 canons, commandés par Frédéric-Guillaume III de Prusse et Charles-Guillaume de Brunswick. La bataille débute également à 6 heures. L'infanterie française, établie en carré, résiste avec héroïsme aux assauts d'un ennemi trois fois supérieur en nombre. Le duc de Brunswick, qui commande personnellement l'attaque principale, est blessé grièvement à 10 heures, de même que le général Schmettau, ce qui accentue la défaillance des troupes prussiennes. À 11 heures, le roi de Prusse ordonne une attaque générale qui est de nouveau repoussée. L'armée française contre-attaque au centre et aux deux ailes avec succès, enfonce les lignes ennemies. Les Prussiens abandonnent précipitamment leurs positions. Ils sont poursuivis jusqu'à la nuit, éprouvant une telle panique que le général français Vialannes, les chassant devant lui jusqu'à 3 lieues du champ de bataille, ramasse sur son chemin, sans rencontrer aucune résistance, un grand nombre de prisonniers, de chevaux et plusieurs drapeaux. La victoire française est totale : 4 350 morts, blessés ou disparus chez les Français ; 12 000 tués et 3 000 prisonniers chez les Prussiens. Les troupes françaises s'emparent également de 115 canons et d'une cinquantaine de drapeaux ennemis.

L'armée prussienne n'existe quasiment plus ! Le roi de Prusse se réfugie à la cour de Russie. Le 27 octobre, Napoléon entre dans Berlin. La Prusse est dépecée, sans qu'aucun traité ne soit conclu : tous ses territoires entre Rhin et Oder sont transformés en départements.

L'armée russe vaincue

L'armée prussienne battue, Napoléon doit affronter l'armée russe. La première grande bataille entre les deux grandes puissances se déroule à Eylau, dans le nord de la Prusse orientale, le 8 février 1807 : 65 000 soldats et 300 canons français affrontent 80 000 soldats ennemis (70 000 Russes, 10 000 Prussiens) et 400 canons, commandés par le général von Bennigsen.

Dès 7 heures, l'artillerie russe pilonne les positions françaises. L'artillerie française répond rapidement, provoquant un véritable duel que les deux armées antagonistes subissent durant deux heures. L'infanterie française attaque, mais, aveuglée par la neige, elle se fait décimer par les batteries russes. La garde impériale russe, cavalerie et infanterie, contre-attaque. L'armée russe vise alors à couper en deux le dispositif des troupes françaises. Napoléon fait alors donner la Garde, une nouveauté dans l'histoire du Premier Empire. La Vieille Garde, l'élite de l'élite, reçoit l'ordre de ne pas tirer mais de charger à la baïonnette. Électrisée par la présence de Napoléon à ses côtés, la Garde repousse l'assaut adverse dans un titanesque corps à corps à l'arme blanche.

Deux divisions russes tentent d'anéantir les troupes du maréchal Augereau, en infériorité numérique d'un contre trois. Napoléon provoque alors Murat : « Nous laisseras-tu dévorer par ces gens-là ? » Il s'ensuit, sous la conduite du maréchal Murat, la plus gigantesque charge de cavalerie de l'histoire, menée par 12 000 cavaliers français, qui rétablissent héroïquement la situation, en sabrant l'adversaire. La bataille reste indécise toute la journée, d'autant que l'arrivée de 10 000 soldats prussiens place de nouveau Napoléon en difficulté. Heureusement pour lui, les 8 000 soldats français du maréchal Ney, venant en renfort, permettent à l'Empereur de remporter cette bataille. La nuit tombée, les troupes ennemies, à court de munitions et sans réserves, décident de se replier vers Könisgberg. Les pertes sont lourdes dans les deux camps : 18 000 morts ou blessés chez les Français, 25 000 morts et 3 000 prisonniers chez les Russes et les Prussiens.

Il faut cependant une autre grande bataille pour contraindre les Russes à la paix, décisive celle-là : c'est Friedland, Pradvinsk dans la Russie actuelle, le 14 juin 1807. Ce jour-là, Napoléon et le maréchal Lannes engagent 55 000 soldats et 36 canons contre 84 000 soldats et 80 canons russes. Les conditions climatiques de la bataille sont totalement différentes de celles de la bataille d'Eylau : pas de tempête de neige mais une chaleur accablante et précoce. Dès 4 heures du matin, les soldats du maréchal Lannes, renforcés de 10 000 dragons du maréchal Grouchy, attaquent les colonnes russes qui passent le pont de l'Alle. Bennigsen (commandant les troupes russes), qui ne peut penser que l'armée française a parcouru en douze heures le trajet que sa propre armée mettrait trois jours à effectuer, pense que ce combat n'est qu'une simple escarmouche, venant de l'avant-garde française. Vers 7 heures, Lannes, soutenu par tout le corps du maréchal Mortier, dispose de 20 000 hommes tandis que Bennigsen en aligne 50 000, qui doivent lutter le dos au fleuve. Napoléon arrive avec la garde impériale et le corps d'armée de Victor vers 12 h 30, le reste de l'armée française suit deux heures après. En début d'après-midi, les deux armées, effectifs désormais au complet, sont rangées face à face, prêtes à livrer bataille. Bennigsen dispose d'une énorme supériorité numérique, mais se trouve en mauvaise posture, toujours le dos au fleuve.

Les Russes forment un demi-cercle dont les Français occupent la circonférence. Napoléon décide de briser le centre de l'ennemi pour battre séparément les deux ailes, puis il n'aura plus qu'à culbuter les Russes dans le fleuve. L'artillerie française, bien que réduite à 36 canons, réalise un véritable exploit en tirant 2 800 boulets à 120 m des troupes russes. Le plan conçu par l'Empereur se déroule comme prévu. L'infanterie et la cavalerie françaises culbutent les Russes dans le fleuve. La victoire est totale vers 22 h 30. Les Russes perdent 30 000 hommes (12 000 morts et 18 000 prisonniers), 80 canons et 70 drapeaux. Les Français ne comptent que 1 645 tués et 8 995 blessés.

Le tsar Alexandre Ier se décide à la paix et conclut même un traité d'alliance avec Napoléon, à Tilsit, le 7 juillet 1807. Le roi de Prusse perd ses terres polonaises, transformées en Grand-Duché de Varsovie, alors que ses territoires à l'est de l'Elbe sont rassemblés pour donner naissance au royaume de Westphalie. La Prusse est désormais réduite à quatre provinces. La Russie adhère à un blocus continental contre l'Angleterre, furieuse que cette dernière ne soit pas intervenue pour l'aider militairement. Jamais l'empereur Napoléon n'a atteint un tel degré de puissance en Europe. L'armée française est désormais réputée invincible.

Le bourbier espagnol

L'intervention de Napoléon en Espagne obéit à des motifs économiques, politiques, militaires et stratégiques. Devant la décadence de la monarchie espagnole, il voit l'opportunité d'agrandir l'empire français, d'autant que dans le dispositif économique qu'il cherche à mettre en place, visant à interdire l'entrée des marchandises anglaises sur le continent européen, l'Espagne est une passoire. Les querelles dynastiques espagnoles, comme la révolte de l'infant contre son père, l'abdication de Charles IV, presque débile, favorisent la tentation française de s'imposer politiquement dans la péninsule Ibérique. Napoléon fait occuper Madrid par Murat et convoque la famille royale d'Espagne à Bayonne, créant ainsi les conditions d'une véritable révolte de la population madrilène, les 2 et 3 mai 1808. La répression militaire de Murat cause la mort de près de 300 Madrilènes. Napoléon impose finalement son frère Joseph Bonaparte pour gouverner l'Espagne.

La mainmise française sur l'Espagne entraîne une véritable révolte en masse de la population en faveur de l'infant Ferdinand VII. L'Église obscurantiste espagnole devient l'âme de l'insurrection, tandis que la crise économique, survenue en raison de l'interruption du commerce avec les colonies d'Amérique latine, renforce les rangs de la résistance à l'occupant français.

La Grande-Bretagne, comprenant l'importance de l'enjeu stratégique, débarque 30 000 soldats au Portugal pour chasser l'armée française d'Espagne. L'armée de métier espagnole, forte de 60 000 soldats en état de

combattre, se trouve renforcée par 100 000 partisans et artisans armés
qui interviennent comme supplétifs et miliciens. Ainsi, Napoléon va devoir
affronter près de 200 000 hommes très motivés.

Le 14 juillet 1808, le maréchal français Bessières, avec ses 13 000 soldats
et 32 canons, affronte 24 000 soldats et miliciens espagnols, soutenus par
20 canons, à Medina del Rioseco, au nord de Valladolid. La bataille tourne à
l'avantage des troupes françaises, qui perdent 1 100 hommes tués ou blessés,
contre 3 100 tués et 150 prisonniers dans les rangs espagnols. Tout le nord
de l'Espagne se trouve sous occupation française. Mais le 22 juillet, en
Andalousie, le corps d'armée du général Dupont de L'Étang (24 000 hommes),
cerné par les 33 000 soldats et miliciens espagnols du général Castanos,
capitule, à Bailen : 2 400 tués ou blessés et 17 461 prisonniers français,
contre 1 200 combattants espagnols hors de combat (tués ou blessés).
Le retentissement est immense en Europe. L'armée française n'est donc plus
invincible.

Napoléon à Madrid

Pris de panique, Joseph Bonaparte quitte Madrid, alors qu'au Portugal
l'armée française vaincue à Vimeira par les Britanniques doit abandonner
le pays. Face à cet affront, Napoléon décide de prendre les choses en mains.
Il s'assure de la neutralité russe, tandis que l'Autriche commence à réarmer
en secret. C'est avec une armée considérable de 160 000 hommes que
l'Empereur s'engage contre l'Espagne et la Grande-Bretagne, fortes à elles
deux de 200 000 hommes.

La bataille d'Espinosa, disputée les 10 et 11 novembre 1808, dans les
montagnes de Cantabrie, entre 22 000 soldats français et 23 000 soldats
espagnols, aboutit à la victoire des Français commandés par le général
Victor face à l'armée de Galice du général Blake : 1 200 tués ou blessés chez
les Français et 3 000 chez les Espagnols. Le 23 novembre 1808, la bataille de
Tuleda, près de Saragosse, opposant 31 000 Français du maréchal Lannes à
19 000 Espagnols du général Castanos, se conclut par une nouvelle victoire
française : 650 morts ou blessés français contre 4 000 espagnols. Enfin,
la bataille de Somosierra, le 30 novembre 1808, permet à Napoléon de
s'emparer de Madrid le 4 décembre, pour y rétablir son frère : 45 000 soldats
français battent 8 000 soldats espagnols, avec des pertes limitées à 18 morts
et 11 blessés chez les premiers et 3 250 tués, blessés et prisonniers chez les
seconds. Napoléon s'engage également contre le général britannique Moore,
qui, venu du Portugal, marche sur Burgos. L'Empereur le contraint à reculer.
Mais des dépêches lui annoncent l'imminence d'une attaque autrichienne.
Aussitôt, il quitte l'Espagne, laissant Soult repousser les Britanniques jusqu'à
la mer. À La Corogne, bien que battus, les Anglais parviennent à rembarquer
l'essentiel de leurs corps de bataille. Napoléon est vainqueur pour le
moment en Espagne, puisqu'il n'y a plus d'Anglais dans la péninsule Ibérique.
Cependant, l'armée espagnole continue à résister en divers endroits.

Nouveaux combats

Du 20 décembre 1808 au 20 février 1809, le siège de Saragosse se termine victorieusement pour les 30 000 soldats français, commandés par les officiers Moncey, Mortier et Lannes, contre les 40 000 soldats et miliciens espagnols du général de Melzi : 3 000 morts ou blessés français, et 24 000 morts ou blessés espagnols. Le 25 février 1809, à la bataille de Valls, en Catalogne, le maréchal français de Gouvion-Saint-Cyr et ses 13 000 soldats battent 12 700 soldats espagnols : on déplore 1 000 tués ou blessés dans les rangs français, 1 400 tués ou blessés et 1 600 prisonniers chez les Espagnols.

Pour tenir les villes et les lignes de communication qui les relient, l'armée française doit finalement engager 350 000 hommes en Espagne. Le retour des Anglais de Wellington au Portugal, en avril 1809, est défavorable pour les Français. Le 12 mai, Soult est battu à Porto : il n'y a plus de troupes françaises au Portugal, transformé en base arrière britannique inexpugnable.

En juillet 1809, Wellington s'avance vers Madrid, mais il est stoppé à Talavera de Reina et subit de lourdes pertes : il doit retraiter jusqu'au Portugal. Profitant de l'échec des Britanniques, Soult et Victor écrasent les Espagnols, occupent toute l'Andalousie.

Fort du succès des troupes françaises, Napoléon ordonne d'attaquer le Portugal et d'en chasser les Britanniques. Masséna remporte de brillants succès initiaux durant l'été 1810, à Ciudad Rodrigo et Almeida. Mais, en septembre, Wellington le repousse sur la crête de Bussaco, avant de se replier sur les formidables lignes de défense de Torres Vedras. La France semble enfin gagner la guerre d'Espagne ! Cependant, au printemps 1811, de terribles épidémies affaiblissent considérablement les troupes françaises, si bien que Masséna doit retraiter lorsque Wellington reprend l'offensive. Masséna, légèrement renforcé, fait volte-face et affronte Wellington à Fuentes de Oro, le 3 mai 1811. Il est vaincu. Soult écrase cependant l'armée anglaise, le 16 mai, à Albufeira ; tandis que les forteresses de Badajog et de Ciudad Rodrigo, tenues par les Français, résistent héroïquement, contraignant Wellington à regagner le Portugal. En janvier 1812, le maréchal français Suchet entre dans Valence, au terme d'une brillante campagne. Début 1812, Napoléon, qui prépare l'invasion de la Russie, retire 160 000 soldats français des unités les plus aguerries. Réduite de plus de la moitié de ses troupes, l'armée française se trouve désormais très affaiblie en Espagne, face à une puissante coalition, regroupant au Portugal des troupes britanniques, espagnoles et portugaises deux fois plus nombreuses.

Nouvelle guerre franco-autrichienne

Profitant de l'usure des troupes françaises en Espagne, l'archiduc Charles d'Autriche, à la tête d'une armée autrichienne de 280 000 hommes, envahit la Bavière, alliée de la France. Napoléon engage l'armée française d'Allemagne, limitée à 100 000 hommes, et s'avance à la rencontre de l'armée autrichienne. Il remporte du 19 au 23 avril 1809, malgré une nette infériorité numérique, de remarquables succès militaires à Thann, Abensberg, Landshut, Eckmühl et Ratisbonne.

Poursuivant l'archiduc Charles d'Autriche, Napoléon pénètre pour la seconde fois dans Vienne abandonnée, à l'issue d'un violent bombardement. L'armée autrichienne se replie sur la rive droite du Danube. Napoléon décide de franchir le Danube en s'appuyant sur l'île Lobau, en aval de Vienne. Il fait construire des ponts de bateaux pour franchir le fleuve. Le 22 mai 1809, à Essling, 55 000 soldats français, commandés par Napoléon et le maréchal Lannes, livrent bataille à 90 000 soldats autrichiens, aux ordres de Charles d'Autriche. La lutte reste indécise et se termine par un match nul dans les deux camps. On déplore 23 000 soldats français et 23 300 soldats autrichiens hors de combat (morts ou blessés). Le maréchal Lannes meurt des suites de ses blessures.

La bataille décisive se livre les 5 et 6 juillet 1809, à Wagram, village situé à 15 km au nord de Vienne. L'armée française, conduite par Napoléon, comprend 188 900 fantassins, 24 000 cavaliers et 488 canons ; tandis que l'armée autrichienne, commandée par Charles d'Autriche, repose sur 136 200 fantassins, 21 000 cavaliers et 446 canons. Le 5 juillet, les troupes françaises enfoncent les lignes autrichiennes, avant d'être stoppées devant Wagram par une contre-attaque. Le lendemain, la cavalerie lourde française lance l'attaque décisive qui brise le centre autrichien. À 18 heures, l'archiduc Charles d'Autriche est obligé d'ordonner la retraite. La victoire est française.

Figure 7-1 : Napoléon à la bataille de Wagram (musée de l'Armée, DR).

On compte 34 000 morts et blessés français, contre 50 000 morts ou blessés et 7 500 prisonniers autrichiens. Cette gigantesque bataille entraîne la mort de cinq généraux français, dont le général Lasalle. Les Italiens, intégrés dans l'armée française, se sont battus avec une bravoure extraordinaire.

Battus, les Autrichiens demandent l'armistice. La paix de Schönbrunn est signée le 14 octobre 1809. L'Autriche doit céder la Croatie, l'Istrie, la Carinthie et la Carniole à la France. Elle concède également Salzbourg et l'Engadine à la Bavière, Cracovie et Lublin au Grand-Duché de Varsovie, allié de la France. Pour le prix de sa neutralité, la Russie ne reçoit, à sa grande déception, que le gain bien modeste de la Galicie orientale.

La terrible campagne de Russie

Les mécontentements entre la Russie et la France ne cessent de s'accumuler. La Russie ne supporte pas la fondation du Grand-Duché de Varsovie, annonçant la création d'un futur royaume de Pologne. Les navires français concurrencent les russes en mer Baltique. De son côté, la France constate le peu d'empressement des Russes à respecter le blocus continental contre l'Angleterre. Redoutant une attaque éclair de la Russie contre ses troupes positionnées en Allemagne et contre le Grand-Duché de Varsovie, Napoléon fait établir dès 1811 des cartes pour sa future campagne de Russie. Il met en place une armée de 615 000 hommes, dont 450 000 véritables combattants, en soignant particulièrement l'intendance, avec 100 000 chevaux, 80 000 têtes de bétail, 25 000 chariots. Les Russes, conscients de la menace française, mobilisent une armée de 200 000 hommes.

Le 24 juin 1812, l'armée française franchit le Niémen. Il faut attendre le 17 août, à Smolensk, pour qu'enfin l'armée russe livre bataille. Les Français l'emportent facilement, en ne perdant que 6 000 hommes, contre 13 000 chez les Russes, qui jouent cependant sur leur vaste territoire pour retraiter et laisser l'adversaire s'enfoncer davantage dans un pays à l'hiver rude et précoce. Le 23 août, après avoir longuement hésité, Napoléon se remet en marche. Il ne dispose plus que de 140 000 hommes valides, tant les pertes dues à la dysenterie et au typhus, à l'épuisement, ont été lourdes, sans oublier les ponctions effectuées pour occuper les cités russes conquises. La base logistique française la plus proche, Knovo, est située à 925 km de Moscou, tandis que le nouveau dépôt de ravitaillement de cette même armée française, à Smolensk, se trouve à 430 km de la capitale russe. Les lignes d'approvisionnement françaises sont donc particulièrement vulnérables aux attaques russes. Cependant, l'envie d'une bataille décisive pousse Napoléon à poursuivre sa progression.

Le 7 septembre 1812, à Borodino, à 125 km de Moscou, l'armée russe de Koutouzov, forte de 121 000 hommes (96 300 fantassins, 24 500 cavaliers) et 640 canons, livre bataille à l'armée française de Napoléon, composée de 130 000 hommes (102 000 fantassins, 28 000 cavaliers) et 587 canons.

L'artillerie française, mieux positionnée, fait des ravages dans les rangs russes. Le centre russe sévèrement mis à mal par la cavalerie et l'infanterie adverses contraint Koutouzov à ordonner la retraite vers Moscou. La victoire est française. On compte 27 907 soldats français hors de combat (tués ou blessés) et 47 000 soldats russes. Les troupes françaises s'emparent également de 60 canons ennemis.

Les Français entrent dans Moscou le 14 septembre 1812. Le soir même, d'immenses incendies ravagent la ville. Les derniers feux sont éteints le 20 septembre au soir. Moscou, en grande partie construit en bois, est quasiment détruit. Privé de quartier d'hiver et sans avoir reçu la capitulation russe, Napoléon est contraint de quitter la capitale russe le 18 octobre pour débuter une retraite dans des conditions catastrophiques, sous un froid terrible et avec un ravitaillement défaillant. Une interminable colonne s'étire sur des kilomètres, vulnérable aux attaques des cavaliers cosaques. Koutouzov presse les Français : le 17 novembre, il tente une attaque à Krasnoïe, mais le maréchal français Davout la repousse. Profitant de ce succès tactique, 400 pontonniers du général français Éblé, héroïques, travaillant dans l'eau glacée, construisent deux ponts sur la Bérézina. Presque tous y laissent leur peau, le général Éblé compris ; mais 40 000 soldats français parviennent à franchir le fleuve. Épuisés, les Russes cessent toute poursuite organisée. Le 8 décembre, les rescapés de l'armée napoléonienne atteignent Vilnius, où les dépôts sont pillés. Le 14 décembre 1812, l'armée française repasse le Niémen, après avoir perdu 350 000 hommes sur les 615 000 soldats engagés au début de la campagne, en juin. Les Russes déplorent la perte de 400 000 hommes.

Figure 7-2 : La retraite de Russie (collection privée, DR).

D'étonnants succès militaires

La Prusse, qui a secrètement reconstitué une armée de 65 000 hommes, s'allie à la Russie et déclare la guerre à la France le 17 mars 1813. Finalement se forme une nouvelle coalition, regroupant la Prusse, la Russie, la Suède, puis l'Autriche, forte de 765 000 soldats le 27 juin 1813. Pour y faire face, Napoléon retire 25 000 hommes d'Espagne, lève en France par anticipation les conscrits de 1814, y ajoute les troupes françaises d'Allemagne, les Polonais très motivés de Poniatowski. Au total, il parvient à rassembler 225 000 hommes début avril, qui deviennent 350 000 en août. Cependant, cette nouvelle armée française manque cruellement de cavalerie et de canons. Malgré un rapport des forces défavorable (350 000 soldats français contre 765 000 soldats coalisés), Napoléon remporte encore d'étonnants succès sur le terrain.

Anticipant la concentration et l'attaque de ses adversaires, Napoléon pénètre en Saxe et bat les Russes à Weissenfels, puis les Prussiens à Lutzen, respectivement les 1er et 2 mai 1813, perdant dans ses rangs 18 000 hommes (tués ou blessés) et mettant hors de combat 30 000 soldats ennemis (Russes et Prussiens compris). Mais Napoléon, dépourvu de cavalerie, ne parvient pas à parachever ses deux victoires, ne pouvant poursuivre l'ennemi qui se retire à Dresde. Les 20 et 21 mai, il inflige une nouvelle défaite aux armées prussienne et russe, à Bautzen : 15 000 soldats français sont tués ou blessés, contre 20 000 chez l'ennemi. Napoléon et Davout occupent Dresde et Hambourg. Le camp adverse quémande un armistice, que Napoléon consent à accorder : faute incroyable, qui permet à l'ennemi de se renforcer. Mais Napoléon croit en la paix.

Les hostilités reprennent finalement le 11 août 1813, lorsque l'Autriche, désormais rangée dans le camp de la coalition, déclare la guerre à la France. À Dresde, les 26 et 27 août, Napoléon, à la tête d'une armée de 135 000 hommes, affronte 214 000 soldats autrichiens, russes et prussiens. Malgré la disproportion des forces en présence, l'Empereur écrase la coalition lors de cette bataille, en mettant hors de combat 40 000 soldats ennemis et en perdant de son côté 10 000 hommes (tués ou blessés).

Cependant, la coalition se renforce en effectifs, avec notamment l'apport des troupes suédoises. À Leipzig, du 16 au 19 octobre 1813, l'armée napoléonienne, forte de 190 000 hommes et 700 canons, livre bataille à 450 000 soldats ennemis (Prussiens, Autrichiens, Russes et Suédois) et 1 500 canons. C'est la plus grande confrontation des guerres napoléoniennes. Les combats débutent par les attaques de 78 000 soldats coalisés à partir du sud et de 54 000 autres en provenance du nord. La résistance française est héroïque : tous les assauts ennemis sont repoussés. Les troupes franco-polonaises chassent même les Autrichiens en divers endroits. Les Russes sont surpris par une attaque de flanc, tandis que les Prussiens sont décimés par l'artillerie française. Enfin, 10 000 cavaliers français et italiens, conduits par le légendaire Murat, chargent massivement et refoulent les cavaleries russes, prussiennes et autrichiennes jusqu'à leur propre artillerie. Le général français Langeron et son infanterie s'emparent de deux villages. L'artillerie et la troupe du maréchal Marmont repoussent les assaillants. La division polonaise du général Dabrowski résiste héroïquement aux troupes russes du général Sacken. Les Français ne reçoivent que 14 000 soldats en renfort alors que les Coalisés se renforcent de 145 000 soldats, dont des contingents suédois. Le 18 octobre, de tous côtés, les Coalisés se lancent à l'assaut. Durant plus de neuf heures de combat, les deux camps subissent de lourdes pertes. Les troupes françaises empêchent partout la percée. Alors que la bataille reste indécise, Napoléon est victime de la trahison des troupes saxonnes qui se retournent sans prévenir contre lui. Devant l'écrasante supériorité numérique de l'adversaire, l'Empereur décide finalement de retirer son armée du champ de bataille, durant la nuit du 18 au 19. Jusqu'au repli des Français, les Coalisés ne parviennent pas à s'emparer de Leipzig, et Napoléon réussit à sauver son armée grâce à une retraite de génie. Les Coalisés, décimés par de très lourdes pertes, sont incapables de poursuivre Napoléon : 60 000 soldats français et 140 000 soldats coalisés sont hors de combat (tués, blessés et disparus). Contrairement à ce qui est souvent affirmé, la bataille de Leipzig n'est en rien une victoire décisive de la coalition : elle est en fait un succès tactique pour Napoléon qui condamne l'adversaire à devoir lutter encore six mois supplémentaires, malgré son écrasante supériorité numérique.

Fait plus remarquable encore, à la bataille de Hanau, les 30 et 31 octobre 1813, 17 000 soldats et 30 canons français, dirigés par Napoléon, infligent une sévère défaite à 43 000 soldats et 80 canons ennemis (autrichiens et bavarois). On déplore 3 000 soldats français hors de combat et 10 000 chez l'adversaire. Cependant, trahi par divers États allemands, Napoléon doit quitter l'Allemagne pour défendre la France.

L'incroyable campagne de France de 1814

Les monarques coalisés veulent mettre fin à vingt ans de guerre, à la Révolution et abattre Napoléon, qu'ils appellent « l'Usurpateur ». C'est l'invasion de la France par une armée coalisée de 700 000 soldats (prussiens, autrichiens, russes, suédois et allemands). Napoléon parvient à lever une armée de 110 000 hommes durant l'hiver, dont des conscrits de 16 ans. Laissant une partie de ses troupes autour de Paris, c'est avec 70 000 hommes que l'Empereur part affronter les Coalisés, dix fois supérieurs en nombre. Presque sans cavalerie, avec bien peu d'artillerie, Napoléon n'a aucune chance de vaincre. Pourtant, il va tenir en échec les Coalisés avec un tel brio, durant deux mois, que la campagne de France de 1814 demeure un modèle encore enseigné dans toutes les écoles militaires du monde! L'armée française défend avec héroïsme chaque pouce de terrain, remporte de multiples victoires.

Chapitre 7 : « Valeur et discipline » : l'armée française du Premier Empire

Cela débute avec la bataille de Champaubert, le 10 février 1814, où après six heures de combat, 4 500 soldats russes sont écrasés par 1 800 soldats français : au total 3 000 Russes sont tués ou capturés, alors que les Français déplorent 300 hommes hors de combat (tués ou blessés). Le général russe Olsufiev, fait prisonnier, dîne le soir même avec Napoléon.

Cela se poursuit avec la bataille de Montmirail, le 11 février 1814, opposant 16 300 soldats français et 36 canons à 32 000 soldats russes et prussiens, soutenus par 94 canons. Napoléon inflige une nouvelle humiliation à ses adversaires : 2 000 morts ou blessés chez les Français, 4 500 morts, blessés ou prisonniers chez l'ennemi.

À Château-Thierry, le 12 février 1814, 22 000 soldats français, conduits également par Napoléon, écrasent une armée prussienne et russe de 30 000 soldats : 600 Français et 3 000 adversaires (1 500 Prussiens et 1 500 Russes) hors de combat.

Le 14 février, à Vauchamp, Napoléon et 18 000 de ses soldats affrontent 30 000 soldats prussiens de Blücher. Les furibondes attaques françaises, bien qu'inférieures en nombre, enfoncent les lignes prussiennes et forcent Blücher à se replier dans un désordre indescriptible, poursuivi et harcelé par la cavalerie française. Bilan de cette nouvelle victoire française : 600 soldats français tués ou blessés, contre 9 000 morts ou blessés et 5 000 prisonniers prussiens. L'armée française s'empare également de 20 canons et 10 drapeaux.

À Montereau, le 18 février, Napoléon remporte un nouveau succès militaire : 2 500 soldats français et 6 000 soldats ennemis (prussiens et autrichiens) hors de combat.

Figure 7-3 : Fantassins français en 1814 (collection privée, DR).

À Craonne, le 7 mars 1814, on assiste à une nouvelle victoire française de l'Empereur, lors de laquelle 37 000 soldats français battent 85 000 soldats prussiens et russes : 5 400 Français et 10 000 ennemis sont tués ou blessés.

La bataille de Reims, le 13 mars 1814, se conclut par une victoire pour Napoléon et ses 10 000 soldats, opposés à 20 000 soldats prussiens et russes : 700 tués français, contre 3 000 morts et 5 000 prisonniers ennemis.

Enfin, les 20 et 21 mars 1814, lors de la bataille d'Arcis-sur-Aube, 20 000 soldats français tiennent tête à 80 000 soldats autrichiens : 3 000 soldats français et 6 000 soldats autrichiens sont tués ou blessés. Par manque d'audace et d'initiative, le commandement autrichien perd une magnifique occasion de faire d'Arcis-sur-Aube le tombeau de l'armée napoléonienne.

Huit batailles et huit victoires françaises en deux mois ! Face à une coalition dix fois plus nombreuse ! Avec le bilan suivant : 15 100 soldats français et 54 500 soldats ennemis (russes, prussiens et autrichiens) hors de combat.

La première abdication

Fin mars 1814, la France est attaquée au nord et à l'est par une coalition regroupant la Prusse, l'Autriche, la Russie, la Suède et divers États allemands ; au sud également, où les troupes britanniques, espagnoles et portugaises, trois fois supérieures en nombre, franchissent les Pyrénées. La forteresse française de Bayonne oppose une résistance héroïque.

Napoléon tente de rallier les nombreuses garnisons françaises des places alsaciennes pour se retourner ensuite de nouveau contre les Coalisés. Mais contrairement à ses plans, les Coalisés ne le poursuivent pas dans sa marche vers l'est : ils foncent droit sur Paris et franchissent la Marne à Meaux.

Les 30 et 31 mars 1814, la bataille se déroule aux portes de Paris, où 33 500 soldats français, commandés par Joseph Bonaparte (frère de l'Empereur), les maréchaux Marmont et Mortier, tentent de s'opposer à l'offensive de 130 700 soldats coalisés. La bataille est rude, car les troupes françaises opposent une farouche résistance mais succombent finalement sous le poids du nombre : 6 000 soldats français et 18 000 soldats ennemis sont mis hors de combat.

S'étant aperçu de la progression des Coalisés sur Paris, Napoléon accourt à marche forcée avec de nouvelles troupes par la rive gauche de la Seine. Mais il a trois jours de marche de retard sur les adversaires. Paris doit tenir sans lui jusqu'au 1er avril. C'est trop tard. Son frère Joseph capitule le 31 mars, livrant Paris à l'ennemi. Constatant l'échec de sa tentative, Napoléon parvient à Fontainebleau le même jour. Le 6 avril, il doit abdiquer sous la contrainte, abandonné par ses proches. Il obtient l'île d'Elbe comme résidence et une garde d'honneur de 800 hommes. Le roi Louis XVIII, les royalistes français et coalisés imposent la restauration monarchiste en France.

En mai 1814, au traité de Paris, la France obtient des conditions modérées : elle retrouve ses frontières de la fin 1792, conserve la Savoie et la Sarre. Mais les excès de la terreur royaliste contre les bonapartistes et les républicains incitent Napoléon à rentrer en France, d'autant que la population lui est acquise dans son immense majorité.

Les trois batailles des Cent Jours de l'Empereur

Le 26 janvier 1815, Napoléon quitte l'île d'Elbe, accompagné des 800 soldats de sa garde d'honneur. Il débarque au golfe de Juan et rallie les troupes envoyées pour l'arrêter. En vingt jours de marche forcée, il atteint Paris, abandonné par Louis XVIII. Les Coalisés le déclarent hors-la-loi et rassemblent en hâte une armée. Napoléon organise un plébiscite, où il obtient 1,5 million de « oui » en sa faveur, contre 4 800 « non ».

En mai, Napoléon reconstruit, avec l'aide de Davout (ministre de la Guerre), une armée de qualité qui passe de 90 000 à 250 000 hommes. Il promulgue un décret pour mobiliser 2,5 millions d'hommes, afin de faire face à la coalition ennemie, regroupant pour le moment la Prusse, la Grande-Bretagne, les Pays-Bas et divers États allemands, avec 700 000 hommes.

Plaçant 125 000 hommes sous son commandement, Napoléon entend prendre de vitesse ses ennemis et les vaincre séparément avant qu'ils n'aient eu le temps de se regrouper en Belgique. Il espère repousser les Britanniques à la mer et forcer les Prussiens à se retirer de la coalition. Il laisse plusieurs armées en France pour défendre les frontières : celles de Rapp sur le Rhin, de Suchet dans les Alpes, de Brune dans le Var, de Clausel dans les Pyrénées, de Lecourbe dans le Jura.

Le 14 juin, Napoléon a massé, en toute discrétion, son armée près de Charleroi. Dès le 16, le maréchal Ney et 22 000 soldats français affrontent 40 000 soldats britanniques, hollandais et allemands, commandés par Wellington, aux Quatre-Bras, près de Bruxelles, en Belgique. La victoire est française, les Coalisés doivent reculer et se regrouper au mont Saint-Jean : 4 000 soldats français et 5 000 soldats ennemis sont hors de combat (tués, blessés et disparus).

Également en Belgique, à Ligny, le 16 juin 1815, 60 000 soldats français, dirigés par Napoléon Ier, attaquent avec vigueur 95 000 soldats prussiens, conduits par Blücher. Enfoncés au centre, les Prussiens doivent se replier. Blücher échappe miraculeusement à la capture par les Français, lorsque vers la fin de la bataille son cheval, tué, s'écroule sur lui et l'immobilise totalement, alors que des soldats tricolores approchent. Mais le soleil se couchant, les cavaliers français ne voient pas le vieux maréchal prussien, qui est dégagé de son cheval par son fidèle aide de camp, le comte von Nostitz, resté près de lui après sa chute. Cette nouvelle victoire française se termine par 6 900 tués ou blessés français, et 25 000 tués ou blessés prussiens.

Lançant les 30 000 soldats français du maréchal Grouchy à la poursuite de l'armée prussienne, Napoléon se retourne contre les Coalisés de Wellington (britanniques, hollandais et allemands) et les attaque à proximité de Waterloo, le 18 juin 1815. Avec 59 000 fantassins, 12 600 cavaliers et 246 canons français, Napoléon affronte dans un premier temps 56 000 fantassins, 12 000 cavaliers et 156 canons ennemis, solidement retranchés. Mais l'Empereur perd du temps : il attend que le sol ait un peu séché, après une pluie abondante, pour déclencher tardivement son attaque vers 11 heures. Le maréchal Ney multiplie de façon héroïque des charges frontales de cavalerie qui finissent par s'emparer de diverses positions britanniques, mettant en danger le système défensif de Wellington. Au même moment, Grouchy se fait berner par Blücher, en croyant poursuivre l'ensemble de son armée loin du champ de bataille, alors que le maréchal prussien approche de Waterloo… Ainsi, lorsque vers 17 heures, l'artillerie française installée sur les hauteurs décime les forces anglaises et permet d'espérer la victoire, d'autant que l'infanterie française fait plier en divers endroits les lignes ennemies, l'arrivée massive des 33 000 soldats prussiens de Blücher sur le champ de bataille renverse totalement la situation en bouleversant le rapport de force. Submergés, les Français ne peuvent résister longtemps.

Trois bataillons de grenadiers de la Vieille Garde, commandés respectivement par Roguet, Christiani et le légendaire Cambronne, opposent une résistance héroïque contre des adversaires bien supérieurs en nombre. Leur sacrifice permet au reste de l'armée française de ne pas être anéantie. Le dénouement de la bataille de Waterloo ressemble à celle des Spartiates aux Thermopyles. *Vaincre ou mourir*, telle pourrait être la devise des derniers carrés de la Garde. Les Anglais somment leurs courageux adversaires de déposer les armes. À quatre reprises, les grenadiers français refusent de se rendre. Il est 21 h 30. En guise de seule réponse, le général Cambronne lance : « La Garde meurt mais ne se rend pas » puis, devant l'insistance des Anglais, il ajoute son fameux « Merde ! ». Tous les assauts ennemis sont repoussés. Finalement, les 156 canons anglais foudroient à bout portant les 1 800 grenadiers français qui ont résisté à 79 000 soldats ennemis !

Autour de l'Empereur ne subsistent que deux derniers carrés des grenadiers de la Garde. Ils ont fait toutes les campagnes. Ce sont les braves d'entre les braves, les fidèles d'entre les fidèles. Avant même l'avènement de l'Empire, ils servaient Bonaparte en Italie. Ils sont les derniers rescapés de l'Empire. Loin de faillir à sa réputation, cette unité d'élite défend l'intégrité physique de l'Empereur, en lui permettant de ne pas être capturé par les Coalisés dans l'immédiat et sauve également 30 000 soldats français, qui peuvent se replier en bon ordre.

La bataille de Waterloo se termine par la mise hors de combat de 25 000 soldats français et 22 000 soldats ennemis (tués, blessés et disparus).

La seconde abdication de Napoléon

Le 21 juin, Napoléon est de retour à Paris. Le peuple l'acclame et Davout aligne une armée de 117 000 hommes, pour faire face aux 116 000 Prusso-Britanniques. Même si militairement Napoléon peut envisager de continuer la lutte, sa chute est précipitée par une impossibilité politique de se maintenir au pouvoir. Divers politiciens véreux pactisent avec l'ennemi pour obtenir sa destitution. Placé devant le fait accompli, Napoléon abdique une seconde fois, le 22 juin 1815. Les Coalisés, dont principalement l'Angleterre, l'exilent à l'île de Sainte-Hélène, où il décède, en 1821. Le corps de l'Empereur est rapatrié triomphalement à Paris, dix-neuf ans après sa mort, et placé aux Invalides, devant des millions de Français venus lui rendre hommage.

Les raisons d'une défaite

Il s'en est fallu d'un rien pour que Napoléon l'emporte en Belgique. Si, au lieu de choisir Soult comme chef d'état-major, imparfait dans la bonne transmission des ordres, il avait confié le poste à Davout, et celui de Grouchy à l'excellent Suchet, Wellington, privé du soutien décisif de Blücher, n'aurait pu résister aux attaques de l'armée française.

L'Empereur, souffrant d'hémorroïdes, qui l'empêchent de se déplacer longuement à cheval, n'est pas au mieux de sa forme le 18 juin 1815. Il est également affecté par des troubles hépatiques et a de grandes difficultés pour uriner (dysurie). Il semble moins présent que lors des précédentes campagnes. Ses ordres en souffrent, la maladie expliquant, en partie, la lenteur de ses réactions. Quoi qu'il en soit, le plan audacieux de Napoléon avait de grandes chances de réussir. Wellington, malgré ses rodomontades, a bien failli perdre la bataille de Waterloo. L'armée britannique, enfoncée en plusieurs endroits, a été sauvée *in extremis* par les troupes prussiennes de Blücher. De nombreux régiments britanniques ont cependant lutté avec une grande bravoure.

Le général Michel Franceschi, spécialiste incontesté de l'armée napoléonienne, voit en Napoléon le plus grand génie militaire de tous les temps. Sir Winston Churchill, peu suspect de complaisance, tenait des propos identiques.

Chapitre 8

Tirailleurs, zouaves et légionnaires : l'armée française de 1816 à 1913

Dans ce chapitre :

▶ Le renouveau de la puissance militaire française
▶ La conquête de l'Algérie
▶ Le soutien à l'Italie et la défaite contre la Prusse

Le second traité de Paris, en novembre 1815, signé après l'abdication de Napoléon, est plus rigoureux que le premier : la France cède Sarrebruck à la Prusse, Landau à la Bavière, la Savoie au Piémont. Elle doit payer 700 millions de francs de dommages de guerre, et subir l'occupation de 17 places fortes pendant cinq ans. Cependant, les idées de la Révolution française et de l'Empire napoléonien se sont répandues dans toute l'Europe. Les valeurs humanistes des droits de l'homme et le patriotisme national imprègnent les esprits et vont faire éclore les États nations démocratiques et les monarchies libérales tout au long du XIXe siècle.

L'adhésion de la France à la Sainte-Alliance en 1818, regroupant la Prusse, l'Autriche et la Russie, permet au roi Louis XVIII de s'affirmer politiquement en Europe et d'entreprendre le relèvement de l'état militaire du pays. Il confie notamment cette dernière tâche à un homme d'expérience, en la personne du maréchal de Gouvion-Saint-Cyr, esprit lucide, mesuré et inventif.

Le renouveau militaire de la France

La loi du 18 mars 1818 du maréchal de Gouvion-Saint-Cyr obtient l'évacuation plus rapide que prévue du territoire français des armées coalisées, édifie un système militaire complet, embrassant le recrutement, les effectifs, les réserves et l'avancement. Le nombre des engagements volontaires ne pouvant suffire, on revient à une conscription déguisée, sous le nom d'« appel ». Chaque année on appelle 40 000 recrues, désignées par le sort parmi les jeunes gens ayant 20 ans accomplis, pour servir six ans dans les unités militaires de leur département. L'effectif de paix atteint 240 000 hommes, que la loi de 1824 porte à 400 000 hommes en élevant le chiffre du contingent appelé à 60 000 hommes, et la durée du service militaire à huit ans.

Sous cette même Restauration, l'artillerie subit une transformation demeurée à la base de l'artillerie moderne d'une partie du XXe siècle, grâce à l'initiative du général Valée. Sous l'Empire, une compagnie d'artillerie à pied était jumelée avec la compagnie du train, chargée de la transporter. On doit à Valée la fusion de ces deux compagnies en une batterie. Il fait adopter un avant-train unique pour les voitures de pièces et de munitions, et un modèle de caissons sur lesquels les servants peuvent s'asseoir.

La campagne française d'Espagne en 1823

Cette seconde expédition militaire en Espagne est totalement méconnue en France. Il s'agit pourtant d'une véritable revanche de l'armée française. Sept ans après la guerre napoléonienne, les Français s'engagent de nouveau dans le guêpier espagnol. Mais cette fois, ils sont accueillis en sauveurs par la population. La Sainte-Alliance ne peut tolérer la vague libérale qui vient de mettre à mal la monarchie intransigeante du roi d'Espagne Ferdinand VII. Par cette campagne militaire, l'armée française entre de nouveau dans le concert des grandes nations.

Une armée française de 95 000 hommes, conduite par le duc d'Angoulême et les officiers supérieurs Molitor, Moncey, Dode de La Brunerie, Law de Lauriston, affronte une armée espagnole de 120 000 hommes, commandée par les officiers supérieurs Morillo, Ballesteros et Riego.

Du 7 avril au 7 novembre 1823, l'armée française remporte de multiples batailles, conquiert toute la péninsule Ibérique. La Bidassoa est franchie le 7 avril, les citadelles de Pancorbo et Guetaria tombent les 17 et 18 avril. Celles de Laredo et Rosas sont conquises le 23. Trois jours plus tard, les troupes françaises s'emparent de Vittoria et Bilbao. Le 26 avril, Molitor entre triomphalement à Saragosse, ville assiégée à deux reprises quinze ans plus tôt. Le 8 mai, c'est Monzons, en Aragon, qui est pris. La Navarre, les Asturies et la Galice sont conquises. Les Français atteignent Burgos le 6 mai. Le 12, Bailen, de sinistre mémoire, est atteint. Le 31, l'avant-garde de la division française du général Bourcke entre à Léon. Ce dernier est un vétéran d'Austerlitz et de Wagram.

Poussant plus vers le sud, les forces françaises battent leurs adversaires à la bataille de Talavera de la Reina, en Nouvelle-Castille : les 3 000 fantassins du général Jara sont défaits par l'avant-garde du général Vallin. Le 8 juin, lors du combat de Visillo, la cavalerie française écrase les troupes espagnoles avec une telle fougue qu'elle fait 650 prisonniers. Le 26 juillet, sur la montagne de Campos d'Arenas, les Français enlèvent successivement les positions ennemies du général Ballesteros, en ne perdant que 54 hommes et en mettant hors de combat 800 Espagnols.

La Catalogne oppose une farouche résistance. Les dernières places fortes finissent par se rendre à la fin septembre. L'imprenable Cadix capitule le 4 octobre. Le maréchal de Montgaillard occupe Tarragone le 7 novembre et capture 5 000 soldats ennemis. Pour quelques centaines de morts et de blessés, l'armée française a conquis l'Espagne en sept mois.

La conquête de l'Algérie et la naissance de l'armée d'Afrique

L'Algérie, possession de l'Empire ottoman, fait partie des visées expansionnistes françaises en Afrique. Décidée en février 1830, l'expédition d'Alger est l'objet d'une préparation minutieuse. Le corps expéditionnaire français, commandé par le maréchal de Bourmont et l'amiral Duperré, compte 37 000 soldats et 83 canons. Le débarquement des troupes débute le 14 juin. Le combat victorieux de Staoueli contre les troupes turques ouvre la route d'Alger aux Français. Le 4 juillet, le fort de l'Empereur est pris, le lendemain la ville capitule. L'artillerie française s'est distinguée par son audace, la justesse de son tir et la rapidité de ses mises en position. Le coude à coude des fantassins français est tel que les Turcs, mobiles et bons tireurs, les croient conduits au combat liés par des chaînes.

Au cours des dix années qui suivent, l'occupation restreinte de la côte algérienne est marquée par dix commandements français différents. Constantine ne tombe qu'en 1837. L'armée française d'Algérie passe de 34 000 à 43 000 hommes la même année. En 1840, l'effectif atteint 59 000 soldats. De jeunes officiers pleins d'avenir se distinguent particulièrement, comme les capitaines de Mac-Mahon, Canrobert, de Ladmirault, de Saint-Arnauld, Morris, Le Bœuf, Niel, le commandant Bedeau, le lieutenant-colonel de Lamoricière.

Cette armée française d'Algérie compte dans ses rangs des troupes indigènes. Les officiers, présents sur place, ont compris quels intérêts politiques et militaires la France obtiendrait en intégrant dans ses rangs les guerriers locaux et leurs tribus. Les premières troupes auxiliaires formées sont les zouaves, leur nom venant de la tribu des Zouaouas. Un arrêté d'octobre 1830 réglemente la formation de bataillons d'infanterie de zouaves. Les officiers, les sergents-majors et *fourriers* (soldats chargés des vivres et des logements) doivent être Français ; la moitié des places de sergents et caporaux peut revenir aux indigènes. On vante très vite leurs qualités de tireurs, leur habileté à se servir du terrain. En même tant que le corps des zouaves se constituent un puis deux escadrons de cavalerie de chasseurs algériens, devenus chasseurs d'Afrique. Ils se révèlent si utiles que, dès la fin de 1831, on décide d'en former deux régiments. Brillants et de belle tenue, ils attirent les volontaires. En 1839, on compte quatre régiments de ce type. Des unités de tirailleurs indigènes se constituent en 1840 à Bône, Alger et Oran.

Parallèlement aux troupes indigènes, la Légion étrangère voit le jour en vertu d'une loi du 9 mars 1831. Recrutée par engagements volontaires de trois ou cinq ans, parmi des hommes de 18 à 40 ans, la Légion compte, le 1er avril 1832, quatre bataillons et un effectif de 2 700 hommes, principalement des Allemands de la Rhénanie, des Polonais, des Français et des Italiens.

En arrivant en 1841 en Algérie, le général Bugeaud trouve une armée « infatigable, sobre, intrépide, des troupes commandées par des généraux purs de tout désir de lucre, avides de péril et de gloire ». En accord complet avec le gouvernement, Bugeaud peut disposer d'effectifs portés progressivement de 63 000, en 1841, à 106 000, en 1846. À son côté se trouvent des officiers incomparables tels Lamoricière, Changarnier et Bedeau.

Figure 8-1 : La conquête de l'Algérie (musée de l'Armée, DR).

Chapitre 8 : Tirailleurs, zouaves et légionnaires : l'armée française de 1816 à 1913

Bugeaud occupe d'abord solidement les bases qui dominent le Tell, afin d'y mettre des garnisons solides pour constituer des colonnes mobiles. Dès 1841, il chasse les courageux rebelles de l'émir Abd el-Kader des villes de Mascara, Tagdempt, Boghar, Taza, Saïda. Ces expéditions donnent lieu à des actions d'éclat, mais également à de nombreux massacres. Le 10 mai 1843, le duc d'Aumale réussit le coup d'audace de s'emparer par surprise de la ville de Smala, forte de 40 000 habitants. Ce jeune général de 21 ans a quitté Boghar à la tête d'une colonne de 1 300 fantassins, 600 cavaliers et 300 tirailleurs indigènes. Peu après ce fait d'armes, Bugeaud est nommé maréchal. La guerre va cependant encore durer quatre années, avant que l'émir Abd el-Kader, traqué de tous côtés, se rende, le 3 décembre 1847, au colonel de Montauban.

La guerre de Crimée

La monarchie constitutionnelle lègue au Second Empire de Napoléon III (1808-1873), empereur des Français de 1852 à 1870, une armée métropolitaine organisée et disciplinée, ainsi qu'une armée d'Afrique aguerrie, entraînée, remarquable pépinière de chefs. Elle lui laisse également des institutions militaires de qualité, mais présentant une grave lacune : l'absence de réserves instruites.

De 1854 à 1855, l'armée française participe à la guerre de Crimée, située de nos jours au sud du territoire ukrainien, au sein d'une coalition comprenant l'Empire ottoman, la Grande-Bretagne, le royaume de Piémont-Sardaigne, contre la Russie. Les Occidentaux veulent par cette intervention militaire freiner l'expansionnisme russe. En envoyant des troupes françaises combattre aux côtés des Britanniques, Napoléon III manifeste sa volonté de bonne entente avec la Grande-Bretagne et la reine Victoria. C'est une occasion pour lui de briser l'isolement diplomatique dans lequel il se trouve à la suite de la proclamation de l'Empire. Cette guerre lui offre également la gloire militaire dont le nouveau régime a besoin pour se consolider.

L'armée française engage dans ce conflit jusqu'à 130 000 hommes, par apports successifs du fait des pertes considérables liées en grande partie aux épidémies, dont principalement le choléra, le typhus et la dysenterie. La guerre se fixe autour de la forteresse de Sébastopol, que les Russes défendent avec acharnement durant 332 jours de siège. Dans la réalité, les effectifs militaires alliés reposent en moyenne sur 60 000 Français, 25 000 Britanniques, 15 000 Piémontais-Sardes, dont les célèbres *bersaglieri* (tirailleurs), qui luttent avec une bravoure extraordinaire, sans oublier 5 000 Turcs. Soit, dans un premier temps, un total de 105 000 soldats alliés opposés à 110 000 soldats russes.

Durant l'hiver 1854-1855, la montée des effectifs alliés à 140 000 soldats, principalement français, ne suffit pas à renverser la situation. Attaques et contre-attaques, tirs d'artillerie et corps à corps sauvages coûtent d'innombrables vies humaines. Les zouaves français se distinguent particulièrement dans des assauts furibonds à la baïonnette.

Le 7 septembre 1855, après un bombardement de trois jours, exécuté par 800 canons, le commandement français lance ses troupes à l'assaut ; l'armée française compte alors 60 000 hommes, tandis que celle des Anglais s'est peu à peu réduite à 12 000 hommes.

Le général français de Mac-Mahon s'empare de la position clé de Malakoff, repousse toutes les contre-attaques ennemies et passe à la postérité en y lançant son fameux : « J'y suis, j'y reste. » Le soir même, les Russes, finalement vaincus, évacuent Sébastopol.

Les Français déplorent 95 000 morts, dont 75 000 de maladies, les Britanniques 25 000, les Piémontais-Sardes 2 000, les Turcs 500 et les Russes 110 000, du fait que les Alliés doivent repousser à plusieurs reprises des armées russes de secours, notamment lors des batailles de Balaklava et d'Inkermann, durant l'automne 1854.

Au traité de Paris de 1856, la France apparaît de nouveau comme la première puissance du continent. La Grande-Bretagne s'éloigne d'elle. La Russie abandonne le delta du Danube et la Turquie garantit la protection des chrétiens de l'Empire ottoman. La mer Noire est neutralisée. Napoléon III, acquis à une intervention militaire en faveur de l'unité italienne contre l'Autriche, se rapproche du royaume de Piémont-Sardaigne. L'accord de Plombières, en juillet 1858, scelle une alliance militaire offensive et défensive entre la France et le royaume de Piémont-Sardaigne.

L'intervention française en Italie

Préparée depuis longtemps, cette intervention mobilise 120 000 soldats français, en avril 1859, commandés par Napoléon III et le maréchal Vaillant, que viennent soutenir 60 000 soldats piémontais-sardes de Victor-Emmanuel II de Savoie, soit un total de 190 000 militaires dans les rangs de cette alliance franco-italienne. Le commandement autrichien aligne de son côté 160 000 hommes, aux ordres de l'empereur François-Joseph Iᵉʳ. En aidant militairement le royaume de Piémont-Sardaigne à réaliser l'unité italienne, au détriment de l'Autriche, Napoléon III espère récupérer la Savoie, perdue par la France au traité de Paris de 1815.

Le 23 avril 1859, l'Autriche adresse un ultimatum au Piémont, lui ordonnant le désarmement de son armée sous trois jours. C'est l'occasion que le chef du gouvernement du royaume de Piémont-Sardaigne, Cavour, attendait pour provoquer la guerre. Le délai échu, les troupes autrichiennes tentent d'envahir le Piémont avant l'arrivée des soldats français. Les troupes d'élite piémontaises-sardes comme les *bersaglieri* opposent une résistance héroïque à un ennemi trois fois supérieur en nombre, permettant ainsi à l'armée de Napoléon III de traverser le mont Cenis en toute sécurité.

La furia italo-française

Le 20 mai 1859, les Autrichiens sont battus à Montebello : 8 500 soldats français et piémontais-sardes mettent en déroute 23 500 soldats ennemis ; les premiers perdent 642 hommes (tués, blessés et disparus) et les seconds 1 423. Les soldats italiens conduits par le légendaire Garibaldi se couvrent de gloire à Varèse le 26 mai, où 3 000 d'entre eux repoussent 4 000 Autrichiens. Le lendemain, à San Fermo, 3 500 preux de Garibaldi parviennent à vaincre 4 000 Autrichiens : on déplore 73 tués ou blessés garibaldiens et 332 dans le camp adverse.

Le 31 mai, à Palestro, 21 000 soldats français et piémontais-sardes mettent en déroute 14 000 soldats autrichiens. Les charges à la baïonnette des *bersaglieri* piémontais-sardes, des zouaves et des fantassins français ont fait la différence. La « furia » franco-italienne emporte tout sur son passage. Bilan des combats de cette bataille : 600 Franco-Piémontais-Sardes et 2 210 Autrichiens hors de combat (tués, blessés ou disparus).

L'héroïsme des tirailleurs, des zouaves, des légionnaires et des bersaglieri

La bataille de Magenta, livrée le 4 juin 1859, opposant 59 100 soldats de l'empire français et du royaume de Piémont-Sardaigne, commandés par le général de Mac-Mahon, à 62 000 soldats autrichiens, dirigés par le général Gyulai, tourne également à l'avantage des premiers. Les assauts à la baïonnette font plier les lignes autrichiennes. Les tirailleurs algériens et la Légion étrangère se distinguent particulièrement, malgré la qualité des troupes adverses, notamment celle des chasseurs tyroliens et de redoutables Croates. L'élan de la Légion repousse les Autrichiens, qui battent en retraite. L'attaque continue sur toute la ligne et l'ennemi est poursuivi la baïonnette aux reins durant 3 km. Les zouaves apportent leur soutien dans la conquête définitive du village de Magenta. On déplore 4 437 soldats hors de combat dans les rangs des assaillants, contre 10 216 chez les Autrichiens, dont 4 500 prisonniers.

Figure 8-2 : Légionnaire en 1859 (collection privée, DR).

La bataille de Solferino

La bataille de Solferino, le 24 juin 1859, en Lombardie, conclut la participation française à cette campagne d'Italie : 350 000 soldats s'affrontent lors de cette gigantesque mêlée, 120 000 Français et 70 000 Piémontais-Sardes contre 160 000 Autrichiens. Cette bataille voit l'utilisation de techniques nouvelles, comme le transport des troupes françaises en train, les canons et fusils à canon rayé, plus précis et puissants. L'artillerie joue un rôle important dans le déroulement des combats : 522 canons français et piémontais-sardes contre 688 pièces autrichiennes.

On assiste durant dix-huit heures à une lutte générale et chaotique. L'absence de plan de bataille ordonné, l'équilibre des forces et la détermination féroce des deux camps sont les principales causes de l'importance des pertes. Les assauts constamment répétés des troupes françaises (infanterie, tirailleurs, zouaves, légionnaires) et des *bersaglieri* piémontais-sardes enfoncent finalement les positions adverses. L'armée autrichienne, vaincue, doit se replier. Les pertes sont lourdes dans les deux camps : 17 926 Français et Piémontais-Sardes hors de combat (tués, blessés, disparus), contre 25 445 Autrichiens.

Chapitre 8 : Tirailleurs, zouaves et légionnaires : l'armée française de 1816 à 1913

Figure 8-3 : Zouave en 1859 (collection privée, DR).

Cette victoire est suivie d'un coup de théâtre : la signature à Villafranca, le 17 juillet 1859, d'un armistice au terme duquel l'Autriche, gardant la Vénétie, cède la Lombardie à la France, qui la remet au royaume de Piémont-Sardaigne. Pourquoi cet armistice prématuré ? La sensibilité de Napoléon III, émue par les spectacles du champ de bataille, y est pour quelque chose. Mais le commencement de mobilisation de la Prusse, inquiète de la progression des troupes garibaldiennes au Tyrol, en est le motif principal. L'empereur des Français sait que son armée, principalement engagée en Italie, n'est pas en mesure d'affronter 250 000 hommes que la Prusse menace de mettre sur pied. Cette campagne de 1859 permet cependant à l'Italie d'accomplir une grande partie de son unité nationale. Enfin, en 1860, le traité de Turin redonne la Savoie à la France.

L'intervention française au Mexique

Napoléon III décide d'intervenir militairement au Mexique, de 1862 à 1867, afin de placer un souverain européen favorable aux intérêts de la France.

Il s'agit également de contrebalancer en Amérique la puissance des États-Unis en créant un empire catholique, allié à la France. L'archiduc Maximilien de Habsbourg est choisi comme empereur du Mexique par Napoléon III. Pour renverser le pouvoir républicain en place du président Benito Juarez, favorable aux États-Unis, la France engage un corps expéditionnaire de 38 493 militaires (fantassins, marsouins, fusiliers marins, zouaves, tirailleurs algériens, légionnaires, chasseurs à cheval, chasseurs d'Afrique, hussards, artilleurs). L'armée mexicaine de Juarez aligne 80 000 soldats.

En mai 1862, 3 400 soldats français, aux ordres du général Latrille de Lorencez, tentent de s'emparer de la forteresse de Puebla, défendue par 12 000 soldats mexicains du général Zaragoya. Bien abrités et nettement plus nombreux, les Mexicains parviennent à repousser les Français, dont un millier périssent durant cette bataille. Lorencez sonne la retraite et se retire. Lorsque la nouvelle de la défaite de Puebla parvient à Paris, Napoléon envoie 35 093 soldats en renfort, sous le commandement du général Forey. La totalité de cette force débarque en septembre 1862 et entreprend une seconde fois le siège de Puebla. La ville fortifiée ne tombe qu'après de durs combats, en mai 1863. Par la suite, l'armée française progresse victorieusement jusqu'à Mexico.

Lors de ces combats, la Légion étrangère française se signale particulièrement à la bataille de Camerone, le 30 avril 1863. Durant toute une journée 62 légionnaires du capitaine Danjou tiennent tête à 1 200 fantassins et 800 cavaliers mexicains : 57 de ces héroïques légionnaires sont tués ou blessés, contre 390 soldats mexicains hors de combat (tués ou blessés). L'anniversaire de cette bataille est devenu la fête annuelle de la Légion étrangère française.

En juillet 1863, une assemblée de conservateurs de Mexico offre à l'archiduc Maximilien de Habsbourg la couronne impériale du Mexique. Ce dernier met plus d'une année à l'accepter. L'armée française reçoit la lourde tâche de « pacifier » le pays. Les soldats français et les soldats mexicains ralliés multiplient les marches, fortifient les villages et les cités, parviennent non sans mal à faire régner l'ordre impérial. Cependant, le chef républicain Diaz se maintient militairement dans la ville d'Oaxaca, transformée en véritable forteresse. À la fin de l'année 1864, le général français Bazaine, qui a remplacé Forey, mène les opérations pour s'emparer de la ville rebelle. Le siège ne dure pas trop longtemps, puisque la reddition d'Oaxaca est signée en février 1865. L'armée française doit ensuite combattre une puissante guérilla au nord du Mexique, là où les forces de Juarez sont encore puissantes. Le colonel du Pin se distingue particulièrement dans cette nouvelle forme de combat, en formant des colonnes mobiles.

Le 3 juillet 1866, 125 légionnaires français du capitaine Frenet, encerclés dans l'hacienda de l'Incarnation, résistent victorieusement durant quarante-huit heures à plus de 600 Mexicains.

Chapitre 8 : Tirailleurs, zouaves et légionnaires : l'armée française de 1816 à 1913

La menace d'une guerre contre la Prusse se faisant de plus en plus pressante, Napoléon III décide finalement de retirer ses troupes du Mexique, en février 1867. D'autant que depuis avril 1865, les États-Unis, libérés de la guerre civile de Sécession, massent des troupes à la frontière mexicaine. Les forces juaristes sont renforcées par des combattants américains. Mais, à la sortie d'un conflit sanglant, l'armée américaine n'a pas l'intention de s'aventurer dans un affrontement contre l'armée et la marine françaises.

Sur les 38 493 militaires français envoyés au Mexique, 6 654 sont morts au combat, des suites de blessures ou de maladie. N'ayant nullement démérité, le corps expéditionnaire français a tenu en échec une force armée adverse de plus de 80 000 hommes.

La guerre franco-allemande de 1870-1871

Ce conflit, qui dure du 19 juillet 1870 au 29 janvier 1871, oppose la France à la Prusse et à ses alliés allemands (Confédération de l'Allemagne du Nord, royaume de Bavière, grand-duché de Bade, royaume de Wurtemberg).

Le chancelier prussien Bismarck multiplie les provocations pour abaisser la France, dont la position diplomatique est considérée comme un obstacle à l'unité allemande. Napoléon III, souhaitant conserver sa place prédominante en Europe, freine comme il le peut la volonté hégémonique de son rival prussien. Or, Bismarck n'ignore rien des faiblesses de l'armée française de l'époque. Il sait en conséquence qu'une guerre contre la France pourrait servir ses objectifs d'unification de l'Allemagne.

La faiblesse de l'armée française

Napoléon III prétend exercer en personne la haute direction militaire, bien que sa formation ne l'ait en rien préparé au rôle d'organisateur et d'animateur d'une armée. Les ministres de la Guerre successivement en place de 1854 à 1870 sont incapables de concevoir et d'imposer des réformes indispensables. L'administration militaire souffre d'un manque de coordination. Favorisée par le désir de plaire à l'Empereur, la paresse intellectuelle s'installe, tuant toute initiative. Parmi les grands chefs, aucune personnalité éminente ne s'affirme. Ce sont de magnifiques soldats loyaux, énergiques, braves, ayant pour la plupart fait leurs armes lors des conflits précédents (Algérie, Crimée, Italie, Mexique), mais nullement préparés à résoudre les problèmes que pose la conduite de grandes armées. Mac-Mahon est le modèle de l'attachement au devoir. Le Bœuf doit son avancement à son dévouement à l'Empereur. Quant à Bazaine, il n'est qu'un aventurier, déjà alourdi de corps et d'esprit, sceptique, ambitieux, ignorant, qui accepte de conduire une armée sans avoir commandé auparavant à plus de 8 000 hommes.

Figure 8-4 : Fantassin français en 1870-1871 (collection privée, DR).

Au début du conflit, l'armée française dispose seulement de 265 000 soldats, réunis dans l'armée du Rhin, alors que l'armée prussienne aligne 500 000 soldats, auxquels s'ajoutent les 300 000 soldats des autres États allemands, soit un total de 800 000 soldats. La mobilisation terminée, les troupes françaises comptent 900 000 militaires, contre 1 200 000 soldats allemands et prussiens.

Si l'infanterie et la cavalerie françaises, dont notamment les troupes de l'armée d'Afrique, représentent un outil militaire d'une grande vaillance au combat, redoutable dans les charges à la baïonnette et au sabre, l'artillerie est inférieure quantitativement et qualitativement à sa rivale prussienne, avec seulement 900 canons opposés à 2 200 pièces adverses : le canon Krupp prussien en acier se charge par la culasse, tandis que son homologue français est en bronze et se charge par la bouche. La cadence de tir du canon Krupp est nettement plus élevée et la portée atteint 6 km, contre 4 km pour le canon français. Dispersée, l'artillerie française est battue tactiquement par l'habile concentration de l'artillerie prussienne. L'armée prussienne, commandée par des officiers de grande qualité, est plus mobile dans ses déplacements, si bien qu'elle encercle à plusieurs reprises sa rivale française.

Des batailles particulièrement sanglantes

Mal préparée à un conflit moderne, très inférieure en nombre et très mal commandée, l'armée française est sévèrement battue dans plusieurs batailles, malgré l'héroïsme manifeste de son infanterie et de sa cavalerie. Les chiffres parlent d'eux-mêmes : lors de la bataille de Wissembourg, le 4 août 1870, 8 000 soldats français affrontent 60 000 soldats allemands (2 300 Français et 1 551 Allemands hors de combat) ; à la bataille de Forbach (6 août 1870), 29 000 soldats français luttent contre 45 000 soldats adverses (3 078 Français et 4 843 Allemands hors de combat) ; à la bataille de Froechwiller (6 août 1870), 50 000 soldats français combattent 88 000 soldats ennemis (11 000 Français et 10 000 Allemands hors de combat) ; aux batailles de Borny-Colombey et Mars-la-Tour (14 et 16 août 1870), 113 500 soldats français s'opposent à 194 500 soldats allemands (19 681 Français et 24 761 Allemands hors de combat) ; à la bataille de Saint-Privat (18 août 1870), 112 800 soldats et 520 canons français affrontent 188 332 soldats et 732 canons allemands (12 275 Français et 20 160 Allemands hors de combat). Lors du siège de Metz (du 20 août au 27 octobre 1870), 38 000 soldats français et 47 000 soldats allemands sont mis hors de combat (tués ou blessés).

Figure 8-5 : Dragon français en 1870 (collection privée, DR).

Ces chiffres témoignent de l'acharnement des combats et de la supériorité numérique écrasante de l'adversaire. On notera cependant que les pertes infligées à l'armée allemande sont souvent supérieures à celles de l'armée française lors de ces premières batailles. L'excellent fusil français Chassepot cause à lui seul 80 % des pertes infligées aux troupes adverses en 1870-1871. Les 20 % des pertes allemandes liées à l'artillerie française sont en majorité imputables aux canons à balles de Reyffe, mitrailleuses tirant environ 75 coups à la minute.

La France vaincue

La capitulation de Napoléon III à Sedan, le 2 septembre 1870, avec 92 000 de ses soldats, opposés à 200 000 soldats allemands, met fin au régime du Second Empire. Cela entraîne deux jours plus tard, à Paris, la création d'un gouvernement républicain de défense nationale. Le général Trochu et Léon Gambetta tentent de réorganiser ce qui reste des troupes françaises pour repousser les Allemands qui assiègent Paris du 17 septembre 1870 au 26 janvier 1871.

La marine allemande en échec

Alors que l'armée de terre française est battue par sa rivale allemande, la guerre sur mer entre les deux puissances tourne à l'avantage de la marine française. Lors de la déclaration de guerre de la France le 17 juillet 1870, la marine française est la deuxième du monde après la Royal Navy britannique. Elle aligne 220 navires modernes, contre 46 du côté allemand. Dès le début des hostilités, la marine française se rend maîtresse de la mer. Elle parvient à bloquer tous les navires de guerre ennemis et permet aux bâtiments français de commerce de circuler comme en temps de paix. Cette suprématie favorise l'acheminement d'armement acheté à l'étranger, nécessaire à l'équipement des armées du gouvernement républicain de la défense nationale. La marine française fournit également canons, vivres, munitions et troupes aguerries à l'armée de terre. Cependant, le trop grand déséquilibre des forces terrestres en faveur de l'Allemagne ne permet pas à la France de se renforcer suffisamment pour renverser la situation.

La maîtrise maritime française est oubliée au profit des défaites sur le sol français. Tout au plus, la population se souvient du rôle des fusiliers et canonniers marins dans les batailles terrestres. Ce sentiment de frustration et de déception influence fortement la politique militaire de la France par la suite. De nombreux parlementaires se demandent si les crédits accordés à la marine n'auraient pas été plus utiles à l'armée de terre. La paix revenue, la marine doit se contenter d'un maigre budget, la majorité des subsides allant à la rénovation de l'armée de terre.

Chapitre 8 : Tirailleurs, zouaves et légionnaires : l'armée française de 1816 à 1913

Ce qui reste de l'armée française (635 000 hommes) tente de résister et parvient même parfois à faire reculer l'ennemi (1 200 000 hommes), notamment sur la Loire. Mais très affaiblie, elle doit battre en retraite sur tous les fronts. Un armistice est finalement signé le 28 janvier 1871, dix jours après la proclamation à Versailles de Guillaume Ier empereur d'Allemagne. On déplore 282 000 soldats français et 173 000 soldats allemands tués ou blessés durant les six mois du conflit. Il convient d'y ajouter 320 000 soldats français et 300 000 soldats allemands malades. L'armée française du Rhin détruite en deux mois, les troupes françaises constituées par la suite, mal préparées, subissent de lourdes pertes.

L'Allemagne annexe les quatre anciens départements de l'Alsace-Lorraine et condamne la France à lui verser une indemnité de 5 milliards de francs or. Les troupes allemandes occupent une partie de la France jusqu'en septembre 1873.

L'armée française prépare la revanche

La IIIe République entreprend un effort gigantesque pour doter la France d'une armée nombreuse et puissante. Cela débute avec la loi sur le recrutement, votée le 27 juillet 1872, déclarant le service militaire obligatoire pour tous d'une durée de cinq ans. Les anciens appelés du contingent font ensuite partie durant quinze à vingt ans des réservistes et des territoriaux, mobilisables à tout moment.

La loi du 13 mars 1875 fixe la composition de l'armée de la métropole à 144 régiments d'infanterie, 30 bataillons de chasseurs à pied, 38 régiments d'artillerie, 70 régiments de cavalerie ; et pour les troupes d'Algérie, à 4 régiments de zouaves, 3 régiments de tirailleurs, 1 régiment de Légion étrangère, 5 bataillons d'Afrique, 8 régiments de cavalerie, les services d'artillerie étant assurés par des batteries détachées.

Diverses fortifications sont construites ou améliorées dans le nord et l'est de la France, notamment à Lille, Maubeuge, La Fère, Reims, Paris, Verdun, Toul, Épinal, Belfort, Langres, Dijon, Besançon. Le général Serré de Rivières, sorti de l'École polytechnique en 1837, est l'instigateur de ce vaste programme défensif, devant permettre à la France de pouvoir mobiliser son armée en toute sécurité.

La loi de recrutement de 1889 établit les dispositions suivantes : tous les Français doivent 25 ans de service, dont 3 années dans l'armée d'active, 7 dans la réserve et 15 dans la territoriale. Le nombre des sous-officiers de carrière passe de 8 000, en 1881, à 48 000, en 1913.

En 1886, l'infanterie est armée du fusil Lebel, première arme à répétition utilisant la poudre sans fumée. L'artillerie ne cesse de se perfectionner, avec notamment la sortie en 1893 du canon de 75 mm à tir rapide, supérieur à tous ses rivaux. Définitivement adopté en 1897, il est mis en fabrication dans le plus grand secret : une décision qui fait honneur au gouvernement Méline.

La loi du 21 mars 1905 fixe la durée du service actif, égale pour tous, à 2 ans, et sa durée totale à 25 ans, dont 11 ans dans la réserve et 12 ans dans la territoriale.

En 1913, l'armée allemande compte 42 000 officiers, 112 000 sous-officiers et 722 000 soldats ; contre 29 000 officiers, 48 000 sous-officiers et 532 000 soldats dans l'armée française.

Grâce à la loi du 7 août 1913, le service militaire actif en France est de nouveau établi à trois ans, permettant ainsi à l'armée de porter ses effectifs en temps de paix à 760 000 hommes, le 15 avril 1914. Des hommes politiques comme Raymond Poincaré et Louis Barthou, sans oublier le général Joffre, sont à l'origine de cette mesure qui permet à la France, moitié moins peuplée que l'Allemagne, de disposer d'effectifs militaires aussi importants. Cet effort initial de la France est, proportionnellement à la population des deux pays, supérieur à celui de l'Allemagne.

Parallèlement au développement de l'armée métropolitaine, la France se dote d'une puissante armée coloniale, à laquelle la loi du 7 juillet 1907 attribue un régime propre et un budget distinct. On assiste à la création de 19 régiments d'infanterie coloniale et 7 régiments d'artillerie coloniale. Les troupes indigènes des différentes colonies, à l'exception de celles de l'Afrique du Nord, entrent également dans la composition de l'armée coloniale, avec les tirailleurs sénégalais, regroupant en fait l'ensemble des troupes noires de l'Afrique occidentale et équatoriale française. L'armée d'Afrique, distincte de l'armée coloniale, repose sur les unités algériennes, marocaines et tunisiennes. Enfin, les tirailleurs indochinois sont incorporés dans l'armée coloniale.

L'affaire Dreyfus

L'affaire Dreyfus a divisé la France et l'armée durant de nombreuses années, entre les adversaires et les défenseurs de l'accusé. Elle débute le samedi 13 octobre 1894, lorsque le capitaine Alfred Dreyfus, brillant officier d'artillerie, juif et alsacien, reçoit à son domicile parisien de l'avenue du Trocadéro une convocation pour se rendre, le lundi suivant, au ministère de la Guerre, rue Saint-Dominique.

Le lundi matin, à l'heure dite, le capitaine Dreyfus est d'abord reçu par le commandant Picquart, qui le conduit ensuite au commandant du Paty de Clam, qui l'accuse de crime de haute trahison, pour avoir livré des documents militaires confidentiels à l'Allemagne. Sans autre forme de procès, le capitaine Dreyfus est envoyé à la prison militaire du Cherche-Midi.

Avec l'aide du policier Guénée, un dossier est fabriqué, afin de présenter Dreyfus comme un joueur couvert de dettes (ce qui est faux) et de maîtresses (alors qu'il est un mari exemplaire). Il faut attendre le premier conseil de guerre pour que son avocat, Me Edgar Demange, ait, enfin, accès à son dossier. Ce juriste intraitable, catholique pratiquant, réputé conservateur, ne jure que par le respect de la justice et de l'équité. Il discerne tout de suite des failles et des invraisemblances dans le dossier d'instruction. Persuadé de la non-culpabilité de son client, il n'a de cesse de lutter pour obtenir sa libération et son acquittement.

Dreyfus est traduit devant le conseil de guerre, à Paris, à huis clos. La juridiction militaire interroge les témoins jusqu'au 21 décembre 1894. Le 22, le commissaire du gouvernement Brisset fait son réquisitoire. Il répète, sans trop de conviction, le contenu du dossier. Après la plaidoirie de Me Demange, la balance pencherait plutôt dans le sens de l'acquittement, si l'on en croit le commandant Picquart, qui a assisté aux audiences. Mais, dans le but d'asseoir les chances de la condamnation, un dossier « secret » est communiqué aux juges, pendant le délibéré, sans que la défense en ait connaissance. Il se compose de documents douteux du commandant Henri, voire de faux, visant à faire accuser de haute trahison le capitaine Dreyfus. Le 22 décembre, le capitaine Dreyfus est condamné à la dégradation militaire.

En 1896, le lieutenant-colonel Picquart fait part de ses doutes sur la culpabilité de Dreyfus, en raison d'un document découvert à l'ambassade d'Allemagne, qui incrimine un autre officier français, le commandant Esterhazy. Cet officier d'ascendance hongroise est réputé mythomane, atrabilaire, paranoïaque et totalement débauché. Mathieu Dreyfus, frère du capitaine, porte plainte auprès du ministère de la Guerre contre Esterhazy. Mais celui-ci est protégé par l'état-major, malgré les interventions du lieutenant-colonel Picquart. Il est clair que l'état-major veut disculper ce curieux officier. Envoyé le 10 février 1898 devant le conseil de guerre, Esterhazy est acquitté dès le lendemain, tandis que le lieutenant-colonel Picquart est envoyé en Tunisie.

Le monde politique s'empare de l'affaire, ainsi que la presse. Le 8 septembre 1898, la cour, présidée par le colonel Jouaust, condamne de nouveau le capitaine Dreyfus pour trahison, mais lui accorde des circonstances atténuantes... Assez curieusement, Esterhazy est allé se réfugier en Angleterre, craignant sans doute que sa culpabilité soit enfin révélée. Il reconnaît même avoir eu des contacts avec des officiers allemands à Paris.

La bataille pour la réhabilitation du capitaine Dreyfus est plus connue ; elle mène à la Cour de cassation, qui, le 12 juillet 1906, annule le jugement du conseil de guerre : Dreyfus est enfin acquitté. Il sera totalement réhabilité par la suite.

Chapitre 9

« Courage, on les aura ! » : la Grande Guerre de l'armée française

Dans ce chapitre :
- L'armée française devient la première du monde
- Un rôle capital dans la victoire des Alliés
- À la pointe de l'armement moderne

La Première Guerre mondiale transforme profondément l'armée française, qui devient une armée moderne dans une guerre moderne, utilisant une puissance de feu et des moyens matériels inégalés jusque-là dans toute l'histoire militaire. Jamais on n'a connu un tel usage de l'artillerie, des mitrailleuses et de l'infanterie, sans oublier l'apparition d'armes nouvelles, comme les chars et les avions de combat. L'armée française joue surtout un rôle capital dans le déroulement du conflit. Elle supporte l'essentiel des opérations militaires sur le front occidental. En novembre 1918, l'armée française est considérée comme la première armée du monde.

1914 : l'apport capital de l'armée française

Le rapport des forces en présence en août 1914 révèle que l'armée française tient la place principale au sein des Alliés par le nombre et la qualité de ses divisions sur le front occidental. Pour un pays de 40 millions d'habitants, la France parvient à mobiliser 3 580 000 hommes, répartis en 84 divisions d'infanterie et 10 divisions de cavalerie. L'artillerie française repose sur 4 000 canons de 65 mm et 75 mm et 380 pièces lourdes de 120 mm et 155 mm.

L'Allemagne, forte de 70 millions d'habitants, mobilise 3 750 000 hommes, organisés en 88 divisions et 32 brigades d'infanterie, et 11 divisions de cavalerie. L'artillerie allemande est en mesure d'aligner 5 000 canons de 77 mm et 3 500 canons de 105 à 420 mm, soit un total de 8 500 canons allemands contre 4 380 canons français. La supériorité allemande en artillerie lourde est écrasante, surtout si l'on prend en considération que les meilleurs canons lourds français ne portent qu'à 6 500 m alors que ceux des Allemands atteignent de 7 400 à 14 000 m.

La nation en armes

L'armée française prône l'offensive à outrance, où la masse de l'infanterie doit emporter la décision par une charge furibonde à la baïonnette, faiblement soutenue par l'artillerie. L'armée allemande envisage de contrer facilement les offensives françaises grâce à ses nombreuses mitrailleuses et à sa très puissante artillerie, pour ensuite contre-attaquer après avoir décimé les divisions françaises par sa puissance de feu très supérieure.

L'armée française ne dispose que de 6 mitrailleuses par régiment, contre 12 chez les Allemands. Elle est l'unique armée d'Europe dont les soldats sont encore équipés d'uniformes voyants (pantalons rouges notamment), alors que sa rivale allemande a adopté depuis longtemps la tenue de camouflage *feldgrau* (gris-vert de campagne).

La métropole fournit la majeure partie des régiments appelés à défendre le sol national. On compte 173 régiments d'infanterie d'active (de 1er à 173e RI) forts chacun, à la mobilisation, de 73 officiers et 3 200 hommes, et autant de régiments de réserve (de 201e à 373e RI). La métropole aligne également 31 bataillons de chasseurs à pied, dont 12 alpins. Sans oublier 145 régiments et 7 bataillons territoriaux, composés de soldats plus âgés.

L'infanterie de métropole, active et réserve, fantassins et chasseurs, représente en 1914 plus de 1 100 bataillons dépassant 1 000 hommes chacun. C'est la « nation en armes », voulue par le législateur.

La bataille des frontières

Lors du déclenchement des hostilités en août 1914, l'Allemagne vise une victoire éclair contre la France, en six semaines, pour ensuite retourner l'ensemble de ses forces contre la Russie. Le plan Schlieffen prévoit à ce titre une invasion rapide de la Belgique, afin de prendre à revers l'armée française engagée massivement en Lorraine.

L'armée d'Afrique et les troupes coloniales

La métropole n'est pas la seule à contribuer à l'effort de guerre. L'armée d'Afrique concerne les troupes originaires de Tunisie, d'Algérie et du Maroc, dont l'ensemble dépend du ministère de la Guerre, alors que l'infanterie coloniale est régie par le ministère des Colonies.

En 1914, elle comprend 32 bataillons de tirailleurs indigènes, recrutés parmi les autochtones d'Algérie et de Tunisie ; 23 bataillons de zouaves, recrutés parmi les citoyens français d'Algérie et de Tunisie, qui rejoignent 8 bataillons de zouaves métropolitains de Paris et de Lyon ; 5 bataillons de chasseurs indigènes à pied, venus du Maroc et qui deviendront célèbres sous l'appellation « tirailleurs marocains » ; 4 bataillons de la Légion étrangère qui entreront dans la composition de 4 régiments de marche, constitués en France avec des engagés volontaires étrangers ayant afflué à la déclaration de guerre ; enfin 3 bataillons d'infanterie légère d'Afrique, composés de délinquants mineurs métropolitains.

Les troupes de l'infanterie coloniale, anciennes troupes de la marine, sont principalement composées de citoyens français, dont l'ensemble s'organise en 12 régiments actifs (36 bataillons) et 12 de réserve (24 bataillons), auxquels s'ajoutent 4 bataillons d'infanterie coloniale venus du Maroc.

L'apport des indigènes dans l'infanterie coloniale repose sur des régiments ou bataillons de tirailleurs annamites, sénégalais, malgaches, dont la mission première est d'assurer localement l'ordre et la souveraineté dans les colonies. Cependant, 10 bataillons de tirailleurs sénégalais sont envoyés au feu en France dès 1914.

Soldats français des troupes coloniales et de l'armée d'Afrique en 1914, avec de gauche à droite un spahi marocain, un légionnaire, un tirailleur tonkinois et un tirailleur sénégalais (collection privée, DR).

Lorsque l'armée allemande envahit la Belgique, le commandement français n'est pas entièrement surpris, contrairement à ce qui a été souvent affirmé : il engage la 5e armée française du général Lanrezac, le corps expéditionnaire britannique du général French et compte sur le concours de l'armée belge, tandis que quatre autres armées françaises sont massivement engagées en Lorraine et en Alsace. Le commandement français se trompe cependant sur la puissance de l'aile droite allemande en Belgique.

Le général Joffre, commandant en chef de l'armée française, estime que l'étirement des lignes allemandes, de la Belgique à l'Alsace, va lui permettre de répéter la bataille d'Austerlitz et de frapper l'ennemi au centre, principalement en Lorraine, pour le couper en deux. La présence des corps allemands de réserve, sous-estimés par les Français, va en décider autrement.

La bataille des frontières, du 17 au 24 août 1914, se transforme en défaite pour l'armée française, du fait de l'écrasante supériorité de l'artillerie lourde allemande et des erreurs tactiques du commandement français.

L'infanterie française s'élance héroïquement à l'assaut des positions allemandes : des dizaines de milliers de soldats français sont fauchés par les mitrailleuses et l'artillerie lourde. L'armée française compte 30 000 morts rien que le 22 août 1914.

Figure 9-1 : Fantassin français en 1914 (collection privée, DR).

Le repli français sur la Marne

Après l'hécatombe de la bataille de frontières, Joffre ordonne un repli généralisé. Les Allemands pensent avoir le champ libre pour exécuter le plan Schlieffen. Les nombreuses batteries lourdes allemandes musellent les faibles batteries lourdes françaises. Les troupes britanniques au Cateau et françaises à Guise mènent des actions retardatrices qui permettent un repli en bon ordre de l'armée française.

Devant Verdun, Nancy et Toul, la 3e armée française du général Sarrail et la 2e armée française du général de Castelnau opposent une résistance farouche à des troupes allemandes deux à trois plus nombreuses. Joffre ordonne au reste de son armée (6e armée française, corps expéditionnaire britannique, 5e, 9e et 4e armées françaises) de se rétablir au sud de la Marne pour y affronter l'ennemi dans une bataille qui sera décisive et dont dépendra sans doute le sort de la guerre.

Fin août et début septembre 1914, pour hâter la fin, le général von Kluck, commandant de la Ire armée allemande, décide de ne plus appliquer le plan Schlieffen à la lettre. Au lieu de contourner Paris par l'ouest, il dirige son armée à l'est de la capitale française, en direction de Coulommiers, pour y affronter le corps expéditionnaire britannique et la 5e armée française du général Franchet d'Esperey, tandis que la 6e armée française du général Maunoury menace l'aile droite de la Ire armée allemande, à l'ouest, entre Senlis et Meaux.

Le 3 septembre 1914, des aviateurs français voient l'aile droite allemande délaisser Paris pour marcher vers le sud-est. Le général Gallieni, gouverneur de Paris, ordonne alors à la 6e armée française du général Maunoury de frapper le flanc de la Ire armée allemande, ce qui a pour effet de la stopper. Du coup, le général Joffre ordonne de mettre fin à la retraite et de contre-attaquer immédiatement.

La victoire française de la Marne

La bataille de la Marne débute le 5 septembre, de Senlis à Vitry-le-François, sur environ 200 km, où 4 armées françaises et le corps expéditionnaire britannique affrontent 4 armées allemandes. Lorsque la 6e armée française du général Maunoury, lancée par Gallieni contre le flanc de la Ire armée allemande, passe à l'offensive, elle cause une grande inquiétude au général von Kluck, qui craint d'être pris à revers.

Dans le même temps, les autres armées allemandes continuent la poursuite des forces françaises et britanniques, de telle sorte qu'une brèche énorme de 50 km s'est ouverte au centre du dispositif entre les Ire et IIe armées allemandes, à compter du 7 septembre 1914. Les 8 et 9 septembre, le corps expéditionnaire britannique et la 5e armée française s'y engouffrent avec facilité, menaçant ainsi la Ire armée allemande d'encerclement. Devant cette menace, le général von Bülow, qui commande la IIe armée allemande, arrête ses troupes.

Dès lors, la défaite allemande est irrémédiable. Pour qu'elle se transforme en déroute, il faudrait que la poursuite des troupes françaises et britanniques soit menée avec vigueur et rapidité. Mais les troupes alliées ont énormément souffert depuis le mois d'août et la victoire de la Marne, concrétisée le 10 septembre, a été très coûteuse en vies humaines. Le repli allemand s'effectue en bon ordre.

L'espoir allemand de finir la guerre à l'ouest début septembre 1914 se termine par une défaite, dont les conséquences stratégiques sont énormes. Le 11 septembre, le général Joffre peut télégraphier au gouvernement français, replié sur Bordeaux, que « la bataille de la Marne s'achève en une victoire incontestable ». L'armée allemande recule de 60 à 150 km pour établir un front sur l'Aisne. La Marne sauve la France d'un désastre, brise définitivement le plan de guerre allemand.

Les pertes témoignent de l'acharnement de cette bataille, avec 80 000 soldats français hors de combat (tués ou blessés), 2 000 soldats britanniques et 130 000 soldats allemands. Les troupes françaises ont également capturé 16 000 soldats allemands. Le succès français est d'autant plus remarquable que l'armée allemande alignait dix fois plus de canons lourds que l'armée française.

Plus à l'est, la bataille pour Nancy (4-12 septembre 1914) se termine par une éclatante victoire de la 2e armée française du général de Castelnau, qui, bien que luttant à un contre deux en infanterie et un contre trois en artillerie, parvient à repousser la VIe armée allemande.

Les taxis de la Marne

Les 6 et 7 septembre 1914, sur ordre du général Gallieni, environ 600 taxis parisiens sont réquisitionnés pour transporter les fantassins de la 7e division d'infanterie (DI). Les véhicules, en majorité des Renault AG1, roulent en moyenne à 25 km/h. Rassemblés aux Invalides, ils partent durant la nuit en deux groupes, direction Tremblay-lès-Gonesse (aujourd'hui Tremblay-en-France) puis Le Mesnil-Amelot. Dans la journée du 7, pour des raisons logistiques, ce convoi redescend sur Sevran-Livry, tandis qu'un second convoi de 700 taxis quitte les Invalides pour atteindre Gagny. Les taxis sont rassemblés à Gagny et Livry-Gargan, afin de charger les troupes et d'organiser les convois, qui partent dans la nuit du 7 au 8 et sont à pied d'œuvre le 8 au matin aux portes de Nanteuil-le-Haudouin et de Silly-le-Long. Après avoir déposé les fantassins, les chauffeurs de taxi rentrent à Paris. Le dernier conducteur de cette épopée, Kléber Berrier, est décédé en 1985. Cette opération permet d'acheminer environ 5 000 soldats près du champ de bataille de la Marne.

La bataille de la Course à la mer

De Nieuport à Craonne, sur 500 km de front, trois armées françaises, le corps expéditionnaire britannique et la valeureuse armée belge repoussent, d'octobre à décembre 1914, les assauts enragés de cinq armées allemandes. Ces combats, connus sur le nom de « bataille de la Course à la mer », où

Chapitre 9 : « Courage, on les aura ! » : la Grande Guerre de l'armée française

l'armée allemande tente de déborder vainement chaque fois l'aile gauche des défenses alliées à l'ouest, se terminent par la mise hors de combat (tués ou blessés) de 254 000 soldats français, 17 000 soldats britanniques, 10 000 soldats belges et 170 000 soldats allemands. L'armée allemande, bien que bénéficiant d'une écrasante supériorité en artillerie, n'a pu de nouveau rompre le front adverse. Une fois de plus, les troupes françaises ont payé le prix fort de cette bataille, permettant la sauvegarde de ports importants comme Dunkerque et Calais.

Sur 950 km de front, de la mer du Nord à la frontière suisse, la guerre se fige en combats de tranchées, au cours desquels les deux camps s'opposent lors d'attaques et de contre-attaques stériles, pour des gains territoriaux dérisoires et des pertes lourdes.

La vie quotidienne des poilus dans les tranchées

Durant des semaines et des mois les soldats français, surnommés les « poilus » du fait qu'ils sont de solides gaillards (le poil symbolise la virilité et la bravoure), restent presque sans bouger au fond de leurs tranchées, piétinant dans la neige ou la boue, sous les bombardements. Parfois il leur faut repousser une attaque ennemie ou passer eux-mêmes à l'assaut. Le plus souvent, c'est l'immobilité qui prime. On « tue » le temps avec des jeux de carte, l'observation des positions adverses, la rédaction d'un journal de tranchée ou du courrier pour les proches.

Lorsque l'attaque est lancée, l'artillerie d'en face exécute un tir de barrage, véritable mur d'acier, une pluie d'obus, que les assaillants doivent traverser. Ceux qui y parviennent sont ensuite fauchés par les mitrailleuses ou s'empêtrent dans les fils barbelés. Parfois, lorsque la tranchée adverse est atteinte, il s'ensuit une lutte féroce à la baïonnette, au poignard, à la pelle-bêche, à la grenade, lorsque l'ennemi ne s'est pas replié vers la seconde tranchée.

Généralement, les tranchées ne sont pas rectilignes mais creusées en zigzag pour éviter les obus d'artillerie. Il n'y a jamais de tranchées isolées, mais une succession de lignes, trois en général. De nombreux boyaux partent de l'arrière du front pour gagner la première ligne. La tranchée est un ouvrage défensif, avec ses réseaux de fils barbelés qui la protègent, sur lesquels les poilus ont accroché des boîtes de conserve, pour prévenir des coups de main nocturnes. Des nids de mitrailleuses complètent la défense, ainsi que des parapets, où des tireurs d'élite guettent l'ennemi.

Entre les tranchées françaises et allemandes se trouve un espace vide, que l'on nomme *no man's land*, où patrouillent les soldats des deux camps, avec le risque d'y être tués par l'artillerie ou par les tirs de fusil ou de mitrailleuse des soldats du camp adverse. Cet espace est plus ou moins grand, allant de quelques kilomètres, de plusieurs centaines de mètres à quelques dizaines de mètres. Dans la tranchée même, on creuse également des abris souterrains, appelés *cagnas* ou *gourbis*, pour y dormir, y vivre et se protéger des tirs d'artillerie.

1915 : la puissance de l'armée française

En 1915, avec 100 divisions, l'armée française tient la quasi-totalité du front occidental, 880 km contre 70 km pour les 21 divisions britanniques et les 6 divisions belges, soit un total de 127 divisions alliées. Les offensives françaises de 1915 permettent de fixer 105 divisions allemandes sur le front occidental, soulageant considérablement le front russe et celui des Balkans, où sont engagées 55 divisions allemandes.

L'armement français

La supériorité numérique des alliés occidentaux en divisions est compensée, côté allemand, par une écrasante supériorité en artillerie lourde, arme de décision par excellence : 2 200 canons lourds français, 300 canons lourds britanniques ou belges, contre 4 500 pièces lourdes allemandes en 1915.

Pour répondre au tir des canons lourds allemands, la compagnie française Saint-Chamond commence à monter sur rails, dès novembre 1914, des pièces de marine modèles 1896, 1906 et 1910, de 194 mm, de 240 mm et de 274 mm, puis de 305 mm et 320 mm. Vient ensuite le 340 mm modèle 1906, en tout point remarquable et qui porte à plus de 30 km.

Afin également de pallier l'insuffisance numérique des 104 canons de 155 mm Rimailho, des 90 mm et 95 mm, déjà considérés comme démodés avant 1914, l'artillerie française doit utiliser toutes les vieilles pièces de siège et de place : les 120 mm, les 220 mm et les 270 mm. Des pièces de marine sont également conduites sur le front, notamment les canons de 145 mm, montés sur affût mobile Saint-Chamond.

La véritable riposte française aux modernes canons lourds allemands ne viendra qu'en 1917, avec la mise en service des 105 mm Schneider et des 155 mm Filloux, capables de lutter efficacement contre les terribles 150 mm allemands.

Chapitre 9 : « Courage, on les aura ! » : la Grande Guerre de l'armée française

L'évolution spectaculaire du soldat français

Parti à la guerre avec un uniforme coloré, hérité des guerres napoléoniennes (pantalon garance, képi, capote bleu foncé), le fantassin français connaît une spectaculaire transformation en 1915 avec l'adoption d'un uniforme bleu horizon (gris bleuté) et du premier casque d'acier de combat au monde, le modèle Adrian.

En effet, le nombre des tués et blessés à la tête monte de 80 % lors des premiers mois de la guerre et tombe à 20 % après l'adoption du casque Adrian modèle 1915 : ce casque sauve des millions de vies !

L'intendant Adrian établit un modèle susceptible d'être fabriqué industriellement, reconnaissable à son cimier amortisseur, sa bombe, sa visière et son couvre-nuque, sans oublier sa coiffe intérieure en cuir et l'insigne extérieur du devant, différent en fonction des unités : grenade pour l'infanterie et la cavalerie, grenade et deux canons croisés pour l'artillerie, cor de chasse pour les chasseurs, ancre pour l'infanterie coloniale, cuirasse et pot de tête pour le génie, croissant pour l'armée d'Afrique...

En septembre 1915, la production journalière est de 52 000 casques, et 1 600 000 ont déjà été distribués lors de l'offensive de Champagne. Grâce à son efficacité protectrice, le casque Adrian est l'objet d'une importante commande de la part de l'Italie, de la Belgique, de la Serbie, de la Roumanie, de la Russie et d'autres pays : plus de 22 millions de casques de ce type seront fabriqués dans le monde.

Soldat français coiffé du casque d'acier Adrian modèle 1915 (collection privée, DR).

Les offensives françaises de 1915

Durant toute l'année 1915, les grandes offensives alliées sur le front occidental sont presque toutes menées par les troupes françaises.

La première offensive française d'Artois (mai-juin 1915) mobilise 15 divisions françaises d'infanterie et 3 divisions françaises de cavalerie, appuyées par 1 080 pièces d'artillerie, dont 300 de gros calibre. Le secteur d'attaque est tenu par 10 divisions allemandes, soutenues par 700 pièces d'artillerie. Le 9 mai 1915, après quatre heures de bombardement intense, l'infanterie française parvient à s'emparer de la première ligne allemande sur 6 km de large.

L'offensive vise en premier lieu l'extraordinaire terrain de la crête de Vimy, qui domine toute la plaine de Lens à Béthune. La préparation d'artillerie a été efficace en ce secteur clé de l'opération, où le 33e corps d'armée, commandé par le général Pétain, obtient un succès remarquable, malgré les nombreuses tranchées allemandes, les barbelés, les mitrailleuses, les fortins et les casemates. En son centre, la 77e DI s'empare du Cabaret-Rouge, pénètre dans Souchez et pousse au-delà de la cote 119 jusqu'au bois de Givenchy. À sa gauche, la 70e DI investit Carency et Ablain-Saint-Nazaire. À sa droite, la division marocaine enlève d'un seul bond les positions ennemies, occupe les points culminants de la crête de Vimy (cote 140, lisière du bois de la Folie) et rejoint la 77e DI aux abords de Givenchy.

La percée est effectuée ! Les fantassins de Pétain se retrouvent en terrain libre, sans aucun obstacle devant eux, après avoir enfoncé les défenses allemandes sur 10 km de profondeur. Tirailleurs et légionnaires peuvent contempler l'immense plaine vide et nue qui s'étend jusque vers Douai. Plus de tranchées, c'est la guerre de mouvement qui reprend.

L'absence de réserves – elles sont 12 km en arrière – ne permet pas aux troupes françaises de faire face à la violente contre-attaque allemande, lancée dans la soirée, si bien que les Français doivent se reporter en arrière. La bataille s'enlise ensuite dans une stérile guerre de tranchées.

En une semaine, les pertes françaises atteignent 17 000 tués, 60 000 blessés, 20 000 disparus. Les troupes françaises ont capturé 7 450 soldats allemands, 24 canons et 134 mitrailleuses. Lorsque l'offensive s'éteint, le 17 juin, l'avance n'a pas dépassé 5 km de profondeur.

Durant toute l'année 1915, l'infanterie française s'épuise en de vaines offensives contre les puissantes défenses allemandes. Les pertes témoignent de l'ampleur du sacrifice : lors des terribles combats de Champagne de février à mars 1915, 240 000 soldats français sont mis hors de combat (tués ou blessés), contre 114 000 soldats allemands. Les combats d'Artois et d'Ypres d'avril à juin 1915 coûtent 449 000 soldats tués ou blessés à l'armée française, 119 000 à l'armée britannique et 233 000 à l'armée allemande. La bataille de Champagne-Artois de septembre à novembre 1915 tue ou blesse 410 000 soldats français, 186 000 soldats allemands et 95 000 soldats britanniques. L'armée française attaque également en Argonne et dans les Vosges.

Pour la seule année 1915, l'armée française compte 1 099 000 soldats tués ou blessés, contre 533 000 soldats allemands et 247 000 soldats britanniques.

1916 : Verdun et la Somme

L'année 1916 fixe sur le front occidental 106 divisions françaises, 6 divisions belges, 56 divisions britanniques, 1 division russe et 127 divisions allemandes, tandis que 56 divisions allemandes se trouvent sur le front russe. Comme on peut le constater par les chiffres, le front français accapare la plus grande partie de l'armée allemande.

Restée sur la défensive en 1915 sur le front occidental, l'armée allemande décide de passer à l'offensive afin de briser l'armée française, pour ensuite porter tous ses efforts contre la Russie.

Verdun : la résistance héroïque de l'armée française

Le 21 février 1916, la Ve armée allemande, commandée par le Kronprinz impérial (Guillaume de Hohenzollern), fils de Guillaume II, se lance à l'assaut de Verdun, avec 10 divisions, appuyées par 1 257 pièces d'artillerie. Dix autres divisions allemandes sont maintenues en réserve. L'armée française ne peut opposer que 3 divisions et 281 canons dans ce secteur.

Les poilus s'accrochent au terrain

À 7 h 15, un véritable déluge de feu, sans précédent depuis le début du conflit, s'abat sur les tranchées françaises, sur un front d'environ 30 km. Perçu jusqu'à 150 km de là, dans les Vosges, le bombardement allemand se prolonge dans toute la profondeur du camp retranché de Verdun, battant les communications, les forts, les ponts de la Meuse, la ville elle-même.

Le secteur du bois des Caures, défendu par le colonel Driant et ses 56e et 57e bataillons de chasseurs à pied, devient l'objet d'une lutte terrible, où les soldats français se battent comme des lions, malgré l'écrasante supériorité numérique et matérielle de l'adversaire : les deux bataillons français comptent en quelques heures 1 120 tués et seulement 210 rescapés !

Figure 9-2 : Le légendaire poilu à Verdun en 1916 (collection privée, DR).

Le 22 février, l'offensive allemande prend toute son ampleur. Les soldats français, qui survivent par miracle au milieu des cratères d'obus, continuent à lutter avec une énergie stupéfiante et parviennent à freiner considérablement l'avance allemande. Le 23, le front semble se figer en une lutte stérile pour la conquête de quelques centaines de mètres de terrain nivelé par les obus. Le 24, la pression allemande se fait sentir de plus en plus, la deuxième ligne française est atteinte, les avant-gardes arrivent seulement à 10 km de Verdun. L'infanterie allemande attaque avec un mordant extraordinaire, sans tenir compte de l'importance des pertes. Le soir même, le général Joffre appelle le général Pétain, afin qu'il organise la défense de la ville avec sa 2e armée.

L'efficacité du système Pétain

Philippe Pétain arrive le 25 février sur place, le jour même où le fort de Douaumont, le plus important du système fortifié français, est conquis par les soldats allemands. La situation devient critique, mais dès le lendemain, l'offensive allemande montre des signes de fatigue : 2 200 000 obus ont été tirés par l'artillerie allemande, si bien que l'approvisionnement a besoin d'être complété.

Pétain installe son poste de commandement (PC) à Souilly, au sud de Verdun, et organise aussitôt la défense. Il annule les ordres de destruction des autres forts, défendant le secteur, renforce le front en première ligne, si bien que les effectifs français passent de 3 à 11 divisions contre 20 divisions ennemies. Il met surtout en place le ravitaillement de son armée, en organisant judicieusement la relève des divisions par la Voie Sacrée, l'unique route menant à Verdun, qu'il fait agrandir, afin de permettre à 3 000 camions, 90 000 hommes et 50 000 t de munitions d'y transiter chaque semaine.

Les effets du système Pétain sont rapides sur le terrain : les troupes allemandes piétinent, notamment en raison de l'artillerie française habilement placée sur la rive gauche de la Meuse, qui les prend en enfilade. Le Kronprinz est obligé de porter l'offensive également dans ce secteur, élargissant ainsi sa ligne de front. Le général Pétain renforce l'artillerie française, ce qui lui permet d'aligner 1 727 canons le 28 mai 1916, contre 2 200 canons allemands.

La troupe française séjourne moins longuement en première ligne que son homologue allemande, grâce au système Pétain de la relève régulière. Si bien que les soldats français, moins épuisés par les combats, se montrent souvent plus combatifs que les soldats allemands. Une attaque allemande est systématiquement repoussée par une contre-attaque française.

Le 9 mars 1916, l'armée allemande attaque en direction du Mort-Homme, une hauteur qui domine le champ de bataille. L'armée française s'y accroche et parvient à repousser l'assaillant. Le Kronprinz tente alors d'élargir le front vers l'ouest, à la cote 304, où les fantassins français parviennent également à enrayer les assauts de l'ennemi.

Le 9 avril 1916, une offensive allemande de grande envergure est brisée par les Français sur la rive gauche. Le général Pétain galvanise la résistance de ses troupes par son célèbre message : «Courage, on les aura!» À la fin du mois, du fait de son rôle décisif dans la sauvegarde de Verdun, Pétain est promu au poste de commandant du groupe d'armées du Centre. Il est remplacé à Verdun par le général Nivelle, qui tente aussitôt de reprendre Douaumont, mais l'attaque française se heurte à une résistance acharnée.

L'armée allemande à bout de souffle et la contre-offensive française

En juin 1916, l'armée allemande, qui veut en finir au plus vite et dont les pertes s'accumulent, redouble d'activité sur la rive droite de la Meuse. Elle s'empare brillamment du fort de Vaux, malgré la résistance héroïque des poilus du commandant Raynald. L'infanterie allemande tente ensuite son va-tout dans le secteur de Fleury, fin juin et début juillet. À bout de souffle, elle parvient à quelques centaines de mètres de la côte de Belleville, qui domine Verdun, mais ne peut progresser au-delà, en se heurtant à une résistance féroce des troupes françaises.

Dès la mi-août 1916, l'armée française passe à la contre-offensive pour dégager Souville, et, après les poussées successives des divisions du général Mangin sur l'ouvrage de Thiaumont et la brillante reprise des ruines de Fleury par le régiment d'infanterie coloniale du Maroc (RICM), les Allemands ont définitivement perdu l'initiative des opérations devant Verdun. Leur opinion publique, naguère si enthousiaste, condamne désormais l'offensive sur Verdun. Guillaume II, empereur d'Allemagne, remplace Falkenhayn, à la tête du commandement allemand du front occidental, par Hindenburg et Ludendorff, les vainqueurs du front russe, qui décident, le 2 septembre, d'arrêter toute offensive spectaculaire sur Verdun.

En septembre 1916, l'armée française améliore ses positions et se rapproche du fort de Douaumont, que Nivelle compte bien reprendre à la faveur d'une puissante offensive, qui débute le 24 octobre 1916 et semble irrésistible. Le fort de Douaumont est pilonné par des canons lourds français de 105 mm à 400 mm. Du 19 au 25 octobre, l'artillerie française tire 530 000 obus de 75 mm et 100 000 obus de 155 mm. Les trois divisions françaises du général Mangin – la 38e DI (général Guyot de Salins), la 133e DI (général Passaga) et la 74e DI (général de Lardemelle) – s'élancent avec une fougue extraordinaire et s'emparent de tous les objectifs, dont principalement le fort de Douaumont, pour des pertes légères et la capture de 6 000 soldats allemands lors de l'unique journée du 24 octobre.

Le 2 novembre 1916, la victoire française est complétée par la reprise du fort de Vaux. En décembre, un autre assaut permet de récupérer la plus grande partie du terrain perdu depuis février. La bataille de Verdun se termine par une incontestable victoire française. En l'espace de quelques jours, les troupes françaises reprennent un terrain que l'armée allemande avait mis plusieurs mois à conquérir.

Les pertes militaires sont sensiblement identiques dans les deux camps : 423 000 soldats français hors de combat (tués ou blessés), contre 420 000 soldats allemands.

Chapitre 9 : « Courage, on les aura ! » : la Grande Guerre de l'armée française   **147**

 Verdun a, dans le monde entier, un retentissement moral immédiat et prodigieux. L'armée allemande, réputée invincible, est mise en échec par les vaillantes troupes françaises. Verdun symbolise aux yeux du monde la résistance héroïque de l'armée française, capable de tenir en échec l'armée la plus puissante du monde.

La bataille de la Somme

L'offensive de la Somme, voulue par Joffre, doit permettre de percer les défenses allemandes, de quitter l'enfer des tranchées pour retrouver le terrain libre et la guerre de mouvement.

Le front d'attaque de 41 km comprend 14 divisions françaises sur 16 km et 26 divisions britanniques sur 25 km. L'artillerie française met en ligne 1 571 canons, tandis que son homologue britannique en aligne 1 335, soit un total de 40 divisions alliées et 2 906 pièces d'artillerie. Non seulement l'armée française supporte la totalité de la bataille de Verdun côté allié, mais elle engage la majorité de l'artillerie alliée sur la Somme et près de la moitié des divisions engagées en première ligne. Les troupes françaises maintiennent en réserve 8 divisions, ce qui porte la totalité des divisions françaises présentes sur la Somme à 22 divisions, soit presque autant que la totalité des 26 divisions britanniques. De son côté, l'armée allemande défend le secteur menacé avec 8 divisions en première ligne, 13 divisions en réserve et 844 pièces d'artillerie.

Ernst Jünger admire le soldat français

D'après l'écrivain allemand Ernst Jünger, combattant d'élite de la Grande Guerre au sein des troupes d'assaut, 14 fois blessé et décoré de la croix pour le Mérite (la plus haute décoration militaire allemande), « l'armée française de 1916, forte de son expérience de plus de 17 mois de guerre, représentait la meilleure armée alliée du fait de la qualité exceptionnelle de ses combattants, aussi bien en infanterie qu'en artillerie. Le soldat britannique, malgré sa vaillance au feu, n'avait pas la même expérience que le soldat français, qui se battait en plus sur son sol pour défendre son territoire. Les assauts de l'infanterie française semblaient irrésistibles, malgré la puissance de feu de notre armement. Sur le plan défensif, le soldat français pouvait conserver sa position jusqu'à la mort. Il avait également une endurance remarquable malgré les privations de toutes sortes et les terribles souffrances de la guerre de tranchées. L'armée française de l'époque se composait majoritairement de paysans, habitués à la vie rude de la campagne. Lors des combats à la baïonnette, le soldat français se révélait un redoutable combattant, un véritable tueur, de la même valeur que son ancêtre de l'armée napoléonienne du Premier Empire » (archives militaires allemandes, Fribourg-en-Brisgau).

Succès français et échec britannique

Les puissantes défenses allemandes de la Somme représentent un ensemble extrêmement bien organisé en profondeur. La première position comprend de nombreuses lignes de barbelés, des tranchées, souvent bétonnées, un labyrinthe d'abris profonds, des nids de mitrailleuses, des casemates. Une deuxième ligne intermédiaire protège des batteries d'artillerie de campagne, capables d'appuyer rapidement l'infanterie de première ligne, tout en offrant une zone de repli éventuelle pour les fantassins. Une troisième position offre des moyens défensifs aussi puissants que la première ligne. À l'arrière se trouvent des bois et des villages fortifiés, reliés par des boyaux, de façon à former une quatrième ligne de défense largement bétonnée.

Dans le secteur britannique, au sud de Bapaume, la préparation d'artillerie, initialement prévue pour cinq jours, débute le 24 juin 1916, s'intensifie les jours suivants, jusqu'au 1er juillet. À partir de 6 h 25, les tirs d'artillerie atteignent une cadence de 3 500 coups par minute, produisant un bruit si intense qu'il est perçu en Angleterre ! À 7 h 30, au coup de sifflet, l'infanterie britannique part lentement à l'assaut des tranchées allemandes.

Les fantassins britanniques sont lourdement chargés, avec plus de 30 kg d'équipement. Face aux Britanniques, les défenses allemandes ont peu souffert du fait de la faiblesse de l'artillerie lourde anglaise. Les Allemands accueillent avec des tirs de mitrailleuse les Britanniques, qui sont fauchés en masse. Les officiers sont particulièrement visés. On estime à 30 000 le nombre des victimes britanniques (tués ou blessés) durant les six premières minutes de la bataille ! Ce 1er juillet 1916 est le jour le plus meurtrier de toute l'histoire militaire britannique. Les Allemands sont stupéfaits de voir les Britanniques attaquer au pas lent, selon le règlement absurde de l'armée anglaise de l'époque.

On compte pour cette première journée 20 000 tués et 40 000 blessés, sur 100 000 soldats britanniques engagés, pour des gains territoriaux presque nuls ! Lorsque les rares soldats britanniques arrivent aux tranchées allemandes, ils sont trop peu nombreux pour résister à une contre-attaque. Certaines unités ont perdu 91 % de leurs effectifs ! Les jours suivants, les troupes britanniques échouent devant les tranchées allemandes, truffées de mitrailleuses qui fauchent les assaillants.

L'efficacité française par l'expérience

Quel contraste avec le brillant succès de l'armée française, au sud de Péronne. La bataille de la Somme a été préparée par les généraux français dans les moindres détails. Une imposante artillerie lourde est présente. Les fantassins français sont équipés légèrement pour progresser rapidement. La puissance de feu des unités d'assaut a été considérablement renforcée : fusils lance-grenades, fusils mitrailleurs, mise en place d'une compagnie de 8 mitrailleuses par bataillon, artillerie de soutien avec des canons de

37 mm et des mortiers de divers calibres. La liaison entre l'infanterie et l'artillerie est parfaite. L'aviation de chasse française doit également appuyer l'infanterie. Enfin, l'évacuation des blessés est considérablement améliorée.

En quelques jours de combat, la 6e armée française avance de 10 km sur un front de 20 km et capture 12 000 hommes, 255 officiers, 85 canons, 26 mortiers, plus de 100 mitrailleuses. L'infanterie française est entièrement maîtresse du plateau de Flaucourt, qui lui avait été assigné comme objectif et qui constituait la principale défense allemande de Péronne. Devant la menace française d'une percée des positions ennemies, 35 divisions allemandes sont appelées en renfort sur le front de la Somme. Les Britanniques ne parviennent qu'à s'emparer des bois de Mametz, au nord de Contalmaison, où seulement 1 000 soldats allemands sont capturés, pour une progression d'à peine 3 km.

Les Allemands, constamment renforcés en effectifs, se ressaisissent et, à compter du 20 juillet 1916, une bataille d'usure commence. Elle va durer cinq mois, avec des pertes de plus en plus lourdes et des gains territoriaux de plus en plus réduits. La bataille s'enlise sous la pluie et dans la boue.

De juillet à novembre 1916, les Alliés ont progressé de 12 km. Les Britanniques ont fait 31 100 prisonniers, pris 131 canons, 111 mortiers et 453 mitrailleuses. Les Français ont capturé 42 000 soldats allemands, 172 canons, 104 mortiers et 535 mitrailleuses. Pour de tels résultats, les Britanniques comptent 453 000 soldats hors de combat, dont 207 000 tués. Les Français déplorent 202 600 soldats hors de combat, dont 67 000 tués. Les Allemands ont perdu 537 000 soldats, dont 170 000 tués.

1917 : l'année Pétain

Après ses succès à Verdun à la fin de l'année 1916, le général Nivelle devient commandant en chef de l'armée française, succédant ainsi à Joffre à ce poste primordial. Au début de l'année 1917, sur 167 divisions alliées engagées sur le front occidental, 106 sont françaises.

L'offensive du Chemin des Dames

Tout comme Joffre, Nivelle pense pouvoir enfoncer le front allemand, en utilisant massivement l'artillerie lourde. L'infanterie française n'aura plus qu'à occuper les lignes allemandes dévastées par les obus de gros calibre. Pour Nivelle, l'échec offensif allemand à Verdun est lié à l'insuffisance de ses moyens en artillerie lourde. Désirant en finir avec la guerre des tranchées, il masse sur un front de 30 km, entre Soissons et Reims, 60 divisions françaises, appuyées par 2 700 pièces d'artillerie lourde et 2 300 canons de 75 mm, sans oublier 194 chars d'assaut. En face, l'armée allemande aligne 40 divisions et 2 500 pièces d'artillerie de moyen et gros calibres.

L'infanterie française doit avancer sur le pas d'un barrage roulant d'artillerie au rythme élevé. L'offensive est prévue pour le 16 avril 1917. Malgré les réticences de certains ministres français comme Painlevé, prêchant la prudence, Nivelle assure que la percée en profondeur sera assurée. Mangin est d'accord avec lui, alors que Pétain se montre hostile et va même jusqu'à prévoir un grave échec. Nivelle menace de donner sa démission, si bien qu'il obtient rapidement gain de cause : l'offensive aura lieu.

L'artillerie française tire cinq millions d'obus de 75 et deux millions d'obus de gros calibre durant deux jours. Les tirs sont cependant très imprécis en raison du mauvais temps. De très nombreuses unités allemandes sont abritées dans d'immenses et profondes galeries ou carrières souterraines que l'artillerie française ne peut détruire.

Le 16 avril 1917, à l'aube, l'infanterie française se lance à l'assaut et se heurte presque aussitôt aux feux de flanc des mitrailleuses allemandes sous abris bétonnés. En fin de journée, rien de décisif n'a été obtenu. Les fantassins français sont décimés par les mitrailleuses. L'ennemi a partout résisté, son artillerie reste puissante, son aviation très active et ses réserves peuvent entrer en jeu. Ainsi, au soir de ce 16 avril, la percée tant escomptée n'a pas été réalisée. Le seul vrai succès obtenu est celui du groupe d'armées du général Pétain, qui s'empare des monts de Champagne à l'est de Reims.

La bataille se poursuit jusqu'au 5 mai en une lutte stérile pour la conquête de quelques centaines de mètres de terrain, où attaques et contre-attaques se succèdent dans les deux camps.

La progression française ne dépasse pas 5 à 10 km et se solde par la mise hors de combat de 110 000 soldats français (30 000 tués et 80 000 blessés), contre 80 000 soldats allemands tués ou blessés. Les troupes françaises ont également capturé 22 000 soldats ennemis, 107 canons et 300 mitrailleuses.

Si l'opération française est un échec (la percée n'a pas été effectuée), elle n'est en rien un désastre comme cela est annoncé trop souvent. Les pertes allemandes sont proches des pertes françaises. L'armée française n'a pas reculé et a même progressé de 10 km par endroits.

La 4e armée du général Anthoine, placée sous les ordres du général Pétain, a pu conquérir plusieurs hauteurs à l'est de Reims, comme les monts Cornillet (208 m), Haut (257 m), Le Casque (242 m), Téton, Blond, Sans Nom, ainsi que le village d'Auberive. La 5e armée du général Mangin s'est emparée de plusieurs localités à l'est de Soissons, comme Laffaut, Moulin, Jouy, Condé, Chavonne, Ostel, Braye et Cerny.

La crise morale de l'armée française

Après l'échec de l'offensive du Chemin des Dames, la déception du combattant est à la mesure de son enthousiasme initial. Il incrimine le haut commandement et surtout la préparation d'artillerie, si imparfaite. À Paris, on amplifie les pertes, et certains parlementaires, qui, pour la première fois, ont assisté en groupe au déclenchement d'une attaque, reviennent dès le premier soir bouleversés, semant autour d'eux la panique.

Le 10 mai 1917, le général Philippe Pétain est nommé commandant en chef de l'armée française à la place de Nivelle. Pétain trouve l'armée française abattue : 46 divisions sur 106 ont été affectées par des actes collectifs de rébellion. Les soldats veulent bien défendre le territoire national mais plus être lancés dans des offensives suicidaires. Il s'agit de simples révoltes contre l'incompétence de certains généraux et les assauts meurtriers : trop de tués et de blessés pour des résultats limités, trop de promesses de percées définitives jamais réalisées.

Le bilan des actes collectifs de rébellion en 1917 est le suivant : 10 du 22 avril au 25 mai, 80 du 29 mai au 10 juin, 20 du 10 juin au 2 juillet, 5 du 2 au 24 juillet, 3 en août, 1 seul en septembre. Les 110 cas graves ont affecté 21 bataillons de chasseurs, 79 régiments d'infanterie, 8 d'artillerie, 1 de dragons, 1 bataillon de Sénégalais. Les condamnations prononcées par les tribunaux militaires ont été nombreuses : 23 839. Sur ce chiffre, le plus grand nombre des malheureux égarés, combattants chevronnés, a pu se réhabiliter au front. Quant au chiffre des mutins passés par les armes, il a donné lieu aux légendes les plus fantaisistes. Sur 412 peines de mort prononcées, seules 55 ont été suivies d'exécution pour crime militaire, voire de droit commun, caractérisés.

Le général Pétain redonne confiance à l'armée française

Pétain ramène le calme en un mois, sans que les Allemands se rendent compte de quoi que ce soit. Il se rend sur le terrain, visite de très nombreuses divisions et déclare aux soldats : « Surtout, ne cherchez pas à me faire plaisir. Je veux savoir la vérité. » Il améliore le quotidien des soldats. En mettant fin aux attaques coûteuses en vies humaines, il rétablit la confiance de l'armée. Avec autant d'indépendance d'esprit que de lucidité, Pétain détermine les causes du mal, qu'il importe de vaincre au plus vite. Il constate que le soldat français est souvent mal nourri, mal installé à l'arrière après ses séjours en ligne, que le système des permissions tant désirées fonctionne d'une façon irrégulière, que le cas des ouvriers d'usine, retirés du front et fort bien payés, n'est point sans irriter les combattants, et surtout que l'échec de la dernière offensive a d'autant plus brisé le ressort de la troupe qu'elle en a attendu, avec la victoire, la fin de son cauchemar.

Les remèdes du général Pétain sont simples : l'alimentation est surveillée de très près, les cuisines roulantes rapprochées des premières lignes. Des cantonnements salubres sont partout aménagés à l'arrière et réservés en priorité aux unités descendant du front. La vente du vin est rigoureusement contrôlée et les mercantis impitoyablement chassés des coopératives. Les permissions sont strictement réglées à raison de dix par jour tous les quatre mois, suivant un tour préétabli et connu de tous, et les gares où transitent les permissionnaires se font plus accueillantes. La noria des divisions est étudiée soigneusement, en vue d'une alternance régulière des séjours en ligne, au repos et à l'instruction. Il s'agit également de réapprendre à se battre, suivant des méthodes nouvelles, à une troupe trop longtemps enlisée dans la routine comme dans la boue des tranchées. Il faut multiplier écoles et stages, organiser de courtes manœuvres pour les unités de corps.

Le général Pétain remporte plusieurs succès sur le terrain

Le général Pétain visite, de juin à juillet 1917, près de 90 divisions françaises, parle aux généraux, aux cadres et aux hommes. Tout en consacrant l'essentiel de son attention à la remise en condition de l'armée, Pétain n'entend pas la laisser dans l'oisiveté. L'ennemi se charge, d'ailleurs, de tenir les troupes françaises en éveil. Du 3 juin au 31 juillet 1917, les troupes allemandes lancent de nombreux assauts au mont Cornillet, sur le plateau de Californie, au Doigt d'Hurtebise et autour de la grotte du Dragon. Les soldats français résistent opiniâtrement et conservent leurs positions.

Fidèle à son principe de redonner à l'armée française toute sa confiance, Pétain lance en août 1917, à Verdun, sa première offensive destinée à compléter les succès des 24 octobre et 15 décembre 1916. L'opération est menée d'Avocourt à Bezonvaux, sur un front de 18 km, par la 2e armée française du général Guillaumat. Après dix jours d'une puissante préparation d'artillerie (un canon tous les 6 m, soit 6 t de munitions au mètre courant), l'attaque débouche, le 20 août, sur les positions de la Ve armée allemande du général von Gallwitz. Le 25, les côtes de l'Oie et du Talou, le village de Samogneux sont conquis. Les soldats français parviennent même aux lisières de Beaumont. C'est un succès complet, pour des pertes françaises limitées (3 500 tués ou blessés) et la mise hors de combat de 22 000 soldats allemands.

Cependant, la grande idée de Pétain est de revenir au Chemin des Dames, source de tant de maux dont le souvenir doit être effacé. C'est la 6e armée française du général Maistre qui est chargée de l'opération, dont le but est de refouler le front allemand au sud de l'Ailette : c'est la bataille de

La Malmaison. Sur un front de 12 km, les troupes françaises engagent 8 divisions, 2 000 pièces d'artillerie, 3 groupes de chars d'assaut. Les Allemands opposent 9 divisions et 1 000 canons ou mortiers. Organisée dans ses moindres détails, l'offensive de La Malmaison est le cas concret de la nouvelle tactique d'infanterie mise au point par Pétain, caractérisée par une adaptation systématique des objectifs aux moyens.

Le 23 octobre 1917, les divisions françaises attaquent chacune sur un front de l'ordre de 1 500 m, avec leurs trois régiments accolés, dont les bataillons, en colonne, se relèveront sur chaque objectif intermédiaire. Ainsi, une véritable noria d'unités fraîches maintiendra la puissance du coup de boutoir. Les artilleries divisionnaires ayant été triplées, chaque bataillon d'attaque est précédé d'un barrage roulant alimenté par deux groupes d'artillerie. L'offensive se déroule remarquablement, avec des pertes extrêmement légères chez les Français. Le 23 octobre, à 6 heures, trois quarts d'heure après le départ de l'attaque, le fort de La Malmaison est enlevé sans coup férir par un bataillon du 4e régiment de zouaves aux ordres du commandant et futur général Henri Giraud.

Le 24, la 126e DI occupe le plateau de Moizy jusqu'au mont des Singes. Le 25, les chasseurs alpins du général Brissaud-Desmaillet (66e DI) atteignent Pargny et patrouillent sur l'Ailette, où, le 2 novembre, les Allemands se replient après avoir abandonné aux troupes françaises victorieuses 12 000 prisonniers, dont 200 officiers, 750 mitrailleuses, 210 canons et 222 mortiers. Les pertes militaires françaises se limitent à 4 000 tués ou blessés. Les Allemands comptent également 8 000 tués et 30 000 blessés. Un véritable triomphe de l'armée française, qui a progressé de 12 km : 4 000 soldats français hors de combat, contre 50 000 soldats allemands, en comptant les prisonniers.

Le Pétain de 1917 a incontestablement redonné à l'armée française ses lettres de noblesse.

1918 : l'armée française devient la première du monde

Au début de l'année 1918, on compte sur le front français 105 divisions françaises, 56 divisions britanniques, 6 divisions belges (un total de 167 divisions alliées) et 197 divisions allemandes. Bénéficiant désormais de la supériorité numérique sur le front français, grâce à la défection russe, le général allemand Ludendorff décide de forcer la victoire à l'ouest avant l'arrivée des renforts américains.

L'armée française sauve les Britanniques d'un désastre en Picardie

Le 21 mars 1918, l'offensive allemande, attendue depuis des semaines par les Alliés, tombe sur l'armée britannique, jugée par Ludendorff comme étant la plus faible du camp allié, du fait de l'énormité de ses pertes en 1916 et 1917, de son manque d'expérience de la guerre moderne, de son instruction rudimentaire et de la faiblesse de ses effectifs.

Pour empêcher le maréchal anglais Douglas Haig de poursuivre ses sanglantes offensives, David Lloyd George, Premier ministre de Grande-Bretagne, a décidé de bloquer les renforts britanniques en Angleterre. Au lieu des 80 divisions britanniques prévues en France au début de l'année 1918, seulement 56 divisions combattent sur ce théâtre de guerre. De plus, la plupart des divisions britanniques sont en sous-effectif. Des Flandres à Verdun, l'armée allemande masse en première ligne 192 divisions, contre 171 divisions alliées, dont 99 divisions françaises, 56 divisions britanniques, 12 divisions belges, 2 divisions portugaises et 2 divisions américaines.

Le plan offensif adopté par Ludendorff est judicieux. Sur un front de 70 km, en Picardie, entre Arras et Noyon, Ludendorff masse 63 divisions et 6 200 pièces d'artillerie. En face, le maréchal Haig ne peut opposer 19 divisions en première ligne, 10 autres maintenues en réserve et 2 500 canons.

Le jeudi 21 mars, à 4 h 40, la préparation allemande d'artillerie est de courte durée mais d'une extrême intensité : 80 minutes de bombardement massif à obus toxiques sont suivies de plus de 3 heures de feu roulant à obus explosifs. À 9 heures, par un épais brouillard, les troupes allemandes d'assaut s'infiltrent dans les lignes britanniques durant le pilonnage d'artillerie et de très nombreux défenseurs sont surpris dans leurs abris. En quelques heures, le front s'effondre et les Allemands s'enfoncent profondément en capturant, pour l'unique journée du 21 mars, 60 000 soldats britanniques ! L'avance allemande se poursuit les jours suivants, sur un rythme irrésistible. Du 22 au 25, l'armée allemande franchit la Somme entre Ham et Péronne, qui, comme Bapaume, sont dépassés.

Du 21 mars au 5 avril 1918, les Allemands effectuent une percée d'environ 100 km, s'emparent de Montdidier et font 90 000 prisonniers britanniques. L'armée anglaise, au bord de l'effondrement, est obligée d'appeler au secours l'armée française.

Le général Pétain, fort prévoyant, a constitué le groupe d'armées de réserve du général Fayolle, formé de trois armées (Debeney, Humbert et Duchêne), dont l'ensemble représente une quarantaine de divisions françaises. Ces importants renforts français entrent progressivement en ligne dès le 26 mars et sauvent l'armée britannique d'un désastre, en parvenant à bloquer les Allemands.

Finalement, l'offensive allemande meurt à quelques kilomètres d'Amiens et de Compiègne. Dès le 24 mars, Pétain décide d'engager massivement son aviation dans la bataille, ce qui ralentit sérieusement le mouvement des Allemands : 2 800 avions français viennent épauler 1 200 appareils britanniques, opposés à 2 900 avions allemands. Ludendorff doit suspendre son action en Picardie.

L'armée française sauve les Britanniques dans les Flandres

L'offensive allemande du 21 mars 1918 a failli provoquer l'effondrement total du front allié. Pour mieux coordonner leurs troupes, les Alliés se rencontrent à Doullens, le 26. D'un commun accord, le général français Ferdinand Foch devient le commandant en chef des forces armées alliées sur le front occidental, tandis que le général Pétain le seconde en tant que commandant en chef des armées françaises et le maréchal Haig du côté britannique.

Désirant en finir au plus vite avec l'armée britannique pour ensuite écraser les Français, Ludendorff lance une nouvelle offensive sur un front de 40 km, entre Ypres et Béthune, au nord d'Arras, dans les Flandres, afin de s'ouvrir la route des ports du Pas-de-Calais. Le 9 avril 1918, une quarantaine de divisions allemandes, soutenues par une puissante artillerie, balaient en quelques heures deux divisions portugaises et une dizaine de divisions britanniques. Le soir même, après une avance de 10 km et la capture de 6 000 soldats britanniques et portugais, l'armée allemande franchit la Lys en plusieurs endroits. Les troupes allemandes progressent d'une cinquantaine de kilomètres en quelques jours. Finalement, les renforts français sauvent une fois de plus les Britanniques d'un désastre. Dès le 15 avril, l'armée française de réserve du général de Mitry (huit divisions) entre en ligne pour défendre les monts des Flandres. Son action décisive permet de refouler les troupes allemandes, où s'illustrent particulièrement les 28e et 39e divisions françaises des généraux Madelin et Massenet. L'offensive allemande est définitivement brisée le 1er mai.

Les troupes américaines, limitées alors à 4 divisions constituées en Lorraine, ne sont pas intervenues lors des batailles décisives de Picardie et des Flandres, de mars à mai 1918, où 38 divisions françaises, engagées en renfort, ont joué un rôle capital dans le rétablissement des troupes britanniques. Le maréchal Haig doit même dissoudre 10 divisions britanniques décimées, obligeant le général Pétain à allonger son front de 97 km.

La seconde victoire française de la Marne

Le 2 mai 1918, on compte sur le front français 12 divisions belges, 46 divisions britanniques, 110 divisions françaises, 4 divisions américaines, 2 divisions italiennes contre 204 divisions allemandes. Sur un front d'environ 950 km, l'armée française est positionnée sur 897 km.

Ludendorff estime désormais que pour vaincre définitivement les Alliés sur le front occidental, il doit impérativement écraser l'armée française, sa principale rivale. L'armée britannique, assommée et décimée par les deux précédentes offensives allemandes en mars et avril 1918, ne tient ses positions que grâce au soutien de 47 divisions françaises, ce qui a pour conséquence de dégarnir le front central du Chemin des Dames, où les troupes françaises sont moins nombreuses. Ludendorff compte frapper les Français dans ce secteur.

Nouvelle offensive allemande

C'est au Kronprinz impérial qu'est confiée, le 17 avril 1918, la direction de la nouvelle offensive, sur les 90 km du front du Chemin des Dames. Deux armées allemandes, alignant 43 divisions et 4 000 pièces d'artillerie, doivent passer à l'assaut le 27 mai. En face, la 6e armée française du général Duchêne ne dispose que de 15 divisions et 1 500 pièces d'artillerie. À 1 heure du matin, le bombardement à obus toxiques et classiques s'abat sur les positions françaises. À 3 h 40, l'infanterie allemande s'avance derrière le barrage roulant de son artillerie. Malgré l'alerte donnée le 26 mai par deux prisonniers allemands, la surprise est totale. Elle se double d'une mauvaise conduite de la défense. Malgré les ordres formels de Pétain, Duchêne, bien que disposant d'effectifs réduits, a bourré ses troupes en première ligne, sans effectuer de systèmes défensifs en profondeur, condamnant ainsi son infanterie au massacre en cas de barrage d'artillerie de l'ennemi. Il y a plus grave, les ponts du canal de l'Ailette et de l'Aisne n'ont pas été détruits. Si bien que dès le premier jour de l'offensive le front français est enfoncé.

Les Allemands abordent la Vesle à Fismes et ne s'arrêtent, après un bond de 20 km, que sur les plateaux au sud de cette rivière. Pétain mesure tout de suite l'ampleur du désastre. Il rameute la 5e armée française du général Micheler et décide de s'accrocher à tout prix sur les plateaux du Soissonnais comme sur la montagne de Reims, dont il pense déjà se servir comme base de contre-attaque. Mais le 30 mai, les Allemands atteignent la Marne entre Dormans et Château-Thierry. Foch met à la disposition de Pétain la 10e armée française du général Maistre, rappelée de Picardie. L'offensive allemande se heurte à une résistance acharnée du côté de Soissons et de Reims. Les bombardiers français s'acharnent sur toutes les concentrations ennemies.

Chapitre 9 : « Courage, on les aura ! » : la Grande Guerre de l'armée française

Le 1er juin 1918, la 10e armée française assure la défense de la forêt de Villers-Cotterêt, où les chars Renault FT 17 se distinguent particulièrement en refoulant l'infanterie allemande, à Chaudun et à Berzy-le-Sec. Après avoir progressé de 50 km en trois jours, l'armée allemande, à bout de souffle, ne parvient pas à franchir la Marne, malgré l'engagement de trois nouvelles divisions. Paris à 70 km redevient l'objectif principal de Ludendorff.

La riposte française

Le 9 juin 1918, à 4 heures, 13 divisions allemandes passent à l'attaque, sur 30 km, entre Noyon et Montdidier. La 3e armée française du général Humbert a pris ses dispositions pour recevoir l'assaillant. Les 5 divisions françaises parviennent à repousser les 13 divisions allemandes. Le 10, le général Fayolle, commandant le groupe français d'armées de réserve, décide de passer à l'action. Le lendemain, 5 divisions françaises, soutenues par 163 chars d'assaut et une puissante aviation, contre-attaquent avec fougue. Le coup est si violent que Ludendorff ordonne à ses divisions maintenues en réserve d'appuyer au plus vite les troupes de première ligne. Les nombreux chars français Renault FT 17, Saint-Chamond et Schneider refoulent partout les Allemands. L'infanterie française fait de nombreux prisonniers.

Du 27 mai au 14 juin 1918, Ludendorff a perdu 400 000 soldats contre l'armée française et, pour maintenir le nombre de ses bataillons, a dû en réduire l'effectif aux environs de 600 soldats sur les 1 200 initiaux. Il a hâte de revenir à son objectif initial d'écraser définitivement l'armée britannique dans les Flandres. Mais il juge les réserves françaises insuffisamment consommées et décide de lancer une ultime offensive en Champagne avec 39 divisions. En face, 30 divisions françaises, 6 divisions américaines et 2 divisions italiennes s'apprêtent à riposter au plus vite. Pour éviter la déconvenue du Chemin des Dames du 27 mai, le général Pétain ordonne l'abandon temporaire de la première ligne de défense, réduite à de simples avant-postes, et exige une résistance à outrance sur la seconde position. L'artillerie allemande doit ainsi gaspiller ses munitions sur des positions dégarnies de troupes.

Le 15 juillet 1918, à 5 h 30, après quatre heures de bombardement, les divisions allemandes passent à l'assaut et découvrent les tranchées françaises de première ligne vides de tout occupant. La seconde position française, intacte, oppose une résistance farouche qui décime les assaillants. Des combats acharnés se livrent notamment à Perthes. Les troupes françaises, américaines et italiennes contre-attaquent et repoussent avec succès l'armée allemande. Neuf nouvelles divisions françaises, conduites par l'ardent général Gouraud, balaient les dernières troupes allemandes. L'offensive allemande est définitivement repoussée. Ludendorff a perdu l'initiative des opérations.

Le tournant de la guerre sur le front occidental

Le 18 juillet 1918, tournant de la guerre sur le front occidental, 19 divisions françaises, 6 divisions américaines et 2 divisions britanniques, appuyées par 492 chars français, dont 250 excellents Renault FT 17, 3 000 pièces d'artillerie et 850 avions, contre-attaquent entre l'Aisne et la Marne.

Couvertes par les forêts de Villers-Cotterêts et de Compiègne, les troupes alliées débouchent, à 4 h 35, quasiment sans préparation d'artillerie, afin de surprendre l'ennemi. Fantassins et chars progressent rapidement et enfoncent le centre allemand entre Dammard, Villers-Hélon et Vierzy. L'armée française capture lors de cette unique journée 10 000 prisonniers allemands. Le soir même, l'avance dépasse 10 km sur 50. Elle se poursuit le lendemain et le surlendemain. Les Allemands abandonnent Château-Thierry le 21.

Le 2 août, des soldats français de la 11e DI pénètrent dans Soissons. Les soldats des généraux français Mangin, Degoutte et Berthelot bordent l'Aisne, puis la Vesle, de Braine à Reims.

La victoire est totale. Les troupes françaises ont capturé 35 000 soldats allemands, 700 canons et libéré 200 villages. Du 18 juillet au 2 août 1918, on compte 125 000 tués ou blessés dans les rangs français et 168 000 chez les Allemands. L'action massive des chars français Renault FT 17 a été décisive dans la défaite allemande. Une soixantaine de divisions françaises ont été engagées lors de ces opérations, ainsi que 6 divisions américaines, 2 divisions britanniques et 2 divisions italiennes. Une fois de plus, comme on peut le constater par les chiffres, l'armée française a joué un rôle essentiel dans cette victoire décisive.

Pour la perte de 558 000 soldats (tués, blessés, disparus et prisonniers) de son côté, l'armée française a mis hors de combat 856 000 soldats allemands, de mars à juillet 1918. En mai 1918, on comptait 204 divisions allemandes sur le front français, contre 180 divisions alliées, dont 110 divisions françaises. Le 6 août 1918, Foch est fait maréchal de France.

La victoire de l'armée française et de ses alliés

Le 8 août 1918, deux armées françaises et une armée britannique, appuyées par 546 chars et 900 avions, attaquent, sans préparation d'artillerie, une partie du front de Picardie, entre Ribecourt et Albert, secteur défendu par une armée allemande. Les positions ennemies sont rapidement enfoncées, on assiste alors à une extension de la bataille sur l'Ailette et en Artois, de

Drocourt à Laffaux, où 3 armées britanniques et 3 armées françaises forcent 5 armées allemandes à reculer de 80 km sur la ligne fortifiée Siegfried, du 8 août au 8 septembre 1918.

En un mois, sur un front de 150 km, les troupes alliées capturent 150 000 soldats allemands, 2 000 canons et 13 000 mitrailleuses.

Sur le front de Saint-Mihiel, trois corps d'armées américains (216 000 soldats), un corps d'armée français (48 000 soldats), soutenus par 3 000 canons français, 270 chars français Renault FT 17 et 1 500 avions majoritairement français, passent à l'assaut sur un front de 40 km, du 12 au 15 septembre 1918. La réussite est complète, les troupes allemandes reculent de 40 km, après avoir abandonné 16 000 prisonniers et 400 canons. Les pertes américaines et françaises ne dépassent pas 7 000 hommes.

Les ultimes offensives alliées, du 26 septembre au 4 novembre 1918, refoulent partout l'armée allemande sur le front occidental. Des Flandres aux Ardennes, soit 300 km de front, 102 divisions françaises, 2 divisions polonaises, 1 division tchèque, 60 divisions britanniques, 2 portugaises, 12 belges, 2 italiennes et 31 américaines, représentent un total de 212 divisions alliées, repoussent 181 divisions allemandes. La progression des Alliés atteint 100 à 200 km. Les troupes alliées atteignent l'Escaut en amont de Gand et Tournai, libèrent Valenciennes et Maubeuge, franchissent l'Oise en amont de Guise et débordent la position Hunding par le nord. Un effort conjugué des Français et des Américains perce la position Kriemhild, atteint la Meuse de Revin à Sedan et à Stenay, tandis que les soldats français de Debeney et britanniques de Rawlinson marchent sur La Capelle, Chimay et Avesnes.

Les contre-offensives et offensives du maréchal Foch, de juillet à novembre 1918, mettent hors de combat (tués, blessés, disparus, prisonniers) 785 000 soldats allemands et coûtent aux Alliés 531 000 soldats français, 411 000 soldats britanniques et 184 000 soldats américains. De mars à novembre 1918, l'armée allemande compte 1 446 000 soldats hors de combat (tués, blessés, disparus, prisonniers), contre 964 000 soldats français et 829 000 soldats britanniques. Une fois de plus, l'armée française a payé le prix le plus lourd du côté des Alliés.

Le 11 novembre 1918, une délégation allemande monte à bord d'un wagon dans la forêt de Compiègne, en France. Six heures plus tard, à 11 heures exactement, les armes se taisent en Europe. L'Allemagne vient de reconnaître sa défaite et signe un armistice devant une délégation alliée conduite par le maréchal Ferdinand Foch.

Le jour de la fin des hostilités sur le front occidental, l'armée française aligne 111 divisions, 13 200 pièces d'artillerie, 50 000 fusils mitrailleurs, 30 000 mitrailleuses, 2 300 chars et 3 600 avions. L'armée britannique comprend 63 divisions, 8 700 pièces d'artillerie, 20 000 fusils mitrailleurs, 5 000 mitrailleuses, 610 chars et 1 700 avions. L'armée américaine dispose de 31 divisions, 3 556 pièces d'artillerie, 18 000 fusils mitrailleurs, 6 000 mitrailleuses, 90 chars et 740 avions.

L'armée française, à la suite de la défaite de l'Allemagne, est alors la première armée du monde en novembre 1918.

Les lourdes pertes de la Grande Guerre

D'août 1914 à novembre 1918, l'armée française a mobilisé 8 410 000 hommes, compte 1 400 000 tués et 4 266 000 blessés. L'armée britannique compte 6 millions de mobilisés, 947 000 tués et 2 100 000 blessés ; l'armée américaine 3 800 000 mobilisés, 114 000 morts et 204 000 blessés ; l'armée italienne 5 615 000 mobilisés, 670 000 tués et 1 543 000 blessés. L'armée allemande a mobilisé 13 millions d'hommes, compte 1 950 000 tués (dont 1 500 000 sur le front occidental et 450 000 sur le front oriental), 4 217 000 blessés et 1 152 000 prisonniers ; l'armée austro-hongroise totalise 9 millions de mobilisés, 1 200 000 tués et 3 200 000 blessés.

En additionnant les chiffres des autres pays engagés, on obtient 65 500 000 soldats mobilisés, 9 millions de tués et 25 millions de blessés.

Chaque jour de guerre a coûté à l'armée française la moyenne de 900 tués et 2 400 blessés. Pour l'ensemble de la guerre, l'infanterie française fut la plus saignée à blanc, avec un pourcentage de tués et de disparus sous-officiers et hommes de troupe supérieur à 29,9 % de ses effectifs, les pertes des officiers représentant 29 % de l'encadrement. Dans les attaques, le pourcentage des tués parmi les chefs de section et les officiers subalternes a dépassé celui des simples soldats.

L'armée française pionnière de la guerre moderne

Entre 1914 et 1918, l'armée française opère une mutation profonde, notamment dans les domaines tactiques et de l'armement, de sorte qu'à l'issue du conflit elle apparaît la plus moderne du monde, tant au niveau terrestre qu'aérien.

La montée en puissance de l'aviation française

L'armée française constitue ses premières unités aériennes en 1910, et, au début de la Première Guerre mondiale, elle peut aligner 24 escadrilles, avec 160 avions de 14 types différents (Blériot, Voisin, Caudron), ainsi que 15 dirigeables.

L'aviation de reconnaissance française joue un rôle considérable dans le déroulement de la victoire de la Marne en septembre 1914 : c'est elle qui informe le commandement français de l'évolution de la progression des troupes allemandes.

La jeune industrie aéronautique française, la seule qui existe alors au monde, accomplit des miracles et, en 1916, la France peut mettre en ligne 1 500 appareils ; et à l'armistice de 1918, 3 600. La production est passée de 341 appareils en 1914 à 50 fois plus en 1918.

En quatre années de guerre, les usines françaises ont produit 51 000 aéroplanes et 95 000 moteurs, pourvoyant ainsi aux besoins du pays, mais également de plusieurs de ses alliés.

L'aviation française accomplit le premier bombardement de la guerre, le 14 août 1914, lorsque deux Voisin attaquent la base de zeppelins à Metz-Frescaty. Elle est également la première à enregistrer la destruction d'un avion ennemi (un Aviatik), le 5 octobre 1914, lors d'un combat aérien. Elle est la première à constituer des escadrilles, composées uniquement de bombardiers ou de chasseurs, en 1915. Elle est la première à instituer un ministère de l'Aviation (sous-secrétariat à l'Aéronautique), également en 1915. Elle fabrique une grande quantité d'appareils performants, surtout de chasse, comme les Nieuport et les Spad, et elle peut s'enorgueillir de pilotes courageux et valeureux, parmi lesquels se distinguent 158 as (pilotes ayant obtenu plus de 5 victoires).

L'as des as de la chasse alliée est le capitaine français René Fonck (75 victoires), suivi dans les rangs français par le capitaine Georges Guynemer (54 victoires), le lieutenant Charles Nungesser (45 victoires), le lieutenant Georges Madon (41 victoires), le lieutenant Maurice Boyan (35), le lieutenant Michel Coiffard (34), Bourjade (28), Pinsard (27), Dorme (23), Guérin (23), Haegelen (22), Marinovitch (22), Heurtaux (21), Deullin (20), de Slade (19), Ehrlich (19), de Romanet (18), Chaput (16), Turenne (16), Sardier (14), Ambrogi (14), Noguès (13), Navarre (12), Coste (8), Vuillemin (7), Pégoud (6)...

L'as des as

Quand, en avril 1917, à Fismes, il arrive au groupe de chasse des Cigognes (GC 12), René Fonck a 23 ans et est déjà connu pour avoir contraint, sans tirer un coup de feu, un avion allemand Rumpler à l'atterrissage, le 6 août 1916, à Moyenville. Affecté à la N103 du capitaine d'Harcourt, il passe du chasseur G-IV au Spad et remporte 3 victoires sur le Chemin des Dames. Transféré, en juillet 1917, près de Dunkerque, il abat le 30 septembre l'as allemand Wisseman, le vainqueur de Guynemer. Au 1er janvier 1918, Fonck, avec 20 victoires, est le 3e des as français, avec Nungesser et Heurtaux. Le 15 mars, de retour en Champagne, il abat Tutschek, as allemand aux 27 victoires, et le 9 mai réalise le premier « sextuplé » de la guerre : 3 avions en cinquante secondes avec 22 cartouches, les 3 autres au cours d'un deuxième vol en cinq minutes, avec 30 cartouches.

Il renouvelle le même exploit le 26 septembre 1918, après deux autres triplés les 25 juin et 14 août. Le 1er novembre, il remporte sa 75e et dernière victoire homologuée, la 126e portée sur ses carnets de vol. Deux ont été acquises sur G-IV, 15 sur Spad 180 ch, 51 sur Spad 220 ch à deux mitrailleuses, 7 sur le même appareil armé d'un canon de 37 mm. Quant aux autres, dira-t-il, « qu'importe qu'on ne me les ait pas comptées, l'essentiel est que ces avions aient disparu des contrôles de l'ennemi ».

As des as des chasses française et alliée, avec 75 victoires, René Fonck devance le Britannique Mannock (73 victoires), le Belge Coppens de Hauthulst (37), l'Italien Baracca (34), l'Américain Rickenbacker (26) et le Russe Kazakov (17).

René Fonck, l'as de la chasse française en 14-18 et son chasseur Spad (collection privée, DR).

En France, l'homologation des victoires aériennes est soumise à des règles beaucoup plus strictes que parmi les autres belligérants : une victoire n'est homologuée qu'à la condition soit de retrouver au sol l'avion adverse détruit, soit de pouvoir produire deux témoignages de sa chute. Cette règle exclut pratiquement l'homologation de toute victoire en combat singulier au-delà des lignes. Dans la plupart des cas, le nombre des victoires as français est en réalité plus élevé : pour Fonck, notamment, il est estimé à 126.

Les pertes en personnel de la guerre aérienne de 1914 à 1918 s'élèvent à 5 333 tués ou disparus pour la France et 8 648 pour l'Allemagne. Les pertes en appareils s'élèvent à 3 128 avions allemands et environ 3 000 avions français.

Le 11 novembre 1918, l'aviation française est au sommet de sa puissance : près de 100 avions sortent chaque jour de ses usines, le commandement français dispose de 3 600 avions, répartis en 80 escadrilles de chasse, 32 de bombardement et 146 d'observation, sans oublier 61 000 hommes rattachés à l'aviation. L'aviation française est alors la première du monde, devant la Grande-Bretagne (1 799 avions), l'Italie (1 758 avions) et les États-Unis (740 avions).

De 1914 à 1918, l'industrie aéronautique française a construit 51 000 appareils, dont 7 300 Spad XIII, 7 200 Nieuport-Delage 27, 5 500 Breguet 14.

Les chars français

Sous l'impulsion du colonel, futur général, Jean-Baptiste Estienne, qui a depuis 1915, et parallèlement au colonel britannique Swinton, défendu puis fait admettre l'utilité du char d'assaut, l'industrie française met au point deux types de blindés : le Schneider et le Saint-Chamond, tous deux armés d'un canon de 75 mm en caisse et non en tourelle, plus deux mitrailleuses pour le premier et quatre pour le second.

Le Schneider pèse 13,5 t et comprend un équipage de 7 hommes. Il peut atteindre la vitesse de 8 km/h. Une poutrelle destinée à casser les fils barbelés lui fait octroyer le surnom de « corne de rhinocéros ». Son confrère, le Saint-Chamond, pèse plus lourd, 23 t, mais atteint la même vitesse avec un équipage de 9 hommes.

La France sort ses propres chars dans le courant du mois de septembre 1916, lorsque les tanks britanniques font leur apparition sur le front occidental.

Commandé par Louis Renault et conçu en partie par le colonel Estienne, le char léger Renault FT 17 devient le char le plus remarquable de la Première Guerre mondiale, dont la conception extrêmement moderne, avec sa tourelle pivotante, a inspiré tous les chars suivants. Il est l'ancêtre du char de combat moderne, dont sont issus les chars de la Seconde Guerre mondiale.

Le char Renault FT 17 est remarquable sur plus d'un point, Louis Renault et le colonel Estienne ont fait œuvre de précurseurs du blindé moderne. Placé à l'arrière, le moteur de 4 cylindres Renault donne une vitesse de 9 km/h, satisfaisante pour un engin de 6,7 t doté d'une autonomie de 40 km. Le blindage de 22 mm est plus épais que celui de tous les autres chars de l'époque, même les plus lourds (15 mm). Deux hommes d'équipage suffisent, un tireur commandant de char et un conducteur. La tourelle, entièrement mobile sur son axe, peut recevoir un canon de 37 mm ou une mitrailleuse de 8 mm.

Ce type de char est engagé pour la première fois le 31 mai 1918 à Berzi-le-Sec et à Chaudun (forêt de Villers-Cotterêts). Il joue un rôle considérable lors des victorieuses contre-offensives et offensives alliées de l'été et de l'automne 1918. Les Renault sont groupés en bataillons de 63 chars articulés en 3 compagnies de 21 chars. À la fin de 1918, la France a fabriqué 3 177 chars Renault, dont 440 ont été détruits au combat.

Figure 9-3 : Chars français Renault FT 17 (collection privée, DR).

Le fabuleux canon de 75 mm modèle 1897

En 1897, deux ingénieurs français de premier plan, les capitaines Sainte-Claire Deville et Émile Rimailho, achèvent le canon de 75, qui s'avère aussitôt être une merveille technique aussi originale que hardie. Capable de tirer 25 obus à la minute, le double de ses homologues étrangers, il porte jusqu'à

8 000 m, alors que son adversaire allemand, le 77 mm modèle 1896, n'atteint que 5 500 m.

Le meilleur exemple des tirs meurtriers du 75 français se situe à la bataille du Grand-Couronné (hauteur du plateau lorrain, à l'est de Nancy) en septembre 1914, où les masses d'infanterie allemande sont écrasées jusqu'à former de leurs corps, par endroits, une épaisseur de 2 m !

Lors des offensives de Champagne et d'Artois en 1915, l'artillerie française tire 7 300 000 obus de 75 mm en deux mois, soit 121 000 obus par jour. Durant les batailles de Verdun et de la Somme en 1916, l'artillerie française tire 43 100 000 obus de 75 mm en dix mois, soit 144 000 obus par jour. Lors de la bataille du Chemin des Dames, 15 900 000 obus de 75 sont tirés, soit 265 000 par jour. Durant les offensives de Foch en 1918, 32 700 000 obus de 75 sont tirés en quatre mois, soit 276 000 par jour. En 1918, on compte 6 000 canons de 75 au sein de l'artillerie française et 2 400 au sein de l'artillerie américaine.

Figure 9-4 : Canons français de 75 mm modèle 1897 (collection privée, DR).

La marine française dans la Grande Guerre

Troisième marine d'Europe en 1914, après les flottes britanniques et allemandes, la force maritime française repose sur 3 cuirassés lourds (dreadnoughts) de 23 000 t chacun, 33 cuirassés et croiseurs cuirassés de 7 000 à 18 000 t, 20 croiseurs légers de 3 000 à 5 000 t, 83 destroyers (contre-torpilleurs) de 300 à 900 t et 72 sous-marins.

En tonnage, la flotte militaire française représente en 1914 un total de 793 000 t, contre 2 224 000 t à la flotte britannique, 1 054 000 t à la flotte allemande, 579 000 t à la flotte japonaise, 412 000 t à la flotte italienne, 405 000 t à la flotte russe et 195 000 t à la flotte austro-hongroise. Les effectifs de la flotte française atteignent en 1914 un total de 2 850 officiers et 62 600 marins.

Du 7 au 15 août 1914, la flotte française protège le transport en métropole de 38 000 soldats venus d'Algérie (19e corps) et de 11 000 soldats venus du Maroc. Le 16 août, le croiseur autrichien *Zenta* est coulé par la marine française dans l'Adriatique. Les navires français ravitaillent les armées serbes et celles du Monténégro, dont les côtes sont bloquées par la flotte austro-hongroise. La marine française parvient à forcer le blocus autrichien et à dominer l'espace maritime de l'Adriatique. La flotte austro-hongroise refuse le combat et se réfugie dans diverses bases navales, dont la rade de Pola.

La tragédie des Dardanelles

De février à mars 1915, la marine française participe activement, aux côtés de la flotte britannique, à la campagne des Dardanelles, contre l'armée turque. Les 19, 25 et 26 février, les 4 cuirassés français de l'amiral Guépratte (*Suffren*, *Gaulois*, *Bouvet* et *Charlemagne*), ainsi que 6 torpilleurs français pilonnent les forts ottomans de Koum-Salé et de Sedd-ul-Bahr, défendant le détroit des Dardanelles. L'action est reprise le 18 mars, contre les ouvrages turcs des Falaises Blanches, de Medjihieh, de Chanak et Hamidie. L'armée turque riposte violemment. Sur 18 bâtiments alliés en ligne, 3, dont le *Bouvet*, sont coulés par des mines dérivantes, 3 autres, l'*Inflexible*, le *Gaulois* et le *Suffren*, sont gravement endommagés. La flotte alliée des Dardanelles est renforcée par 2 autres cuirassés français (*Henri IV* et *Jauréguiberry*). Le débarquement des troupes alliées débute le 25 avril 1915.

Le 27 avril 1915, le croiseur cuirassé *Léon Gambetta* est torpillé par le sous-marin ennemi *U 5* au large de la côte d'Albanie. Les trois quarts de l'équipage, la quasi-totalité des officiers et l'amiral Senès disparaissent dans la catastrophe.

Malgré quelques succès locaux, la campagne des Dardanelles se révèle stérile pour les Alliés ; en octobre 1915, les soldats français et britanniques ne peuvent enfoncer les solides positions turques, couvrant les hauteurs. L'évacuation des troupes alliées est finalement décidée le 8 décembre 1915 et s'achève, notamment avec le concours de la flotte française, le 10 janvier 1916. À la suite d'une remarquable préparation, 145 000 hommes, dont 30 000 soldats français, 15 000 chevaux, 500 canons et un important matériel sont embarqués sans réaction notable de l'adversaire. De l'avis général, c'est le seul acte réussi de la tragédie des Dardanelles.

L'efficacité et le sacrifice de la marine française

L'armée serbe, contrainte de lutter face à des forces ennemies très supérieures en nombre et en matériel, doit être évacuée par les petits ports d'Albanie. Sous la protection des forces navales françaises et italiennes, l'évacuation de 150 000 soldats serbes, dont 6 000 malades, débute le 7 janvier 1916 et se poursuit pendant quarante-cinq jours. Cette opération met en jeu une flotte composée de paquebots, de croiseurs, de navires légers et de chalutiers. Les évacuations s'effectuent d'abord à destination de Bizerte, puis vers les bases navales grecques à Argostoli et Corfou, où intervient le gros de l'accueil des troupes serbes.

En mars 1916, le commandement allié décide de diriger sur Salonique l'armée serbe reconstituée, forte de 128 000 soldats équipés par l'armée française. Du 12 avril au 27 mai 1916, la marine française, assistée de quelques unités italiennes et anglaises, se charge de l'exécution. L'opération est accomplie avec succès sans la moindre perte dans les rangs alliés.

Le 4 mai 1916, le torpilleur français *Bernouilli*, opérant en Adriatique, coule le destroyer autrichien *Czepel*. Peu après, le *Circé* réussit à torpiller le sous-marin ennemi *UC 24* dans le canal d'Otrante.

De 1917 à 1918, la flotte française participe, aux côtés de la flotte italienne, à des opérations de bombardement d'artillerie des côtes autrichiennes de l'Adriatique. Elle assure également le ravitaillement entre la métropole et l'Afrique du Nord, ainsi que le transport des troupes en Méditerranée ou à destination du front des Balkans. Dans l'océan Atlantique, la marine française participe à la lutte contre les sous-marins allemands, avec des navires plus légers, aux côtés de la flotte britannique.

En quatre années de guerre, la marine française assure le transport de deux millions de combattants et de travailleurs venus des colonies. Le transport maritime de l'armée française d'Orient sur le front des Balkans, dont le rôle va être capital à l'automne 1918, concerne 630 000 hommes venus de France et d'Afrique du Nord, 76 000 chevaux et 1 500 000 t de matériel.

De 1914 à 1918, la flotte française accuse la perte totale de 4 dreadnoughts, 5 cuirassés, 12 destroyers et 14 sous-marins, sans oublier 14 000 marins.

Chapitre 10

Les colonies et la doctrine défensive : l'armée française de l'entre-deux-guerres

Dans ce chapitre :
- Défendre l'empire
- La ligne Maginot et les idées du lieutenant-colonel de Gaulle
- La montée en puissance de la marine française

Le commandement français, profondément marqué par la terrible saignée de 14-18, entend préserver son armée d'une nouvelle hécatombe pouvant être fatale au pays. Pour ce faire, il s'oriente vers une doctrine défensive, à base de fortifications modernes couvrant la frontière franco-allemande, capables de repousser toute offensive adverse, préservant ainsi, par son béton protecteur, la vie des soldats français : la ligne Maginot voit le jour.

D'autre part, pour préserver la cohésion de son empire colonial, le deuxième du monde, l'armée française est engagée dans diverses opérations pour mater les révoltes locales, notamment au Maroc, en Syrie et au Liban, pendant les années 1920.

La puissance de l'empire colonial

En 1919, la France dispose en Afrique de l'empire colonial le plus important géographiquement de toutes les grandes puissances coloniales européennes, avec l'Afrique française du Nord (Algérie, Tunisie et Maroc), l'Afrique occidentale française (Sénégal, Soudan, Niger, Côte d'Ivoire, Haute-Volta, Dahomey, Togo et Cameroun), l'Afrique équatoriale française

(Gabon, Moyen-Congo, Oubangui-Chari, Tchad), sans oublier Djibouti et la côte française des Somalis, et au large de l'Afrique, dans l'océan Indien, Madagascar, La Réunion et les Comores.

À la fin de la Première Guerre mondiale, la France récupère une partie de l'Empire ottoman avec la Syrie et le Liban, territoires sous mandat, qui ouvrent les portes de l'Asie Mineure.

Plus loin encore, l'empire colonial français englobe également les comptoirs de l'Inde, la Nouvelle-Calédonie, les possessions du Pacifique et l'Indochine. Dans le Nouveau Monde, du nord au sud, la France est également présente à Saint-Pierre-et-Miquelon, aux Antilles et en Guyane.

Une armée présente aux quatre coins du monde

La loi du 1er avril 1923 sur le recrutement de l'armée fixe la durée du service personnel à 28 ans, dont 1,5 an dans l'armée d'active (service militaire), 2 ans dans la disponibilité, 16,5 ans dans la première réserve, 8 ans dans la deuxième réserve. L'incorporation débute à 20 ans.

L'armée française compte en 1924 un effectif total de 673 000 hommes, dont 433 000 Français, 113 000 Nord-Africains, 115 000 indigènes coloniaux (Afrique noire, Pacifique et Indochine), 12 000 étrangers (Légion étrangère). Les effectifs alimentent 35 divisions d'infanterie et 5 divisions de cavalerie.

La loi du recrutement du 31 mars 1928 réduit à un an la durée du service militaire, mais en compensation porte à 106 000 le nombre de militaires de carrière ; elle recule à 21 ans l'âge de l'incorporation et supprime toutes les dispenses. Enfin la loi des cadres et effectifs du 3 avril 1928 fixe la composition de l'armée métropolitaine à 25 divisions d'infanterie et 5 divisions de cavalerie.

La guerre du Rif (1921-1926)

La guerre du Rif est un conflit colonial qui oppose les tribus rifaines, composées de guerriers de la chaîne de montagnes du nord du Maroc, aux armées française et espagnole. Les deux armées européennes agissent officiellement en vertu des accords du protectorat passé par le sultan du Maroc, Moulay Hafid. Les Rifains refusent de se soumettre aux deux puissances coloniales occupant alors le Maroc. Sous la conduite d'Abd el-Krim, 80 000 guerriers rifains livrent une lutte acharnée aux 300 000 soldats espagnols et aux 200 000 soldats français.

Lors de la bataille d'Anoual, le 21 juillet 1921, 14 000 soldats espagnols sont massacrés par les rebelles. Les troupes espagnoles accumulent les défaites et doivent se retirer sur la côte. Ils n'occupent plus, en 1924, que Ceuta, Melilla, Asilah et Larache. Les troupes espagnoles, sous la conduite d'un brillant officier en la personne de Franco, parviennent cependant à contenir les Rifains.

Abd el-Krim commet la lourde erreur d'attaquer des positions françaises au Maroc, ce qui entraîne aussitôt une alliance militaire franco-espagnole. Sous la conduite du maréchal Lyautey, les troupes françaises écrasent les guerriers rifains lors d'une offensive vers Fès, durant l'hiver et le printemps 1924. Le général Pétain poursuit avec efficacité les opérations en 1925, en conjuguant les troupes au sol avec l'usage intensif de l'aviation. Un débarquement franco-espagnol dans la baie d'Alhucemas, en septembre 1925, contraint Abd el-Krim à la reddition, à Targuist, le 30 mai 1926, après une guérilla particulièrement féroce. Envoyé en exil à l'île de La Réunion la même année, il s'en évade vingt ans plus tard pour se réfugier en Égypte, où il meurt, en 1963.

La guerre du Rif (1921-1926) se solde par de lourdes pertes, avec 15 400 guerriers rifains tués ou blessés, 19 000 soldats espagnols et 12 000 soldats français.

La guerre du Djebel druze (1925-1926)

Après la Première Guerre mondiale et le démembrement de l'Empire ottoman, la France obtient en 1920 un mandat sur la Syrie et le Liban. La région est découpée en cinq États confédérés, avec Damas, Alep, État Alaouite, Djebel druze et Liban.

En Syrie, l'armée française doit faire face à plusieurs révoltes nationalistes, connues sous le nom de « guerre du Djebel druze », de 1925 à 1926. Au début, il s'agit d'une agitation de chefs de clan contre l'autoritarisme du gouverneur français, le capitaine Carbillet. Puis, la révolte s'amplifie et, en juillet 1925, des rebelles nationalistes assiègent la citadelle de Soueïda, capitale du Djebel druze. Après l'échec de la colonne conduite par le général Michaud pour délivrer les assiégés, le général Maurice Gamelin est nommé commandant des troupes françaises du Levant (Syrie et Liban), le 2 septembre 1925. Il forme rapidement une colonne de 7 000 soldats, appuyés par 17 avions, qui parvient à libérer la garnison de Soueïda le 24 septembre. La ville est cependant réinvestie par les Druzes dès le 26 septembre.

À compter du mois d'octobre 1925, trois nouveaux foyers insurrectionnels émergent : Damas, Hama et le Sud-Liban. Le général Gamelin fait bombarder Damas le 10 octobre. L'armée française, constamment harcelée par les rebelles, lance une contre-offensive en avril 1926 : le général français Andréa dirige une colonne de 10 000 soldats vers Soueïda, qui est reprise le 25 avril. Au Djebel druze, au Sud-Liban, dans la région de Nebeck et à Damas, la puissance des troupes françaises (40 000 soldats) a finalement raison des insurgés. La prise de Salkhad, le 4 juin 1926, marque la fin victorieuse des opérations militaires. Durant toute cette campagne, l'aviation française joue un rôle important, remplissant des missions d'observation, de bombardement et de ravitaillement. Quarante aviateurs sont tués lors de ces opérations.

Une marine moderne et puissante

Afin de défendre l'espace maritime d'un aussi vaste empire colonial, la France se dote d'une puissante marine moderne durant les années 1920 et 1930, qui devient la quatrième du monde (après les flottes américaine, japonaise et britannique) et la deuxième d'Europe (après la flotte britannique) en 1939. La flotte française, commandée par l'amiral Darlan, totalise 740 000 t de navires de guerre, contre 1 600 000 t pour la marine britannique, 600 000 t à la marine italienne et 530 000 t pour la marine allemande.

Le corps français de bataille repose sur 4 à 6 cuirassés, 19 croiseurs, 32 contre-torpilleurs rapides, 26 torpilleurs d'escadre et 64 sous-marins, dont le plus gros sous-marin du monde, *Le Surcouf*.

La marine française retrouve une puissance qu'elle n'avait plus depuis Louis XIV. Cette belle marine souffre cependant de sérieuses déficiences : une défense contre les avions (DCA) notoirement insuffisante, un équipement anti-sous-marin défaillant, l'absence de radars. Mais certains navires français figurent parmi les plus rapides du monde, comme les 32 contre-torpilleurs, qui peuvent atteindre 40 à 45 nœuds. L'aéronavale peut compter sur 350 appareils, basés à terre, sauf quelques hydravions catapultés des cuirassés et des croiseurs. Les 2 porte-avions prévus sont en construction ou destinés à des missions de transport.

Le critère décisif de la puissance navale en 1939 est le bâtiment de ligne. Sur ce point, l'apport français est capital, avec les 2 cuirassés de 26 500 t et les 2 cuirassés de 35 000 t en achèvement (*Richelieu*) ou en construction (*Jean Bart*). Outre son fort tonnage, le cuirassé *Richelieu* dispose d'un puissant armement avec 8 canons de 380 mm, 15 canons de 152 mm, 8 de 37 mm, une quarantaine de mitrailleuses. *Le Dunkerque* aligne 8 canons de 330 mm, 16 de 130 mm, 8 de 37 mm et 32 mitrailleuses de 13,2 mm. Le blindage de ces 2 cuirassés peut atteindre 355 mm.

La montée en puissance de la flotte française, depuis la fin des années 1920, n'a pas été tout de suite vue par l'Amirauté britannique comme un contrepoids utile aux marines italo-allemandes. La diplomatie britannique a tout fait, dans les conférences de désarmement naval des années 1920 et du début des années 1930, pour limiter la reconstitution de la marine française. La menace allemande n'a été perçue que tardivement par les autorités britanniques.

Sir Winston Churchill, qui a été ministre de la Royal Navy de 1911 à 1915, est l'un des rares stratèges britanniques à avoir saisi l'importance de la menace italo-allemande. Francophile de longue date, il ne cache pas non plus son admiration pour la flotte de l'amiral Darlan, dans laquelle il voit une partenaire essentielle pour maintenir la supériorité navale des Alliés en cas de conflit contre l'Axe.

La ligne Maginot

La ligne Maginot, du nom d'un des ministres de la Guerre (1922-1924 et 1929-1932), est une fortification militaire construite dès 1929, couvrant principalement la frontière franco-allemande, afin de protéger la France d'une invasion germanique. Le commandement veut éviter la terrible saignée de 14-18 grâce au béton protecteur, d'autant que la France, avec 40 millions d'habitants, se trouve lourdement défavorisée face à une Allemagne forte de 75 millions d'habitants. En cas d'une nouvelle guerre, il est nécessaire d'économiser le précieux « sang français ». De plus, le nord et l'est de la France ont subi d'importantes destructions de grandes villes, de son terroir agricole et de son bassin industriel en 14-18 ; pour éviter cela de nouveau, il est nécessaire, en cas de conflit, de repousser immédiatement toute attaque ennemie et de garantir l'intégrité du territoire national.

La fin des offensives meurtrières

La guerre de 14-18 amène une modification radicale de la stratégie française : plus question d'offensives à outrance comme en 1914. Selon le commandement français, le prochain conflit sera une guerre de position. La bataille de Verdun en 1916 a montré qu'un front continu fortifié, où chaque pouce de terrain est battu par de l'artillerie et les mitrailleuses, est quasiment imprenable. Les chars ne doivent servir qu'à contre-attaquer avec de l'infanterie pour colmater les brèches éventuelles.

La ligne Maginot permet d'économiser les troupes et de compenser les classes creuses causées par la saignée de 14-18, d'empêcher une attaque surprise venant d'Allemagne. Elle offre également la possibilité de mobiliser l'armée française en toute sécurité. Elle protège les bassins industriels et les mines d'Alsace et de Lorraine. Elle peut servir de base à une contre-offensive future. Elle force les Allemands à passer par la Belgique, obligeant la Grande-Bretagne (garante de la neutralité belge) à se battre contre l'Allemagne ; d'autre part, en déplaçant la zone des combats hors de France, elle entre dans la stratégie du plan Dyle, où les meilleures divisions françaises et britanniques comptent livrer bataille en Belgique, sur la Dyle. L'immense forêt des Ardennes, réputée infranchissable aux panzerdivisions, et le fleuve de la Meuse, avec ses vallées encaissées, sécurisent le flanc droit du dispositif allié en Belgique.

C'est sous l'égide du maréchal Pétain, partisan convaincu des fortifications, que s'établissent les premiers plans de construction de la ligne Maginot. Au total, avec les rallonges ultérieures, la ligne Maginot va coûter plus de 5 milliards de francs de 1929 à 1939, ce qui ne représente pas une dépense particulièrement importante dans le budget de l'État.

Se protéger d'une offensive allemande

La ligne Maginot s'échelonne en profondeur sur différents niveaux depuis la frontière franco-allemande, dont on distingue quatre parties, avec d'abord une ligne des avant-postes, destinée à détecter une attaque surprise et à la retarder. La ligne principale de résistance se trouve à environ 2 km des avant-postes. Elle se signale par un double réseau de rails antichars et de barbelés, balayés par les axes de tirs des mitrailleuses des casemates, et couverts par les tirs d'artillerie des ouvrages. Les abris d'intervalle, destinés à assurer le soutien des troupes combattant à l'air libre au sein des avant-postes, se matérialisent par d'immenses casernes souterraines. L'arrière du front comprend des équipements de soutien logistique, avec réseaux de téléphone et d'électricité, routes et voies ferrées, dépôts de munitions, casernes. Les ouvrages sont indépendants, produisent eux-mêmes leur électricité, possèdent des radios pour communiquer avec l'extérieur.

L'ensemble représente 316 casemates, armées de mitrailleuses, de canons antichars et de mortiers, de 58 ouvrages, équipés de canons de 75 mm et 135 mm. Les ouvrages comprennent d'immenses galeries souterraines de dizaines de kilomètres pour les plus gros à 30 m de profondeur. On trouve ainsi sous terre une caserne, une cuisine, une infirmerie, une centrale de production électrique, des réservoirs d'eau, de carburant, un magasin principal de munitions. Les murs en béton des ouvrages ont 3,5 m d'épaisseur. Des tourelles blindées à éclipse sont armées chacune de 2 canons, les cloches blindées de mitrailleuses et de lance-grenades. Les tourelles sont capables de s'éclipser pour protéger l'armement en ne laissant qu'une calotte d'acier d'environ 300 mm d'épaisseur. En position de tir, la tourelle monte d'environ 1 m dégageant ainsi les embrasures de tir. Elle peut pivoter sur 360 degrés et offre l'avantage d'être très compacte pour une puissance de feu très importante. L'armement de la ligne Maginot se base surtout sur le canon de 75 mm, pouvant tirer 30 coups à la minute tout en étant d'une précision redoutable.

Les 58 ouvrages, composés de 2 à 19 blocs, abritent 80 à 1 000 hommes. La ligne Maginot nécessite des unités spécialisées pour servir d'équipages aux casemates et aux ouvrages, ainsi que des troupes d'intervalle : régiments d'infanterie de forteresse, régiments d'artillerie de forteresse, bataillons de génie de forteresse, groupes de reconnaissance de région fortifié. En plus des unités spécifiques, la ligne Maginot est soutenue par des divisions d'infanterie, des bataillons de chars, l'artillerie lourde de corps d'armée, des unités de cavalerie, des escadrilles de chasse, de reconnaissance et de bombardement. Le système immobilise l'équivalent de 10 divisions, avec 41 régiments d'infanterie, 8 bataillons et 29 régiments d'artillerie de forteresse, sans compter les autres unités positionnées sur les arrières.

Outre la frontière franco-allemande, une Maginot alpine couvre la frontière franco-italienne, avec de nombreux ouvrages et casemates, dont la défense se trouve renforcée par le relief montagneux. D'autre part, face à la Belgique, on compte une trentaine de casemates et cinq petits ouvrages. Dans ce secteur, le commandement français pense surtout engager ses meilleures troupes (mécanisées et motorisées) sur la ligne Dyle, en territoire belge.

Les idées du lieutenant-colonel de Gaulle

En 1934, le lieutenant-colonel Charles de Gaulle fait paraître un ouvrage destiné à un important retentissement sinon dans l'immédiat, du moins dans l'avenir, *Vers l'armée de métier*. Comme le rappelle Philippe Masson, De Gaulle n'est pas un inconnu dans la société militaire. Il a appartenu d'abord au « clan Pétain » avant de se brouiller avec le Maréchal pour une banale querelle d'auteurs. Il passe pour un esprit anticonformiste, voire solitaire. Fait prisonnier en 1916 devant Verdun, ses camarades de captivité le surnomment « le Connétable ». Dans son dernier ouvrage, De Gaulle prône la constitution de six divisions blindées, formées de soldats professionnels, capables de lancer une puissante offensive afin d'écraser l'ennemi en quelques jours.

En fait, la thèse n'est pas nouvelle. Elle ne fait que reprendre les idées soutenues par les officiers britanniques Liddel Hart et Fuller, en Autriche par Eimannsberger, en France même par le général Estienne, qui annonce déjà depuis plus de dix ans la venue de la guerre moderne, avec le mouvement rapide des chars. L'ouvrage de De Gaulle ne manque pas de faiblesses, malgré ses qualités novatrices en certains domaines. Il offre un caractère quelque peu académique, rien de commun avec *Achtung Panzer*, de Guderian, qui va paraître en 1937, véritable manuel de l'emploi des unités blindées allemandes. Ainsi, De Gaulle passe sous silence les servitudes logistiques et l'appui aérien se trouve réduit à un rôle purement subalterne. Il faudra attendre la première réédition du livre à Alger, en 1944, pour que soient soulignés l'importance du tandem chars-avions de même que l'apport clé des transmissions.

Deux éléments font cependant l'originalité du livre : la réhabilitation de l'offensive et l'utilisation des divisions blindées, composées de soldats professionnels. L'ouvrage apparaît comme un manifeste en opposition avec la doctrine officielle, fondée en grande partie sur la défensive. Pour l'ensemble de la classe politique et surtout les milieux de gauche, une armée de métier va à l'encontre de l'armée nationale, formée de soldats citoyens. Elle semble offrir un relent de coup d'État. Le général Weygand, favorable à l'utilisation des chars, entreprend au début des années 1930 la constitution de divisions mécanisées. Tandis que le maréchal Pétain est un des seuls à avoir une vision prémonitoire du rôle de l'aviation. En 1935, devant les stagiaires de l'École supérieure de guerre, il prophétise que l'aviation constituera très probablement le facteur déterminant d'un futur conflit. C'est cependant parmi les militaires que les idées du lieutenant-colonel de Gaulle suscitent l'opposition la plus forte, où la défensive du béton l'emporte sur l'offensive des blindés.

Cependant, le général Gamelin, succédant au général Weygand au commandement de l'armée, en 1935, s'oriente à la fois vers le renforcement de la ligne Maginot et la constitution de petites unités blindées, mais uniquement afin de contre-attaquer et colmater les brèches, en soutien de l'infanterie. Toutefois, pour contrer une éventuelle offensive allemande par la Belgique, il poursuit le programme de Weygand de création de divisions mécanisées, afin de permettre d'établir une ligne défensive sur la Dyle. Les divisions mécanisées doivent uniquement retarder la progression de l'ennemi. Les chars sont ainsi occupés à une doctrine purement défensive. Quant aux divisions cuirassées, formées par la suite, elles sont chargées de colmater les brèches par des contre-attaques. Il en va de même des bataillons de chars de combat (BCC).

Chapitre 11

La défaite et la gloire : la Seconde Guerre mondiale

Dans ce chapitre :
▶ Mai-juin 1940 : les combattants de l'honneur
▶ La gloire de la France libre
▶ C'est nous les Africains !

Durant la Seconde Guerre mondiale, l'armée française subit une terrible défaite tactique en mai-juin 1940, malgré la résistance héroïque et méconnue de ses troupes. Par la suite, elle se distingue particulièrement aux côtés de ses alliés, avec les forces gaullistes, l'armée d'Afrique et la Résistance intérieure en 1941-1945.

1940 : un sacrifice méconnu

Début septembre 1939, la France et la Grande-Bretagne entrent en guerre contre l'Allemagne à la suite de l'invasion de la Pologne. Il s'ensuit une longue période d'inactivité sur le front occidental, surnommée « drôle de guerre », où les deux adversaires s'observent derrière leurs fortifications respectives (ligne Maginot et ligne Siegfried). Cependant, au niveau du no man's land, des patrouilles et des corps francs se livrent une lutte sans merci, où se distinguent les meilleurs éléments des deux armées en présence. Durant cette longue période, de septembre 1939 à avril 1940, la France accentue sa production militaire, modernise davantage ses troupes, rattrape son retard dans certains domaines. La chasse française livre quelques combats dans le ciel, tandis que la marine française sécurise ses voies de ravitaillement en Méditerranée et dans l'Atlantique, aux côtés de la flotte britannique.

En avril 1940, les Franco-Britanniques interviennent en Norvège, afin de contrer l'attaque allemande contre ce pays et mettre fin à la « route du fer », qui ravitaille l'industrie militaire allemande. Les troupes françaises, composées de chasseurs alpins et de légionnaires, débarquent avec succès en Norvège et chassent les Allemands de Narvik, en les repoussant même jusqu'à la frontière suédoise. L'opération est cependant interrompue à la suite de la situation militaire en France en juin 1940.

Figure 11-1 : Officier français des chasseurs alpins en 1940 (collection privée, DR).

Les forces en présence

Le 9 mai 1940, la veille de l'offensive allemande sur le front occidental, l'armée française aligne, sur le théâtre de guerre du Nord-Est, 63 divisions d'infanterie, 7 divisions d'infanterie motorisée, 6 divisions blindées (3 divisions mécanisées et 3 divisions cuirassées), 5 divisions légères de cavalerie et 4 brigades indépendantes de cavalerie, 13 divisions d'infanterie de forteresse, soit un total de 94 divisions. La réserve générale comprend encore 17 divisions d'infanterie. Soit un total de 111 divisions pour l'unique armée française. L'armée britannique engage en France 9 divisions d'infanterie et 1 division blindée. L'armée belge dispose de 22 divisions d'infanterie. L'armée hollandaise est forte de 10 divisions d'infanterie. L'ensemble des forces alliées représente donc 156 divisions, dont 7 divisions blindées.

De son côté, l'armée allemande totalise sur le front ouest 118 divisions d'infanterie, 6 divisions d'infanterie motorisées, 10 divisions blindées et 1 division de cavalerie, soit un total de 135 divisions. La réserve repose sur 22 divisions d'infanterie, portant ainsi la totalité des effectifs terrestres allemands à 157 divisions, dont 10 divisions blindées.

L'armée française aligne 2 262 chars modernes, dont seulement 853 sont équipés d'un canon efficace pour la lutte antichar (47 mm ou 37 mm modèle 1938), à haute vitesse initiale. Le reste de la force blindée française se compose de 1 409 chars, armés du vieux canon de 37 mm modèle 1918, à faible vitesse initiale, capable de percer seulement 15 mm de blindage, alors que 2 043 des 2 683 chars allemands modernes ont un blindage épais de 20 à 30 mm (Panzer II, III, IV, Skodas) et sont équipés d'un canon à haute vitesse initiale (20 mm, 37 mm, 75 mm) capable de percer de 30 à 50 mm de blindage.

Si les chars français sont plus fortement blindés (de 40 à 60 mm) que leurs homologues allemands, ils sont en revanche généralement plus lents (de 20 à 40 km/h, contre 40 à 55 km/h), et souffrent d'une autonomie plus courte (150 km, contre 250 km).

La masse principale des chars français se trouve dispersée en une trentaine de bataillons et une douzaine de compagnies sur l'ensemble du front occidental. Seulement 960 des 2 262 chars français modernes sont endivisionnés (3 divisions mécanisées et 3 divisions cuirassées), alors que les 2 683 chars allemands en première ligne sont tous regroupés au sein des 10 panzerdivisions (divisions blindées). L'armée allemande dispose également d'une réserve de 320 chars, ainsi que de 36 chasseurs de chars (canons automoteurs), portant la totalité des tanks allemands à 3 039 engins modernes. L'armée britannique engage en France 600 chars, dont 320 au sein de leur unique division blindée. Tandis que l'armée belge se trouve réduite à 270 chars : soit un total de 3 132 chars alliés (dont 2 262 chars français modernes) contre 3 039 panzers. Sur les 3 132 chars alliés, seulement 1 206 sont efficaces dans la lutte antichar, alors que sur les 3 039 chars et chasseurs de chars allemands, 2 399 sont équipés d'un canon moderne.

Les 6 divisions blindées françaises (3 divisions mécanisées et 3 divisions cuirassées) disposent en moyenne de 160 chars, alors que les panzerdivisions peuvent en aligner le double. Enfin, ces mêmes divisions blindées françaises souffrent d'une transmission rudimentaire, d'une DCA quasi inexistante, d'un système de ravitaillement en essence lent et archaïque, d'une infanterie et d'une artillerie motorisées insuffisantes, alors que les panzerdivisions représentent chacune une véritable petite armée, avec de nombreux chars, une puissante infanterie motorisée, une DCA et une artillerie motorisées très efficaces, un système de transmission moderne, des moyens de ravitaillement en essence performants, d'excellentes unités du génie.

Les divisions blindées françaises sont équipées pour colmater les brèches dans le dispositif de défense par des contre-attaques limitées, voire couvrir la mise en place des unités d'infanterie, alors que les panzerdivisions sont chargées d'effectuer des percées décisives en profondeur, avec le soutien des bombardiers d'assaut. Tous les chars allemands ont la radio, alors que seulement un quart des chars français en dispose.

Figure 11-2 : Tankistes français en 1940 (collection privée, DR).

L'armée de terre française et sa rivale allemande alignent respectivement 743 et 728 automitrailleuses, ainsi que 10 700 et 7 710 canons de campagne de divers calibres, sans oublier la DCA avec 3 800 canons français souvent vétustes, contre 9 300 pièces modernes du côté allemand.

Sur le plan des forces aériennes, l'armée de l'air française aligne 1 300 avions, dont 630 chasseurs, 270 bombardiers et 400 appareils de renseignement. Sur les 1 900 appareils dont dispose la Grande-Bretagne, 400 seulement se trouvent opérationnels en France, tandis que les aviations belge et hollandaise totalisent 200 appareils, ce qui représente un ensemble de 1 900 avions alliés (français compris), opposés à 3 900 appareils allemands, dont 1 500 chasseurs, 1 500 bombardiers et 900 avions de reconnaissance. La moyenne des avions alliés est surclassée en vitesse de 100 km/h par ceux de la Lutfwaffe (aviation militaire allemande). Le Dewoitine D520, réduit à 36 exemplaires le 9 mai 1940, est l'unique chasseur français à pouvoir rivaliser avec le Messerschmitt 109E.

Le général Gamelin se trompe

Persuadé que la principale offensive allemande va se dérouler sur la ligne Dyle et la trouée de Gembloux, en Belgique, le général Gamelin, commandant en chef de l'armée française, décide d'engager ses meilleures divisions dans cette partie du front, négligeant le secteur vital de la Meuse (pivot central du dispositif des Alliés), défendu par une poignée de divisions sous-équipées et étalées sur des positions disproportionnées à leurs faibles moyens. Gamelin estime que le front de la Meuse offre un magnifique obstacle antichar avec les méandres de son fleuve, ses vallées encaissées et sa forêt « impénétrable » des Ardennes. Or, c'est sur la Meuse que l'armée allemande engage le gros de ses forces, afin de prendre à revers les troupes alliées engagées sur la Dyle et la trouée de Gembloux. Gamelin accumule les erreurs tactiques et stratégiques, en dispersant sa puissante réserve de contre-attaque, composée de divisions d'élite, dont la 7e armée du général Giraud, imprudemment envoyée sur la ligne Breda, en Hollande, afin de couvrir l'aile gauche de la ligne Dyle, alors que le corps expéditionnaire britannique et l'armée belge pourraient s'assurer de cette mission.

Ainsi, si sur le front Breda-Dyle-Gembloux les troupes alliées et allemandes sont sensiblement identiques par le nombre et la qualité ; il en va tout autrement sur la Meuse, où une dizaine de divisions françaises d'infanterie sont opposées à une cinquantaine de divisions allemandes, dont 7 panzerdivisions, appuyées par 1 500 avions : le choc de l'argile contre l'acier. Dans l'unique secteur de Sedan, la 55e division française d'infanterie, réduite à 18 canons antichars, reçoit le choc de 3 panzerdivisions, totalisant 799 chars !

Une résistance acharnée

Malgré les erreurs tactiques et stratégiques du général Gamelin, l'armée française oppose une résistance héroïque à l'offensive allemande, comme l'ont reconnu les généraux allemands eux-mêmes.

Sur le front de Breda, la 1re division mécanisée française (160 chars) tient en échec la IXe panzerdivision (150 chars), du 11 au 14 mai 1940, malgré l'écrasante suprématie aérienne allemande.

À Hannut, en Belgique, du 12 au 13 mai 1940, les 2e et 3e divisions mécanisées françaises (380 chars) livrent bataille aux IIIe et IVe panzerdivisions (664 chars), soutenues par une puissante aviation. Les redoutables chars français Somua S35, dont le blindage de 55 mm résiste aux principaux canons des panzers, font un carnage dans les rangs allemands. Succès tactique incontestable pour le général Prioux, commandant les 2 unités françaises : 164 panzers sont hors de combat, contre 105 chars français. Les deux jours suivants, 14 et 15 mai, les IIIe et IVe panzerdivisions, qui tentent de percer en direction de Gembloux, sont repoussées par la 1re division marocaine d'infanterie et la 15ᵉ division d'infanterie motorisée, bien équipées en canons antichars et en artillerie de campagne, puis soutenues par les 13ᵉ et 35ᵉ bataillons de chars de combat (BCC) : 62 autres panzers sont détruits. En quatre jours de combat, à Hannut et à Gembloux, du 12 au 15 mai, les Allemands déplorent la perte de 226 panzers sur 664 engagés.

Sur la ligne Dyle, les troupes franco-britanniques contiennent les attaques allemandes, dont la 2ᵉ division d'infanterie nord-africaine opposée à la XVIIIᵉ division allemande d'infanterie, le 15 mai.

Sur la Meuse, malgré l'écrasante supériorité numérique et matérielle des Allemands, les troupes françaises opposent une résistance opiniâtre, du 10 au 15 mai. Dans le secteur de Dinant, la 18ᵉ division d'infanterie (DI) française du général Duffet contient la VIIᵉ panzerdivision du général Rommel, manquant de peu de capturer ou de tuer le futur chef de l'Afrikakorps lors d'une contre-attaque. Dans le même secteur, la 5ᵉ division d'infanterie motorisée enraie également la progression de la Vᵉ panzerdivision. Pour forcer le passage, le commandement allemand doit engager 2 divisions d'infanterie (VIIIᵉ et XXVIIIᵉ DI) et une puissante aviation d'assaut, afin d'appuyer les 2 panzerdivisions en difficulté. À Monthermé, la 102ᵉ division d'infanterie de forteresse, qui tient un front énorme de 35 km alors que ce type d'unité est prévu pour défendre une position de 5 à 6 km, tient en échec durant trois jours les VIᵉ et VIIIᵉ panzerdivisions. À Sedan, la 55ᵉ DI se trouve opposée aux Iʳᵉ, IIᵉ et Xᵉ panzerdivisions, sans oublier le régiment d'élite Grossdeutschland et le soutien massif de plusieurs centaines d'avions. La courageuse 55ᵉ DI repousse plusieurs assauts et succombe finalement sous le poids du nombre.

Le 15 mai, à Flavion, sur la Meuse, la 1ʳᵉ division cuirassée française (160 chars) livre bataille aux Vᵉ et VIIᵉ panzerdivisions (500 panzers). Les chars lourds français B1 *bis*, monstres de 32 t, dont le blindage de 60 mm résiste aux principaux canons antichars allemands, se sacrifient avec un héroïsme extraordinaire, bien que la moitié d'entre eux ne puissent manœuvrer faute d'essence. Le commandement allemand doit utiliser son artillerie lourde pour détruire les « pachydermes » français. Les bombardiers allemands interviennent également dans la bataille. Au final de cette lutte titanesque d'une journée : 58 chars français sont détruits au combat, ainsi qu'une centaine de panzers.

Du 15 au 19 mai, la 2ᵉ division cuirassée française (160 chars), étalée sur un front de 100 km à l'ouest de la Meuse, tente de s'opposer à la ruée des Iʳᵉ, IIᵉ, VIᵉ et VIIIᵉ panzerdivisions (954 panzers) : 118 chars français et environ 300 blindés allemands (chars et automitrailleuses) sont détruits.

Du 14 au 25 mai 1940, l'armée allemande engage d'importantes troupes pour s'emparer du secteur de Stonne, au sud de Sedan, afin de couvrir sa progression à l'ouest : le régiment d'élite motorisé Grossdeutschland, la Xᵉ panzerdivision, des éléments de la Iʳᵉ panzerdivision et de la IIᵉ division d'infanterie motorisée, puis les XVIe, XXIVe et XXVIe DI, soit un total de 90 000 soldats et 300 chars. Le commandement français oppose la 3e division cuirassée, la 3e division d'infanterie motorisée, la 6e division d'infanterie coloniale, ainsi que divers groupes de reconnaissance, soit un total de 42 500 soldats et 130 chars. Malgré son écrasante supériorité numérique et matérielle, l'assaillant allemand est tenu en échec durant douze jours de lutte sanglante, durant lesquels 7 500 soldats français et 26 500 soldats allemands sont mis hors de combat (tués, disparus et blessés), sans oublier la destruction de 65 chars français et d'une centaine de blindés allemands (tanks et automitrailleuses). Le commandement allemand surnomme la bataille de Stonne le « Verdun de 1940 » !

À Rethel, sur le front de l'Aisne, la 14e DI française (18 000 soldats) du général de Lattre de Tassigny repousse, du 15 au 22 mai, les assauts enragés des IIIe, XXIe et XXIIe DI allemandes (54 000 soldats) : 800 soldats allemands sont capturés, 85 blindés et véhicules divers détruits, contre la 14e DI, qui ne compte de son côté que 2 chars lourds B1 *bis* hors de combat, venus l'appuyer.

Du 17 au 30 mai, la 4e division cuirassée française du colonel puis général de Gaulle, engagée successivement à Montcornet, Crécy-sur-Serre et Abbeville, perd 165 chars et un millier d'hommes. Elle revendique, durant la même période, la destruction de 300 blindés et véhicules ennemis (chars, automitrailleuses, camions, motos, voitures et transports de troupe), 110 canons, 300 mitrailleuses et 200 mortiers, sans oublier la mise hors de combat de 5 000 soldats allemands. La LVIIe DI allemande perd 2 300 hommes contre la division du général de Gaulle, au sud d'Abbeville, du 28 au 30 mai 1940.

Les jugements des officiers allemands

Dans un rapport du 20 novembre 1940, portant sur les enseignements de la campagne de mai-juin 1940, le général Erwin Rommel, commandant de la VIIe panzerdivision, écrit : « Sur les flancs de la Meuse, dans les fortifications de campagne et dans les maisons fortifiées, les soldats français ont combattu avec une extraordinaire habileté et opiniâtrement, et ils ont causé des pertes élevées à nos troupes. Les attaques de chars français et d'infanterie sur la rive ouest de la Meuse n'ont été repoussées qu'avec peine. Au sud de la Somme, les troupes coloniales françaises, en grande partie noires, ont combattu avec un acharnement extraordinaire. Les unités antichars françaises et les équipages de chars français se sont partout battus avec courage et ont causé des pertes élevées à nos troupes » (archives militaires allemandes, Fribourg-en-Brisgau).

Le général Heinz Guderian, commandant du XIXe panzerkorps en mai-juin 1940, remarque : « En dépit d'énormes erreurs tactiques et stratégiques venant du haut commandement allié, les soldats français de 1940, notamment dans les Ardennes, dans les Flandres, sur la Somme et l'Aisne, ont opposé une résistance extrêmement coriace, avec un esprit de sacrifice extraordinaire, digne des poilus de Verdun en 1916 » (archives militaires allemandes, Fribourg-en-Brisgau).

Le colonel Wagner, commandant du LXXIXe régiment allemand d'infanterie, écrit dans son carnet de guerre, à la suite de la bataille de Stonne en mai 1940 : « La défense acharnée de l'armée française est à signaler. Cette défense était offensive, et s'accompagnait de furibondes contre-attaques avec des chars. Les positions étaient bien camouflées, établies en profondeur et très difficiles à reconnaître. La troupe française avait l'expérience des combats en forêt. L'artillerie française se signala par son feu rapide et bien réglé. Grâce à d'excellents observateurs, l'artillerie française prenait sous son feu tous nos mouvements de troupes » (archives militaires allemandes, Fribourg-en-Brisgau).

Le maréchal Keitel, un des chefs d'état-major de l'armée allemande, a tenu à souligner : « Le commandement allemand a reconnu le courage et l'héroïsme dont les troupes françaises ont fait preuve dans une lutte ininterrompue de batailles sanglantes en mai-juin 1940 » (archives militaires allemandes, Fribourg-en-Brisgau).

Le miracle de Dunkerque

La résistance héroïque de l'armée française dans les Flandres, notamment à Lille et à Dunkerque, en mai 1940, couvre le rembarquement de 224 686 soldats professionnels de l'armée britannique, représentant la quasi-totalité des troupes terrestres dont dispose la Grande-Bretagne à ce moment en Occident. La capture de cette importante armée, après la perte de plus de la moitié de son aviation (1 029 avions sur 1 900 disponibles) en mai-juin 1940, sans oublier d'importantes pertes navales à Dunkerque et en Norvège, aurait plongé la Grande-Bretagne dans un état de faiblesse extrême, la contraignant à signer un armistice avec l'Allemagne.

Outre la résistance acharnée de l'armée française à Lille et à Dunkerque, couvrant ainsi le rembarquement des troupes britanniques, comme l'a souligné Winston Churchill lui-même, Hitler décide de n'engager qu'une seule panzerdivision contre la poche de Dunkerque. En effet, du 10 au 23 mai, 50 % de ses panzers ont été mis hors de combat (détruits ou endommagés) contre l'armée française. Il sait qu'il lui reste à affronter en juin encore 60 % de cette même armée française, qu'il ne cesse de redouter. Il tient donc à préserver ses précieuses unités blindées pour engager la seconde phase de la campagne de 1940 dans de bonnes conditions. En ne parvenant pas à s'emparer du puissant corps expéditionnaire britannique, il permet à la Grande-Bretagne de poursuivre la guerre, condamnant ainsi l'Allemagne à la guerre sur deux fronts, cause principale de sa défaite militaire.

Au prix de très lourdes pertes, les 30 000 soldats français et de 2 000 à 6 000 soldats britanniques contiennent autour de Dunkerque, durant une dizaine de jours (26 mai au 4 juin 1940), 160 000 soldats allemands, soutenus par une centaine de chars et 800 avions : 347 781 soldats alliés sur 400 000 sont évacués par mer au total, dont 224 686 soldats britanniques et 123 095 soldats français. Un incroyable succès, lorsque l'on sait que Churchill ne pensait sauver que de 30 000 à 40 000 hommes au total. En quelques jours, les amirautés britannique et française sont parvenues à réunir 848 navires civils et militaires : 235 navires alliés sont coulés, 18 219 soldats alliés sont tués ou portés disparus, dont 16 000 soldats français et 2 219 soldats britanniques ; 34 000 soldats alliés sont capturés, principalement français. Les pertes militaires allemandes s'élèvent à 20 000 tués ou blessés, lors de l'unique bataille de Dunkerque, sans oublier 318 avions hors de combat (détruits ou endommagés). Les pertes civiles françaises sont évaluées à 3 000 morts et 10 000 blessés.

Les troupes françaises ayant défendu la poche de Dunkerque méritent d'être citées. Il s'agit de la 12e division d'infanterie motorisée du général Janssen, de la 68e DI du général Beaufrère, d'éléments de la 60e DI du général Tesseire, du groupement du secteur fortifié des Flandres du général Bathélemy, du groupement blindé Marchal avec des chars des 1re et 2e divisions mécanisées, de divers groupes de reconnaissance, ainsi que de batteries d'artillerie de l'armée de terre et de la Marine nationale. L'ensemble du commandement est assuré par l'amiral Abrial, le contre-amiral Platon et le général Fagalde. Soulignons également que les poches de Calais, Boulogne et Lille ont opposé une superbe résistance, fixant ainsi de nombreuses unités allemandes, qui n'ont pu participer à la bataille de Dunkerque. Pour s'emparer de Dunkerque, le commandement allemand engage une panzerdivision et huit divisions d'infanterie.

La marine française mobilise dans cette opération 300 navires militaires et civils réquisitionnés, dont 123 vont être coulés. Elle parvient à embarquer 102 570 soldats alliés.

Bien que battue, l'armée française a joué un rôle stratégique considérable dans la poursuite de la guerre de la Grande-Bretagne. Son sacrifice n'a pas été inutile.

La Somme et l'Aisne : une résistance héroïque

Le général Weygand, nouveau commandant en chef de l'armée française à compter du 19 mai, tire les leçons de la bataille des Flandres et de celle de la Meuse. La nouvelle ligne de front qu'il constitue sur la Somme et l'Aisne repose sur un système défensif en profondeur, constitué par des groupes de combat dispersés dans les localités et les bois, capables de résister à des attaques venant de tous côtés. Il s'agit ainsi de dissocier les panzers de l'infanterie d'accompagnement, afin de rendre les blindés plus vulnérables aux armes antichars et à l'artillerie de campagne. Des groupements et bataillons blindés sont maintenus en réserve pour contre-attaquer les éventuelles percées allemandes.

Pour que ce dispositif défensif soit efficace sur l'ensemble du front, il faudrait maintenir une réserve d'unités blindées en grand nombre. Or Weygand a inutilement sacrifié trois divisions blindées pour essayer de reprendre, fin mai et début juin, la tête de pont d'Abbeville, solidement tenue par l'armée allemande. Les 4e et 2e divisions cuirassées françaises et la division blindée britannique Evans y ont subi de très lourdes pertes, sans oublier l'engagement d'autres unités blindées françaises contre d'autres têtes de pont établies également sur la Somme : environ 600 précieux chars alliés y ont été vainement sacrifiés lors d'opérations inutiles et décousues.

La force blindée de réserve sérieusement entamée, le général Weygand ne peut prétendre défendre le front Somme-Aisne avec un maximum d'efficacité, devant une armée allemande disposant d'une supériorité numérique de deux à trois contre un. Or, malgré une situation encore plus désavantageuse que le 10 mai, l'armée française parvient à tenir en échec la puissante *Wehrmacht* (armée allemande) en plusieurs endroits sur la Somme et l'Aisne, du 5 au 12 juin, démontrant ainsi l'efficacité du système défensif en « hérisson » prôné par le général Weygand.

Sur la Somme et l'Aisne, 40 divisions françaises, soutenues par 1 200 chars et 600 avions, affrontent de 80 à 120 divisions allemandes, appuyées par 2 000 chars et 2 500 avions.

Au sud d'Amiens, du 5 au 9 juin 1940, le XIVe panzerkorps perd 235 de ses 428 chars (détruits ou endommagés) contre 2 divisions françaises d'infanterie (16e et 24e DI), établies en profondeur, soutenues par une puissante artillerie et une trentaine de chars. L'offensive allemande est un échec dans ce secteur.

Au sud-est d'Abbeville, la Ve panzerdivision perd 38 chars dans l'unique journée du 5 juin contre la 3e division légère française de cavalerie, réduite à une dizaine de blindés. La VIIe panzerdivision du général Rommel, engagée sur la Somme, entre Longpré et Hangest, contre la 5e division d'infanterie coloniale (DIC) et le 7e régiment de cuirassiers, déplore la perte d'une soixantaine de blindés du 5 au 7 juin.

Dans le secteur de Péronne, la 1re division cuirassée française, réduite à 124 chars mais épaulée par 3 DI, parvient à contenir durant cinq jours, du 5 au 9 juin, 4 panzerdivisions, totalisant 600 chars. Sur cette même partie du front, le 117e RI détruit une cinquantaine de blindés allemands et le 29e RI un nombre équivalent.

Le prix à payer par la Wehrmacht sur le canal de l'Ailette est élevé en deux jours de combat (5 et 6 juin) contre la 87e division d'infanterie d'Afrique : 1 800 morts, 4 500 blessés et 300 prisonniers allemands !

Sur l'Aisne, de Thugny-Trugny à Attigny, la 14e DI du général de Lattre de Tassigny repousse trois divisions allemandes d'infanterie, du 9 au 10 juin. Les pertes françaises sont réduites alors que celles de l'adversaire sont lourdes, avec notamment 1 800 tués, 6 500 blessés et 1 200 prisonniers.

Toujours sur l'Aisne, à Voncq, du 9 au 10 juin, la 36e DI du général Aublet contient les assauts de trois divisions allemandes d'infanterie : on compte 6 000 soldats allemands hors de combat, contre 2 000 soldats français !

À l'est de la 36e DI, 3 divisions françaises d'infanterie (35e et 6e DI, 1re DIC) repoussent durant trois jours (du 9 au 11 juin) 5 divisions allemandes d'infanterie.

Au nord-ouest de Reims, les 44e, 45e et 42e DI, formant le 7e corps d'armée du général de La Porte du Theil, sont attaquées le 9 juin par 5 DI allemandes : 72 000 soldats français contre 90 000 soldats allemands. Les assauts allemands sont partout repoussés, engendrant de lourdes pertes pour la Wehrmacht. Devant une résistance française aussi acharnée, le commandement allemand décide de déplacer de Péronne les IIIe, IVe, IXe et X^e panzerdivisions pour venir épauler les 5 DI allemandes en difficulté contre le 7e corps d'armée française. Le 10 juin, soutenues par environ 800 panzers, les 5 divisions allemandes peuvent enfin percer les lignes françaises, après des combats acharnés au cours desquels les 3 DI françaises ne peuvent opposer qu'une quinzaine de chars de la 1re compagnie du 42e BCC.

Dans le secteur de Château-Porcien et Rethel, les 10e et 2e DI françaises sont assaillies, les 9 et 10 juin 1940, par 6 DI allemandes, soutenues par les Ire, IIe, VIe, VIIIe panzerdivisions, les XXe et XXIXe divisions motorisées, soit un total de 36 000 soldats français opposés à 200 000 soldats allemands, appuyés par 954 chars du général Guderian. Les troupes françaises accomplissent le miracle de repousser tous les assauts allemands le 9 juin, mais, le 10 juin, les positions sont finalement enfoncées devant l'écrasante supériorité numérique et matérielle de l'assaillant. Les 10 et 11 juin, à Juniville et Perthes, au sud de Rethel, le groupement blindé français Buisson, réduit à 160 chars, parvient à contenir la percée des 4 panzerdivisions du général Guderian, totalisant 900 panzers. Les pertes allemandes s'élèvent à une centaine de chars hors de combat et à une cinquantaine du côté français.

La percée allemande n'est effective au nord de Reims et au sud de Rethel, les 11 et 12 juin 1940, qu'en raison de l'écrasante supériorité en chars de la Wehrmacht dans ces deux secteurs. Le manque de blindés français a fait la différence dans les deux cas.

La ligne Maginot résiste de tous les côtés

Après la défaite de 1940, la ligne Maginot, si longuement glorifiée auparavant, a fait l'objet des pires critiques en tant que symbole de l'inefficacité de l'armée française : elle n'aurait servi à rien, puisque les Allemands l'ont contournée par les Ardennes.

Si Hitler et ses généraux ont jugé utile de la contourner plutôt que de l'attaquer de front, c'est qu'ils ont estimé que son efficacité défensive était réelle. On ignore souvent qu'en juin 1940 les Allemands ont voulu tester sa vraie valeur en l'attaquant en plusieurs endroits. Ainsi, le 14 juin, en Moselle, secteur le plus faible de la ligne Maginot, où les gros ouvrages sont remplacés par une cinquantaine de casemates de taille moyenne, une centaine de petits blocs et une cinquantaine de tourelles, 155 000 soldats allemands, appuyés par 1 100 canons et 300 bombardiers, sont repoussés par 18 000 soldats français, soutenus par seulement 114 pièces d'artillerie : cette offensive coûte en un seul jour 1 200 tués et 4 000 blessés aux six divisions allemandes engagées, contre 679 tués et 1 800 blessés aux six régiments français défendant le secteur.

Finalement attaquée de tous côtés à partir du 15 juin, la ligne Maginot résiste à tous les assauts. Sept divisions allemandes tentent de traverser le Rhin entre Rhinau et Neuf-Brisach, sur un front de 30 km, défendu par l'unique 104e division d'infanterie de forteresse. L'organisation défensive comprend une ligne de casemates doubles, espacées de petits blocs. On compte également une série de points d'appui, qui complètent l'organisation. L'ensemble représente moins de 10 000 hommes faisant face à 90 000 soldats allemands. L'offensive allemande dans ce secteur se heurte à une farouche résistance. L'avance de la Wehrmacht ne se fait pas l'arme à la bretelle : on compte dans les rangs allemands 766 tués, 2 567 blessés et 117 disparus en trois jours de combat ! L'impression des soldats français est qu'il suffirait de quelques compagnies pour rejeter l'ennemi dans le fleuve. Mais où les prendre ? L'absence de troupes d'intervalle se fait durement sentir. Pour renforcer les fronts de l'Aisne et de la Somme, on a puisé sur les effectifs de la ligne Maginot.

Le 25 juin 1940, malgré la multiplicité des attaques allemandes et la puissance des moyens employés, 45 des 53 gros ouvrages de la ligne Maginot résistent encore. Les Allemands ont subi de lourdes pertes en voulant s'emparer de ces positions fortifiées.

Sur le front des Alpes, fin juin 1940, la Maginot alpine remplit également son rôle : avec seulement 215 000 soldats, 986 pièces d'artillerie et une dizaine de chars, l'armée française tient en échec 377 000 soldats italiens et allemands, soutenus par 797 blindés, 2 599 canons et une puissante aviation. Les Français ont perdu 503 soldats (tués, blessés, disparus ou prisonniers), contre 7 329 soldats germano-italiens. Le béton préserve les vies des défenseurs et inflige de lourdes pertes à l'assaillant.

Il est donc totalement faux d'affirmer que la ligne Maginot n'a servi à rien : bien au contraire, elle a repoussé les assauts ennemis en leur infligeant de lourdes pertes.

Des pertes éloquentes

Du 10 mai au 25 juin 1940, l'armée allemande déplore 212 000 soldats hors de combat (49 000 tués ou disparus et 163 000 blessés), 1 800 chars détruits ou endommagés sur 3 039 engagés, sans oublier 1 559 avions perdus sur 3 900 engagés. L'armée française compte de son côté 342 000 soldats hors de combat (92 000 tués ou disparus et 250 000 blessés), 1 900 chars perdus sur 2 262 engagés et 892 avions hors de combat sur 1 300 engagés. Ces pertes témoignent de l'acharnement des combats, balayant les élucubrations d'une prétendue promenade militaire des forces allemandes.

Le sacrifice de l'aviation française

Du 10 mai au 25 juin 1940, la chasse française effectue 20 410 sorties et les bombardiers français 2 130. Sur 1 300 avions français engagés, 892 sont mis hors de combat. Durant la même période, les pertes humaines des aviateurs français s'élèvent à 541 tués, 364 blessés et 105 disparus, soit un total de 1 010 hommes hors de combat, représentant 40 % des officiers et 20 % des sous-officiers et des non-gradés. La *Luftwaffe* (armée de l'air allemande) déplore également de lourdes pertes, avec 1 559 avions hors de combat sur 3 900 engagés. Les pertes humaines s'élèvent à 2 668 tués, 4 191 blessés et 2 923 disparus, soit un total de 9 782 aviateurs allemands hors de combat, frappant principalement les équipages des bombardiers et des avions de reconnaissance, ce qui explique l'importance des pertes humaines. Contrairement aux critiques de la propagande anglophobe du régime de Vichy, l'aviation britannique a activement participé aux combats de mai-juin 1940, en perdant 1 029 de ses précieux appareils.

Ces chiffres démontrent que l'armée de l'air française n'a pas démérité en mai-juin 1940. Elle a notamment privé la Luftwaffe d'une supériorité numérique suffisante pour battre l'aviation britannique durant la bataille d'Angleterre, qui a suivi du 11 août au 31 octobre 1940. À la fin de juin 1940, la Luftwaffe n'a plus que 841 bombardiers opérationnels et un peu plus de 700 chasseurs. Le 3 août 1940, à la veille d'engager la bataille aérienne décisive contre la Grande-Bretagne, la Luftwaffe n'a pas reconstitué ses effectifs du 10 mai, ni pour la chasse ni pour les bombardements, et elle se trouve à court de pilotes.

Les pilotes de la chasse française ayant remporté plus de 10 victoires, en mai-juin 1940, sont les suivants : lieutenant Marin La Meslée (16 victoires), sous-lieutenant Plubeau (14), lieutenant Dorance (14), capitaine Accart (12), sergent Le Nigen (12), lieutenant Le Gloan (11), sergent-chef Tallent (11), sous-lieutenant Lefol (11).

Il convient de noter que sur les 1 500 000 soldats français capturés du 10 mai au 25 juin 1940, 1 100 000 l'ont été après le 17 juin 1940, à la suite de l'annonce radiophonique catastrophique du maréchal Pétain, appelant à la cessation des combats, alors que l'armistice ne sera signé que le 22 juin et ne prendra effet qu'après le 25 juin. Le 18 juin et les jours suivants, l'armée allemande capture ainsi de nombreux soldats français, persuadés de la fin des combats. Cependant, de la Loire à la Creuse, 350 000 soldats français luttent pied à pied, sans déposer les armes, jusqu'à la fin réelle des hostilités, se déplaçant la nuit et combattant le jour. Dans l'Est, 400 000 autres se battent également jusqu'au bout sur la ligne Maginot, ainsi que 215 000 braves sur le front des Alpes. Du 14 au 25 juin, 965 000 soldats français au total ont poursuivi la lutte dans les pires conditions.

La tactique défensive de l'armée française a souvent tenu en échec sa rivale allemande, lorsque le rapport des forces n'était pas trop déséquilibré. Dans le cas contraire, l'écrasante supériorité numérique et matérielle de l'assaillant, concentrée en des endroits vitaux, a fait la différence.

Le renouveau et la victoire

L'armistice signé à Rethondes entre la France et l'Allemagne, le 22 juin 1940, entraîne l'occupation militaire allemande de la moitié du territoire français en métropole. Dans la zone dite « libre », le maréchal Pétain instaure un régime autoritaire, antisémite et nationaliste. L'armée de terre se trouve réduite à 100 000 hommes en métropole, tous volontaires, articulés en 8 divisions d'infanterie aux moyens réduits (aucun char, pas d'artillerie lourde ni d'armes antichars), auxquels s'ajoutent les 60 000 hommes de la gendarmerie et les 10 000 hommes des 7 groupements de la défense antiaérienne du territoire. En Afrique du Nord, l'armée française dispose de 112 800 hommes, ainsi que de 167 000 hommes des autres possessions françaises. Il convient d'ajouter à ces effectifs 60 000 marins et 40 000 aviateurs, soit un total, métropole et colonies, de 549 000 hommes. L'armée de l'air aligne 900 avions, répartis en métropole et dans les colonies, et la marine, partiellement neutralisée par les accords d'armistice, maintient un potentiel non négligeable de 300 000 t.

L'infâme statut antisémite d'octobre 1940, mis en place par le régime de Vichy, exclut de l'armée française une centaine d'officiers et près de 300 sous-officiers juifs.

La résistance de l'armée d'armistice

Très vite, des groupes clandestins organisent au sein de l'armée d'armistice des caches d'armes et de matériels, en zone française non occupée, mais également en Afrique et dans les autres possessions françaises, afin de doubler voire tripler les effectifs en cas de reprise des combats. Des officiers, comme le général Weygand, le général Colson, les colonels Périsse, Zeller et Pfister, le général de La Porte du Theil, le capitaine Faure, le colonel d'Anselme, le capitaine Pommiès, le commandant de Bentzmann, le colonel Mollard, le colonel Schlesser, le commandant Corominas, le lieutenant Plaud, le capitaine de Neuchèze, le général Olleris, le colonel Rivet, les généraux Frère, Vernaux et Revers, ainsi que de nombreux autres officiers et soldats participent activement à cette résistance de l'armée d'armistice.

La totalité du matériel camouflé en zone «libre», au 1er avril 1941, représente 65 000 armes individuelles, 10 000 armes collectives d'infanterie, 400 pièces d'artillerie de campagne, dont 200 canons de 75 mm, 55 canons antichars de 47 mm, 9 500 mortiers, 11 000 t de munitions d'infanterie, 10 000 obus de 75 mm, 150 000 grenades, 90 automitrailleuses, un important matériel de transmission.

En novembre 1942, à la suite du débarquement des Alliés en Afrique française du Nord, les forces allemandes et italiennes envahissent la zone sud de la métropole. L'armée d'armistice est dissoute mais poursuit ses activités au sein de l'Organisation de résistance de l'armée (ORA), une des principales composantes de la Résistance intérieure. Pour éviter que les navires français, présents dans le port de Toulon, ne tombent aux mains des Allemands ou des Italiens, l'amiral de Laborde ordonne le sabordage de sa flotte le 27 novembre 1942 à 5 h 30 du matin : 75 bâtiments sont coulés, dont 3 cuirassés (*Strasbourg*, *Dunkerque* et *Provence*), 7 croiseurs, 16 contre-torpilleurs, 15 torpilleurs et 16 sous-marins. Cependant, le gros de la flotte française se trouvant dans les colonies reprend la lutte aux côtés des Alliés, soit 400 000 t des 740 000 t initiales de la Marine nationale en 1939.

Figure 11-3 : Marins français en Afrique du Nord (collection privée, DR).

En Afrique du Nord, les généraux Weygand et Juin camouflent 55 000 fusils, 4 000 armes automatiques, 26 millions de cartouches, 210 mortiers, 52 chenillettes, 172 chars, 167 automitrailleuses, 139 canons antichars de 25 mm, 6 000 camions et camionnettes.

Les forces françaises libres

Dès le 17 juin 1940, le général de Gaulle rejoint Londres, afin de poursuivre la guerre aux côtés de la Grande-Bretagne. À la fin du mois, il parvient à réunir une force de 7 000 militaires français sur le territoire britannique. Des territoires français d'outre-mer comme le Tchad, le Cameroun, le Congo, l'Oubangui-Chari, ainsi que les comptoirs français de l'Inde, la Nouvelle-Calédonie, les Nouvelles-Hébrides, Tahiti, la Polynésie commencent à se rallier au général de Gaulle en 1940.

En décembre 1940, les forces françaises libres (FFL) représentent 27 000 hommes, 24 bâtiments de la marine et une cinquantaine d'avions de combat, répartis en Grande-Bretagne et dans les colonies ralliées.

Dès septembre 1940, le 1er bataillon d'infanterie de marine prend part aux combats à la frontière égypto-libyenne. De janvier à avril 1941, la brigade FFL Monclar (3 000 hommes), aux ordres du colonel Magrin-Vernerey, participe activement à la campagne d'Érythrée, aux côtés des Britanniques, contre de puissantes unités italiennes coloniales, sur un front montagneux. Outre les terribles combats de Keren, la brigade Monclar se distingue particulièrement lors de la conquête de la ville portuaire de Massaoua. Durant la campagne d'Érythrée, la brigade Monclar déplore la perte de 250 soldats (tués ou blessés) mais capture 14 000 soldats italiens.

Au Tchad, le colonel Leclerc de Hauteclocque parvient à constituer une brigade mobile, dont 600 hommes en forment le fer de lance. De janvier 1941 à mars 1942, il lance de nombreux raids au sud de la Libye jusqu'à 800 km de distance, à l'aide de colonnes motorisées qui s'emparent de nombreuses positions italiennes, après de durs combats, notamment à Koufra. Pour la perte limitée d'une centaine d'hommes (tués, blessés, disparus), le colonel Leclerc et ses hommes capturent 600 soldats ennemis. Promu général en août 1941, Leclerc entreprend la conquête d'une partie de la Libye, la région du Fezzan, à la mi-décembre 1942. Avec plus de 3 000 hommes de la force L, l'offensive est fulgurante et très en profondeur, allant jusqu'à Tripoli, en Libye. Le succès est total. Le 24 janvier 1943, la jonction est opérée avec les troupes britanniques. La force L s'installe alors en Tunisie pour protéger le flanc de la 8e armée britannique, entre dans Kairouan le 12 avril et défile le 8 mai 1943 dans Tunis libéré, ce qui vaut à Leclerc d'être présenté par le général Montgomery au roi d'Angleterre George VI. De janvier 1941 à mai 1943, les troupes du général Leclerc ont parcouru près de 3 000 km, capturé 6 000 soldats ennemis (allemands et italiens), pour la perte de 600 hommes dans leurs rangs (tués, blessés, disparus).

Figure 11-4 : Soldats des forces françaises libres en 1941 (collection privée, DR).

De son côté, la 1re brigade française libre du général Pierre Koenig, forte de 3 700 soldats, oppose une résistance héroïque, du 27 mai au 11 juin 1942, aux troupes germano-italiennes du général Rommel, qui engagent 37 000 soldats pour essayer de s'emparer du camp retranché de Bir Hakeim, pivot de la défense des Alliés et de l'offensive italo-allemande de débordement en Libye. L'essentiel du corps de bataille allié éliminé, Rommel doit ensuite s'emparer au plus vite de Tobrouk, puis foncer sur l'Égypte jusqu'au canal de Suez. Pour réduire le camp retranché de Bir Hakeim, Rommel engage successivement la majorité de ses meilleures unités, appuyées par 282 pièces d'artillerie de 75 à 210 mm, 120 canons antichars de 47 à 75 mm, sans oublier 300 avions. Les 15 km^2 de la position française de Bir Hakeim vont encaisser 45 000 obus de 105 à 210 mm en seize jours. Après une lutte titanesque, 2 619 officiers et soldats de la 1re brigade française libre parviennent à rompre l'encerclement, le 11 juin, et à rejoindre les positions alliées.

L'importance de Bir Hakeim d'après les Alliés et Rommel

Le général britannique Playfair, historien officiel de la guerre du désert, estime que « la défense prolongée de la garnison française de Bir Hakeim a joué un rôle déterminant dans le rétablissement des troupes britanniques en Égypte. Les Français libres ont dès l'origine gravement perturbé l'offensive de Rommel. L'acheminement du ravitaillement en a été fortement troublé. La concentration de plus en plus importante des forces de l'Axe pour percer cet abcès, a sauvé la 8e armée britannique d'un désastre. Les retards qu'apporte la résistance résolue des Français augmentent les chances des Britanniques de se ressaisir et facilitent la préparation d'une contre-attaque. À plus long terme, le ralentissement de la manœuvre de Rommel permet aux forces britanniques d'échapper à l'anéantissement prévu par l'Axe. C'est par là que l'on peut dire, sans exagération, que Bir Hakeim a facilité le succès défensif d'El-Alamein, en Égypte » (archives militaires britanniques, Londres).

Le maréchal Rommel, pourtant avare de compliments, ne cache pas son admiration devant l'héroïque résistance des troupes françaises à Bir Hakeim :

« La principale difficulté consistait à ouvrir des brèches dans les champs de mines, sous le feu des troupes françaises. Appuyés par les attaques continues de l'aviation, les groupes d'assaut, composés de troupes appartenant à diverses armes et prélevés sur différentes unités, engagèrent l'action au nord et au sud. Mais, chaque fois, l'assaut était stoppé devant les fortifications remarquablement établies par les Français.

« Le 7 juin au matin, l'infanterie repartit à l'assaut. Malgré son mordant, cet assaut fut stoppé par le feu de toutes les armes dont disposaient les encerclés. C'était un admirable exploit de la part des défenseurs français qui, entre-temps, s'étaient trouvés totalement isolés. Le 8 juin, l'attaque se poursuivit. Pendant toute la nuit, nous n'avions cessé de lâcher des fusées et de battre les positions de défense avec nos mitrailleuses pour empêcher les Français de prendre du repos. Et pourtant, le lendemain, lorsque mes troupes repartirent, elles furent accueillies par un feu violent, dont l'intensité n'avait pas diminué depuis la veille. L'adversaire se terrait dans ses trous individuels et restait invisible.

« Le 11 juin 1942, la garnison française devait recevoir le coup de grâce. Malheureusement pour nous, les Français n'attendirent pas. En dépit des mesures de sécurité que nous avions prises, ils réussirent à quitter la forteresse et à sauver une partie importante de leurs effectifs » (archives militaires allemandes, Fribourg-en-Brisgau).

Les forces navales et aériennes françaises libres

Les forces navales françaises libres (FNFL), fortes de 62 bâtiments de tous types, se distinguent dans l'Atlantique, en Méditerranée et dans le

Pacifique, aux côtés des flottes alliées. De 1940 à 1943, les FNFL coulent une quarantaine de navires ennemis, dont 17 sous-marins. Durant la même période, les pertes FNFL s'élèvent à 9 navires militaires et 37 navires marchands coulés, 658 marins tués ou portés disparus.

Les forces aériennes françaises libres (FAFL), présentes dès la fin juin 1940 en Grande-Bretagne et en Afrique, puis au Levant en 1941, se constituent peu à peu en groupes organisés, avec du matériel britannique (chasseurs, bombardiers, éclaireurs, ravitailleurs). Le groupe de chasse Alsace naît le 15 septembre 1941 au Levant et le groupe de bombardement Lorraine le 24 du même mois, également au Levant. Le groupe de chasse Île-de-France suit le 20 octobre en Grande-Bretagne, le groupe de bombardement Bretagne le 1er janvier 1942 au Tchad, le groupe de chasse Normandie, futur Normandie-Niémen, le 1er septembre au Levant, enfin les groupes de surveillance Artois et Picardie en juin 1943 au Levant et en Afrique. Parallèlement sont créés deux régiments parachutistes en Grande-Bretagne, issus de l'infanterie de l'air dont l'origine remonte à la seconde moitié des années 1930. Au milieu de 1942, gagnant en importance, les FAFL atteignent près de 1 500 officiers, sous-officiers et hommes du rang. Le 27 juin 1943, à quelques jours de leur fusion avec l'aviation française d'Afrique du Nord, les FAFL atteignent 3 200 personnes.

De juillet 1940 à juillet 1943, les FAFL déplorent 500 tués au combat et 152 prisonniers, soit environ 40 % des effectifs du personnel navigant. Durant la même période, les FAFL revendiquent 315 avions ennemis abattus officiellement, 35 probablement, 67 endommagés, 6 bâtiments coulés, 12 incendiés et 86 avariés, sans compter des centaines de véhicules et matériels de toutes sortes détruits sur l'ensemble du front.

De 1941 à 1945, le groupe de chasse Alsace accomplit 4 500 sorties, dont 655 de bombardements en piqué, remporte 51 victoires confirmées, 16 probables, coule 27 navires, détruit plus de 500 véhicules au sol, déplore la perte de 21 pilotes dans ses rangs. Durant la même période, le groupe de chasse Île-de-France accomplit 7 100 sorties, abat 75 avions ennemis et perd de son côté 38 pilotes. De 1942 à 1945, le groupe de chasse Normandie-Niémen, engagé sur le front russe, remporte 273 victoires confirmées, 37 probables, endommage également 47 avions ennemis, le tout en 869 combats aériens, pour la perte dans ses rangs de 42 pilotes tués sur 96 présents. De 1941 à 1945, le groupe de bombardement Lorraine perd plus de 100 de ses membres, déverse 2 500 t de bombes en plus de 3 000 sorties.

En juillet 1943, les FFL totalisent 50 000 hommes au sein de l'armée de terre, 12 500 dans la marine, 3 200 dans l'aviation, 7 600 au sein de divers services (réseaux et comités), soit un total de 73 300 individus.

Figure 11-5 : Le commandant Prosper Dorizon (oncle de l'auteur), aviateur des forces aériennes françaises libres (collection privée, DR).

La campagne de Tunisie 1942-1943

Lorsqu'en novembre 1942 les troupes alliées débarquent en Afrique du Nord (Algérie et Maroc), l'armée française d'Afrique reprend le combat contre l'Axe. En Tunisie débute une rude campagne contre les forces germano-italiennes, où l'armée française d'Afrique, aux ordres des généraux Giraud et Juin, engage 75 000 soldats, provenant de quatre divisions d'infanterie (divisions de marche d'Alger, de Constantine, du Maroc et d'Oran), regroupant des régiments de tirailleurs algériens, marocains, tunisiens, des troupes de montagne du Maroc avec les célèbres goumiers, des régiments de spahis et de chasseurs d'Afrique, le corps franc d'Afrique du général de Monsabert. L'armée d'Afrique, pauvrement équipée en matériel lourd, avec un armement datant de la guerre 14-18 et de la campagne de 39-40, est soutenue par 95 000 soldats américains et 130 000 soldats britanniques. Les forces de l'Axe disposent de 80 000 combattants allemands et 110 000 soldats italiens.

Durant l'hiver 1942-1943, l'armée d'Afrique défend la moitié des 300 km du front nord tunisien. Elle repousse avec un immense courage les attaques germano-italiennes, permettant ainsi aux divisions anglo-américaines de se préparer pour engager une vaste contre-offensive en avril 1943, qui se termine par la reddition de 150 000 soldats ennemis. L'armée d'Afrique revendique à elle seule la capture de 40 000 soldats germano-italiens.

En six mois de campagne, elle enregistre des pertes importantes, avec 15 000 combattants hors de combat (tués, blessés ou disparus), tandis que les Américains ont perdu 12 000 hommes et les Britanniques 17 000.

L'admiration des Alliés

Un correspondant de guerre anglais dépeint ainsi les soldats franco-africains de la campagne de Tunisie de 1943 : « Habillés de loques, armés d'antiques fusils Lebel de 14-18 et de quelques canons de 75, dépourvus de tout transport. Leur vaillance était stupéfiante, car ils n'avaient aucune chance devant l'équipement moderne des Allemands » (archives militaires britanniques, Londres).

Le général anglais Anderson, commandant de la 1re armée britannique, déclare de son côté « qu'il ne pourra jamais chanter assez les louanges des Français pour avoir tenu ferme la Grande Dorsale (chaîne montagneuse tunisienne) au début de la campagne. Les Français brûlaient de se battre, leur courage et leur enthousiasme étaient magnifiques. Si on leur avait confié des armes et des équipements convenables, ils auraient rendu des services bien plus appréciables encore ; tel quel, il est étonnant qu'ils aient réussi à tenir l'ennemi en échec » (archives militaires britanniques, Londres).

Une armée nouvelle

Cette nouvelle armée française est composée d'Africains (Tunisiens, Marocains, Algériens, Sénégalais...) et pour moitié de pieds-noirs et de Français venus de la métropole ou des colonies. La proportion des engagés volontaires par rapport aux appelés est d'environ un tiers.

Les accords alliés d'Anfa, conclus en janvier 1943, prévoient d'équiper l'armée française d'Afrique d'un armement moderne, provenant surtout des États-Unis, et la constitution d'une force armée de 600 000 hommes, dont plus de la moitié provient des possessions d'outre-mer : 134 000 Algériens, 73 000 Marocains, 26 000 Tunisiens et 92 000 d'Afrique noire, parmi lesquels 42 000 sont originaires de l'Afrique de l'Ouest, 23 000 de l'Afrique centrale et 27 000 de Madagascar. On compte donc 325 000 soldats africains au sein de cette armée de 600 000 hommes.

L'ensemble s'articule autour de cinq divisions d'infanterie (DI) et trois divisions blindées (DB) : 1re division de la France libre (DFL), 2e division d'infanterie marocaine (DIM), 3e division d'infanterie algérienne (DIA), 4e division marocaine de montagne (DMM), 9e division d'infanterie coloniale (DIC), 1re, 2e et 5e DB. À cela il convient d'ajouter des unités spécialisées comme les parachutistes (trois régiments de chasseurs parachutistes), le bataillon de choc, le groupe de commandos d'Afrique, des groupements de tabors marocains, des commandos de fusiliers marins, ainsi que des régiments d'infanterie non endivisionnés. Près de 10 000 de ces soldats libèrent la Corse, aux côtés de 80 000 soldats italiens ralliés à la France, en septembre-octobre 1943. Les 20 000 combattants allemands sont chassés de l'île après de durs combats, au cours desquels se distinguent particulièrement les tirailleurs et les goumiers marocains.

Figure 11-6 : Tirailleurs marocains (collection privée, DR).

La campagne d'Italie 1943-1944

Le débarquement des Alliés en Sicile en juillet 1943, suivi de ceux d'Italie du Sud en août et septembre, oblige le IIIe Reich à engager sur le front italien une vingtaine de divisions, représentant un total de 110 bataillons. Le front se stabilise sur un théâtre de guerre montagneux dans les Abruzzes, long de près de 300 km, entre Naples et Rome. Les Alliés engagent 39 bataillons britanniques, 65 américains, 45 franco-africains, 12 canadiens, 12 polonais et 9 indiens, soit un total de 182 bataillons alliés. Comme on peut le constater par les chiffres, la participation des troupes franco-africaines est considérable.

La puissance du corps expéditionnaire français

L'ordre franco-africain de bataille, appelé corps expéditionnaire français (CEF), représente 120 000 hommes, 12 000 véhicules et 2 500 animaux. L'ensemble, commandé par le général Alphonse Juin, repose sur la 2e DIM du général Doddy, la 3e DIA du général de Monsabert, le groupement de tabors marocains (GTM) du général Guillaume, la 4e DMM du général Sevez et la 1re DFL du général Brosset. Toutes ces unités arrivent progressivement sur le front italien. La 2e DIM monte en ligne en décembre 1943, la 3e DIA en janvier 1944, le GTM, la 4e DMM et la 1re DFL en avril-mai 1944.

Près de 700 000 soldats alliés affrontent 400 000 soldats allemands. La chaîne montagneuse des Abruzzes, dont certains sommets culminent à 2 200 m d'altitude, facilite grandement la défense des troupes allemandes. Les troupes anglo-américaines, peu habituées à la guerre en montagne, se montrent incapables d'enfoncer les solides positions ennemies, juchées sur des sommets escarpés. Les troupes franco-africaines de Juin vont faire la différence, avec les tirailleurs algériens, marocains, tunisiens et les goumiers marocains, spécialistes de la guerre sur les sommets enneigés ou rocailleux.

Alors que toutes les attaques alliées ont été repoussées avec de lourdes pertes, dès son entrée en ligne, la 2e DIM se distingue en enlevant d'assaut, le 15 décembre 1943, après un combat acrobatique, le mont San Michele (1 158 m), malgré les nombreux blockhaus qui balaient de leurs tirs les pentes rocailleuses. Le lendemain, le mont Pantano (1 110 m) tombe à son tour. Bousculés et impressionnés par l'héroïsme et la férocité des assaillants franco-marocains, les Allemands s'empressent de relever la CCCV^e division d'infanterie par la Ve division de montagne, venue spécialement du front russo-finlandais. Malgré la présence de cette unité d'élite, les Franco-Marocains s'emparent le 28 décembre du massif de la Mainarde, à 1 478 m d'altitude. Le jour suivant, l'offensive se poursuit avec la conquête de Monna Casale, à plus de 1 200 m d'altitude. Les renforts allemands du CXV^e régiment de grenadiers ne peuvent arrêter l'avance des soldats de Juin, c'est une formidable tempête de neige qui stoppe l'étonnante progression des troupes franco-marocaines, qui en trois semaines ont perdu 1 000 hommes (tués, blessés ou disparus), contre près de 3 000 chez les Allemands, dont un nombre important de prisonniers. Les soldats marocains se battent avec une bravoure extraordinaire qui terrifie les meilleurs soldats allemands.

L'admiration du commandement allemand

Les termes du compte rendu du général Ringel, commandant de la Ve division allemande de montagne, sont éloquents : « L'infanterie franco-marocaine se montre ardente, manœuvrière, déjà bien habituée au canon et au mortier. Elle constitue un instrument de qualité exceptionnelle entre les mains du commandement français. La valeur des cadres de cette infanterie est connue depuis la campagne de Tunisie. Ils se sont comportés admirablement, comme on pouvait le craindre. Les jeunes Français du rang se sont conduits de façon admirable, donnant l'exemple et payant ardemment de leur personne.

« Enfin le général anglais Alexander et le général américain Clarck, commandants des troupes alliées en Italie, se rendent à l'évidence et doivent admettre qu'au nord du front, face à la Ve division allemande de montagne et aux débris de la XLIVe division d'infanterie, se tient toujours l'homme que même le commandement allemand a reconnu comme son adversaire le plus dangereux en Italie : le général Juin et ses Franco-Africains.

« On est obligé de reconnaître aux divisions du CEF un commandement souple, une volonté de nous talonner et de bousculer nos mouvements de décrochage. Unités exceptionnelles à l'esprit combatif, mordant et offensif » (archives militaires allemandes, Fribourg-en-Brisgau).

Le maréchal Kesserling, commandant en chef des armées allemandes en Italie, ne cache pas son admiration pour les troupes franco-africaines : « La tactique des Américains et des Anglais a été dans l'ensemble très méthodique. Les succès locaux ont été rarement exploités. En revanche, les Français ont attaqué avec un mordant extraordinaire, et exploité à fond chaque succès en y concentrant aussitôt des effectifs. On a noté la façon française de déborder largement quand c'était nécessaire, par une manœuvre d'envergure, les points d'appui allemands.

« À plusieurs reprises, des terrains montagneux réputés impraticables ont été franchis par l'ennemi qui semble s'être préparé jusque dans les plus petits détails pour cette opération et qui est équipé en conséquence. Il y a donc lieu de garder méthodiquement même les terrains considérés comme impossibles. Spécialement remarquable est la grande aptitude tous terrains des troupes françaises qui franchissent rapidement les zones montagneuses, avec leurs armes lourdes chargées sur des mulets, et qui essaient toujours de déborder nos positions par des larges manœuvres, et de percer par-derrière » (archives militaires allemandes, Fribourg-en-Brisgau).

La conquête des montagnes italiennes

Début janvier 1944, la 3e DIA du général de Monsabert vient renforcer la 2e DIM. Peu après, les deux divisions franco-africaines s'emparent d'importantes positions montagneuses, jugées imprenables par les Allemands, comme les monts Monna Casale, Molino, Pantano, Marrone, Lago, Raimo, Ferro, à plus de 1 000 m d'altitude, après des combats acharnés.

Pendant les jours qui suivent, les troupes de Juin traversent le Rapido, enlèvent les cotes 1040-1029 et le col d'Arena, poussent le long d'un axe jalonné par les monts Passero, Vade d'Aquo, Rio Il Gallo. Après avoir pris Acquafonda, les tirailleurs traversent Vallerontonda et se déploient sur une ligne allant de Valvori à Saint-Elia. Du 11 au 22 janvier 1944, la seule division marocaine a perdu 4 000 hommes. Les Allemands ont été obligés d'engager toutes leurs réserves pour endiguer l'avance française.

Du 25 au 30 janvier 1944, la 3e DIA accomplit l'exploit de s'emparer des positions, jugées imprenables, du Belvédère, à près de 1 000 m d'altitude dans les Abruzzes, en plein hiver et contre un adversaire défendant farouchement ses positions. Outre la capture de 1 200 soldats ennemis, le CEF retient 17 bataillons allemands sur son front, soit 44 % des forces ennemies engagées contre la 5e armée alliée.

Fer de lance des troupes alliées

Au début de mai 1944, le CEF, renforcé des autres divisions prévues, occupe l'étroite tête de pont du Garigliano inférieur, dominé par des montagnes culminant à 1 200 m. Alors que les troupes anglo-britanniques piétinent dans les vallées, les troupes franco-africaines font une fois de plus la différence en s'emparant des sommets les plus escarpés. La 2e DIM enlève le mont Majo le 13 mai, la 1re DFL nettoie la bouche du Garigliano et progresse en direction de San Andrea. La 3e DIA fait sauter le verrou de Castelforte après un terrible corps à corps. Les jours suivants, la 4e DMM et le groupement de tabors marocains (25 000 hommes et 4 000 mulets) effectuent la percée décisive au massif des Aurunces, à plus de 1 200 m d'altitude. Le front allemand s'écroule.

Le CEF a rempli sa mission de fer de lance, en sortant les Alliés de l'enlisement. La bataille pour la conquête de la ville de Rome est avant tout une victoire française. Les troupes françaises, avec celles des États-Unis, sont les premières à entrer victorieusement dans la capitale italienne début juin 1944. En juillet, les soldats du général Juin s'emparent de Sienne, après de violents combats. La campagne d'Italie se termine en triomphe pour l'armée d'Afrique. Mais les pertes sont lourdes : pour un corps expéditionnaire ayant atteint 120 000 hommes, on compte 33 000 soldats hors de combat (tués, blessés, disparus) de décembre 1943 à juillet 1944. La 2e DIM compte 12 000 tués ou blessés, la 4e DMM 3 500, les goums 2 900. Sur les 100 000 soldats allemands mis hors de combat durant la même période, au moins 45 000 sont à mettre à l'actif du CEF, dont 10 000 prisonniers.

La campagne de France 1944-1945

C'est cette même armée d'Afrique qui débarque en Provence le 15 août 1944, sous le commandement du général de Lattre de Tassigny. La garnison allemande de Toulon, protégée par 30 forts, une abondante artillerie et d'innombrables casemates, comprend 18 200 hommes. De Lattre ne dispose à ce moment que de 16 000 hommes débarqués, provenant de la 3e DIA, de la 1re DFL et de la 9e DIC, du bataillon de choc et des commandos d'Afrique. Malgré son infériorité numérique, il accomplit l'exploit de s'emparer de cette immense place forte en une semaine, après des combats acharnés. La bataille de Toulon coûte 2 700 tués ou blessés aux troupes françaises, contre 1 200 tués et 17 000 prisonniers allemands, sans oublier un butin de 200 canons.

À Marseille, la garnison allemande compte 13 000 hommes et 150 pièces d'artillerie. La 3e DIA et la 1re DB doivent livrer une bataille d'une semaine pour s'emparer de la ville, au prix de 1 825 tués ou blessés dans les rangs français, pour 2 000 tués et 11 000 prisonniers allemands.

L'armée d'Afrique, qui devient la 1re armée française, remonte la vallée du Rhône, libère avec les unités FFI (forces françaises de l'intérieur) de nombreuses villes du sud-est de la France, malgré la résistance acharnée des garnisons allemandes. Au même moment, la 2e DB du général Leclerc débarque en Normandie en août 1944, capture 3 000 soldats ennemis dans la forêt d'Écouves, détruit un régiment de panzers, pour la perte d'un millier de soldats (tués, blessés ou disparus) de son côté. La 2e DB fonce sur Paris, qu'elle libère le 24 août avec les FFI. Les combats pour la libération de la capitale ont été meurtriers : les FFI ont perdu 900 des leurs et 1 500 blessés, la division Leclerc 628 soldats, tués ou blessés. Les Allemands comptent 3 200 tués et 14 000 prisonniers. Le 13 septembre 1944, la 2e DB livre bataille à la CXIIe panzerbrigade, à Dompaire : 49 chars allemands sont détruits pour seulement une dizaine de blindés français. La jonction entre la 2e DB et l'armée De Lattre s'est réalisée un jour auparavant sur le plateau de Langres.

Débute la difficile campagne des Vosges et d'Alsace de l'hiver 1944-1945, où l'armée De Lattre doit tenir un front de 120 km en montagne, dont certains sommets dépassent 1 000 m d'altitude, dans des conditions climatiques extrêmes, face à la XIXe armée allemande, constituée en partie d'unités fanatisées. Attaques et contre-attaques se succèdent des deux côtés durant plusieurs mois. La bataille de la trouée de Belfort et de la Haute-Alsace, du 14 au 28 novembre 1944, coûte 6 000 tués, blessés ou disparus à l'armée De Lattre, ainsi que 1 700 évacués pour gelures graves, sans oublier 130 blindés détruits. Les pertes allemandes sont considérables : 10 000 tués et 17 000 prisonniers, 120 canons et une centaine de blindés détruits ou capturés. Le 23 novembre, la 2e DB libère Strasbourg, en infligeant à l'ennemi des pertes sévères.

La première bataille de la poche de Colmar, en décembre 1944, se solde par la capture de 6 000 soldats allemands. Le 7 janvier 1945, la XIXe armée allemande contre-attaque mais l'armée De Lattre repousse vaillamment les assaillants, sous un froid terrible (− 20 °C). La poche de Colmar est finalement réduite le 2 février 1945 par les troupes françaises. La conquête de cette poche coûte 13 400 tués ou blessés au général de Lattre, tandis que les Allemands ont perdu 35 000 hommes, dont 20 000 prisonniers.

La campagne d'Allemagne 1945

En mars 1945, à la veille de l'offensive alliée contre l'Allemagne, les Alliés alignent sur le front ouest 90 divisions, dont 58 américaines, 18 britanniques, 10 françaises, 3 canadiennes et 1 hollandaise. Il convient d'ajouter 10 autres divisions françaises, issues de la Résistance intérieure, qui luttent sur le front des poches de l'Atlantique et le front des Alpes occidentales face à un nombre équivalent de divisions allemandes ou italiennes. Comme on peut le constater par les chiffres, la participation de l'armée française à la victoire finale est importante à l'ouest. Bien que repoussée derrière le Rhin, l'armée allemande représente encore une force armée de 73 divisions à effectifs incomplets. La fin est cependant proche. L'absence totale de soutien aérien et la pénurie de tout matériel de guerre rendent la défaite inévitable.

Alors que 80 divisions alliées tiennent 530 km du front occidental, les seules 10 divisions de la 1re armée française s'étalent sur 200 km, avec face à elles deux armées allemandes (XIXe et XXIVe), sans oublier le XVIIIe corps d'armée SS, dont l'ensemble représente une dizaine de divisions.

Figure 11-7 : Soldat de la 1re armée française en 1944-1945 (collection privée, DR).

Le 31 mars 1945, les troupes françaises franchissent le Rhin. Débute alors la stupéfiante campagne d'Allemagne, menée d'une main de maître par le général de Lattre et sa 1re armée, forte de plus de 600 000 hommes.
Du 31 mars au 7 mai 1945, l'armée française conquiert, après des combats acharnés, 80 000 km² du grand Reich hitlérien, les régions du Palatinat, du pays de Bade, du Wurtemberg, de la Bavière et de l'Autriche du Sud. Cette même armée française détruit les XIXe et XXIVe armées allemandes, ainsi que le XVIIIe corps d'armée SS, et capture 130 000 soldats ennemis. Les pertes militaires françaises ne dépassent pas 6 000 hommes (tués, blessés ou disparus).

Figure 11-8 : Le passage du Rhin par le général de Gaulle en 1945 (collection privée, DR).

Du débarquement de Provence (15 août 1944) à la capitulation de l'Allemagne (8 mai 1945), la 1re armée française a capturé 300 000 soldats allemands. Elle compte de son côté 57 000 soldats tués ou blessés au combat. Aux côtés des

Britanniques, des Américains et des Soviétiques, le général de Lattre, qui représente la France, signe à Berlin l'acte de capitulation de l'Allemagne, dans la nuit du 8 au 9 mai 1945. La France retrouve sa place de grande puissance victorieuse. De la Tunisie à l'Allemagne, l'armée française d'Afrique a joué un rôle souvent important dans la victoire des Alliés.

Le rôle des FFI

Les maquis de la Libération, regroupés au sein des FFI sous les ordres du général Koenig, unissent les trois grandes composantes de la Résistance française, avec l'armée secrète (gaulliste), l'ORA (giraudiste) et les francs tireurs partisans (communistes). Les 300 000 FFI mobilisés durant l'été 1944, partiellement armés par les parachutages des Alliés, jouent un rôle important dans la libération de la France. En Bretagne, avec l'aide des 2e et 3e régiments de chasseurs parachutistes FFL, ils bloquent 150 000 soldats allemands, en multipliant les sabotages et les embuscades, favorisant ainsi la constitution d'une tête de pont des Alliés en Normandie. Les FFI du Sud-Ouest libèrent seuls un quart du territoire national, capturent de nombreuses garnisons allemandes. Dans le Sud-Est, ils soutiennent activement l'avance des troupes alliées, prennent en charge la défense du front des Alpes occidentales, avec 40 000 hommes face à 4 divisions germano-italiennes. À l'ouest, les maquis capturent 20 000 soldats allemands en août 1944.

Figure 11-9 : Soldat français des forces françaises de l'intérieur en 1944 (collection privée, DR).

Un total de 140 000 FFI viennent grossir les rangs de l'armée De Lattre et de la division Leclerc, de septembre 1944 à mai 1945.

Du 14 avril au 8 mai 1945, après une guerre de position de huit mois, la brigade Carnot, la division Gironde, la brigade Oléron, la division Charente, issues en majorité des FFI, dont l'ensemble regroupe au total 56 500 hommes, appuyés par les blindés de l'armée régulière, la marine et l'aviation françaises, libèrent les poches de l'Atlantique du Médoc, de Royan-Oléron, de La Rochelle, défendues par 30 000 soldats ennemis, retranchés dans près de 900 blockhaus, soutenus par 500 pièces d'artillerie et protégés par 1 200 000 mines. Les pertes témoignent de l'acharnement des combats et de l'ampleur du succès : 4 000 soldats français hors de combat (tués, blessés, portés disparus), contre 27 000 dans les rangs ennemis (tués, blessés et prisonniers).

La marine et l'aviation

La marine française, forte de 400 000 t de navires de guerre en 1943, participe activement au transport des troupes françaises pour la conquête de la Corse (septembre-octobre 1943), de la campagne d'Italie (décembre 1943-mai 1944), aux opérations des débarquements de l'île d'Elbe, de Normandie et de Provence (juin-août 1944), sans oublier la lutte sur mer dans l'Atlantique, en Méditerranée et dans le Pacifique.

La marine de guerre française a subi de lourdes pertes durant la Seconde Guerre mondiale, avec une centaine de navires coulés ou sabordés, dont 8 bâtiments de ligne de 10 000 à 35 000 t et une cinquantaine de torpilleurs de 650 à 1 500 t. Les pertes infligées aux marines de l'Axe sont également importantes : 130 navires de tous types coulés (civils réquisitionnés ou militaires). Le sous-marin français *Rubis* revendique à lui seul la destruction de 16 bâtiments ennemis.

Durant la Seconde Guerre mondiale, la chasse française obtient 1 600 victoires en combat aérien, dont la moitié en mai-juin 1940. Son as des as est le lieutenant Pierre-Henri Clostermann, qui totalise un palmarès impressionnant : plus de 2 000 heures de vol (1942-1945), dont près de 600 en vol de guerre, 33 victoires homologuées et 5 probables. De plus, il a détruit lors d'assauts en vol rasant 225 camions, 72 locomotives, 5 chars et une quantité considérable de matériels ennemis.

En 1944, forte de 41 groupes de chasse, de bombardement, de reconnaissance et de transport, dont l'ensemble représente un millier d'avions, l'armée de l'air française retrouve une puissance non négligeable aux côtés des Alliés. De mai 1940 à mai 1945, elle déplore la perte 1 541 aviateurs tués en opération.

Les 15 groupes français de chasse ayant effectué des missions de bombardement de 1943 à 1945 ont détruit 129 locomotives, 11 615 wagons,

5 311 véhicules divers, 46 navires de fort tonnage, 420 péniches, 198 batteries d'artillerie, 120 dépôts de munitions, 103 dépôts d'essence et 104 usines d'armement.

Bilan des pertes

Les pertes militaires françaises de la Seconde Guerre mondiale atteignent 255 200 tués (soldats et résistants), tandis que celles des États-Unis atteignent 300 000 tués, celles de Grande-Bretagne 326 000, de son côté l'armée soviétique déplore 13 600 000 tués. L'armée française et les forces combattantes de la Résistance française peuvent revendiquer la mise hors de combat de 900 000 soldats de l'Axe (allemands ou italiens tués, blessés et prisonniers), dont 212 000 en mai-juin 1940 et 688 000 de 1941 à 1945. La place de la France aux côtés des trois autres grandes puissances victorieuses n'est donc pas usurpée, comme les chiffres en témoignent par eux-mêmes.

Chapitre 12

« Le rêve passe » : l'armée française et la décolonisation

Dans ce chapitre :
- ▶ L'Indochine
- ▶ L'Algérie
- ▶ Le putsch des généraux

Au lendemain de la capitulation allemande en mai 1945, la France aligne une force armée conséquente de 1 700 000 hommes (terre, air marine), dont 15 à 20 divisions, 40 régiments régionaux, 127 bataillons de sécurité, divers régiments de souveraineté en Afrique du Nord, en Afrique noire, à Madagascar, en Indochine et ailleurs, un millier d'avions et une flotte de 400 000 t. À la fin de 1946, l'armée française réduit ses moyens en fonction des changements internationaux (notamment la fin du danger allemand), avec désormais des effectifs ramenés à 600 000 hommes (terre, air, marine), 700 avions et une flotte de 300 000 t (160 000 t en 1947).

L'empire colonial français subit lui aussi l'évolution du monde, avec diverses phases de décolonisation, qui ne se font pas sans heurts et conflits, entraînant ainsi l'armée française à intervenir en Afrique, en Indochine et ailleurs.

La guerre d'Indochine

Le 9 mars 1945, l'armée japonaise s'empare par surprise de l'Indochine, désarme ou massacre les garnisons françaises, dont seulement 5 000 hommes parviennent à gagner le sud de la Chine. Le 15 août, le Japon capitule. Le gouvernement français espère remettre au plus vite la main sur l'Indochine, alors occupée au nord par les troupes chinoises et au sud par l'armée britannique. Le 2 septembre, à Hanoi, le leader communiste indochinois Hô Chi Minh proclame l'indépendance du Victnam, qui englobe le Tonkin, l'Annam et la Cochinchine. Il se trouve à la tête de troupes communistes, les Viêt-minh, hostiles au colonialisme et à la présence française.

Le général Leclerc arrive à Saigon début octobre 1945, à la tête d'un corps expéditionnaire de 25 000 soldats, avec pour mission de rétablir la souveraineté française sur l'ensemble du territoire indochinois. Par des raids éclairs, il entreprend la «pacification» de la Cochinchine et du Sud-Annam, qu'il juge achevée en février 1946. Pacification relative : bien que durement éprouvées par les attaques françaises, les bandes du Viêt-minh trouvent refuge dans les rizières, les forêts, les zones marécageuses, d'où les embuscades peuvent se multiplier contre les troupes françaises.

Figure 12-1 : Soldats français en Indochine (collection privée, DR).

En mars 1946, le corps expéditionnaire français s'empare du Tonkin, dans le cadre de l'opération *Bentré*, marquée par un engagement sévère à Haipong contre des éléments chinois. Assuré désormais de sa pleine puissance, Leclerc décide de négocier avec Hô Chi Minh, afin de lui faire

Chapitre 12 : « Le rêve passe » : l'armée française et la décolonisation

reconnaître une autonomie relative du Vietnam au sein de la fédération indochinoise de l'union française, une formule qui doit garantir les intérêts culturels et économiques de la France et assurer le maintien d'une présence militaire. Nullement dupes du double jeu de Hô Chi Minh, Leclerc, puis le général Valluy, qui lui succède en juillet 1946, renforcent les moyens militaires français, qui finissent par atteindre 115 000 hommes en 1947, associant métropolitains, troupes coloniales, Légion étrangère et supplétifs vietnamiens. La mission est le rétablissement de l'ordre dans une union indochinoise associée à la France. Les commandants en chef français du corps expéditionnaire se succèdent, avec le général Salan (février-avril 1948), le général Blaizot (avril 1948-septembre 1949), le général Carpentier (septembre 1949-décembre 1950).

L'aide chinoise contre la France

Le tournant majeur de la guerre d'Indochine intervient en 1949, avec l'arrivée des troupes chinoises communistes de Mao à la frontière du Tonkin. Le Viêt-minh dispose désormais d'une base arrière, où il installe des camps d'entraînement, reçoit un matériel militaire soviétique et chinois de plus en plus important. En moins de deux ans, le général Giap, commandant militaire du Viêt-minh, met sur pied 8 divisions, équipées d'un armement lourd, notamment en artillerie.

L'arrivée des troupes de Mao le long de la frontière indochinoise incite le général français Revers, alors en mission, à préconiser l'évacuation des postes les plus exposés au nord, afin de renforcer les bases arrière, en vue d'une contre-offensive. Le commandement s'y oppose dans un premier temps, mais devant l'aggravation de la situation, le général Carpentier finit par se rallier en octobre 1950 au principe d'une évacuation. Les 4 bataillons du colonel Le Page, partis de Lang Son, doivent faire sauter le verrou de Dong Khe tenu par le Viêt-minh avant de rejoindre les 3 bataillons du colonel Charton venus de Cao Bang. Le Page ne parvient pas à faire sauter le verrou. Charton emprunte une piste à peine frayée. Face aux 7 bataillons français, Giap lance dans la bataille 25 bataillons, dont plusieurs rameutés de Chine. Encerclées, les troupes françaises opposent une résistance acharnée : 5 000 soldats français disparaissent dans l'opération, 700 survivants parviennent à gagner les lignes françaises.

Les succès du général de Lattre

En décembre 1950, le général de Lattre de Tassigny arrive en Indochine et prend le commandement des troupes françaises. Il obtient des renforts importants, 12 bataillons d'infanterie et 5 groupes d'artillerie, et remporte de janvier à juin 1951 toute une séries de victoires, Vinh Yen, Mao Khe, Phat Diem. Le Viêt-minh y subit des pertes sévères. Hanoi et le delta sont sauvés. En se rendant aux États-Unis, De Lattre obtient également un soutien matériel conséquent, afin d'équiper ses troupes. Il fait construire un système fortifié au nord, constitué de 900 fortins, la ligne De Lattre, qui tient en échec à plusieurs reprises les assauts de l'ennemi. Cependant, atteint d'un cancer et très éprouvé par la mort de son fils unique, Bernard, tué au combat, De Lattre quitte l'Indochine le 19 novembre 1951, et meurt deux mois plus tard, le 11 janvier 1952. Le 15, la veille de ses funérailles, il est élevé, à titre posthume, à la dignité de maréchal de France.

Le général Salan lui succède et met en place une nouvelle tactique, fondée sur des «hérissons», soit des bases aéroterrestres bien pourvues en artillerie et édifiées autour d'un terrain d'aviation. Cette formule donne d'excellents résultats dans un premier temps : en novembre et décembre 1952, à Nan San, Giap et ses soldats essuient deux échecs coûteux.

Le 28 mars 1953, le général Navarre succède à Salan. Il met au point un plan qui repose sur deux idées fortes : rester sur la défensive au Nord-Vietnam, éliminer les bastions viets au Centre et au Sud-Annam, de façon à récupérer des effectifs importants. Ne passer à l'offensive qu'en 1955, une fois que l'armée régulière indochinoise de Bao Dai, alliée à la France, sera apte à la guerre de mouvement. Les débuts sont prometteurs, avec un raid aéroporté parfaitement réussi sur Lang Son, marqué par la destruction d'importants dépôts d'armes. En revanche, les opérations menées au Centre-Annam n'aboutissent qu'à des résultats décevants et des pertes élevées. Giap riposte par une marche en direction du sud, vers le Cambodge, et la reprise de l'offensive vers le Mékong et le Nord-Annam.

Diên Biên Phu et la fin de la présence française

Face à la menace sur le Laos, le général Navarre reprend la formule de Salan de base aéroterrestre. Le 20 novembre 1953, 6 bataillons de parachutistes sont largués sur Diên Biên Phu et aménagent un aérodrome. La piste d'aviation permet d'acheminer des renforts et du matériel, avec notamment 24 canons de 105 mm, 4 de 155 mm, 20 mortiers de 120 mm et 10 chars légers. Sous les ordres du colonel de Castries, la garnison française finit par atteindre 16 000 hommes. Giap, qui a la ferme intention de s'emparer de ce camp retranché, aligne 50 000 hommes et une puissante artillerie (24 canons de 105 mm, 15 canons de 75 mm, 20 mortiers de 120 mm et une DCA comprenant 20 mitrailleuses lourdes et 36 pièces de 37 mm). Il mobilise également 75 000 travailleurs, chargés d'aménager un réseau routier, de hisser l'artillerie aux sommets des collines entourant la base française, d'acheminer des tonnes de ravitaillement et de munitions. Ce travail gigantesque s'effectue de nuit et permet de mettre en ligne un immense corps de bataille, encerclant Diên Biên Phu.

Une lutte particulièrement acharnée

Giap n'envisage pas d'enlever le camp retranché en un seul élan, mais de faire tomber les points d'appui successifs par des attaques nocturnes. L'assaut du 13 mars 1954 débute par une intense préparation d'artillerie qui surprend totalement le commandement français. Le colonel Piroth, commandant de l'artillerie française de Diên Biên Phu, incapable de contrebattre celle de l'ennemi, se suicide. Le terrain d'aviation, soumis à un terrible déluge d'obus, ne reçoit plus que partiellement le ravitaillement nécessaire. En dehors de quelques atterrissages nocturnes, le soutien de la garnison ne s'effectue plus que par le parachutage de cinq bataillons de renforts.

La résistance des troupes françaises est particulièrement acharnée. Devant l'importance grandissante de ses pertes, Giap décide d'encercler la garnison par un extraordinaire lacis de tranchées et de boyaux facilitant les assauts futurs. Les attaques interviennent toujours de nuit, précédées par des tirs d'artillerie et menées avec un esprit de sacrifice étonnant. La combativité de la garnison française s'apparente à celle de Verdun en 1916. Les paras et les légionnaires font preuve d'un sens du sacrifice extraordinaire. La direction des opérations, dans le camp français, repose sur deux officiers d'exception, que sont le colonel Langlais et le lieutenant-colonel Bigeard, le premier assurant la conduite générale de la bataille, le second menant les contre-attaques. L'aviation française, trop peu nombreuse, se montre incapable de soutenir efficacement la garnison. D'autant que la puissante DCA de Giap interdit toute approche des environs. Après cinquante-sept jours de lutte sanglante, les munitions sont totalement épuisées, la forteresse de Diên Biên Phu est contrainte de capituler, le 7 mai 1954.

Des pertes importantes dans les deux camps

Le bilan de cette bataille est terrible : 8 000 soldats français hors de combat (tués, blessés, disparus) et 8 000 prisonniers, dont moins de la moitié seront restitués après le cessez-le-feu. Les pertes viêt-minh atteignent 10 000 tués et 20 000 blessés.

Diên Biên Phu représente un tournant décisif du conflit. Le 21 juillet 1954, à l'issue de la conférence internationale de Genève, le règlement aboutit à une partition de l'Indochine, avec au Nord la République communiste du Vietnam, au Sud le Vietnam du président Diêm, un anticommuniste viscéral et un partisan convaincu du soutien américain sans la France. En avril 1956, il obtient le départ des dernières troupes françaises, remplacées par une présence militaire américaine de plus en plus importante.

Le corps expéditionnaire français, fort au total de 190 000 soldats et 55 000 auxiliaires locaux, déplore de lourdes pertes, avec 62 138 tués ou disparus : 11 174 légionnaires, 7 464 tirailleurs africains et nord-africains, 28 923 auxiliaires locaux, 1 600 officiers et 12 977 sous-officiers et soldats français de carrière. De son côté, l'armée communiste du Viêt-minh, forte au total de 450 000 hommes, déplore 120 000 morts et le double de blessés. À l'issue de cette guerre sanglante contre les troupes françaises, l'armée communiste du général Giap se trouve réduite à 90 000 hommes valides.

On se focalise généralement sur la bataille de Diên Biên Phu pour expliquer, sous un angle réducteur, l'« échec » militaire français en Indochine. C'est oublier que l'armée française a lutté durant des années contre un ennemi numériquement supérieur, soutenu matériellement par la Chine et la Russie soviétique. Au final, on arrive à un statu quo identique à la situation de 1945, où l'Indochine communiste reste cantonnée au Nord, tandis que le Sud bénéficie du soutien occidental, en l'occurrence celui des États-Unis. Le général Giap n'est pas parvenu à chasser les Occidentaux de toute l'Indochine, il a subi de nombreux revers contre les troupes françaises, avec des pertes de deux à trois fois plus élevées et se retrouve avec une armée très fortement diminuée.

La guerre d'Algérie

Ce conflit débute le 1er novembre 1954, lorsque les indépendantistes algériens emmenés par le tout jeune parti Front de libération nationale (FLN) décident d'entamer la lutte armée contre la présence française. Une soixantaine d'attentats sont perpétrés partout en Algérie. C'est le début d'une guerre de décolonisation qui durera huit années. La présence militaire française se limite à l'époque à 50 000 hommes, dont seulement 20 000 aptes au combat. De son côté le FLN n'aligne guère que de 700 à 800 partisans, dont plus de la moitié sont à peine équipés. L'organisation manque d'armes, d'explosifs et de détonateurs. À la suite de cette série d'attentats, on n'assiste pas à un soulèvement de la population et l'insécurité se limite aux Aurès et à la Kabylie. Le reste de l'Algérie reste calme.

Le FLN en guerre contre la présence française

Le véritable coup de tonnerre se déclenche le 20 août 1955 dans le Constantinois, lorsque le FLN parvient à rassembler plusieurs milliers de manifestants armés de haches, de machettes, de serpes, et à déclencher une vague de massacres à Philippeville et dans ses environs, en particulier dans le centre minier d'El-Halia, où la petite colonie européenne, femmes et enfants compris, est massacrée avec cruauté. La guerre d'Algérie prend alors le visage d'une guerre civile révolutionnaire, marquée par les actes les plus abjects de la barbarie : 71 Français sont assassinés, ainsi qu'une centaine

Chapitre 12 : « Le rêve passe » : l'armée française et la décolonisation

de musulmans francophiles. La répression française est également d'une extrême brutalité : 2 000 musulmans sont massacrés d'après les sources françaises, 12 000 d'après le FLN.

Cette répression a un précédent le 8 mai 1945, lorsque des indépendantistes algériens manifestent, malgré l'interdiction du pouvoir français en place. Des coups de feu claquent. Les indépendantistes se vengent sur les civils français, dont une centaine sont massacrés. La Kabylie, avec Sétif pour épicentre, subit une sévère répression de l'armée française : 3 000 musulmans tués en représailles. Le FLN fait état de 50 000 victimes, un chiffre supérieur à celui de l'ensemble de la population de la région concernée. Ancien maire d'Alger et militant actif de la Ligue des droits de l'homme, le général Tubert, chargé d'une mission d'enquête, donne dans un rapport le chiffre, le plus vraisemblable, de 15 000 morts. Le général Duval, assurant la répression, estime qu'elle apporte un sursis d'une dizaine d'années et invite le gouvernement français à entreprendre d'importantes réformes.

Comme le fait remarquer l'historien Philippe Masson, les causes des soulèvements sont faciles à déterminer. Plusieurs révoltes se sont déjà produites en Kabylie et dans les Aurès depuis la conquête, des régions considérées instables, où la haine envers les colons reste présente. On ne peut négliger également les séquelles de la Seconde Guerre mondiale, la perte de prestige de la France à la suite de la défaite de 1940, les conflits entre pétainistes et gaullistes dans les colonies, le rôle souvent douteux des Américains, la création de l'Organisation des Nations unies (ONU), considérée comme une promesse d'indépendance, et de la Ligue arabe, signe annonciateur d'un renouveau du monde musulman. Ajoutons la déception des musulmans face au statut de l'Algérie de 1947, avec le maintien d'un double collège, associé à des élections outrageusement truquées au bénéfice des Occidentaux.

L'Algérie, partie intégrante de la France, avec ses trois départements, reste cependant marquée par les inégalités politiques et sociales entre Français de souche européenne et Français de souche musulmane. Jacques Soustelle, nommé gouverneur de ce vaste territoire en novembre 1955, a pour mission de réduire les inégalités entre les deux communautés, de lancer une politique de grands travaux afin de réduire le chômage et mettre fin à la misère. Or le FLN, comme il le proclame à l'issue du congrès de la Soummam, en août 1956, entend négocier avec les autorités françaises à l'unique condition que l'indépendance de l'Algérie soit pleinement reconnue. Position inacceptable pour les divers gouvernements français qui visent à intégrer davantage l'Algérie à la France par des réformes multiples en faveur des couches les plus défavorisées, aussi bien occidentales que musulmanes. Pour les principaux chefs militaires français, l'Algérie représente un élément indispensable à la grandeur de la France dans le monde.

L'engagement massif de l'armée française

Contrairement à l'Indochine, la France n'hésite pas à engager en Algérie des moyens militaires de plus en plus importants pour mettre fin à la rébellion.

Le service militaire se trouve porté de 18 à 27 ou 34 mois. Les effectifs connaissent une ascension considérable : 180 000 hommes en janvier 1956, 430 000 deux ans plus tard, sans oublier 270 000 auxiliaires musulmans. L'armée de l'air envoie des commandos et 700 appareils divers (transport, combat, observation), comprenant aussi bien des avions que des hélicoptères. La marine est également présente avec 4 commandos, 3 flottilles de l'aéronautique navale, une demi-brigade de fusiliers marins, ainsi que divers navires.

On assiste simultanément à l'augmentation des effectifs rebelles. De 6 000 hommes à la fin de 1955, les forces du FLN atteignent 20 000 partisans un an plus tard, associés à 50 000 auxiliaires occasionnels. Malgré une force très inférieure à celle du Viêt-minh, le nombre d'embuscades, de sabotages et d'attentats ne cesse d'augmenter en Algérie, passant de 200 en moyenne par mois en 1955 à plus de 2 000 deux ans plus tard.

Avec son expérience acquise en Indochine, l'armée française s'adapte rapidement à cette forme de conflit. Dans les Aurès et en Kabylie, le commandement procède à de vastes opérations de bouclage et de ratissage avec des moyens importants. Le bilan de 1955 se traduit pour les rebelles par 2 820 tués et 1 814 prisonniers dans leurs rangs, tandis que les pertes militaires françaises se limitent à 347 tués et 374 blessés. Une proportion qui va se maintenir pendant toute la durée du conflit. Les pertes du FLN finiront par atteindre 152 863 tués et celles des troupes françaises 28 500 tués, dont 8 000 par accident.

Guérilla et contre-guérilla

En Algérie, l'armée française doit lutter contre une importante guérilla, bénéficiant d'un territoire trois fois plus important que celui de la métropole, propice aux embuscades, aux attentats et aux sabotages. La population occidentale est concentrée sur le littoral, la population musulmane, en majorité rurale, se trouve dispersée à l'intérieur des terres. Des régions entières, souvent montagneuses et arides, constituent d'excellents refuges pour les maquis.

Pour dissocier la population musulmane de la France, le FLN a recours aux pires méthodes de la guerre subversive de la contrainte, comme les massacres de villageois, les assassinats de citadins, la torture à l'arme blanche (mutilations, nez et lèvres coupés), frappant les éléments francophiles, les habitants qui rechignent à fournir des recrues et à verser l'impôt. Des victimes sont émasculées puis égorgées. Les Occidentaux ne sont pas épargnés : femmes violées et éventrées, colons retrouvés empalés, brûlés vifs… Les rivalités entre les diverses branches indépendantistes donnent lieu également à des massacres, comme celui de Melouza, en 1957, dont le bilan officiel est de 315 morts.

La bataille d'Alger

À partir de 1956, le terrorisme s'installe dans les villes. Des attaques à la bombe concernent les lieux publics, des bars, des dancings fréquentés par les Occidentaux. Le 7 janvier 1957, le général Massu, commandant de la 10e division parachutiste, se voit confier le soin de juguler le terrorisme à Alger, devant l'impuissance de la police. Massu commence par briser une grève ordonnée par le FLN. Retournant contre l'adversaire ses méthodes, en usant de la torture, il parvient à remonter les filières politiques et militaires du FLN, à démasquer les artificiers et les poseurs de bombe. À partir de l'été 1957, la victoire est totale et les attentats cessent complètement durant plusieurs mois. En neuf mois, les cellules algéroises du FLN sont démantelées une à une, avec notamment la disparition de 3 024 suspects. La torture est tolérée par l'ensemble des pouvoirs publics, d'autant plus qu'elle permet la prévention d'attentats à la bombe. Les techniques se perfectionnent avec l'usage du courant électrique (la gégène), la pendaison par les membres, l'immersion de la tête dans une baignoire… Les exécutions sommaires de suspects sont banalisées. En revanche, en métropole, les méthodes employées par les paras font l'objet de vives critiques d'intellectuels.

Victoire française sur le terrain

Le commandement français constate que le FLN dispose au Maroc et en Tunisie de bases arrière, où il établit des camps de repos et d'entraînement, sans oublier des possibilités d'acheminement d'armes modernes. Pour contrer les moyens de ravitaillement du FLN en tous genres, l'armée française fait construire une ligne fortifiée, longue de 320 km, face à la Tunisie et au Maroc, avec un poste de contrôle tous les 15 km, des milliers de mines terrestres, des casemates, une ligne électrifiée de 7 000 volts, des barbelés. Certains secteurs sont placés sous le feu de batteries d'artillerie couplées à des radars. Tout passage déclenche l'intervention d'unités du secteur, dont les paras et les légionnaires. Près de 80 000 soldats français sont mobilisés sur l'ensemble de ce barrage. Les tentatives de passage des rebelles donnent lieu notamment en mars-avril 1958 à la bataille de Souk-Arhas, où une troupe de 800 indépendantistes est pratiquement anéantie. De janvier à mai 1958, les rebelles déplorent 4 000 tués et 590 prisonniers. L'armée française s'empare de 2 000 armes portatives et 350 armes collectives. Les pertes militaires françaises se limitent à 273 tués et 800 blessés. En vertu de cette ligne fortifiée, les forces indépendantistes, privées de renforts d'hommes, d'armes et de munitions, sont condamnées à une asphyxie progressive.

La marine française s'associe à cet isolement par un contrôle régulier le long des côtes, grâce à des patrouilles d'escorteurs ou d'appareils de surveillance maritime. Une dizaine de bâtiments importants sont arraisonnés, permettant la saisie de 1 400 t de matériels, soit l'équivalent de l'armement du FLN à son apogée.

L'armée française remporte également de nombreux succès sur le terrain, où les régiments de parachutistes et de légionnaires, les bataillons de chasseurs alpins, les divers commandos et autres unités d'élite parcourent les djebels et accrochent les bandes rebelles. L'innovation tactique de l'emploi de l'hélicoptère, à une échelle croissante, facilite considérablement la destruction des maquis ennemis.

Figure 12-2 : Parachutiste français en Algérie (collection privée, DR).

La victoire militaire est en vue : 270 000 musulmans servent aux côtés de l'armée française. On les trouve dans les régiments de tirailleurs, les *harkas* (auxiliaires), les commandos, dans les unités d'autodéfense des villages. À l'opposé, 30 000 musulmans luttent au sein des diverses organisations indépendantistes.

Le plan du général Challe, déclenché en 1959-1960, engage des unités d'élite comme les 10e et 25e divisions parachutistes, la 14e division d'infanterie, la 7e division militaire régionale, les régiments de la Légion, les bataillons de chasseurs alpins, les unités auxiliaires musulmanes. On assiste à toute une série d'opérations d'envergure d'ouest en est, de l'Oranie au Constantinois. Ces opérations baptisées *Courroie*, *Étincelle*, *Rubis*, *Pierres précieuses*, *Zodiaque*, *Capricorne*, *Cigale*, *Trident* se soldent par de brillants succès. Elles détruisent ou accrochent de nombreuses unités rebelles, neutralisent des caches d'armes, des dépôts de vivres, des ateliers. Les pertes infligées au FLN et autres groupes indépendantistes sont de l'ordre de 50 % des effectifs.

Le putsch des généraux et l'indépendance de l'Algérie

L'arrivée au pouvoir du général de Gaulle en 1958, marquée par l'avènement d'une Ve République, va bouleverser la situation en Algérie. D'abord favorable au maintien de la présence française, le général de Gaulle doute finalement de la possibilité d'assimiler les musulmans à la population française. Il n'a pas oublié également que la majorité de l'Algérie ne l'a pas soutenu durant la Seconde Guerre mondiale, en lui préférant le maréchal Pétain, puis le général Giraud. Le doute, la désillusion et la rancune conduisent le général de Gaulle à envisager finalement l'indépendance de l'Algérie.

Un référendum contesté

Le 8 janvier 1961, le référendum proposé par le général de Gaulle visant à statuer sur l'autodétermination des populations algériennes est organisé simultanément en France et en Algérie. Dans la métropole, 75,26 % des Français se déclarent en faveur de la création d'une république algérienne. En Algérie même, 70 % des musulmans disent « oui » à l'autodétermination. Les Européens d'Algérie ne sont même pas consultés, bien qu'ils représentent un million de personnes sur une population totale d'une dizaine de millions d'habitants.

Le 22 avril 1961, c'est avec stupeur que les Algérois apprennent à la radio que « l'armée a pris le contrôle de l'Algérie et du Sahara. Il n'y aura pas d'Algérie indépendante ». Les promoteurs de ce putsch sont des colonels, pour la plupart anciens d'Indochine, avec à leur tête les généraux Zeller, Jouhaud, Challe et Salan. Le programme des généraux putschistes est simple : achever la pacification de l'Algérie, afin de remettre à la France et au général de Gaulle une Algérie française sur un plateau d'argent. L'armée française restera ainsi fidèle à son engagement de ne pas abandonner les Occidentaux et les musulmans qui lui font confiance. Le drame de l'Indochine ne se reproduira pas.

Le putsch s'effectue à Alger sans coup férir avec le concours du 1er régiment étranger de parachutistes (REP), basé à Zeralda. Les partisans du général de Gaulle sont arrêtés. Beaucoup d'hommes politiques s'attendent à une opération aéroportée sur la région parisienne et à une prise du pouvoir par les paras. Le soir même, le général de Gaulle fulmine contre un « quarteron de généraux en retraite », qui ont trahi leur devoir le plus sacré d'obéissance.

Le lendemain même, le putsch se révèle moribond. L'échec vient d'une armée qui a perdu en partie son unité. Les mutations successives ont mis en place des bastions de gaullistes fervents qui freinent le développement du putsch, qui se limite finalement à quelques cadres décidés.

Comme le souligne Philippe Masson, le problème clé est celui de la masse du corps des officiers composée d'hommes désabusés, hésitants ou opportunistes, voire déchirés, qui se refusent à une aventure d'une issue douteuse, avec tous les risques que cela comporte pour leur carrière.

Le putsch ne dure pas plus de quatre jours. Il n'a pas dépassé le niveau d'un simple baroud d'honneur. Les généraux Challe et Zeller se constituent prisonniers, Salan et Jouhaud se fondent dans la clandestinité. Le général de Gaulle en profite pour exercer une mise au pas définitive de l'armée, par une répression sévère. Trois régiments parachutistes sont dissous, le 1er REP, les 14e et 18e régiments de chasseurs parachutistes (RCP), ainsi que les commandos de l'air et le groupement de commandos. Les deux divisions parachutistes, 10e et 25e, sont totalement refondues. La Légion est en partie préservée. Plus de 200 officiers sont rayés des cadres et plusieurs dizaines déférés devant les tribunaux militaires. De janvier à décembre 1961, 1 800 officiers quittent l'armée, 1 300 volontairement et 500 mis en congé spécial. Les généraux Challe et Zeller s'en tirent avec seize années d'emprisonnement. L'armée française, complètement désorientée, s'enfonce dans la passivité, alors que le FLN se trouve au plus bas de ses effectifs. Les opérations sont de plus en plus rares.

Négociation avec le FLN et chaos en Algérie

L'heure est à la négociation, qui se déroule dans le plus grand secret dans le Jura pour finir par l'accord du 18 mars 1961, à Évian. Le FLN remporte une victoire totale et les délégués français Louis Joxe, Jean de Broglie, Robert Buron ont cédé sur toute la ligne, malgré les directives de fermeté du gouvernement français. Ils ont abandonné ce qu'un Raymond Aron jugeait impossible : pas de réelle garantie pour les Occidentaux, qui ne pourront bénéficier de la double nationalité, encore moins de garantie pour les musulmans favorables à la France, le Sahara fera partie intégrante du territoire algérien. L'armée française doit achever l'évacuation totale de l'Algérie dans un délai de cinq ans.

L'Algérie est alors balayée par un véritable vent de folie meurtrière et sombre dans le chaos. L'Organisation de l'armée secrète (OAS), composée de partisans acharnés de l'Algérie française, dont le général Salan a pris le commandement, multiplie les attentats un peu partout, aussi bien en Algérie qu'en métropole, contre des membres vrais ou supposés du FLN, des fonctionnaires gaullistes, des hommes politiques, des intellectuels et autres, dont le général de Gaulle à plusieurs reprises. Les attentats deviennent aveugles. Le but recherché de l'OAS est de déclencher une réaction brutale des musulmans, obligeant ainsi l'armée française à intervenir.

Les accords d'Évian n'apportant aucune garantie pour les Occidentaux et les musulmans favorables à la France, on assiste alors à un départ massif vers la métropole.

Le massacre des harkis

Le 1er juillet 1962, l'indépendance de l'Algérie est solennellement proclamée. Le drame n'est pas terminé. L'heure de la vengeance sonne. Partout, et à Oran en particulier, des Occidentaux et des musulmans francophiles sont massacrés dans des conditions horribles. L'armée française, ligotée par des instructions impératives, intervient rarement. Le général de Gaulle a lui-même précisé, le 24 mai 1962, en plein Conseil des ministres, que « la France ne doit avoir aucune responsabilité dans le maintien de l'ordre après l'autodétermination. Elle aura le devoir d'assister les autorités algériennes, mais ce sera de l'assistance technique. Si les gens s'entre-massacrent, ce sera l'affaire des autorités algériennes » (archives militaires françaises, Vincennes). Les supplétifs musulmans de l'armée française, dont les harkis, sont ainsi désarmés par leurs officiers et sous-officiers français, livrés à la vengeance du FLN : de 10 000 à 150 000 d'entre eux sont massacrés avec des raffinements de cruauté. Actuellement, les historiens s'accordent à évaluer de 10 000 à 30 000 ou de 60 000 à 70 000 le nombre de harkis tués. On estime à 15 000 ou 20 000 le nombre de familles de harkis, soit 91 000 personnes, ayant pu s'établir en France de 1962 à 1968.

La guerre d'Algérie prend fin sur un paradoxe. Le conflit d'Indochine s'achève par une défaite militaire française à Diên Biên Phu, mais par un demi-succès diplomatique par la suite. La situation est renversée en Algérie, avec une victoire militaire française sur le terrain et une défaite politique et diplomatique par la suite. L'espoir d'une association, sans parler d'une intégration, s'effondre. Indépendamment du départ massif des Européens, la France perd tous ses atouts militaires, économiques et culturels en Algérie. Le FLN fait table rase du passé et se livre au pari de l'indépendance absolue. Une partie de l'armée française a le sentiment d'avoir été flouée, odieusement trompée. L'autre partie estime qu'avec l'indépendance des anciens protectorats et de l'Afrique noire, il devenait de plus en plus difficile de conserver le bastion algérien étroitement attaché à la France.

Chapitre 13

« Une certaine idée de la France » : la guerre froide et la dissuasion nucléaire

Dans ce chapitre :
▸ L'entrée et la sortie de l'Otan
▸ La dissuasion nucléaire
▸ La fin de la conscription

La fin de la Seconde Guerre mondiale laisse l'Europe divisée en deux blocs, la partie ouest libérée par les troupes américaines, britanniques et françaises ; la partie est, libérée et occupée par les troupes soviétiques. En 1947, les États-Unis dénoncent les méthodes de Staline, qui impose le communisme dans sa zone d'influence (Pologne, Allemagne de l'Est, Tchécoslovaquie, Hongrie, Bulgarie et Roumanie). Pour stopper la menace communiste, le président américain Truman propose une importante aide économique à tous les pays d'Europe, connue sous le nom de « plan Marshall ». Staline refuse cette aide, si bien que l'Europe se trouve rapidement divisée en deux blocs hostiles. À l'Ouest, le monde libre est uni par une alliance militaire, avec la création du pacte atlantique, connu également sous le nom d'Organisation du traité de l'Atlantique nord (Otan), de même qu'à l'Est le bloc communiste se soude militairement grâce au pacte de Varsovie.

Otan et pacte de Varsovie

L'Otan voit le jour le 4 avril 1949, à la suite des négociations de cinq pays européens signataires du traité de Bruxelles (Belgique, France, Luxembourg, Pays-Bas et Grande-Bretagne) avec les États-Unis, le Canada et cinq autres pays d'Europe occidentale invités à y participer (Danemark, Italie, Islande,

Norvège et Portugal). Cette alliance militaire a pour vocation de défendre l'Occident contre les ambitions de conquête de l'Union soviétique. Par la suite, en réponse à la création de l'Otan, les pays du bloc de l'Est s'organisent militairement au sein du pacte de Varsovie, fondé le 14 mai 1955, sous la tutelle soviétique.

Paris, siège de l'Otan

Le siège de l'Otan, initialement situé à Londres, prend ses quartiers à Paris à partir de 1952. Cette alliance militaire est rejointe par d'autres États, comme la Grèce et la Turquie (1952), la République fédérale d'Allemagne (1955), l'Espagne de l'après-Franco (1982), bien que cette dernière collaborât précédemment avec l'Otan de façon informelle, avec l'installation de bases américaines sur son sol. En effet, l'Otan est marquée par une forte présence militaire américaine, aussi bien sur le plan conventionnel que sur le plan nucléaire, notamment en Allemagne de l'Ouest, en France, en Grande-Bretagne, en Italie et ailleurs. De son côté, l'armée soviétique s'installe également dans les pays du pacte de Varsovie.

L'article 5 de la charte de l'Otan précise : «Les parties conviennent qu'une attaque armée contre l'une ou plusieurs d'entre elles survenant en Europe ou en Amérique du Nord sera considérée comme une attaque dirigée contre toutes les parties, et en conséquence elles conviennent que, si une telle attaque se produit, chacune d'elles […] assistera la partie ou les parties attaquées […] y compris par l'emploi de la force armée, pour rétablir la sécurité dans la région de l'Atlantique nord» (archives de l'Otan, Bruxelles).

La sortie française de l'Otan

En 1958, le général de Gaulle, de retour au pouvoir, entend mener une politique fondée sur l'indépendance nationale et la grandeur de la France. Une crise s'ouvre entre la France et les États-Unis et la Grande-Bretagne, qui culmine en 1966, avec le retrait de la France du commandement intégré de l'Otan. Dès 1958, le général de Gaulle adresse un mémorandum au président américain Eisenhower et au Britannique Macmillan, dans lequel il demande la création d'un commandement tripartite de l'Otan, afin de mettre la France sur un pied d'égalité avec ses alliés anglo-américains. À la suite du refus des deux alliés en question, le général de Gaulle s'engage à libérer son pays de la tutelle américaine. Le 11 mars 1959, la France retire sa flotte méditerranéenne du commandement de l'Otan. En juin, le commandement américain retire hors de France 200 avions militaires, puis commence à déménager la dizaine de bases présentes également sur le sol national.

Durant la crise des missiles de Cuba, en 1962, le général de Gaulle montre cependant sa solidarité avec l'Otan, en cas de conflit contre le pacte de Varsovie. Il retire néanmoins la flotte atlantique et celle de la Manche du commandement de l'Otan en 1962. En septembre 1965, il annonce lors d'une conférence de presse le retrait prochain de la France du commandement intégré de l'Otan. C'est chose faite en mars 1966, toutes les troupes américaines étant poussées à quitter le territoire national. Le siège de l'Otan s'installe à Bruxelles, en décembre 1966.

Le général de Gaulle offre ainsi à son pays une marge de liberté entre les deux superpuissances de l'époque (États-Unis et Union soviétique), afin de ne pas être embarqué dans une guerre mondiale, où la France se trouverait engagée contre sa volonté.

La force nucléaire française

L'histoire de la force de dissuasion nucléaire française, aussi nommée «force de frappe», débute en 1954, grâce aux efforts scientifiques amorcés par certaines personnalités politiques, comme Pierre Mendès France, Guy Mollet, Félix Gaillard, René Coty, Jacques Chaban-Delmas et de quelques militaires comme le colonel Ailleret. Ces personnalités orientent le Commissariat à l'énergie atomique (CEA), fondé sous la directive du général de Gaulle en octobre 1945, vers des applications aussi bien civiles que militaires.

Une première directive de la défense nationale d'octobre 1956 souligne l'importance de l'armement nucléaire. Mais c'est sous l'impulsion du général de Gaulle, en 1958, que l'aventure de la bombe atomique française prend une orientation décisive. Le général de Gaulle se fait le théoricien de la dissuasion nucléaire, où une puissance comme la France se trouve en mesure de dissuader une superpuissance de l'attaquer : la riposte nucléaire française causerait des destructions irréparables à l'assaillant, rendant l'invasion du territoire national suicidaire.

La volonté gaullienne

Pour de Gaulle, c'est par le nucléaire que la France va retrouver sa grandeur, qu'elle va se hisser au rang des grandes puissances et se faire entendre sur la scène internationale. Dès 1959, il précise que la riposte nucléaire française sera tous azimuts. Le programme de 1960 prévoit ainsi la mise en place d'une «triade» fondée sur le modèle américain, avec des bombardiers stratégiques Mirage IV, des fusées en silos enterrés et des sous-marins nucléaires lanceurs d'engins (SNLE).

La première expérience atomique française se déroule en février 1960 à Reggane, dans le Sahara. Le premier escadron de bombardiers Mirage IV est opérationnel en octobre 1964. L'installation des premières fusées en silos enterrés du plateau d'Albion débute durant la même période. Le premier sous-marin nucléaire, le *Redoutable*, est lancé le 29 mars 1967 à Cherbourg, en présence du général de Gaulle, et est opérationnel en décembre 1971. Il entre en service dix ans après le premier sous-marin nucléaire américain. En octobre 1972, deux escadrons d'avions Mirage IIIE de la 4e escadre de chasse de la force aérienne tactique (Fatac) sont équipés de la bombe nucléaire AN 52. En 1973, 60 Mirage IV répartis sur 9 bases sont désormais en alerte. Le 1er mai 1974, les premiers chars Pluton armés d'un missile nucléaire tactique entrent en service dans l'armée de terre. Le 1er octobre 1974, 2 escadrons de bombardiers Jaguar sont officiellement déclarés «nucléaire tactique». Ils sont rejoints dans cette mission par un troisième escadron, le 1er janvier 1981. Le 10 décembre 1978, le porte-avions *Clemenceau* reçoit 5 armes nucléaires AN 52, pouvant être utilisées par des avions Super-Étendard de la Marine nationale. En juin 1981, le porte-avions *Foch* est à son tour équipé de l'armement nucléaire.

Au début des années 1980, la capacité effective de destruction minimale de la force de frappe française, avec 500 ogives nucléaires, est de l'ordre de 35 % de la population soviétique et de 45 % de la capacité de production industrielle de l'Union soviétique. L'ensemble de la force de frappe française s'articule autour de 6 SNLE, basés dans la rade de Brest, emportant 384 têtes nucléaires sur 65 missiles stratégiques MSBS, représentant une puissance de destruction de 44 mégatonnes ; de 18 missiles stratégiques S3 basés sur le plateau d'Albion ; de 30 missiles tactiques montés sur chars Pluton ; une soixantaine de missiles air-sol ASMP et bombes nucléaires pouvant être utilisés par les Mirage IV (34 en ligne en 1983), Mirage 2000N, Jaguar et Super-Étendard.

Figure 13-1 : Char français Pluton et son missile tactique nucléaire en 1980 (Cirfa Bordeaux, DR).

Chapitre 13 : « Une certaine idée de la France » : la guerre froide et la dissuasion nucléaire

L'armée française maintient sa puissance nucléaire

À la suite de l'effondrement du bloc communiste, amorcé en 1990 avec la réunification de l'Allemagne et l'éclatement de l'Union soviétique l'année suivante, la guerre froide prend fin définitivement. On assiste alors à un désarmement partiel de l'armement nucléaire français, avec le retrait des missiles Pluton, annoncé le 11 décembre 1991, dont les derniers seront retirés le 31 août 1993. Les essais nucléaires français en Polynésie sont abandonnés en janvier 1996. Ce sont 210 explosions qui ont été réalisées par la France depuis l'acquisition de l'arme atomique en 1960. En 1996, les 18 silos de missiles du plateau d'Albion, dans le Vaucluse, sont désactivés.

Au début du XXIe siècle, les missiles sont modélisés en laboratoire. La force de frappe française repose alors sur 358 têtes nucléaires, avec 4 SNLE (*Le Triomphant*, *Le Téméraire*, *Le Vigilant*, *Le Terrible*), embarquant chacun 16 missiles, pour un total de 288 têtes (6 par missile), réparties en 3 lots de 96 chacun. Ces SNLE se relaient pour des missions de patrouille de dix semaines environ. La puissance nucléaire totale par sous-marin est l'équivalent de 1 000 fois la puissance de la bombe larguée sur Hiroshima, au Japon, en 1945. Sans oublier 70 missiles air-sol ASMP sur 50 avions Mirage 2000N, 10 Super-Étendard et 10 Rafale. La portée des missiles stratégiques des SNLE est passée de 4 000 km à 11 000 km.

Le poste de commandement se trouve sous terre au palais de l'Élysée, au PC Jupiter. Le président de la République dispose d'un PC mobile lors de ses déplacements à l'étranger. Seul le président a connaissance des codes des armes. Ces codes sont remis de façon confidentielle à son successeur lors de la passation de pouvoir.

Avec le maintien de 300 missiles nucléaires au minimum, l'armée française se situe au troisième rang mondial, derrière la Russie (2 800), les États-Unis (2 200), devant la Grande-Bretagne (200), la Chine (200), Israël (de 100 à 200), l'Inde (de 60 à 100), le Pakistan (de 60 à 100) et la Corée du Nord (de 5 à 10).

Les évolutions de l'armée conventionnelle

Sous le septennat du président Giscard d'Estaing (1974-1981), l'armée française connaît une transformation importante. En 1980, l'armée de terre française s'articule autour de 8 divisions blindées, 4 divisions d'infanterie motorisée, 1 division d'infanterie de marine, 1 division alpine et 1 division parachutiste, soit 342 000 hommes, 1 210 chars moyens AMX 30, 1 010 chars légers AMX 13, 650 blindés de reconnaissance (EBR 90, AML 60 et 90, AMX 10 RC), 4 000 blindés légers d'infanterie (VAB, AMX 10P, AMX 13 VTT),

675 pièces d'artillerie (de 105 à 155 mm), 572 hélicoptères de divers modèles. L'armée de l'air aligne 104 000 hommes et 471 avions de combat (Mirage III, Mirage F1 et Jaguar), la marine repose sur 70 000 hommes et un tonnage de 300 000 t de navires de combat, avec notamment 2 porte-avions (*Foch* et *Clemenceau*) et de 4 à 6 SNLE. L'ensemble de cette force armée, avec sa composante nucléaire, fait de l'armée française la troisième du monde, derrière les États-Unis et l'Union soviétique, en tenant compte de la qualité du matériel et de l'encadrement, de la puissance de feu conventionnelle et nucléaire.

La force d'action rapide et la présence militaire française en Allemagne

Une force d'action rapide (FAR) voit le jour le 1er juillet 1984, sous l'égide du président de la République, François Mitterrand, et du ministre de la Défense, Charles Hernu, offrant à l'armée française la capacité de déployer rapidement un corps d'armée sur les théâtres d'opérations extérieurs en cas de crise subite. Forte de 47 000 hommes, 240 hélicoptères de combat, 216 blindés, 200 pièces d'artillerie, 5 000 armes antichars, la FAR repose sur la 4e division aéromobile, la 6e division légère blindée, la 9e division d'infanterie de marine, la 11e division parachutiste, la 27e division alpine et une brigade logistique. La FAR est dissoute en 1999, lorsque la faculté de projection rapide de l'armée de terre touche la majorité des unités conventionnelles.

De 1945 à 1996, l'armée française maintient des forces militaires conséquentes en territoire allemand. Au début des années 1960, on compte 80 000 soldats français sur le sol de l'Allemagne de l'Ouest, notamment à Baden-Baden, Trèves, Mayence et Landau, sans oublier Berlin-Ouest. En 1979, le fer de lance s'articule autour de 3 divisions blindées, formant le 2e corps d'armée de la 1re armée française. La principale force de frappe des forces françaises en Allemagne (FFA) est de 600 chars AMX 30 B2 dans les années 1980, tandis que 850 autres se trouvent sur le territoire français.

De 1990 à 1996, les FFA s'articulent autour de 50 000 militaires, qui passent à 25 000 hommes de 1996 à 1999. Dans les années 2000, les forces françaises stationnées en Allemagne reposent sur 3 600 hommes, articulés autour de la brigade franco-allemande, le 110e régiment d'infanterie (RI), le 3e régiment de hussards et le 16e bataillon de chasseurs.

Les 11 bases aériennes françaises présentes en Allemagne sont fermées, pour les dernières, depuis 1994.

Les forces armées françaises en 1996

En 1996, les forces armées françaises alignent 236 626 hommes au sein de l'armée de terre, 68 878 au sein de la marine, 87 469 au sein de l'armée de l'air et 97 769 gendarmes, soit un total de 490 742 militaires.

Les forces terrestres s'organisent en 4 divisions blindées, 1 division légère blindée, 1 division aéromobile, 1 division parachutiste, 1 division d'infanterie de montagne, 1 division d'infanterie de marine, 1 brigade motorisée franco-allemande, avec 817 chars de combat (51 chars Leclerc AMX 56, 766 chars AMX 30 B2), 427 blindés de reconnaissance de combat (235 AMX 10 RC et 192 ERC 90 Sagaie), 135 blindés antichars Hot, 3 840 blindés d'infanterie VAB et AMX 10P, 358 pièces d'artillerie de 155 mm, 370 mortiers de 120 mm, 1 440 postes de tir antichar Milan, 181 systèmes sol-air Roland, 341 hélicoptères de combat Gazelle SA 341 et SA 342, 286 hélicoptères de transport Puma et Super-Puma.

Les forces maritimes disposent de 4 SNLE, 2 porte-avions, 1 porte-hélicoptères, 6 sous-marins nucléaires d'attaque, 7 sous-marins conventionnels, une centaine d'autres navires (frégates, chasseurs de mines, avisos…), 185 avions de combat, 30 avions de patrouilles maritimes, 56 hélicoptères, 134 aéronefs d'entraînement et de soutien.

Les forces aériennes alignent 390 avions de combat (325 Mirage 2000, F1, IV et 65 Jaguar), 11 avions ravitailleurs, 4 avions radars, 85 avions de transport.

Les interventions militaires extérieures

La France signe une vingtaine d'accords de défense et de coopération avec ses anciennes colonies africaines. En vertu de ses accords, l'armée française est intervenue une quarantaine de fois sur le sol africain en l'espace d'un demi-siècle. Certaines opérations n'ont duré que quelques jours, d'autres ont donné lieu à des déploiements plus longs. Dans le cadre de l'Organisation des Nations unies (ONU), l'armée française s'est également manifestée un peu partout sur la planète, lors de missions de maintien de la paix, notamment au Liban durant les années 1970 et 1980, aux côtés de l'Otan en Yougoslavie durant les années 1990. Les plus célèbres de ces opérations militaires extérieures sont celles de Kolwezi, au Zaïre, en mai 1978, et de la première guerre du Golfe, en 1990-1991.

La Légion saute sur Kolwezi

Le 13 mai 1978, 4 000 rebelles katangais, venus d'Angola, équipés de matériels soviétiques et formés par des instructeurs cubains, mettent en déroute la garnison zaïroise installée à Kolwezi, où vivent environ 3 000 Occidentaux, et commettent des massacres contre les civils. En France, le président Giscard d'Estaing est alerté. Afin de protéger ses ressortissants, il décide d'engager le 2e régiment étranger de parachutistes (REP) de la Légion, basé en Corse et placé sous les ordres du colonel Erulin. À Kinshasa, capitale du Zaïre, le président Mobutu est inquiet. Il voudrait bien régler l'affaire tout seul, mais il sent bien que la situation risque de lui échapper. Seule une aide occidentale pourrait sauver l'unité de son pays, ainsi que la vie des civils. À Kolwezi, la situation se détériore, les rues sont jonchées de cadavres. Les rebelles s'en prennent non seulement aux citadins zaïrois, mais également aux expatriés européens, dont la plupart travaillent pour la Gécamines, une société qui extrait les richesses du sous-sol local. Les Occidentaux doivent se cacher pour échapper au massacre, malheureusement 170 d'entre eux sont tués par les rebelles, ainsi que 700 civils africains.

Le 19 mai, à 14 h 30, la première vague de parachutistes français du 2e REP, composée de 450 hommes entassés dans des avions français et zaïrois, saute de 250 m d'altitude sur l'ancien hippodrome. Immédiatement, de violents combats de rue s'engagent, permettant de délivrer les citadins zaïrois et occidentaux. Une colonne de rebelles, avec une automitrailleuse, est stoppée vers 15 heures à hauteur de la gare. Les groupes rebelles sont attaqués par des actions débordantes des paras français qui les contraignent à fuir la ville. Kolwezi est sous contrôle du 2e REP dès 18 heures. Les paras s'installent aux carrefours. Durant la nuit, les rebelles contre-attaquent mais sont stoppés par les embuscades de la Légion. Le 20, à 6 h 30, une seconde vague de 250 paras français est larguée. Sautant à l'est de la ville, elle prend les rebelles en enfilade. Finalement, ceux-ci décrochent, en abandonnant armes et matériels : 250 d'entre eux sont tués et 600 autres blessés. Les paras français s'emparent également d'un millier d'armes légères, de 4 canons, 15 mortiers, 21 lance-roquettes et 2 blindés. Le 2e REP ne compte que 5 morts et 20 blessés. C'est un succès total, sauvant la vie de plusieurs milliers d'Africains et d'Occidentaux.

Le 21 mai, les 2 800 Occidentaux libérés, principalement français et belges, sont amenés sous bonne escorte à l'aérodrome. Les paras belges arrivent à leur tour alors que la bataille se termine. On découvre dans les habitations et les hôtels des dizaines de corps en putréfaction, hommes, femmes et enfants, massacrés par les rebelles. Il n'a fallu qu'une journée au 2e REP pour s'emparer de Kolwezi, chasser des rebelles plus nombreux et sauver des milliers de civils : c'est un succès complet pour l'armée française.

Chapitre 13 : « Une certaine idée de la France » : la guerre froide et la dissuasion nucléaire

La division Daguet et la libération du Koweït

Le 24 février 1991, la division française Daguet, formée à la suite de l'invasion du Koweït par l'Irak le 2 août 1990, passe à l'offensive à l'extrémité gauche du dispositif allié en Arabie saoudite, véritable flanc-garde de la coalition regroupant une trentaine de pays, avec un total de 938 545 hommes (terre, air et marine), dont 535 000 soldats américains, contre 530 000 soldats irakiens. La France engage dans cette opération 19 500 hommes, dont 12 500 au sein de l'armée de terre, 7 000 au sein de l'armée de l'air et de la Marine nationale.

La division française Daguet, commandée par les généraux français Roquejoffre et Janvier, aligne 12 500 soldats, 132 hélicoptères, 44 chars de combat AMX 30 B2, 214 blindés d'infanterie VAB, 96 blindés de reconnaissance et de combat AMX 10 RC et 13 ERC 90 Sagaie, 18 pièces d'artillerie de 155 mm. Elle doit affronter la XLVe division d'infanterie irakienne, forte de 11 000 soldats, 50 chars T55, T62, T69 et T72, 50 canons de 122 mm et 132 mm. La division Daguet est soutenue par 4 500 soldats américains d'une brigade d'infanterie de la 82e division aéroportée, portant les effectifs totaux à 17 000 hommes.

La division Daguet, couvrant tout le dispositif de l'offensive alliée pour libérer le Koweït, doit pénétrer 150 km à l'intérieur du territoire irakien et s'emparer du village d'As-Salman, sans oublier son aéroport. Cette mission décisive est brillamment accomplie en quarante-huit heures par la division Daguet, qui enfonce les positions ennemies, capture 3 000 soldats irakiens, en met 7 000 autres en fuite, détruit 20 chars T55, T62 et T69, s'empare de 2 chars T72, détruit 17 blindés légers et 114 camions, capture 7 autres camions, détruit 26 pièces d'artillerie de 122 mm et 132 mm, en capture 40 autres, ainsi que 70 mortiers de 82 mm et 120 mm, sans oublier 700 t de munitions.

Durant cette offensive éclair, les chars AMX 30 B2 ont tiré 270 obus de 105 mm, les blindés AMX 10 RC 290 obus de 105 mm, les pièces d'artillerie de 155 mm 1 640 obus, les mortiers de 120 mm 560 obus, les postes antichars Milan 22 missiles, les hélicoptères Gazelle 328 missiles Hot, les véhicules blindés VAB une soixantaines de missiles. Les pertes militaires françaises se limitent à 9 tués et 33 blessés. Le commandement américain souligne que « la division française Daguet vient d'accomplir un magnifique travail sur le terrain ».

Durant toute la guerre du Golfe 1990-1991, la marine française a engagé une vingtaine de navires, dont le porte-avions *Clemenceau*, l'armée de l'air une soixantaine d'avions, dont 14 appareils de combat Mirage 2000 et 24 Jaguar. Lors de l'offensive aérienne, qui dura 43 jours, l'armée de l'air française a effectué 1 387 sorties. Quatre de ses avions Jaguar ont été légèrement endommagés par des tirs de la DCA irakienne. Les Jaguar français ont accompli à eux seuls 615 sorties et 1 088 heures de vol.

Un armement de qualité exceptionnelle

Durant la seconde moitié du XXe siècle, l'industrie française d'armement a produit un matériel de très haute qualité, souvent à la pointe de la technologie moderne, notamment dans le domaine aérien, avec toute la série des avions Mirage III, IV, F1 et 2000, vendus pour certains d'entre eux dans le monde entier, capables de rivaliser avec les meilleurs appareils américains et soviétiques.

Sur le plan de l'armement terrestre, le char léger AMX 13, introduit en 1953-1954, s'est révélé être le meilleur de sa catégorie, avec sa vélocité (60 km/h) et la puissance exceptionnelle de son armement (canon de 75 mm ou 90 mm) lui permettant d'affronter les chars moyens et lourds adverses. Le char moyen AMX 30, entré en service en 1967, est également considéré comme le meilleur de sa catégorie, tant par sa vitesse (65 km/h) et son autonomie (650 km) que par son armement principal (canon de 105 mm), sans parler de sa silhouette parfaitement profilée. Ses rivaux étrangers, moins rapides, atteignent en moyenne de 48 à 55 km/h à l'époque. Les blindés de reconnaissance et de combat EBR 90, AML 90, AMX 10 RC et ERC 90 Sagaie sont souvent sans équivalent en vitesse (90 km/h) et surtout en puissance de feu (canon de 90 à 105 mm). L'artillerie automotrice française, avec le redoutable AMX 30 GCT de 155 mm, est en mesure de détruire toutes ses rivales : portée de 32 km et cadence de tir de 8 coups toutes les 45 secondes, soit 192 coups en 45 secondes pour un régiment d'artillerie de ce type.

Sur le plan maritime, les frégates françaises, rapides et bien armées, ont connu un important succès à l'étranger. Tandis que l'avion Super-Étendard de l'aéronavale s'est révélé être avec son missile Exocet un redoutable tueur de navires, notamment en ce qui concerne les appareils ayant équipé l'armée argentine lors de la guerre des Malouines, en 1982.

Les femmes dans l'armée

De 1909 à 1971, le personnel militaire féminin se trouve cantonné aux tâches administratives et médicales. La loi du 13 juillet 1972 supprime toute discrimination statutaire entre les hommes et les femmes dans les armées, même si les corps des armes demeurent fermés. Les hommes et les femmes ont les mêmes obligations et mêmes devoirs.

En 1976, les concours de l'École militaire de l'air sont ouverts aux femmes. En 1981, on assiste à la nomination de la première femme général, en la personne du médecin Valérie André, après qu'elle a accompli une brillante carrière opérationnelle. En 1983, deux premières femmes sont admises à l'École spéciale militaire de Saint-Cyr Coëtquidan. En 1984, l'armée ouvre son recrutement aux femmes en tant que pilotes de transport logistique ou de liaison. En 1985, les femmes sont autorisées à rejoindre toutes les armes dans l'armée de terre, y compris les unités de combat.

Chapitre 13 : « Une certaine idée de la France » : la guerre froide et la dissuasion nucléaire

En 1993, un bâtiment de la Marine nationale est commandé par une femme. En 1995, les femmes peuvent prétendre devenir pilotes de combat dans l'armée de l'air. En 1998, on assiste à la suppression des quotas limitant l'engagement des femmes dans l'armée, à la nomination d'une femme général dans l'armée de l'air, en la personne de Colette Giacometti. En 1999, la première femme pilote de chasse (Caroline Aigle) reçoit son brevet, par ailleurs neuf femmes deviennent commandos de l'air. Chantal Desbordes, commandant en second de l'École navale de Brest depuis 1999, est promue contre-amiral en 2001.

La première femme général de l'armée française

Valérie André, née le 21 avril 1922, à Strasbourg, fait partie de la Résistance durant la Seconde Guerre mondiale. Médecin capitaine en Indochine à partir de 1948, elle y accomplit 129 missions de guerre. Elle continue en Algérie, en tant que médecin commandant (1960), où elle remplit alors 365 missions de guerre. Elle devient médecin lieutenant-colonel en 1965, puis médecin colonel en 1970. Pilote d'hélicoptère, elle totalise plus de 3 200 heures de vol et compte sept citations à sa croix de guerre 39-45. En 1981, elle est promue médecin général inspecteur, devenant ainsi la première femme général de l'armée française. Faite chevalier de la Légion d'honneur, le 25 février 1953, elle est élevée à la dignité de grand-croix de la Légion d'honneur, le 19 décembre 1999.

Au début des années 2000, 50 000 femmes sur 340 000 militaires servent au sein de la défense nationale, dont 13 500 au sein de l'armée terre (10 % des effectifs), 11 700 au sein de l'armée de l'air (21 % des effectifs) et 24 800 au sein de la gendarmerie ou de la Marine nationale (de 12 à 14 % des effectifs).

Figure 13-2 : Personnel féminin de l'armée de terre à l'entraînement (Cirfa Bordeaux).

La fin du service national

Le 8 novembre 1997, la loi 97-109, portant sur la réforme du service national, instaure la suspension de la conscription pour tous les jeunes nés après 1979 : elle est remplacée par la journée d'appel de préparation à la défense. Les jeunes nés avant 1979 continuent d'effectuer dix mois, jusqu'au 1er janvier 2003. Ceux qui parviennent à repousser leur incorporation au-delà de cette date sont libérés de leurs obligations militaires. Tout titulaire d'un contrat de travail à durée indéterminée peut obtenir un report de deux ans, renouvelable. L'allongement des reports pour études passe de l'âge de 24 à 26 ans.

La loi du 27 juin 2001, décret n° 2001-550, met fin à la conscription, anticipant la fin de la période de transition entre l'armée d'appelés et l'armée professionnelle. Les appelés militaires déjà sous les drapeaux sont tous libérés au 30 novembre 2001. L'armée française devient désormais de métier, comme l'avait souhaité Jacques Chirac, alors chef de l'État, qui annonçait le 22 février 1996 sa décision de professionnaliser les armées (terre, air, marine). Rappelons que l'institution du service militaire obligatoire remontait à la loi du député Jean-Baptiste Jourdan, le 5 septembre 1798.

Pour le président Chirac, dans la filiation des idées du général de Gaulle, l'armée professionnelle permet à la France de se doter d'un outil militaire de haute qualité, multipliant sa capacité d'intervention stratégique à l'extérieur, améliorant considérablement sur le terrain ses performances tactiques.

Troisième partie
Dissuader et intervenir : l'armée française aujourd'hui

Dans cette partie…

Nous verrons que l'armée française, considérée comme la première armée d'Europe et l'une des premières du monde, est aujourd'hui une institution respectée du fait de la compétence professionnelle de son encadrement et de son personnel, sans oublier la qualité exceptionnelle de son équipement, à la pointe de la technologie moderne. Les effectifs et l'organisation, le matériel actuel, les missions aux quatre coins du monde, la multiplicité des filières de recrutement permettent de comprendre l'importance de cette institution, respectée pour son sens de l'honneur, son patriotisme et son sens du sacrifice.

Chapitre 14

Ne pas baisser la garde : les effectifs et l'organisation

Dans ce chapitre :
- L'armée de terre
- L'armée de l'air
- La Marine et la gendarmerie nationales

La France est considérée comme la première puissance militaire européenne et l'une des premières du monde, en tenant compte à la fois de l'armement nucléaire et conventionnel, de la capacité de projection de ses moyens, de la qualité du matériel, du personnel et de l'encadrement. Le classement mondial des forces militaires a été récemment publié par le journal britannique *Jane's Defense Weekly* (septembre 2009). Les cinq premières places ont été occupées respectivement par les États-Unis, la France, la Russie, la Chine et la Grande-Bretagne.

Les forces armées françaises reposent globalement sur les effectifs suivants : 131 000 personnes pour l'armée de terre, 50 000 pour l'armée de l'air, 44 000 pour la Marine nationale et 105 000 pour la gendarmerie nationale, soit un total de 330 000 militaires de carrière.

L'armée de terre

Composante essentielle des forces armées françaises, l'armée de terre a su s'adapter aux exigences des menaces du monde actuel, par la souplesse de son organisation et l'importance de ses moyens. La mobilité, la rapidité et la puissance de feu sont les trois qualités essentielles de cette armée moderne, sans oublier l'immense valeur professionnelle du personnel, tant au niveau de l'encadrement que de la troupe.

L'organisation de l'armée de terre

L'armée de terre comprend un état-major, qui assure la direction générale et la gestion de l'ensemble des composantes, un service d'inspection, la direction des ressources humaines, une organisation territoriale (cinq régions : Île-de-France, Nord-Ouest, Sud-Ouest, Sud-Est et Nord-Est), les organismes chargés de la formation du personnel et de l'enseignement supérieur. Toutes ces composantes sont placées sous le commandement du chef d'état-major de l'armée de terre.

Les forces sont organisées en commandements, états-majors et brigades. Le principal commandement est celui des forces terrestres. Viennent s'ajouter le commandement de l'aviation de l'armée de terre (Comalat) et le commandement de la Légion étrangère (COMLE).

En opération, les unités de l'armée de terre sont placées sous l'autorité du chef d'état-major de l'armée de terre, responsable, devant le ministre de la Défense, de l'emploi des forces, ainsi que de la planification et la programmation des moyens, équipements et matériels futurs.

L'armée de terre aligne les unités suivantes :

- 1re **brigade mécanisée d'infanterie, dont le PC se trouve à Châlons-en-Champagne :** 1er régiment de spahis de Valence (48 chars légers AMX 10 RC), 1er régiment de tirailleurs d'Épinal, 1er régiment d'infanterie de Sarrebourg, 1er régiment d'artillerie de marine de Laon, 402e régiment d'artillerie de Châlons-en-Champagne, 3e régiment du génie de Charleville-Mézières, 1re compagnie de commandement et de transmissions de Châlons-en-Champagne, 1 escadron d'éclairage et d'investigation de Valence.

- 2e **brigade blindée d'Illkirch :** 12e régiment de cuirassiers d'Olivet (60 chars lourds Leclerc AMX 56), 501e régiment de chars de combat de Mourmelon (60 chars lourds Leclerc AMX 56), régiment de marche du Tchad de Meyenheim, 16e bataillon de chasseurs de Bitche, 1er régiment d'artillerie de Bourogne, 54e régiment d'artillerie de Hyères, 40e régiment d'artillerie de Suippes, 13e régiment du génie de Valdahon, 2e compagnie de commandement et de transmissions d'Orléans, 1 escadron d'éclairage et d'investigation.

- 3e **brigade mécanisée d'infanterie de Clermont-Ferrand :** 1er régiment d'infanterie de marine d'Angoulême (48 chars légers AMX 10 RC), 92e régiment d'infanterie de Clermont-Ferrand, 126e régiment d'infanterie de Brive-la-Gaillarde, 68e régiment d'artillerie d'Afrique de Valbonne, 31e régiment du génie de Castelsarrasin, 3e compagnie de commandement et de transmissions de Clermont-Ferrand.

Chapitre 14 : Ne pas baisser la garde : les effectifs et l'organisation

- **6ᵉ brigade légère blindée de Nîmes :** 1ᵉʳ régiment étranger de cavalerie d'Orange (48 chars légers AMX 10 RC), 2ᵉ régiment étranger d'infanterie de Nîmes, 21ᵉ régiment d'infanterie de marine de Fréjus, 3ᵉ régiment d'artillerie de marine de Canjuers, 1ᵉʳ régiment étranger du génie de Laudun, 6ᵉ compagnie de commandement et de transmissions de Nîmes.

- **7ᵉ brigade blindée de Besançon :** 1ᵉʳ régiment de chasseurs de Thierville-sur-Meuse (60 chars lourds Leclerc AMX 56), 4ᵉ régiment de dragons de Carpiagne (60 chars lourds Leclerc AMX 56), 35ᵉ régiment d'infanterie de Belfort, 152ᵉ régiment d'infanterie de Colmar, 8ᵉ régiment d'artillerie de Commercy, 1ᵉʳ régiment d'artillerie de Bourogne, 54ᵉ régiment d'artillerie de Hyères, 19ᵉ régiment du génie de Besançon, 7ᵉ compagnie de commandement et de transmissions de Besançon, 1 escadron d'éclairage et d'investigation.

- **9ᵉ brigade légère blindée de marine de Poitiers :** régiment d'infanterie de chars de marine de Poitiers (48 chars légers AMX 10 RC), 2ᵉ régiment d'infanterie de marine de Champagné, 3ᵉ régiment d'infanterie de marine de Vannes, 11ᵉ régiment d'artillerie de marine de Saint-Aubin-du-Cormier, 6ᵉ régiment du génie d'Angers, 9ᵉ compagnie de commandement et de transmissions de Poitiers.

- **11ᵉ brigade parachutiste de Balma :** 1ᵉʳ régiment de hussards parachutistes de Tarbes (36 chars légers ERC 90 Sagaie), 1ᵉʳ régiment de chasseurs parachutistes de Pamiers, 2ᵉ régiment étranger de parachutistes de Calvi, 3ᵉ régiment de parachutistes d'infanterie de marine de Carcassonne, 8ᵉ régiment de parachutistes d'infanterie de marine de Castres, 35ᵉ régiment d'artillerie parachutiste de Tarbes, 17ᵉ régiment du génie parachutiste de Montauban, 1ᵉʳ régiment de train parachutiste de Toulouse, 11ᵉ compagnie de commandement et de transmissions parachutistes de Toulouse-Balma.

- **27ᵉ brigade d'infanterie de montagne de Grenoble :** 4ᵉ régiment de chasseurs de Gap (36 chars légers ERC 90 Sagaie), 7ᵉ bataillon de chasseurs alpins de Bourg-Saint-Maurice, 13ᵉ bataillon de chasseurs alpins de Barby, 27ᵉ bataillon de chasseurs alpins de Cran-Gevrier, 93ᵉ régiment d'artillerie de montagne de Varces, 2ᵉ régiment étranger du génie de Saint-Christol, 27ᵉ compagnie de commandement et de transmissions de montagne de Varces, unité de recherche humaine.

- **Brigade de transmissions et d'appui de commandement de Douai :** 28ᵉ régiment de transmissions d'Issoire, 40ᵉ régiment de transmissions de Thionville, 41ᵉ régiment de transmissions de Douai, 48ᵉ régiment de transmissions d'Agen, 53ᵉ régiment de transmissions de Lunéville.

- **Brigade de renseignement d'Haguenau :** 2ᵉ régiment de hussards d'Haguenau, 28ᵉ groupe géographique d'Haguenau, 44ᵉ régiment de transmissions de Mutzig, 54ᵉ régiment de transmissions d'Haguenau, 61ᵉ régiment d'artillerie de Chaumont, groupe de recueil de l'information d'Haguenau.

- **Brigade des forces spéciales terre de Pau :** 1ᵉʳ régiment de parachutistes d'infanterie de marine de Bayonne, 13ᵉ régiment de dragons parachutistes de Martignas-sur-Jalle, 4ᵉ régiment d'hélicoptères des forces spéciales de Pau.
- **1ʳᵉ brigade logistique de Montlhéry :** 121ᵉ régiment du train de Linas-Montlhéry, 503ᵉ régiment du train de Nîmes, 511ᵉ régiment du train d'Auxonne, 515ᵉ régiment du train de Brie-La Braconne, 516ᵉ régiment du train de Toul, 3ᵉ régiment médical de Lyon.
- **Service de maintenance industrielle terrestre de Satory :** 1ᵉʳ régiment du matériel de Metz, 2ᵉ régiment du matériel de Bruz, 4ᵉ régiment du matériel de Nîmes, 6ᵉ régiment du matériel de Besançon, 7ᵉ régiment du matériel de Lyon, 8ᵉ régiment du matériel de Mourmelon, 5ᵉ base de soutien du matériel de Draguignan, 11ᵉ base de soutien du matériel de Montauban, 12ᵉ base de soutien du matériel de Salbris, 13ᵉ base de soutien du matériel de Clermont-Ferrand, 14ᵉ base de soutien du matériel de Gien, 17ᵉ base de soutien du matériel de Versailles.
- **Brigade franco-allemande de Mülheim (Allemagne), avec la contribution française suivante :** 3ᵉ régiment de hussards de Metz, 110ᵉ régiment d'infanterie de Donaueschingen (Allemagne), bataillon de commandement et de soutien de Mülheim (Allemagne).
- **Régiments de soutien :** 2ᵉ régiment de dragons (nucléaire, biologique, chimique) de Fontevraud, 1ᵉʳ régiment d'hélicoptères de combat de Phalsbourg, 3ᵉ régiment d'hélicoptères de combat d'Étain, 5ᵉ régiment d'hélicoptères de combat de Pau.
- **Unités d'entraînement et de formation :** 1ᵉʳ régiment de chasseurs d'Afrique de Draguignan, 4ᵉ régiment étranger de Castelnaudary, 17ᵉ groupe d'artillerie des Landes, 132ᵉ bataillon cynophile de Suippes.
- **Unités de transmissions électroniques :** 8ᵉ régiment de transmissions, 43ᵉ bataillon de transmissions, 758ᵉ compagnie de guerre électronique d'Orléans.
- **Unités non rattachées :** 25ᵉ régiment du génie d'Istres, 44ᵉ régiment d'infanterie.
- **Unités de soutien d'état-major :** 43ᵉ régiment d'infanterie de Lille, 7ᵉ bataillon du train de Besançon, 72ᵉ bataillon d'infanterie de marine de Marseille, 526ᵉ bataillon du train de Saint-Germain-en-Laye, 4ᵉ groupe d'escadrons de hussards de Metz, 22ᵉ bataillon d'infanterie de Lyon, 57ᵉ bataillon d'infanterie de Bordeaux, 16ᵉ groupe d'artillerie de Rennes, 1ᵉʳ régiment étranger d'Aubagne.

Chapitre 14 : Ne pas baisser la garde : les effectifs et l'organisation

✔ **Unités d'outre-mer :** 5e régiment interarmes d'outre-mer de Djibouti, 13e demi-brigade de la Légion étrangère de Djibouti, 6e bataillon d'infanterie de marine de Libreville (Gabon), 23e bataillon d'infanterie de marine de Dakar (Sénégal), 3e régiment étranger d'infanterie de Kourou (Guyane), 9e régiment d'infanterie de marine de Cayenne (Guyane), 33e bataillon d'infanterie de marine en Martinique, 41e bataillon d'infanterie de marine (Guadeloupe), 2e régiment de parachutistes d'infanterie de marine de Saint-Pierre (île de La Réunion), détachement de la Légion étrangère de Mayotte, régiment d'infanterie de marine du Pacifique de Nouméa (Nouvelle-Calédonie), régiment d'infanterie de marine du Pacifique-Polynésie de Papeete (Tahiti).

Les effectifs de l'armée de terre

L'armée de terre compte 16 000 officiers, 43 000 sous-officiers et 72 000 militaires de rang (un total de 131 000 militaires de carrière). À ces chiffres s'ajoutent 15 500 réservistes opérationnels et 19 100 anciens militaires réservistes mobilisables. La totalité des effectifs actifs et réservistes de l'armée de terre repose donc sur 165 600 personnes.

Le matériel principal de l'armée de terre est le suivant en effectifs : 406 chars lourds Leclerc AMX 56, dont 254 en service actif, 256 chars légers AMX 10 RC, 160 chars légers ERC 90 Sagaie, soit un total de 670 à 822 chars lourds et légers en dotation. À cela s'ajoutent 635 chars moyens AMX 30 B2 maintenus en réserve, portant la totalité du parc de chars de combat français de 1 305 à 1 457 exemplaires (lourds, moyens et légers) en cas de conflit. On compte également 6 677 blindés et véhicules d'infanterie (310 AMX 10P, 3 585 VAB, 2 510 VBL et PVP, 272 VBCI) ; 349 pièces d'artillerie (192 mortiers de 120 mm et 157 canons de 155 mm) et 44 lance-roquettes multiples ; 312 hélicoptères (36 Tigre, 153 Gazelle, 23 Cougar, 92 Puma et 8 Caracal) ; 1 138 systèmes d'armes antichars (540 postes de tir de missiles Milan, 492 postes de tir de missiles Eryx, 76 postes de tir de missiles Javelin et 30 postes de tir de missiles Hot) ; 234 systèmes d'armes sol-air (8 Hawk et 226 Mistral).

Dans le futur, l'armée de terre aura un format général de 131 000 personnes, avec une force opérationnelle de 88 000 hommes, l'ensemble étant organisé en 8 brigades interarmes, disposant notamment de 250 chars lourds Leclerc AMX 56, 650 VBCI, 80 hélicoptères de combat de type Tigre et 130 hélicoptères de transport. À cette force s'ajouteront 3 brigades spécialisées, ainsi que des moyens d'appui correspondants.

L'armée de l'air

La force aérienne est indispensable à toute armée moderne pour emporter la décision sur le terrain. Comme le souligne fort justement Jean de Lespinois, historien au centre d'études stratégiques aérospatiales, la guerre se gagne au sol avec des forces terrestres, mais c'est la puissance aérienne qui choisit le vainqueur. Sans avions, la situation des troupes au sol serait intenable, du fait de la puissance destructrice de l'armement actuel et de la mobilité des unités combattantes. La vitesse d'action et la puissance de feu font de l'armée de l'air un élément clé de la victoire. L'armée de l'air française est considérée comme l'une des plus puissantes du monde.

L'organisation de l'armée de l'air

Sous l'autorité du chef d'état-major de l'armée de l'air, installé à Paris, l'organisation comprend des formations réparties entre l'état-major, les forces, les bases, la direction des ressources humaines et les services.

L'armée de l'air répartit ses forces et moyens au sein de quatre commandements : deux commandements opérationnels et deux commandements organiques.

Les deux commandements opérationnels sont le commandement de la défense aérienne et des opérations aériennes (CDAOA), installé à la base aérienne 117 Paris, responsable de la veille permanente de l'espace aérien national, mais également du suivi de toutes les opérations aériennes en cours ; vient ensuite le commandement des forces aériennes stratégiques (CFAS), à la base aérienne 921 Taverny, responsable des avions de combat nucléaire (Mirage 2000N et Rafale, armés du missile ASMP-A), ainsi que des ravitailleurs en vol (C-135FR, KC-135R). L'ordre d'engagement nucléaire est reçu directement du président de la République française, chef des armées.

Les commandements organiques reposent tout d'abord sur le commandement des forces aériennes (CFA), à la base aérienne 128 Metz-Frescaty, qui prépare les unités pour qu'elles soient prêtes à remplir les missions de dissuasion, de protection, de prévention et de projection. Le CFA est organisé en quatre brigades : la brigade aérienne de l'aviation de chasse (Baac) est responsable de tous les avions de combat conventionnels de défense aérienne, d'assaut et de reconnaissance (Rafale, Mirage 2000-5F, Mirage 2000 B/C/D, Mirage F1 CR, Mirage F1 CT, Transal Gabriel…) ; la brigade aérienne d'appui et de projection (Baap) est responsable de tous les aéronefs de transport et de liaison (Transal C160, Hercule C130, A310/319, Falcon 50/900, Puma, Fenec, Cougar, TBM 700…) ; la brigade aérienne de contrôle de l'espace (Bace) est responsable des moyens aériens (Awacs E3F) et terrestres (radars implantés au sol, réseaux de communication) de surveillance de l'espace aérien ; la brigade aérienne des forces de sécurité et d'intervention (Bafsi) est responsable des unités de fusiliers commandos de l'air et des techniciens luttant contre les incendies. De son côté, le commandement du soutien des forces aériennes (CSFA), base aérienne 106 Bordeaux-Mérignac, met à disposition et entretient les équipements, les systèmes d'information et de communication (SIC), ainsi que les infrastructures. Le CSFA aligne quatre brigades : une brigade technique et logistique, une brigade d'infrastructure, une brigade des systèmes d'information et de communication, une brigade soutien de l'homme.

L'armée de l'air comprend 32 bases aériennes en métropole, dont 24 plates-formes aéronautiques avec pistes, ainsi que 8 bases ou détachements permanents en outre-mer. Les bases aériennes n'abritent pas forcément des avions, plusieurs d'entre elles sont des bases radars, destinées à la surveillance du territoire et au contrôle aérien militaire (Lyon Mont-Verdun, Drachenbronn, Cinq-Mars-la-Pile, Nice Mont-Agel...). D'autres accueillent des entrepôts de matériels ou des postes de commandement.

Les effectifs de l'armée de l'air

Les 55 000 personnels de l'armée de l'air se composent de 13 % d'officiers, 55 % de sous-officiers, 29 % de militaires techniciens de l'air et 3 % de volontaires du service national et volontaires aspirants.

L'armée de l'air aligne de 15 à 16 escadrons de chasse, 17 escadrons de transport, 5 escadrons d'hélicoptères, de 5 à 7 escadrons de défense sol-air.

L'armée de l'air dispose de 234 avions de combat qui s'organisent de la façon suivante : 59 Rafale (polyvalents), 26 Mirage 2000N (nucléaire et assaut conventionnel), 67 Mirage 2000D et F1 CT (assaut conventionnel), 56 Mirage 2000-5 et 2000C (défense aérienne), 17 Mirage F1 CR (reconnaissance tactique), 9 Mirage 2000B et F1B (transformation).

À cette force de combat viennent s'ajouter 87 avions de transport, 20 avions de support des opérations, 27 avions de liaison, 88 avions de formation et d'entraînement, 80 hélicoptères, 4 drones Harfang, 18 systèmes d'armes sol-air.

Dans le futur, la force aérienne doit se résumer à 300 avions de combat de type Rafale et Mirage 2000D, incluant ceux de l'aéronautique navale, 4 systèmes de détection et de contrôle avancés de types Awacs, une flotte de 14 avions de ravitaillement et environ 70 avions de transport.

Figure 14-1 : Soldats de l'armée de l'air (Cirfa Bordeaux).

La Marine nationale

Si la Marine nationale française se place au cinquième rang mondial des marines militaires par le tonnage, elle est classée marine de deuxième rang mondial derrière la flotte des États-Unis, en fonction de la qualité technique de ses navires, de sa capacité aéronavale, de sa puissance nucléaire tactique et stratégique, des compétences de l'encadrement et du personnel.

L'organisation de la Marine nationale

Les forces navales françaises, comme l'ensemble des forces armées, sont sous le commandement opérationnel du chef d'état-major des armées (Cema). Le chef d'état-major de la marine (Cemm) est le conseiller du Cema pour l'emploi des moyens navals et aéronavals. Pour faciliter la conduite des opérations, le Cema désigne des contrôleurs opérationnels, chargés de déployer les forces qui leur sont affectées et de leur donner les ordres pour accomplir les missions fixées par le Cema.

Ces forces sont organisées en quatre grandes composantes, à savoir la force d'action navale (FAN), les forces sous-marines (FSM), l'aviation navale (Alavia), la force maritime des fusiliers marins et commandos (Forfusco).

La FAN comprend sept grandes catégories de bâtiments de surface : un groupe aéronaval, un groupe amphibie, des frégates, la force de guerre des mines, des bâtiments de service public, des bâtiments de soutien, des bâtiments hydrographiques et océanographiques.

Les FSM reposent sur la force océanique stratégique (Fost) et les sous-marins nucléaires d'attaque. La Fost est la composante essentielle de la force de dissuasion nucléaire française, tandis que les sous-marins nucléaires d'attaque participent aux missions de prévention, de projection et de protection.

L'Alavia comprend un groupe aérien embarqué, des hélicoptères embarqués, des hélicoptères de service public et de sauvetage en mer, des avions de patrouille maritime, une aviation de soutien qui assure des missions de transport, d'entraînement et de formation.

La Forfusco, forte de 1 700 personnes, s'articule autour de deux groupements (Brest et Toulon) et sept compagnies pour les fusiliers marins, ainsi que six commandos spécialisés : Jaubert (assaut), Trepel (assaut), de Penfentenyo (reconnaissance), de Montfort (appui et destruction à distance), Hubert (nageurs de combat) et Kieffer (technologies de pointe).

Les effectifs de la Marine nationale

En chiffres, la Marine nationale comprend 44 000 personnes, dont 5 200 officiers et 26 000 sous-officiers.

Les équipements reposent sur 75 bâtiments de combat et de soutien (4 sous-marins nucléaires lanceurs d'engins, 6 sous-marins nucléaires d'attaque, 1 porte-avions, 4 bâtiments de projection, 16 frégates de premier rang, 6 frégates de surveillance, 19 patrouilleurs de haute mer, 1 patrouilleur austral, 11 bâtiments de guerre des mines, 4 bâtiments de soutien logistique, 3 bâtiments de transport léger), 23 moyens amphibies, 30 patrouilleurs et vedettes de gendarmerie, 5 bâtiments océanographiques et hydrographiques, 7 bâtiments pour plongeurs-démineurs et bâtiments remorqueurs de sonar, 13 bâtiments auxiliaires, 15 bâtiments de formation et d'entraînement, 3 bâtiments scientifiques.

Le groupe aérien embarqué de combat repose sur 60 appareils (27 Super-Étendard modernisés, 30 Rafale, 3 Hawkeye). L'aviation de patrouille maritime aligne 22 Atlantique 2 et la surveillance maritime 9 Falcon. Les hélicoptères de combat et de sauvetage : 47 appareils, dont 22 Lynx, 16 Panther, 3 Dauphin et 6 Caïman. Les hélicoptères de service public : 9 appareils, dont 2 EC225 et 7 Dauphin. L'aviation de soutien maritime : 58 appareils, dont 25 Alouette III, 6 Falcon, 11 Xingu, 9 Rallye et 7 Cap-10.

Dans le futur, la Marine nationale reposera sur 44 000 hommes, 130 aéronefs de combat (avions et hélicoptères), 5 commandos et 80 bâtiments de combat, dont 4 sous-marins nucléaires lanceurs d'engins, 6 sous-marins nucléaires d'attaque, 1 porte-avions avec son groupe aérien embarqué, 18 frégates de premier rang, 4 bâtiments de projection et de commandement.

La gendarmerie nationale

La gendarmerie nationale est une force armée chargée des missions de police et placée sous la tutelle du ministère de l'Intérieur et du ministère de la Défense. Les gendarmes sont chargés de la sécurité dans les zones rurales, les zones périurbaines, alors que la police nationale s'occupe des zones urbaines. Les deux forces ont ainsi chacune une zone de responsabilité propre, dites ZGN pour la gendarmerie nationale et ZPN pour la police nationale. La ZGN représente environ 50 % de la population française et 95 % du territoire national.

La gendarmerie assure des missions judiciaires (constatation des infractions, recherche et interpellation des auteurs d'infractions à la loi pénale, enquêtes judiciaires), des missions administratives (sécurité publique, maintien de l'ordre, assistance et secours, circulation routière), des missions militaires (police militaire, prévôté et opérations extérieures).

Effectifs de la gendarmerie nationale

Tout en restant une force armée militaire, avec des effectifs de 105 000 personnes dont 6 714 officiers, la gendarmerie se trouve sous l'autorité budgétaire et opérationnelle du ministère de l'Intérieur depuis la loi du 3 août 2009. La gendarmerie fait cependant toujours partie, aux côtés des trois autres composantes de l'armée française (terre, air et marine), des forces armées françaises. Le ministère de la Défense demeure compétent au titre de la tutelle statutaire : les gendarmes restent sous statut militaire, notamment en ce qui concerne la formation, la gestion des ressources humaines et la discipline.

Organisation de la gendarmerie nationale

L'organisation repose sur la direction générale de la gendarmerie nationale (GN), l'inspection générale de la GN, des unités territoriales constituant la gendarmerie départementale, des unités constituant la gendarmerie mobile, la garde républicaine, des unités spécialisées, des unités prévôtales, des organismes d'administration et de soutien, des organismes de formation du personnel, le groupe d'intervention de la gendarmerie nationale (GIGN).

Chapitre 14 : Ne pas baisser la garde : les effectifs et l'organisation

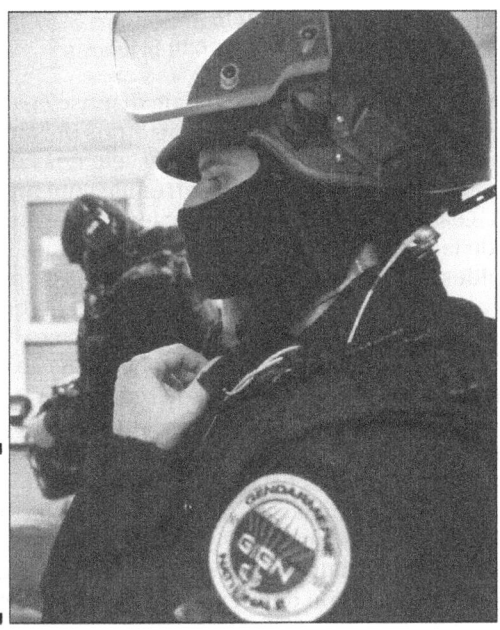

Figure 14-2 : Gendarmes du GIGN (CIRGN Bordeaux).

La direction générale de la gendarmerie nationale (DGGN) est installée depuis 1969 rue Saint-Didier, dans le 16ᵉ arrondissement de Paris. Elle se déploie également sur d'autres sites de la capitale et de la proche banlieue, comme Malakoff, Issy-les-Moulineaux, Pontoise, Rosny-sous-Bois, Maisons-Alfort, Arcueil, Ivry-sur-Seine. La DGGN assure la direction des formations et des unités, élabore la doctrine d'emploi, oriente et coordonne les actions.

L'inspection générale de la gendarmerie nationale (IGGN), fondée en 2002, comprend plusieurs services, comme l'inspection technique de la GN, chargée notamment de veiller à la déontologie et d'enquêter sur les éventuelles infractions commises par des membres de la gendarmerie.

La gendarmerie départementale est au contact régulier de la population. Elle assure principalement des missions de police judiciaire ou de police administrative. L'organisation de la gendarmerie départementale est la brigade, composée de 6 à 40 personnes, généralement située au niveau du canton. Les brigades peuvent s'organiser en communautés de brigades territoriales ou en brigades territoriales autonomes. Chaque brigade est chargée de la surveillance jour et nuit d'une ou plusieurs communes, ainsi que de l'accueil du public. Les gendarmes reçoivent les plaintes, accomplissent les enquêtes administratives et judiciaires, répondent aux appels d'urgence. Les brigades d'un arrondissement forment une compagnie. Les compagnies d'un département forment un groupement. Les groupements d'une région administrative forment une région de gendarmerie, depuis la réorganisation territoriale du 1er juillet 2005. On dénombre 22 régions de gendarmerie départementale. Il existe environ 3 600 brigades.

En plus des brigades, la gendarmerie départementale dispose également d'unités spécialisées dans certaines missions : les pelotons de surveillance et d'intervention de la gendarmerie (PSIG), regroupés au sein des compagnies de gendarmerie départementale, effectuent des patrouilles qui interviennent en renfort des brigades. Les unités motorisées, avec les gendarmes motocyclistes chargés de la surveillance du réseau routier ou les gendarmes équipés de voitures rapides, ont non seulement des missions de police de la route mais peuvent également renforcer les brigades dans la recherche des malfaiteurs. Les unités de recherches, composées d'officiers de police judiciaire (OPJ), reposent sur 370 brigades de recherches (BR) au niveau des compagnies (arrondissements) et 31 sections de recherches (SR) au niveau des régions de gendarmerie. Elles assistent les brigades territoriales et sont chargées des enquêtes touchant la grande délinquance. Au niveau des groupements des départements, les brigades départementales de renseignements et d'investigation judiciaire (BDRIJ) assistent les unités territoriales, avec notamment des techniciens spécialisés en identifications criminelles. Les pelotons spécialisés de protection de gendarmerie (PSPG) assurent la surveillance et la protection des centrales nucléaires et des zones dites « sensibles ».

La gendarmerie mobile est spécialisée dans le maintien de l'ordre et peut épauler la gendarmerie départementale, ainsi que les unités spécialisées. Elle est organisée en sept régions, correspondant chacune à une zone de défense et de sécurité. Chaque région de gendarmerie mobile comprend plusieurs groupements.

La garde républicaine est chargée de missions de sécurité et d'honneur au profit des hautes autorités de l'État et des institutions. Elle est l'unique force armée autorisée dans les palais nationaux. Les gardes républicains sont présents à l'Élysée, au Sénat et à l'Assemblée nationale, au Palais de justice, à Matignon et dans les principaux ministères. La garde républicaine se compose d'un état-major, de deux régiments d'infanterie et d'un régiment de cavalerie. L'escadron motocycliste est attaché au 1er régiment ainsi que la musique d'infanterie.

Le corps de soutien technique et administratif de la gendarmerie nationale (CSTAGN) se divise en sept filières : administration et gestion du personnel (AGP), gestion logistique et financière (GLF), armurerie (ARM), affaires immobilières (AI), auto-engins blindés (AEB), restauration collective (RC), imprimeur de labeur (IL).

Les unités spécialisées de la gendarmerie sont la gendarmerie maritime, la gendarmerie de l'air, la gendarmerie des transports aériens, la gendarmerie de l'armement, la gendarmerie de la sécurité des armements nucléaires.

La gendarmerie prévôtale assure des missions de police militaire auprès des forces armées françaises lorsqu'elles se trouvent sur le territoire national ou à l'étranger, en opérations de guerre. Elle est également au service de la justice militaire.

Le GIGN aligne environ 420 personnes, entraînées et équipées pour accomplir des missions périlleuses, comme la libération d'otages, la mise hors de combat de groupes terroristes et de dangereux criminels, la protection de zones sensibles et de personnalités importantes. Installé à Versailles-Satory, le GIGN comporte une antenne basée à Beynes (78) formant des stagiaires étrangers.

Les unités de gendarmerie présentant un caractère d'emploi spécialisé sont sur le groupe d'investigation cynophile, les sections aériennes, le peloton de gendarmerie de haute montagne, la brigade nautique et la brigade fluviale, le groupe de spéléologues, les systèmes d'informations et de télécommunications, les brigades rapides d'intervention, les brigades de prévention de la délinquance juvénile.

L'essentiel de l'armée française en chiffres

L'armée française actuelle repose sur 330 000 militaires de carrière, dont 131 000 au sein de l'armée de terre, 50 000 au sein de l'armée de l'air, 44 000 au sein de la Marine nationale et 105 000 au sein de la gendarmerie nationale.

L'armée de terre aligne 254 chars lourds Leclerc AMX 56, 416 chars légers (256 AMX 10 RC et 160 ERC 90 Sagaie), 6 677 véhicules blindés d'infanterie (AMX 10P, VAB, VBCI, PVP, VBL), 349 pièces d'artillerie de 120 à 155 mm, 44 lance-roquettes multiples, 312 hélicoptères, 1 138 systèmes d'armes antichars, 234 systèmes d'armes sol-air.

L'aviation de combat (armée de l'air et force aéronavale) repose sur 294 appareils (89 Rafale, 175 Mirage 2000 et F1, 27 Super-Étendard modernisés et 3 Hawkeye).

La Marine nationale, forte de 470 000 t en pleine charge, comprend 180 bâtiments, dont 75 bâtiments de combat, avec notamment 4 sous-marins nucléaires lanceurs d'engins, 6 sous-marins nucléaires d'attaque, 1 porte-avions et 22 frégates.

La force nucléaire française repose sur 300 missiles.

Chapitre 15
Mobilité, vitesse et puissance de feu : le matériel

Dans ce chapitre :
▶ Le char Leclerc
▶ L'avion de combat Rafale
▶ Le porte-avions *Charles de Gaulle*

Les forces armées françaises actuelles sont équipées d'un matériel performant, souvent sans équivalent à l'étranger, afin de pallier la réduction des effectifs par une puissance de feu accrue. Le char Leclerc, le véhicule blindé de combat d'infanterie (VBCI) et l'hélicoptère de combat Tigre font de l'armée de terre française l'une des plus puissantes du monde. Il en va de même de l'avion de combat Rafale au sein de l'armée de l'air, du porte-avions *Charles de Gaulle*, des sous-marins nucléaires lanceurs d'engins (SNLE) du type Triomphant, des sous-marins nucléaires d'attaque (SNA) et des frégates furtives type La Fayette au sein de la Marine nationale.

Le principal armement de l'armée de terre

Rapidité, mobilité et puissance de feu sont les trois composantes essentielles d'un matériel de qualité, afin de permettre à l'armée de terre de remplir ses missions. Ces trois critères se retrouvent dans les trois armes complémentaires présentées dans cette partie.

Le char Leclerc AMX 56

Considéré comme le meilleur char de combat du monde, le Leclerc a été conçu pour assurer une cadence de combat très élevé et ainsi se battre contre un ennemi en surnombre. Par sa rapidité de déplacement, son excellente mobilité, sa cadence de tir élevée, son blindage évolutif épais, il surclasse tous ses rivaux étrangers (Abrams américain, Challenger britannique, Ariete italien, Type 90 japonais, Leopard 2 allemand, T95 russe, Merkava israélien). Le Leclerc peut détruire tout char adverse à une distance de 5 km, contre 4 km pour la plupart de ses rivaux. En raison de sa conception révolutionnaire, il assure à l'armée qui le possède une supériorité totale. Il possède notamment plusieurs caractéristiques quasi uniques au monde, comme la capacité de tirer en pleine vitesse avec une remarquable précision. Ainsi, sur n'importe quel type de terrain, par n'importe quelle température et n'importe quel niveau de visibilité, le Leclerc impose son rythme à l'adversaire et le force à reculer grâce à son système de tir rapide totalement automatisé qui permet de détruire jusqu'à huit chars ennemis en moins d'une minute.

Son blindage polyvalent modulaire évolutif permet au Leclerc de résister aux impacts d'obus à bout portant. Il est capable de rester opérationnel à un taux de 70 % de destruction. Outre sa taille ramassée, le Leclerc résiste à l'impact d'un obus flèche de face et peut modifier son blindage en fonction du niveau du danger.

Lors de son entrée en service, en 1992, 406 exemplaires ont été livrés à l'armée française, dont 254 se trouvent actuellement en service actif et 388 autres exemplaires se trouvent au sein des forces armées des Émirats arabes unis.

Le Leclerc existe en 11 séries différentes. À chaque série nouvelle, le char est amélioré : nouveau blindage, nouveau système de visée ou de communication, nouveau système de gestion du champ de bataille entièrement informatisé. En somme, tout ce que voit et fait le char peut être géré depuis un écran embarqué. Pratiquement submersible, le Leclerc peut traverser une rivière ou un point d'eau en étant totalement immergé.

Le char Leclerc possède les caractéristiques suivantes :

- **Concepteur :** Nexter (anciennement Giat industries), à Roanne, dans la Loire.
- **Équipage :** 3 hommes (opérateur de tourelle, pilote, chef de char).
- **Longueur :** 6,88 m (9,87 m avec le canon).
- **Largeur :** 3,60 m (3,71 m avec protections latérales).
- **Hauteur :** 2,53 m.
- **Poids :** 56 t.
- **Blindage :** blindage espacé modulaire fait d'acier de haute dureté, d'aluminium, de titane et d'un blindage réactif de type Nera.

- **Armement :** 1 canon de 120 mm (40 obus embarqués) stabilisé et équipé d'un système de tir rapide automatisé, 1 mitrailleuse de 12,7 mm coaxiale, 1 mitrailleuse de 7,62 mm en tourelle, 18 pots lanceurs (fumigène, grenade et leurre). Sa tourelle stabilisée permet au Leclerc de rouler tout en tirant sur sa cible, lui assurant ainsi la supériorité sur tout type de champ de bataille.
- **Puissance du moteur :** 1 500 ch.
- **Suspension :** oléopneumatique.
- **Vitesse :** 72 km/h sur route, 55 km/h en tout-terrain, 38 km/h en marche arrière.
- **Accélération :** de 0 à 32 km/h en 5 s.
- **Autonomie :** de 500 à 650 km.

Figure 15-1 : Char Leclerc (Cirfa Bordeaux).

Quinze chars Leclerc de l'armée française et quinze des Émirats arabes unis ont été déployés au Kosovo de 1999 à 2002 dans le cadre de la force de maintien de la paix de l'Otan. Donnant entièrement satisfaction sur le terrain, ils ont grandement impressionné tous les observateurs militaires étrangers sur place.

En 2006, treize chars Leclerc de l'armée française ont été engagés au Sud-Liban pour une mission de la paix avec la Finul. Le commandement israélien a jugé que le char Leclerc était supérieur à tous ses rivaux. Le 14 décembre 2010, les Leclerc ont quitté le théâtre d'opérations libanais pour retourner en France, la mission dissuasive terminée et parfaitement accomplie.

Le véhicule blindé de combat d'infanterie (VBCI)

Le VBCI est un véhicule blindé de combat français d'infanterie tous terrains à huit roues, conçu et fabriqué par Nexter Systems et par Renault Trucks Défense. Destiné à remplacer l'AMX 10P, il a commencé à être livré en septembre 2008 au 35e régiment d'infanterie de Belfort. Le 92e régiment d'infanterie de Clermont-Ferrand a reçu sa pleine dotation de 64 véhicules durant l'été 2010. Le 1er régiment de tirailleurs d'Épinal est le suivant pour l'année 2011. À terme, l'ensemble des régiments d'infanterie des brigades blindées et mécanisées en sera équipé, les derniers des 650 véhicules prévus devant être livrés en 2015.

Le VBCI est conçu pour amener les fantassins embarqués au plus près du combat. C'est un véhicule dont le blindage modulaire peut être adapté à la menace. La grande puissance destructrice de son canon mitrailleur de 25 mm accroît considérablement la puissance de feu des unités d'infanterie. Plus mobile, plus rapide et confortable que son prédécesseur AMX 10P, il consomme moins de carburant et se révèle plus facile à entretenir et à dépanner. Les huit roues motrices accroissent considérablement la mobilité en tous terrains et augmentent la polyvalence. La garde au sol élevée et la forme de la caisse rendent le VBCI plus résistant au souffle des mines, d'autant que la caisse est également blindée par le dessous avec des caissons à déformation absorbant l'énergie. Les sièges suspendus réduisent les conséquences du choc résiduel. Le VBCI dispose d'un système de braquage d'urgence unilatéral qui permet la giration par ripage. Il est aérotransportable par un Airbus A400M.

Le VBCI dispose des caractéristiques suivantes :

- **Équipage :** 1 pilote, 1 chef de bord tireur, 1 radio et de 8 à 9 fantassins embarqués avec tout l'équipement collectif du groupe de combat.
- **Longueur :** 7,8 m.
- **Largeur :** 2,98 m.
- **Hauteur :** 2,26 m.
- **Poids au combat :** 28,9 t.
- **Blindage :** niveau 4, protection jusqu'au calibre de 14,5 mm.

- **Armement :** 1 canon mitrailleur de 25 mm, 1 mitrailleuse de 7,62 mm et 1 lanceur de fumigènes.
- **Moteur :** turbodiesel 550/440 ch.
- **Suspension :** 8 roues motrices.
- **Vitesse :** 100 km/h.
- **Autonomie :** 750 km.

Il est déployé depuis 2010 sur les théâtres d'opérations extérieurs, notamment en Afghanistan, où il donne entière satisfaction. Il est considéré comme l'un des meilleurs blindés de combat d'infanterie au monde, plus rapide et mobile que ses principaux rivaux.

Figure 15-2 : Véhicule blindé de combat d'infanterie (Cirfa Bordeaux).

L'hélicoptère de combat Tigre EC665

Le Tigre est un hélicoptère de combat d'attaque de fabrication franco-allemande (Aérospatiale et MBB), dont la production en série a débuté en mars 2002, après un premier vol effectué en avril 1991. Le premier Tigre réceptionné a été livré à l'école de l'aviation légère de l'armée de terre (Alat), en avril 2005. Le Tigre est opérationnel dans l'armée française, au sein du 5e régiment d'hélicoptères de combat de Pau (RHC), en décembre 2008, après sa phase d'expérimentation tactique. Le 1er juillet 2010, 25 hélicoptères Tigre sont livrés à la France, 14 au 5e RHC de Pau, 1 au régiment d'hélicoptères des forces spéciales (RHFS), 10 à l'école de l'Alat. Au 15 avril 2011, 30 hélicoptères de ce type sont livrés à l'armée de terre française. Il est prévu que la dotation totale de l'armée française s'élèvera à 80 exemplaires. L'Allemagne a passé une commande de 80 exemplaires, l'Espagne de 24 et l'Australie de 22.

Plus maniable et rapide que ses rivaux, le Tigre peut effectuer des loopings, conséquence de sa cellule en matériaux composites, ce qui lui permet de se déplacer agilement à travers les différents théâtres d'opérations, notamment en zones montagneuses. Du fait de sa conception récente, il ne nécessite qu'une faible maintenance. Pilote et tireur sont placés l'un derrière l'autre, ce qui permet de réduire la largeur de l'appareil et donc sa vulnérabilité aux tirs frontaux ennemis.

Le Tigre dispose, de jour comme de nuit, d'une grande précision de tir. Son système de visée calcule instantanément la trajectoire de la cible. Son type de conduite de tir est unique au monde. Le Tigre doit largement sa légèreté à structure ultramoderne, constituée à 80 % de matériaux composites, essentiellement du Kevlar et des fibres de carbone, d'une très grande résistance aux projectiles ennemis. Le Kevlar, également utilisé sur les nouveaux casques de combat, résiste aux balles des fusils d'assaut les plus performants. Sans être furtif, le Tigre renvoie une image radar et infrarouge minimale, grâce au design étudié des surfaces, aux peintures absorbantes et au système réducteur de signature thermique appliqué à l'échappement des turbines. L'avionique comprend quatre écrans couleur multifonctions (deux pour le pilote et deux pour le tireur), des systèmes de navigation autonome, un générateur de cartes numériques, des détecteurs d'alerte radar et laser.

Très puissamment armé, un seul Tigre peut mettre en danger tout un bataillon ennemi par sa puissance de feu multiple.

Les caractéristiques de l'hélicoptère Tigre EC 665 sont les suivantes :

- **Puissance du moteur :** 1 870 ch.
- **Équipage :** 2 hommes (1 conducteur et 1 tireur).
- **Nombre de pâles :** 4.
- **Diamètre du rotor :** 13 m.
- **Longueur du fuselage :** 14,08 m.
- **Hauteur totale :** 5,20 m.
- **Poids maximal :** 6 100 kg.
- **Vitesse maximale :** 340 km/h.
- **Plafond :** 4 000 m.
- **Vitesse ascensionnelle :** 842 m/min.

- **Autonomie :** 800 km et 1 300 km avec réservoir externe.
- **Armement :** 1 canon mitrailleur de 30 mm, 1 canon mitrailleur de 20 mm ou une mitrailleuse lourde de 12,7 mm, 2 paniers de 22 roquettes de 68 mm, 4 missiles air-air Mistral, 8 missiles antichars Hot.
- **Avionique :** système de visée Osiris (Sagem).

Le premier déploiement en opérations des Tigre a lieu le 27 juillet 2009, lorsque trois appareils du 5e RHC sont détachés au profit des forces françaises en Afghanistan. Le 20 août 2009, l'un d'entre eux ouvre le feu pour la première fois en conditions opérationnelles, en tirant 12 roquettes, afin de riposter à un tir de mitrailleuse lourde de 14,5 mm : la position ennemie a été totalement anéantie.

Le 23 mai 2011, Alain Juppé, ministre des Affaires étrangères de la France, a confirmé l'envoi d'hélicoptères de combat Tigre en Libye pour soutenir les insurgés dans leur combat contre les forces du colonel Kadhafi, dans le cadre de l'opération *Harmattan*. Ces appareils ont été embarqués à bord du porte-hélicoptères français *Tonnerre* dans la nuit du 17 au 18 mai 2011. Les Tigre ont débuté les frappes le 4 juin 2011 au matin. Par leur puissance de feu extraordinaire, ils ont largement contribué à la déroute des forces militaires de Kadhafi en divers endroits.

Figure 15-3 : Hélicoptère Tigre (Cirfa Bordeaux).

L'armée de l'air en deux avions de combat

Avec le Mirage 2000 et le Rafale, l'armée de l'air française se classe parmi les meilleures aviations de combat du monde. Ces deux avions sont en effet exceptionnels à tous les niveaux techniques.

L'avion de combat Mirage 2000

Conçu par la société française Dassault Aviation, le Mirage 2000 entre en service dans l'armée de l'air en 1984. Rapide et extrêmement maniable, il est l'un des meilleurs avions de combat actuel, capable de rivaliser avec les meilleurs rivaux de la planète, comme les F16 et F17 américains, le Mig 29 russe, le Mitsubishi F2 japonais.

À l'origine fabriqué comme avion d'interception, le Mirage 2000 a été ensuite développé en diverses versions, couvrant à la fois la défense et l'attaque. L'armée de l'air française a reçu 315 exemplaires de cet avion, dont actuellement 158 sont en service actif : 26 Mirage 2000N (assaut nucléaire et assaut conventionnel), 67 Mirage 2000D (assaut conventionnel), 56 Mirage 2000-5 et 2000C (défense aérienne), 9 Mirage 2000B (multifonctions). À l'horizon 2015, la flotte aérienne des Mirage 2000 se composera de 30 Mirage 2000-5, 20 Mirage 2000C et B, 60 Mirage 2000D et 30 Mirage 2000N, soit un total de 140 appareils. À ces chiffres, il convient d'ajouter 286 autres exemplaires exportés vers 8 pays différents (Grèce, Inde, Émirats arabes unis, Pérou, Qatar, Taïwan).

Les caractéristiques sont les suivantes :

- **Envergure :** 9,13 m.
- **Longueur :** 14,60 m.
- **Hauteur :** 5,20 m.
- **Surface alaire :** 41 m^2.
- **Masse à vide :** 7 800 kg.
- **Masse maximale :** 17 500 kg.
- **Vitesse :** 2 653 km/h.
- **Plafond :** 18 000 m.
- **Vitesse ascensionnelle :** 18 000 m/min.
- **Rayon d'action :** 1 600 km.

Chapitre 15 : Mobilité, vitesse et puissance de feu : le matériel

> ✔ **Armement :** 2 canons de 30 mm, 7 000 kg de charge incluant des missiles air-air R550 Magic II (toutes les versions), Super 530D (2000C), Mica (IR ou EM pour 2000-5F), bombes freinées ou guidées par laser et missiles air-sol Apache ou de croisière Scalp EG (2000D), missile nucléaire ASPM (2000N).
>
> ✔ **Avionique :** commande de vol électrique, centrale de navigation à inertie, radar RDY à hautes capacités, pilote automatique, contre-mesures électroniques intégrées.

Le Mirage 2000 a été utilisé avec une grande efficacité opérationnelle lors de la guerre du Golfe en 1990-1991, de la guerre de Bosnie (1992-1995), dans la guerre d'Afghanistan depuis 2001, et la guerre de Libye depuis le 19 mars 2011. Le 20 octobre 2011, un Mirage 2000D de l'armée de l'air française a intercepté un convoi de plus de 20 véhicules quittant la ville de Syrte, en Libye. Dans ce convoi se trouvait le dictateur Muammar Kadhafi, qui a ensuite été tué par les combattants libyens du Conseil national de transition (CNT).

Le 8 octobre 1996, un Mirage 2000 grec a abattu un F16 turc, à la suite d'une violation de l'espace aérien grec, après un duel aérien tournoyant, où l'appareil de fabrication française a démontré sa supériorité sur son rival de fabrication américaine.

L'avion de combat Rafale

Conçu par Dassault Aviation, le Rafale est un avion de combat capable de remplir toutes les missions anciennement dévolues aux précédents appareils de divers types. À la fois chasseur, bombardier et éclaireur, le Rafale a effectué son premier vol le 4 juillet 1986. Sa première mise en service remonte au 18 mai 2001, 89 de ces avions se trouvent actuellement en service sur les 286 commandés par le gouvernement français (228 pour l'armée de l'air et 58 pour la Marine nationale). Appareil à aile delta avec un empennage canard rapproché, propulsé par deux moteurs Snecam M88-2 (des turboréacteurs à postcombustion), le Rafale se décline en trois versions : le Rafale M, avion monoplace pour les opérations menées à partir d'un porte-avions, les Rafale C et B, appareils respectivement monoplace et biplace, pour les opérations réalisées à partir d'une base terrestre.

Très rapide, extrêmement maniable, puissamment armé, au rayon d'action élevé, à la technologie remarquable, le Rafale est considéré comme le ou l'un des meilleurs avions de combat au monde. La participation de 6 avions Rafale aux exercices de duels aériens qui se sont déroulés aux Émirats arabes unis, du 15 novembre au 9 décembre 2009, a démontré leur supériorité sur leurs principaux rivaux. Le plateau réuni pour cette manifestation était pourtant impressionnant : Rafale français, Typhoon Eurofighter britanniques, F16 et F22 américains. L'exercice consistait à simuler des raids importants, jusqu'à 40 avions, dans des missions réalistes représentatives d'un conflit de haute Intensité. Les appareils devaient faire face à une opposition aérienne et sol-air. Sur le plan aérien, l'optronique secteur frontal (OSF) a permis aux Rafale d'identifier visuellement des cibles jusqu'à 40 km, alors que l'identification habituelle en défense aérienne se fait entre 3 et 5 km ! En matière de guerre électronique, les Rafale ont détecté des menaces sol-air que les F16 CJ américains, dont c'est la vocation principale, n'avaient pas vues. Un Rafale a pu simuler le tir de 6 munitions air-sol A2SM sur 6 objectifs différents programmés à une distance de 40 km, puis tirer 3 missiles air-air Mica, le tout en une minute, ce qui témoigne de la polyvalence exceptionnelle de l'avion. Lors d'affrontements air-air, véritables duels aériens, les Rafale ont battu les Typhoon 6 à 0. Les Rafale se sont également frottés aux F22, les chasseurs les plus modernes de l'aviation américaine : les Rafale ont battu 6 à 1 les F22 ! Les experts militaires français et étrangers estiment que 6 Rafale ont la capacité de repousser une attaque 24 F22 américains !

Le F22 américain est un chasseur sous assistance d'avions radars Awacs, alors que le Rafale est autonome, grâce à son optronique optique et à son système Spectra, si bien qu'il peut détecter et viser le F22 bien avant. Le Pentagone a d'ailleurs classé secrètement le Rafale comme meilleur avion de combat au monde, cela explique l'acharnement des Américains à bloquer par tous les moyens les ventes des Rafale à l'étranger.

Les principales caractéristiques du Rafale sont les suivantes :

- **Poussée unitaire :** 50 kn (75 kn avec postcombustion).
- **Envergure :** 10,90 m.
- **Longueur :** 15,30 m.
- **Hauteur :** 5,30 m.
- **Surface alaire :** 45,7 m^2.
- **Masse maximale avec armement :** 24 500 kg.
- **Masse minimale à vide :** 9 060 kg.
- **Vitesse maximale :** 2 203 km/h.
- **Plafond :** 16 800 m.
- **Vitesse ascensionnelle :** 18 000 m/min.
- **Rayon d'action haute altitude :** 1 850 km.
- **Rayon d'action basse altitude :** 1 090 km.
- **Armement :** 1 canon de 30 mm à cadence de tir de 2 500 obus à la minute et 9 500 kg de missiles ou de bombes, dont des missiles MBDA Mica portant à 80 km, des missiles MBDA Météor d'une portée de plus de 100 km, des bombes guidées AASM d'une portée de 55 km, des missiles de croisière MBDA Scalp EG.

Le Rafale comprend cinq configurations de combat : la supériorité aérienne avec de 2 à 6 missiles Mica à guidage électromagnétique ou infrarouge ou 4 Mica à guidage électromagnétique et 2 Matra 550 Magic; le bombardement et l'appui aérien rapproché avec 2 missiles Mica ou 2 Magic II, jusqu'à 6 bombes guidées AASM; la pénétration à longue distance avec 2 missiles Mica, 2 missiles de croisières Scalp EG; le bombardement à la mer avec 4 missiles Mica, 2 missiles Exocet AM39 B2; la frappe nucléaire avec de 2 à 4 missiles Mica à guidage électromagnétique ou infrarouge, un missile ASMP-A.

Les Rafale sont engagés pour la première fois en Afghanistan le 12 mars 2007. Depuis, à plusieurs reprises, ils effectuent diverses missions. À partir du 19 mars 2011, des Rafale de l'armée de l'air et de l'aviation navale françaises participent à l'opération *Harmattan* en Libye. Le 24 mars 2011, un Rafale détruit au sol un appareil militaire libyen (Soko G-2 Galeb) venant d'atterrir à une distance de 55 km. Cette opération est la « fête » du Rafale, qui donne entière satisfaction et dont la polyvalence est au rendez-vous : on le voit dans des missions air-air et air-sol, de reconnaissance, décollant d'une base aérienne (parfois à plus de 2 000 km, comme celle de Saint-Dizier) ou du porte-avions *Charles de Gaulle*. Depuis le F4 Phantom américain, on n'avait jamais vu une telle efficacité dans la polyvalence : le Rafale tient toutes ses promesses.

Figure 15-4 : Chasseur Rafale (Cirfa Bordeaux).

Une force navale complète

La marine française est l'unique flotte de combat en Europe à disposer de tous les équipements nécessaires à la guerre actuelle d'une grande puissance sur mer : capacité de projection navale et aéronavale, armement conventionnel et nucléaire, rapidité d'action et haute technologie.

Le porte-avions Charles de Gaulle

Commandé le 8 février 1986 pour remplacer le porte-avions *Clemenceau*, la construction débute en avril 1989 aux chantiers navals de Brest. Le porte-avions *Charles de Gaulle* est achevé en mai 1994 et entre en service actif le 18 mai 2001. Il est l'unique porte-avions européen, le plus grand bâtiment de guerre lancé en Europe de l'Ouest depuis 1950 et le seul navire de surface à propulsion nucléaire construit en Europe occidentale. Il s'agit d'un porte-avions de taille moyenne, plus petit que ceux de la marine américaine, mais deux fois plus gros que les porte-aéronefs en service dans les marines britannique, italienne, espagnole et indienne, dont les possibilités opérationnelles sont limitées par rapport à un véritable porte-avions comme le *Charles de Gaulle*.

Le 4 mai 2011, le *Charles de Gaulle* a passé le cap de 342 000 milles nautiques, soit l'équivalent de 16 tours du monde depuis sa mise en service. Il peut embarquer environ 1 950 marins à bord, avec un supplément de 800 à 1 250 militaires en transport de troupes. Son parc aérien varie selon les missions entre 28 et 40 aéronefs (avions et hélicoptères), dont de 12 à 16 avions de combat Rafale, 16 avions de combat Super-Étendard modernisés, 2 avions de surveillance maritime Hawkeye, 1 hélicoptère Cougar, 1 hélicoptère Caracal, 2 hélicoptères Dauphin, 1 hélicoptère Alouette III. La capacité maximale du *Charles de Gaulle* est de 100 vols par jour pendant 7 jours, par pontées massives de 20 à 24 avions renouvelables toutes les 4 heures ou par pontées enchaînées de 4 à 8 avions toutes les 1 h 30 environ. La possibilité de catapultage est de 1 avion toutes les 30 secondes.

Le *Charles de Gaulle* dispose d'un ensemble extrêmement performant de capteurs radars de veille à courte, moyenne et longue portées et de radars secondaires. Ses armes d'autodéfense alignent des contre-mesures électroniques, ainsi que des missiles sol-air, dont le système d'armes antimissiles constitué de missiles Aster-15. Le radar de veille air lointaine porte à 370 km. Il dispose de leurres antimissiles Sagaie, de leurres antitorpilles Slat, d'un système de transmission par satellites Syracuse III.

Le porte-avions *Charles de Gaulle* est propulsé par deux réacteurs nucléaires à eau pressurisés K15. La puissance de 83 000 ch permet d'atteindre la vitesse maximale de 27 nœuds (50 km/h), ce qui en fait l'un des navires les plus rapides du monde de sa catégorie. L'autonomie est de 7 ans, entre deux rechargements du combustible nucléaire, contre quelques jours pour un bâtiment utilisant un combustible fossile, fioul ou gaz.

La propulsion nucléaire permet de libérer sous les ponts les espaces normalement utilisés au stockage des carburants fossiles. Les enceintes des réacteurs pèsent 900 t et n'ont que 10 m de hauteur et 10 m de diamètre, ce qui permet d'embarquer 3 400 t de carburant pour les aéronefs, 550 t de munitions, ainsi que 1 000 t de gazole pour ravitailler en mer les bâtiments d'escorte en cas de problème avec le pétrolier ravitailleur du groupe aéronaval.

La possibilité du *Charles de Gaulle* d'accélérer de 0 à 27 nœuds en 7 minutes seulement accroît considérablement sa capacité de survie. Sur un porte-avions à propulsion conventionnelle, il faut allumer une ou plusieurs chaudières supplémentaires pour accroître la puissance (6 chaudières sur le porte-avions *Clemenceau*), ce qui exige plusieurs dizaines de minutes.

La multiplicité des caissons protecteurs placés tout autour du porte-avions *Charles de Gaulle* rend impossible la pénétration d'un missile jusqu'au circuit primaire du réacteur.

Le système de stabilisation Satrap (système automatique de tranquillisation de plate-forme) permet de mettre en action un groupe aérien embarqué dans les pires conditions de mer. Ce système permet d'embarquer des avions de 20 t par mer de force 5 à 6. Par comparaison les porte-avions *Foch* et *Clemenceau* ne pouvaient aligner que des appareils de 13 t par mer de force 3 à 4.

Les caractéristiques du porte-avions *Charles de Gaulle* sont les suivantes :

- **Poids :** 42 000 t à pleine charge.
- **Longueur :** 261,5 m.
- **Maître bau :** 64,36 m (pont), 31,5 m (flottaison).
- **Vitesse :** 27 nœuds (50 km/h).
- **Puissance :** 83 000 ch.
- **Armement :** 4 lance-missiles Syvler (Aster 15), 2 lance-missiles Sadral, 8 lance-missiles Mistral, 8 canons mitrailleurs de 20 mm, 4 mitrailleuses de 12,7 mm.
- **Aéronefs (avions et hélicoptères) :** jusqu'à 40 aéronefs (de 12 à 16 Rafale, 16 Super-Étendard modernisés, 2 Hawkeye, 1 Cougar, 2 Caracal, 2 Dauphin, 1 Alouette III).
- **Rayon d'action :** illimité.
- **Équipage :** 1 950 marins, de 800 à 1 250 militaires en transport de troupe.
- **Port d'attache :** base navale de Toulon.

Le 21 novembre 2001, le gouvernement français décide d'envoyer le porte-avions *Charles de Gaulle* dans l'océan Indien pour soutenir les opérations de l'Otan en Afghanistan. La force navale française, sous les ordres du contre-amiral François Cluzel, aligne, outre le porte-avions *Charles de Gaulle*, les frégates *La Motte-Picquet*, *Jean de Vienne* et *Jean Bart*, le sous-marin nucléaire d'attaque *Rubis*, le pétrolier ravitailleur *La Meuse* et l'aviso *Commandant Ducuing*. La force aérienne repose sur 16 avions de combat Super-Étendard, 2 Rafale, 1 avion éclaireur Hawkeye et plusieurs hélicoptères. Les Super-Étendard accomplissent 140 missions de reconnaissance et de bombardement, 12 par jour en moyenne, couvrant plus de 3 000 km, échappant à 5 missiles Stinger. En mars 2002, la force aérienne française est portée à 16 Super-Étendard, 6 Mirage 2000D et 5 Rafale, 2 ravitailleurs aériens KC-135 et 2 éclaireurs Hawkeye. Le porte-avions *Charles de Gaulle* arrive à Singapour le 2 mai pour une escale.

Le 30 octobre 2010, le porte-avions *Charles de Gaulle* est de nouveau engagé pour des opérations aériennes en Afghanistan, avec à son bord une dizaine de Rafale, une douzaine de Super-Étendard, 2 Hawkeye et un groupe d'hélicoptères. La force navale comprend également la frégate anti-sous-marine *Tourville*, la frégate de défense aérienne *Forbin*, le pétrolier ravitailleur *La Meuse* et le sous-marin nucléaire d'attaque *Améthyste*. Un total de 180 missions de guerre au-dessus de l'Afghanistan sont accomplies entre le 25 novembre et le 25 décembre 2010.

Figure 15-5 : Porte-avions Charles de Gaulle (Cirfa Bordeaux).

Le 20 mars 2011, le porte-avions *Charles de Gaulle* appareille de Toulon en direction des côtes libyennes, dans le cadre de l'opération *Harmattan*. La force navale française comprend également 1 sous-marin nucléaire d'attaque et 3 frégates. La proximité entre le porte-avions et la Libye permet de réduire le délai d'intervention des avions à 10 minutes au lieu de 2 heures depuis la Corse, ainsi que d'allonger la durée de mission de chaque appareil sans ravitaillement en vol. Le parc aérien du *Charles de Gaulle* se compose de 10 Rafale, 6 Super-Étendard, 2 Hawkeye et 5 hélicoptères. Bien que le parc d'avions de combat ne représente que 15 % du parc aérien de l'armée française pour cette opération, le *Charles de Gaulle* réalise de 30 à 50 % des missions aériennes en Libye, démontrant ainsi la qualité opérationnelle du porte-avions français. Le *Charles de Gaulle* rentre à Toulon le 12 août 2011 pour une nouvelle révision technique. En 120 jours d'activité aérienne, 1 350 sorties et 3 600 heures de vol ont été enregistrées du porte-avions *Charles de Gaulle*, ainsi que 2 380 catapultages et appontages. De très nombreuses défenses et positions ennemies ont été détruites.

La frégate furtive classe La Fayette

Mise en service le 22 mars 1996, la frégate classe La Fayette est le premier navire furtif en service actif, dont la mission est d'assurer la souveraineté des eaux nationales et de participer au règlement des crises outre-mer. La furtivité repose sur les formes simples et planes, un minimum d'angles, les superstructures en composite verre-résine absorbant les ondes radars, de bons isolants thermiques, la réduction de la signature acoustique. La Marine nationale française dispose de 5 frégates furtives de ce type (*La Fayette*, *Surcouf*, *Courbet*, *Aconit* et *Guépratte*). Par ailleurs, 6 autres de ces frégates ont été vendues à Taïwan, 3 à l'Arabie saoudite, 6 à la marine de la république de Singapour.

Les caractéristiques sont les suivantes :

- **Longueur :** 125 m.
- **Maître bau :** 15,4 m.
- **Tirant d'eau :** 4,8 m.
- **Déplacement :** 3 200 t.
- **Propulsion :** 4 diesels Semt Pielstick, 2 hélices à pas variable et 1 propulseur d'étrave.
- **Puissance :** 21 000 ch.
- **Vitesse :** 25 nœuds.
- **Armement :** 1 canon de 100 mm, 2 canons mitrailleurs de 20 mm, 1 rampe de 8 missiles Crotale et 18 autres missiles de ce type en stock, 8 missiles Exocet MM40.
- **Aéronefs :** 1 hélicoptère Panther ou NH90.
- **Rayon d'action :** 16 500 km (autonomie de 50 jours).

- **Électronique :** 2 radars de navigation, 1 radar de veille surface-air basse altitude, 2 radars de conduite de tir, 1 détecteur, 2 lance-leurres, 1 intercepteur radio, 1 système de direction de combat, 1 système numérisé de transmissions intérieures, 1 système de transmission par satellite Syracuse, 1 système de télécommunications par satellite Inmarsat, 1 système de traitement de l'information.
- **Équipage :** 15 officiers, 60 officiers mariniers, 56 quartiers-maîtres et matelots, possibilité d'embarquer 25 commandos.
- **Chantier naval :** Lorient.

Les missiles Exocet ont une portée de 72 km dans la série MM40 Block 2 et 180 km dans la série MM40 Block 3. Le canon de 100 mm est capable de tirer 80 coups à la minute et d'engager un navire de surface jusqu'à 15 000 m, de tirer contre la terre jusqu'à 17 000 m et d'engager un aéronef à 6 000 m. Les 2 canons automatiques de 20 mm peuvent tirer chacun 720 coups à la minute, avec une portée de 10 000 m. Les missiles Crotale surface-air ont une portée de 13 000 m. Un hélicoptère classe 10 t (Panther ou NH90), embarqué en permanence, assure des missions de transport léger, de lutte anti-sous-marine ou contre des navires de surface.

Figure 15-6 : Frégate type La Fayette (Cirfa Bordeaux).

Le sous-marin nucléaire d'attaque classe Rubis

La classe Rubis est un groupe de six sous-marins nucléaires d'attaque (SNA) remplaçant les sous-marins classiques diesels-électriques de la classe

Agosta. Cette actuelle classe de SNA est conçue pour la lutte sous-marine en profondeur, la surveillance des convois et le renseignement électronique.

Entré en service le 23 février 1983, le SNA *Rubis* a été suivi par le SNA *Saphir* (6 juillet 1984), le SNA *Casabianca* (13 mai 1987), le SNA *Émeraude* (15 septembre 1988), le SNA *Améthyste* (20 mars 1992) et le SNA *Perle* (7 juillet 1993).

La coque en acier à haute limite élastique permet à ces SNA une immersion maximale supérieure à 300 m. Le dôme sonar et le massif sont en matériaux composites. Ils sont les plus compacts SNA du monde.

Les caractéristiques sont les suivantes :

- **Longueur :** 73,60 m.
- **Maître bau :** 7,60 m.
- **Tirant d'eau :** 6,40 m.
- **Déplacement :** 2 385 t en surface, 2 670 t en plongée.
- **Propulsion :** 1 réacteur à eau pressurisée K48, 1 moteur électrique de propulsion, 1 hélice.
- **Puissance :** 7 000 kW.
- **Vitesse :** 25 nœuds.
- **Profondeur :** plus de 300 m.
- **Armement :** 4 tubes de 533 mm avec 14 torpilles F17 mod 2 et missiles surface Exocet SM39.
- **Électronique :** 1 radar de veille surface Drua 33, 1 sonar multifonction Dmux 20, 1 sonar passif ETB DSUV 62C, 1 groupement microphone DSUV 62C, système de combat informatisé Titac, liaison 14, 1 détecteur radar Arur 13.
- **Équipage :** 70 hommes.

La durée de service actif prévue est de 25 ans, une nouvelle classe de SNA, type Barracuda, doit remplacer les actuels SNA français entre 2017 et 2028.

Le sous-marin nucléaire lanceur d'engins classe Le Triomphant

Ces 4 sous-marins de la classe Le Triomphant, dépendant de la force océanique stratégique (Fost), remplacent les 6 de la classe Redoutable. Le premier de la série, *Le Triomphant*, est entré en service actif le 21 mars

1997. Il a été suivi par *Le Téméraire* (23 décembre 1999), *Le Vigilant* (26 novembre 2004) et *Le Terrible* (20 septembre 2010).

La conception du *Triomphant* fait appel aux dernières innovations en divers domaines. Plus grand, plus rapide, beaucoup plus silencieux que ses prédécesseurs, *Le Triomphant* bénéficie également d'un système de détection dix fois plus performant. Il est le premier submersible équipé d'une pompe hélice carénée : un système jouant sur le reflux d'eau qui évite ainsi la cavitation. La coque possède un revêtement spécial absorbant les ondes sonars.

Le 27 janvier 2010, *Le Terrible* a été utilisé pour le premier tir exercice (depuis un sous-marin) du missile nucléaire stratégique M51, qui remplace le M45 : le missile a parcouru 4 500 km en 20 minutes seulement. Le missile M51 porte jusqu'à 10 000 km, contre 6 000 km pour le M45. En service depuis le 27 septembre 2010, le M51, d'un poids de 56 t, atteint la vitesse de 19 000 km/h et une altitude de croisière de 1 000 km. La charge comprend de 6 à 10 têtes nucléaires TN75 de 110 kt. Soixante missiles M51 (15 par sous-marin) sont ou doivent être produits : 1 en 2007, 2 en 2008, 2 autres en 2009, aucun en 2010, 10 par an de 2011 à 2015, et les 5 derniers en 2016.

Les caractéristiques du missile M51 permettent aux sous-marins de réduire leurs zones de patrouille en évitant le goulet du détroit de Gibraltar, ainsi l'ouest du golfe de Bengale ou l'Amérique du Nord sont accessibles depuis la zone de patrouille atlantique, et le continent euro-asiatique depuis l'océan Indien.

Le SNLE classe Le Triomphant dispose des caractéristiques suivantes :

- **Longueur :** 138 m.
- **Maître bau :** 12,5 m.
- **Tirant d'eau :** 10,6 m.
- **Déplacement :** 12 685 t en surface, 14 355 t en plongée.
- **Propulsion :** 1 réacteur à eau pressurisée K15 de 150 MW Technicatome, 1 groupe turboréacteur, 1 pompe hélice, 1 moteur électrique alimenté par 2 diesels alternateurs de 950 ch.
- **Puissance :** 41 500 ch (30 519 kW).
- **Vitesse :** 26 nœuds (46,3 km/h) en plongée.
- **Profondeur :** plus de 400 m.
- **Armement :** 4 tubes lance-torpilles de 533 mm avec 18 torpilles F17 et missiles Exocet, de 15 à 16 missiles nucléaires stratégiques M45 ou M51.
- **Rayon d'action :** illimité.
- **Équipage :** 111 hommes.

Chapitre 15 : Mobilité, vitesse et puissance de feu : le matériel 269

✔ **Chantier naval :** Cherbourg.
✔ **Port d'attache :** Brest.

Figure 15-7 : Sous-marin nucléaire lanceur d'engins classe Le Triomphant (Cirfa Bordeaux).

Chapitre 16

Une présence active : des missions aux quatre coins du monde

Dans ce chapitre :
- Une grande puissance militaire en action
- La réintégration de l'Otan
- La variété des missions

En mai 2011, 25 500 militaires français se trouvaient déployés hors de métropole : 8 300 militaires en tant que forces de souveraineté, au sein de territoires français d'outre-mer, afin d'en assurer la défense (Antilles, Guyane, La Réunion, Mayotte, Nouvelle-Calédonie, Polynésie et Saint-Pierre-et-Miquelon) ; 5 200 militaires en tant que forces de présence, pour protéger ou instruire militairement des pays alliés (Sénégal, Gabon, Djibouti, zone maritime du Pacifique, zone maritime de l'océan Indien, Émirats arabes unis) ; 4 700 militaires en opérations militaires extérieures nationales, afin d'assurer la sécurité et la défense de certains États (Tchad, golfe de Guinée, République centrafricaine et Côte d'Ivoire) ; 7 300 militaires en opérations militaires extérieures multinationales, dans le cadre de l'Organisation du traité de l'Atlantique nord – Otan – (Afghanistan, Kosovo, Libye), dans le cadre de l'Organisation des Nations Unies – ONU – (Liban, Soudan, Côte d'Ivoire et autres), dans le cadre de l'Union européenne (golfe d'Aden et autres), dans le cadre d'autres coalitions (Asie centrale et autres).

La France réintègre le commandement de l'Otan

Avec l'arrivée de Jacques Chirac à la présidence de la République, en 1995, le gouvernement Juppé entame des négociations en vue de la réintégration de la France dans le commandement intégré de l'Otan. Pour Alain Juppé, il s'agit de parvenir à un partage équitable des responsabilités entre Américains et Européens et d'obtenir le lancement d'une politique européenne de sécurité et de défense. Les élections législatives françaises de 1997 changent la majorité parlementaire et le nouveau gouvernement de Lionel Jospin interrompt les pourparlers. D'autre part, Alain Juppé estime que les négociations ont échoué, car la diplomatie américaine a refusé de donner un commandement suffisamment important à l'armée française.

L'élection à la présidence de la République de Nicolas Sarkozy, le 6 mai 2007, marque un changement notable, même si depuis de nombreuses années l'armée française n'a cessé d'intervenir aux côtés des pays membres de l'Otan dans le cadre d'opérations militaires, notamment en Afghanistan. Le 19 août 2007, Nicolas Sarkozy prononce son premier discours de politique étrangère à la conférence des Ambassadeurs à Paris. Il parle alors de faire avancer la relation de la France avec l'Otan. Le 24 septembre 2007, il parle de l'éventualité d'une évolution de la place de la France dans l'Otan, lors d'une interview avec le *New York Times*. Le 7 novembre 2007, il annonce que la France doit reprendre toute sa place dans l'Otan à la tribune du Congrès des États-Unis. Lors du sommet de l'Otan à Bucarest en 2008, il parle une nouvelle fois de la réintégration de la France au sein de l'Otan. Le 11 mars 2009, lors de la clôture d'un colloque à l'école militaire de Paris, Nicolas Sarkozy estime que si la France prend toutes ses responsabilités dans l'Otan, c'est l'Europe qui sera plus influente dans l'Otan. Et donc, l'Otan ne sera pas une organisation exclusivement dominée par les États-Unis.

Le 17 mars 2009, le gouvernement de François Fillon organise un vote de confiance, au sein du Parlement français, en faveur de la réintégration française au sein de l'Otan. La confiance est accordée par 329 voix contre 298. Ce retour de la France dans le commandement intégré est acté lors du sommet de l'Otan à Strasbourg-Kehl, les 3 et 4 avril 2009. La France conserve cependant sa pleine indépendance au sujet de l'utilisation de son armement nucléaire, ainsi que sur l'engagement de ses forces conventionnelles.

D'après Nicolas Sarkozy, le retour de la France dans le commandement intégré de l'Otan a permis à l'armée française de jouer un rôle de premier plan dans l'intervention militaire de 2011 en Libye. D'après lui, la puissance militaire de la France doit permettre de contrebalancer la mainmise des États-Unis sur l'Otan, renforçant ainsi la place des Européens en matière de défense. Il ne s'agit pour lui aucunement d'une soumission de la France aux États-Unis. Il considère que la puissance militaire de la France pèse de tout son poids dans un rééquilibrage des responsabilités au sein de l'Otan. La récente intervention militaire française en Libye semble lui avoir donné raison.

L'intervention militaire française en Afghanistan

À la suite des attentats du 11 septembre 2001 ayant frappé les États-Unis, les nations membres de l'Otan et la France ont décidé d'intervenir militairement en Afghanistan, considéré comme l'un des berceaux du terrorisme et de l'intégrisme islamiques. En 2010, l'armée française est devenue, avec un effectif de 4 000 hommes sur place, la quatrième contributrice de la coalition, regroupant plus d'une trentaine de pays.

Sécuriser, reconstruire et instruire

La mission officielle des troupes françaises en Afghanistan est « de sécuriser les zones placées sous sa responsabilité, afin de permettre à l'État afghan de se reconstruire, de permettre des opérations de développement et de permettre un déploiement des services de l'État afghan, et, en second lieu, permettre une montée en puissance de l'armée nationale afghane en l'entraînant » (ministère de la Défense, Paris).

Le 21 novembre 2001, une importante force navale française, avec la présence du porte-avions *Charles de Gaulle*, est engagée dans l'océan Indien pour soutenir les opérations de l'Otan en Afghanistan. Du 19 décembre 2001 au 19 juin 2002, le groupe aérien embarqué effectue 165 missions d'appui au sol, 100 missions de reconnaissance, 126 missions de guet aérien et 120 missions de ravitaillement en vol. En tout, les appareils réalisent plus de 2 700 heures de vol.

Le 2 janvier 2002, 640 militaires français sont déployés au nord de Kaboul. En mars, 16 Super-Étendard et 6 Mirage 2000 prennent en charge des attaques aériennes contre les cibles d'al-Qaida, organisation terroriste islamique.

Le 11 août 2003, lorsque l'Otan prend la direction des opérations de la force internationale d'assistance et de sécurité (Fias), une des composantes des forces alliées en Afghanistan, la France fournit 500 militaires sur 3 500 venant de 31 pays alors présents. Au 21 février 2003, on compte 742 militaires français pour un effectif total d'environ 8 000 personnes au sein de cette force internationale. Le commandement régional de Kaboul se fait en rotation entre la France, l'Italie et la Turquie.

De juillet 2003 à décembre 2006, 200 commandos français des forces spéciales opèrent dans les régions de Spin Boldak et de Jalalabad. On déplore 7 tués dans leurs rangs, alors que plusieurs centaines de rebelles sont mis hors de combat. D'autre part 3 810 stagiaires de l'armée afghane sont instruits par des militaires français entre 2003 et 2006. En décembre 2007, 1 600 soldats français sont engagés en Afghanistan et au total 2 000 militaires français participent à ce théâtre d'opérations. Jusqu'en 2008, l'aviation française accomplit 1 700 sorties et 300 passages à basse altitude pour intimider ou disperser l'adversaire.

Entre octobre 2008 et octobre 2009, le groupement tactique interarmes (GTI) français de Kapisa, fort de 650 à 750 militaires, est engagé dans des opérations de combat pour la reconquête de plusieurs vallées, dont celle d'Alasay. Le GTI français affronte une force de 600 à 800 rebelles, dont 150 sont tués pour la perte de 4 des siens. Le commandement américain souligne l'extrême efficacité tactique des troupes françaises sur le terrain.

Le 1er novembre 2009, la brigade française La Fayette, forte de diverses unités, est officiellement créée, incluant le groupement tactique de Kaboul et celui de Kapisa, avec des effectifs totaux de 2 800 militaires. Artillerie (canon de 155 mm et mortiers de 120 mm), blindés (AMX 10 RC, VAB, VBCI), hélicoptères divers, troupes d'élite font de la brigade La Fayette l'une des meilleures unités alliées engagées en Afghanistan, d'après le commandement américain lui-même. L'armée française a déployé des soldats comme les paras, les marsouins, les légionnaires, les chasseurs alpins, les fantassins et les cavaliers motorisés, les commandos et autres combattants d'élite.

Durant l'unique année 2008, les forces françaises ont consommé 400 000 cartouches de petit calibre, 6 000 obus de 20 mm, un millier d'obus de mortiers de 120 mm et largué 160 bombes par avion. Il y a eu une quarantaine d'accrochages ayant fait 12 morts et une soixantaine de blessés dans les rangs français, contre un millier de rebelles hors de combat (tués et blessés).

La formation de l'armée afghane et la montée en puissance des forces spéciales

Environ 60 instructeurs militaires français ont formé plus de 5 000 officiers afghans en 2009. D'autre part, une vingtaine d'instructeurs français des forces spéciales assurent, aux côtés d'une cinquantaine d'instructeurs américains et d'une centaine d'instructeurs afghans, l'entraînement de 6 bataillons commandos afghans, soit environ 3 700 soldats. Depuis le 16 novembre 2009, 150 gendarmes français forment la police afghane dans les provinces de Kapisa et de Saroubi.

Chapitre 16 : Une présence active : des missions aux quatre coins du monde

Un nombre de plus en plus important de commandos des forces spéciales françaises est engagé en Afghanistan en 2009 : 22 membres du 13e régiment de dragons parachutistes (renseignement), 20 membres ou plus du 4e régiment d'hélicoptères des forces spéciales (aéromobilité), plusieurs membres du 10e commando parachutiste de l'air (guidage des appuis), 20 commandos divers pour la formation des forces spéciales afghanes, 30 membres du 1er régiment de parachutistes d'infanterie de marine (mission secrète).

De décembre 2001 à décembre 2011, l'armée française déplore 78 militaires tués (dont 59 au combat) et 471 blessés (dont 338 au combat) en Afghanistan. Les forces françaises ont causé de lourdes pertes aux forces rebelles, estimées à 6 000 tués ou blessés.

Le 20 janvier 2012, 4 militaires français ont été tués et 15 autres blessés par un guerrier rebelle ayant infiltré l'armée régulière afghane : portant ainsi à 82 le nombre des soldats français tués en Afghanistan depuis 2001 et à 486 les blessés. Le retrait total des troupes françaises est prévu en 2013, après la fin de l'instruction et la mise en place d'une armée afghane de 300 000 soldats réguliers. Sur les 3 600 soldats français stationnés en Afghanistan en janvier 2012, 600 d'entre eux doivent regagner la France au cours de cette année. On dénombre 130 000 soldats de la coalition, dont 90 000 soldats américains.

Figure 16-1 : Soldats français en Afghanistan en 2011 (Cirfa Bordeaux).

L'armée française : fer de lance de l'intervention en Libye

Dans le cadre de l'ONU et de l'Otan, l'armée française est intervenue en Libye du 19 mars au 20 octobre 2011, au sein d'une coalition militaire représentée par une quinzaine de pays, dont principalement la France, les États-Unis et la Grande-Bretagne, au bénéfice des insurgés du Conseil national de transition (CNT), en guerre contre le dictateur Kadhafi, ses mercenaires et ses partisans armés.

Lors de cette opération militaire engageant principalement des forces navales et aériennes du côté des Alliés, la France a pris la tête de cette coalition en alignant le plus grand nombre d'aéronefs (avions et hélicoptères), avec 72 appareils, contre 50 pour les États-Unis, 22 pour la Grande-Bretagne, 12 pour l'Italie, 12 pour les Émirats arabes unis, 11 pour le Canada, 9 pour la Suède, 7 pour la Turquie, 6 pour la Belgique, 6 pour la Norvège, 6 pour l'Espagne, 6 pour le Qatar, 4 pour le Danemark, 3 pour la Grèce.

La Marine nationale française a également tenu une place déterminante avec la présence du porte-avions *Charles de Gaulle*, de la frégate de défense aérienne *Forbin*, de la frégate antiaérienne *Jean Bart*, de la frégate furtive *Aconit*, de la frégate anti-sous-marine *Dupleix*, du pétrolier *Meuse*, d'un sous-marin nucléaire d'attaque, du porte-hélicoptères d'assaut amphibie *Tonnerre* avec à son bord 19 hélicoptères de combat, ainsi que d'autres navires de plus faibles tonnages. La frégate *Courbet* a remplacé la frégate *Aconit* en avril. La Grande-Bretagne n'a engagé que trois navires (*Triumph*, *Liverpool*, *Ocean*). Les États-Unis ont déplacé le navire amiral de la 6e flotte *Mount Whitney*, le groupe amphibie Kearsarge, relevé ensuite par le groupe amphibie Bataan, 2 sous-marins nucléaires d'attaque (*Providence* et *Scranton*), le sous-marin nucléaire lanceur de missiles de croisière *Florida*.

La rapidité et l'efficacité de l'armée française

L'aviation française est la première à intervenir, le 19 mars 2011, à 12 h 30, avec une patrouille de 8 Rafale, de 2 Mirage 2000D, de 2 Mirage 2000-5, de 7 avions ravitailleurs. Les missions durent 6 h 30 pour les chasseurs partis de France, dont 2 h 30 au-dessus de la Libye. De nombreux véhicules blindés libyens sont détruits par les appareils français, évitant ainsi un véritable bain de sang à la population de Benghazi, hostile à Kadhafi. Les avions français empêchent également les attaques aériennes kadhafistes sur la ville de Benghazi.

Chapitre 16 : Une présence active : des missions aux quatre coins du monde

À partir du 22 mars, l'aviation navale française, embarquée à bord du porte-avions *Charles de Gaulle*, participe activement aux opérations, avec 10 Rafale, 6 Super-Étendard modernisés, 2 Hawkeye et 5 hélicoptères.

Le 24 mars 2011, un Rafale détruit, au moyen d'une bombe guidée AASM, un avion libyen de combat Soko G-2 Galeb qui atterrit sur l'aéroport de Misrata. Le 26 mars, 5 Mig 23 libyens sont également détruits au même endroit par l'aviation française.

Dans la nuit du 23 au 24 mars, des Rafale et des Mirage 2000D détruisent, avec 7 missiles de croisière Scalp, des dépôts de munitions, des installations de maintenance et le centre de commandement de la base aérienne d'Al-Joufra. La nuit suivante, l'aviation française détruit avec une bombe guidée laser GBU-12 une batterie d'artillerie, située dans les environs d'Ajdabiya. Le siège de cette ville se termine le même jour avec la destruction de 7 chars libyens T72 par des avions britanniques Panavia Tornado et des Mirage 2000 français. Le 29, les avions français de l'armée de l'air et de la Marine nationale accomplissent des frappes sur des véhicules blindés et un important dépôt de munitions dans les régions de Misrata et Zintan.

Entre le 31 mars à 6 heures et le 7 avril à 6 heures, les avions français (armée de l'air et Marine nationale) réalisent 900 heures de vol, 120 sorties d'appui et d'interdiction aérienne, 24 sorties de reconnaissance, 13 sorties de détection et de contrôle, 22 sorties de ravitaillement en vol, 28 sorties de ravitaillement divers, 22 sorties de défense aérienne. Le bilan de cette semaine se termine par la destruction d'une dizaine de véhicules blindés ennemis et de 2 sites de missiles de défense antiaérienne.

Dans la nuit du 19 au 20 mai 2011, une série de raids aériens franco-anglo-canadiens met hors de combat 8 navires de guerre de la marine libyenne, se trouvant à quai dans divers ports. Les avions français ciblent la frégate *Al-Ghardabia*, de classe Koni, principal bâtiment de combat de la marine kadhafiste, ainsi que plusieurs patrouilleurs lance-missiles du type Combattante II.

Du porte-hélicoptères d'assaut *Tonnerre*, une dizaine d'aéronefs français Tigre et Gazelle détruisent 20 objectifs, dont 15 véhicules blindés et 2 centres de commandement, dans la nuit du 3 au 4 juin. Comme le souligne Jean-Dominique Merchet, spécialiste des questions militaires, la défense libyenne n'est pas restée inerte. Très bien camouflées, les forces kadhafistes ont riposté avec des missiles portables SA-7, des canons mitrailleurs de 23 mm et des mitrailleuses lourdes de 14,5 mm. Les hélicoptères français ne sont intervenus que par nuit noire, en volant à très basse altitude. Des années d'entraînement au vol tactique ont été mises à profit au grand dam des kadhafistes. Les forces kadhafistes ont été attaquées d'une manière impitoyable, comme en témoigne le nombre de munitions utilisées à chaque raid : une quinzaine de missiles Hot, environ 150 roquettes et autant d'obus de 30 mm. Les frégates françaises ont appuyé cette action, d'une audace incroyable, en tirant 3 000 obus sur les positions adverses. Tous les aéronefs français ont pu rejoindre le porte-hélicoptères *Tonnerre*.

La fin du colonel Kadhafi

Du 9 au 16 juin 2011, les avions et les hélicoptères français effectuent plus de 250 sorties, dont 146 ayant pour objet des attaques au sol, durant lesquelles une soixantaine d'objectifs sont détruits (20 bâtiments et plus de 40 véhicules militaires), notamment dans les régions de Misrata, Tripoli et Brega.

Entre le 12 et le 14 juillet 2011, le groupement aéromobile français, fort d'une vingtaine d'hélicoptères, est transféré du porte-hélicoptères *Tonnerre* au *Mistral*, qui prend la relève pour un temps.

Entre le 8 septembre, 6 heures, et le 15 septembre 2011, 6 heures, les avions français accomplissent 96 sorties d'attaque au sol, 30 sorties de reconnaissance, 7 sorties de contrôle aérien et 9 sorties de ravitaillement.

Le 20 octobre, le colonel Kadhafi se trouve à bord d'un convoi de plus de 20 véhicules quittant la ville de Syrte. Le convoi est arrêté par un tir de missile drone américain. Alors que les véhicules se regroupent, le même convoi est attaqué par un Mirage français 2000D, accompagné d'un Mirage F1 CR. Le Mirage 2000D tire deux bombes MK 82 à l'avant et à l'arrière de la colonne, causant d'importants dégâts. Kadhafi doit se réfugier à pied dans les environs pour se cacher. Il est alors assailli par des combattants du CNT venant de Misrata et est ensuite abattu. La mort du dictateur libyen met fin aux opérations militaires alliées en Libye.

Une intervention décisive

Les avions français de l'armée de l'air et de la Marine nationale ont effectué 35 % des sorties offensives de l'Otan durant cette campagne de Libye. Cela représente plus de 20 000 heures de vol et plus de 4 500 sorties. Les forces armées françaises ont touché 2 500 cibles militaires, dont 850 sites logistiques, 170 centres de commandement, 480 chars, 250 véhicules et 160 pièces d'artillerie. Ces mêmes forces françaises ont tiré un total de 4 621 munitions, dont 15 missiles de croisière Scalp, 225 bombes de précision AASM tirées par les Rafale, 950 bombes à guidage laser GBU tirées par l'aviation, 431 missiles air-sol Hot tirés par les hélicoptères Gazelle, 1 500 roquettes tirées par les hélicoptères Tigre et 3 000 obus de 76 mm et 100 mm tirés par la Marine nationale (86 % des tirs de la coalition). La Marine nationale a engagé jusqu'à 29 navires, se plaçant en tête du dispositif des Alliés.

Chapitre 16 : Une présence active : des missions aux quatre coins du monde

Malgré la grande puissance de feu des kadhafistes, l'armée française n'a enregistré aucune perte dans ses rangs lors des combats, soulignant ainsi l'extrême efficacité du matériel et du personnel.

L'armée française a bien représenté le fer de lance de cette coalition. La France a été le seul pays européen à tenir son rôle de grande puissance militaire, ce qui n'a échappé ni aux Américains ni aux partenaires européens. Les principaux experts militaires français et étrangers estiment que «cette opération a été une véritable promotion de la puissance militaire française». L'avion de combat Rafale a notamment démontré ses qualités inégalées en Europe : souplesse et polyvalence (capacité à décoller tant de Saint-Dizier que de Solenzara ou du porte-avions *Charles de Gaulle*), réelles capacités multirôles (vaste éventail d'armes, excellence dans les missions air-air comme air-sol). Les avions Mirage 2000 et Super-Étendard ont prouvé une fois de plus leurs immenses qualités opérationnelles. Les hélicoptères Gazelle et Tigre se sont révélés d'une efficacité redoutable dans la destruction des positions et des moyens matériels de l'ennemi, même dans les conditions les plus difficiles. Les navires français ont démontré que la Marine nationale est la deuxième du monde en matière d'efficacité tactique et stratégique, ainsi que par la puissance de feu et de projection.

Les leçons de l'intervention militaire française en Libye

M. Gérard Longuet, ministre de la Défense, tire les leçons de l'intervention française en Libye : «Les opérations en Libye démontrent que nous bénéficions d'une armée bien équipée, bien entraînée et dotée d'une doctrine d'emploi éprouvée et claire. Nos militaires, que j'ai visités plusieurs fois, ont été formidables et très professionnels. Je retiens également que la pleine réintégration de la France dans la structure militaire intégrée de l'Otan nous a permis de peser sur la conduite des opérations.

«D'un point de vue militaire, force est de constater que nous avons atteint nos objectifs rapidement, sans troupes au sol, sans déplorer de morts, et pratiquement sans dommages collatéraux. Ce bilan est exemplaire. Notre intervention permet en outre à la France de valider un certain nombre de choix doctrinaux. La pertinence d'un avion polyvalent, le Rafale, l'aptitude des hélicoptères de l'armée de terre, et particulièrement le Tigre, à s'engager à partir d'un bâtiment à la mer comptent parmi les nombreux enseignements que les armées tirent de cette opération» (entretien réalisé le 10 novembre 2011).

L'armée française et le plan Vigipirate

Depuis le 7 septembre 1995, avec une interruption d'octobre à décembre 1996, les armées françaises participent au renforcement de la sécurité générale dans le cadre du plan gouvernemental Vigipirate.

Il s'agit d'un plan de vigilance, de surveillance et de centralisation du renseignement contre notamment les éventuelles actions terroristes. Ce plan permet de gérer différentes situations pouvant porter atteinte à la sécurité des personnes sur le territoire national. Des éléments des trois armes (terre, air et marine) y participent en permanence, en accompagnant la gendarmerie et la police. Le Premier ministre de la France a décidé d'élever le niveau d'alerte du plan Vigipirate au niveau rouge après les attentats perpétrés à Londres le 7 juillet 2005. Ce niveau d'alerte prévoit des mesures de protection des institutions et des moyens de secours et de riposte appropriés, en acceptant les contraintes imposées par l'activité sociale et économique.

Quatre niveaux d'alerte (jaune, orange, rouge, écarlate) correspondent à des objectifs de sécurité pour lesquels les armées apportent des contributions avec leurs modes d'action et leurs moyens spécifiques. Chaque niveau se matérialise par une couleur qui déclenche une série de mesures. Le jaune accentue la vigilance face à des risques réels mais encore incertains. L'orange prévient le risque d'une action terroriste. Le rouge fait prendre des mesures nécessaires pour prévenir le risque avéré de plusieurs attentats graves. L'écarlate prévient le risque d'attentats majeurs, simultanés ou non.

Le plan actuel, mis en place le 20 mars 2003, établit pour les armées une distinction entre deux dispositifs, l'un pour la défense aérienne et maritime, l'autre au niveau terrestre. Le premier porte sur le contrôle de l'espace aérien, où des patrouilles d'avions de chasse sont en alerte permanente pour intercepter tout aéronef suspect. Des zones interdites, autour des centrales nucléaires et des sites industriels sensibles, ont été créées. Des moyens de détection radar sont également opérationnels. Cette posture permanente de sûreté aérienne, dans le cadre du plan Vigipirate, nécessite l'engagement de 187 militaires. En ce qui concerne la surveillance des approches maritimes, les préfets maritimes de la Méditerranée, de l'Atlantique, de la Manche et de la mer du Nord ont en charge la surveillance des approches maritimes et des ports. Ce dispositif entraîne l'engagement de 148 marins et gendarmes maritimes.

Quant au plan Vigipirate terrestre, les militaires des trois armes sont mobilisés, avec pour mission de participer au renfort de la sécurité, en effectuant des patrouilles dans les gares, les aéroports, les ports, ainsi que les sites sensibles. Le dispositif Vigipirate rouge représente un volume de 1 010 militaires, engagés en fonction des besoins de la mission.

L'évaluation des menaces est réalisée par des services spécialisés. Elle est renouvelée selon un rythme adapté à l'évolution de la situation nationale et internationale.

La brigade des forces spéciales

La brigade des forces spéciales terre (BFST) a été créée, à Pau, le 1er juillet 2002. Les unités de cette brigade sont complémentaires pour les missions qui leur sont confiées. Agissant dans le milieu aéroterrestre, elles disposent d'hommes et d'équipements qui leur permettent d'assurer la totalité des processus opérationnels qu'elles mettent en action, à savoir le renseignement stratégique et le renseignement tactique. Agissant fréquemment dans un environnement interarmées, elles sont en mesure de traiter toute la gamme des opérations dans la profondeur en milieu hostile, comme la reconnaissance, l'action commando, le contre-terrorisme terrestre, l'appui et le soutien aéromobile des opérations spéciales. Elles peuvent également recevoir d'autres missions, comme la protection rapprochée d'autorités civiles ou militaires sur des théâtres d'opérations ou la liaison et le contact avec les belligérants.

Les unités de la BFST s'instruisent et s'entraînent en permanence, le plus souvent possible en combinant leurs différents moyens. Les trois régiments de la brigade sont également des centres de formation délégués et forment eux-mêmes leur personnel aux métiers spécifiques des opérations spéciales. La brigade dispose en plus d'un centre d'entraînement spécialisé (CES) qui permet aux unités de parfaire leurs savoir-faire propres et combinés, se révélant ainsi un remarquable outil de préparation aux missions. Le centre comprend notamment un complexe de tir permettant le déroulement de combats complexes en milieu clos avec tir réel.

La qualité du recrutement est primordiale. Les officiers sont détectés et certifiés à Coëtquidan et en écoles d'arme. À partir d'un message annuel de prospection diffusé dans toutes les armes de l'armée de terre, les sous-officiers et les militaires du rang font acte de volontariat et sont retenus à l'issue de tests sélectifs d'aptitude.

La BFST se compose du 1er régiment de parachutistes d'infanterie de marine de Bayonne, du 13e régiment de dragons parachutistes de Martignas-sur-Jalle, du 4e régiment d'hélicoptères des forces spéciales de Pau, d'une compagnie de commandement et de transmissions.

La BFST dispose du meilleur équipement de l'armée française, notamment dans le domaine de l'armement individuel. La BFST est considérée comme l'une des meilleures unités des armées occidentales, particulièrement par le commandement américain, qui ne tarit pas d'éloges à son sujet.

Le service de santé des armées

Fort de 16 300 personnes, dont près de 6 000 civils, le service de santé des armées (SSA) comprend notamment 1 855 médecins et 1 250 élèves et internes des 9 hôpitaux militaires (Bordeaux, Brest, Clamart, Lyon, Marseille, Metz, Paris, Saint-Mandé et Toulon).

Les missions reposent sur le soutien médical des forces armées, la santé publique au bénéfice des civils dans le cas notamment de pandémie virale et les opérations humanitaires dans le monde, au profit des populations victimes d'un conflit armé ou sinistrées à la suite d'une catastrophe naturelle ou industrielle, d'une famine ou d'une épidémie. Des moyens médico-chirurgicaux, mobilisables dans l'urgence, peuvent être affectés à ces missions. Le SSA apporte également une contribution conséquente aux différents plans d'urgence gouvernementaux destinés à faire face aux risques nucléaires, radiologiques, biologiques et chimiques, d'origine accidentelle ou provoquée.

Les pompiers militaires (terre, air, marine)

Sur les 250 000 pompiers que compte la France, 80 % sont des volontaires, 15 % des professionnels rattachés aux collectivités locales, et seulement 5 % ont le statut militaire, en étant rattachés au ministère de la Défense.

La brigade de sapeurs-pompiers de Paris (BSPP) est une unité du génie de l'armée de terre française, mise à la disposition de la préfecture de police de Paris, commandée par un général de brigade. C'est une formation militaire de sécurité civile, chargée des missions dévolues aux pompiers, dont principalement la lutte contre l'incendie, la prévention, le secours aux personnes, les sauvetages et interventions techniques et diverses. La BSPP intervient dans Paris et ses trois départements limitrophes, à savoir les Hauts-de-Seine, la Seine-Saint-Denis et le Val-de-Marne. La BSPP comprend environ 7 500 sapeurs-pompiers, dont 310 officiers et 1 400 sous-officiers. La BSPP est le troisième service de pompiers au monde, derrière celui de Tokyo (17 000 pompiers), de New York (16 000) et devant celui de Londres (7 000). En 2008, la BSPP a accompli les missions suivantes : 17 778 interventions pour des incendies, 15 281 fausses alertes, 25 690 interventions pour des accidents de la circulation, 342 546 secours à victimes, 21 914 assistances à personne, 2 230 faits d'animaux, 15 613 interventions eau-gaz-électricité, 2 793 protections des biens, 35 678 reconnaissances et recherches, 95 interventions liées à la pollution, soit un total de 479 618 interventions, représentant 1 310 par jour.

Le bataillon des marins-pompiers de Marseille (BMPM) est une unité de la Marine nationale, placée sous la direction du maire de Marseille et

Chapitre 16 : Une présence active : des missions aux quatre coins du monde

commandée par un vice-amiral. Avec 2 450 hommes ou femmes, le BMPM est l'unité de la Marine nationale dont l'effectif est le plus important. En 2010, le BMPM a effectué 108 000 interventions, soit une moyenne de 300 par jour. Outre les missions sur terre identiques à celles des sapeurs-pompiers de Paris, les marins-pompiers interviennent également sur mer, à l'aide de 35 moyens flottants dont 2 bateaux-pompes. Viennent s'ajouter 70 véhicules de secours et 65 camions-citernes feux de forêt.

Dans l'armée de l'air française, les pompiers de l'air appartiennent à la brigade aérienne des forces de sécurité et d'intervention (Bafsi), affectés en escadron de sécurité incendie et de sauvetage (Esis) sur les bases aériennes. La plupart des bases aériennes disposent d'un Esis, dont les moyens humains et matériels sont définis en fonction des risques inhérents aux activités aéronautiques militaires. Les pompiers de l'air affectés au sein des escadrons sont formés au centre de formation des techniciens de sécurité de l'armée de l'air (CFTSAA) de la base aérienne de Cazaux. Ils sont équipés de véhicules spécifiques pour lutter contre les feux d'aéronefs, d'hydrocarbures et d'infrastructures. Ils disposent également de véhicules plus classiques, comme ceux destinés au secours des asphyxiés et des blessés. Les pompiers de l'air interviennent presque exclusivement au cœur des enceintes militaires, mais ils peuvent renforcer les unités départementales rattachées aux collectivités locales. Ils ont aussi la possibilité de partir en opération extérieure, afin de protéger les détachements de l'armée de l'air à l'étranger.

Chapitre 17

Faire carrière au service de la France : les recrutements des forces armées françaises

Dans ce chapitre :
▶ Les conditions à remplir
▶ Des formations pour tous les niveaux scolaires
▶ Une multitude de métiers riches et variés

Depuis que l'armée française est devenue professionnelle en 2001, le recrutement tient une place centrale dans la composition des unités terrestres, aériennes et maritimes, ainsi que celles de la gendarmerie nationale. De nos jours, on trouve toute une gamme de filières professionnelles au sein des forces armées, offrant des carrières multiples et variées, permettant à chacun de construire une vie au service de la nation.

Les filières de recrutement de l'armée de terre

Parce qu'une armée opérationnelle est une armée jeune, l'armée de terre recrute chaque année environ 14 000 jeunes Françaises et Français de tous niveaux et de tous horizons. Quels que soient le profil, les compétences et les aspirations, si l'on est motivé, il y a une place dans l'armée de terre. Les filières de recrutement sont variées et offrent de multiples possibilités pour accomplir une carrière évolutive.

Les engagés volontaires de l'armée de terre (Evat)

Personnes de terrain chargées des tâches d'exécution, les Evat ont vocation à remplir des missions sur le territoire national et en opération à l'étranger. Devenir Evat, c'est devenir un soldat professionnel et s'offrir l'opportunité de vivre une expérience singulière.

Les conditions à remplir sont les suivantes : être de nationalité française, être en règle avec les obligations du service national, à savoir le recensement et avoir accompli la journée citoyenneté défense, avoir entre 17 ans et demi et moins de 29 ans, jouir de ses droits civiques et avoir été reconnu apte médicalement.

La formation initiale de 4 à 6 mois comprend une formation générale initiale, avec l'apprentissage du métier de soldat, la connaissance du milieu militaire, de 15 semaines dont 12 dans un centre de formation initiale des militaires du rang (CFIM). Vient ensuite une formation initiale de spécialité, d'une durée variable selon la spécialité (infanterie, arme blindée et cavalerie, artillerie, génie, train, transmissions, matériel, aviation légère de l'armée de terre), ainsi que l'apprentissage des compétences techniques et tactiques du premier emploi. Enfin, il convient d'y ajouter des formations complémentaires nécessaires au premier emploi (formation à la conduite militaire, formation d'adaptation : parachutisme, montagne…).

Le parcours professionnel offre les possibilités suivantes : après un premier contrat (3, 5, 8 ou 10 ans), on peut renouveler l'engagement successivement jusqu'à 27 ans de service comme Evat. Entre 3 et 9 ans et entre 13 et 15 ans de service, on bénéficie, en fonction des résultats, de l'opportunité de poursuivre un parcours en qualité de sous-officier. Certains recrutements officiers sont également ouverts aux militaires du rang (officiers sous contrat, concours de l'École militaire interarmes).

Les volontaires de l'armée de terre (VDAT)

Être VDAT permet de découvrir le métier de soldat grâce à un contrat d'un an. En outre, ce contrat offre l'opportunité d'accéder au statut d'Evat ultérieurement.

Les conditions à remplir sont les suivantes : sans condition de diplôme, être en règle avec le service national (recensement et avoir accompli la journée citoyenneté défense), avoir plus de 18 ans et moins de 26 ans à la date de dépôt de candidature et avoir été reconnu apte lors des évaluations médicales, physiques et psychotechniques.

La formation initiale de 4 à 6 mois comprend : une formation générale initiale (apprentissage du métier de soldat, connaissance du milieu militaire) de 14 semaines dans un CFIM ; une formation initiale de spécialité (durée variable selon la spécialité et en fonction de l'apprentissage des compétences techniques et tactiques du premier emploi) ; des formations complémentaires nécessaires au premier emploi (formation à la conduite militaire, formation d'adaptation : parachutisme, montagne…).

Le parcours professionnel est le suivant : dès 7 mois de service et sous certaines conditions, on a la possibilité de postuler un contrat Evat, en remplacement du contrat VDAT. Par ailleurs, on peut prétendre à un renouvellement d'un an du contrat VDAT (4 renouvellements au maximum, possibilité de servir jusqu'à 5 ans).

Des recrutements particuliers de VDAT sont à retenir : les personnels de la brigade des sapeurs-pompiers de Paris, des unités de la sécurité civile et du 25e régiment du génie de l'air sont des militaires de l'armée de terre. Les engagés volontaires du service militaire adapté sont recrutés pour assurer des fonctions de moniteur d'une filière de formation professionnelle auprès des stagiaires ultramarins volontaires. Recrutés sur bac professionnel ou BTS, ils suivent une formation militaire de 3 mois au 21e régiment d'infanterie de marine (Rima) à Fréjus (Var), puis une formation pédagogique de 3 mois à Fontenay-le-Comte (Vendée). Âgés de 18 à 29 ans, ils servent pour un contrat initial de 2 ans, pouvant aller jusqu'à 5 ans par contrats successifs. Ils peuvent servir en France ou en outre-mer.

Devenir officier sous contrat dans l'armée de terre (OSC)

À l'horizon 2015, 33 % des officiers de l'armée de terre seront des OSC. Comme les officiers saint-cyriens, ils ont vocation à exercer des responsabilités d'encadrement ou de spécialistes au sein de l'ensemble des formations de l'armée de terre ou dans les organismes interarmées du ministère de la Défense.

En tant qu'officier sous contrat, on peut choisir la filière spécialiste ou la filière encadrement.

La filière spécialiste, qui est à privilégier pour une première expérience professionnelle, offre la possibilité d'être employé dans la spécialité correspondant à la formation académique du postulant. Les spécialistes n'ont pas vocation à encadrer les unités opérationnelles. Ils doivent remplir les conditions suivantes : détenir au minimum une licence de l'enseignement supérieur ou titre ou diplôme au moins du niveau II ; être âgé de moins de 29 ans et être déclaré médicalement apte. Les principaux domaines de recrutement sont la communication et les relations publiques, la gestion des ressources humaines, l'administration et le soutien de l'homme, les finances et techniques budgétaires, le contrôle de gestion et les activités juridiques, les sciences humaines, l'ingénierie, l'informatique et les télécommunications, la prévention des risques, la logistique et la maintenance des matériels.

La filière encadrement forme au commandement des hommes d'une section, dans un premier temps (une trentaine de sous-officiers et de militaires de rang). On peut ensuite commander une compagnie (environ 100 personnes) et gérer les matériels et équipements qui y sont rattachés. Les conditions à remplir sont les suivantes : détenir au minimum une licence de l'enseignement supérieur ou titre ou diplôme au moins de niveau II ; être âgé de moins de 29 ans et déclaré médicalement apte. Les 8 fonctions opérationnelles des principaux domaines de recrutement sont l'infanterie, l'arme blindée et la cavalerie, l'artillerie, le génie, le train, les transmissions, le matériel, l'aviation légère de l'armée de terre (Alat).

La formation d'officier sous contrat spécialiste est la suivante : 3 mois de formation au 4e bataillon de l'École spéciale militaire (ESM) de Saint-Cyr. Les emplois sont les suivants : officier traitant dans le domaine de spécialité de recrutement, avec un premier contrat de 5 ans et 1 jour, qui garantit l'accès au grade de capitaine. Possibilité de servir 20 ans par contrats successifs et d'être nommé, pour les meilleurs, au grade de lieutenant-colonel.

La formation d'officier sous contrat encadrement porte sur 5 mois de formation initiale au 4e bataillon de l'ESM de Saint-Cyr, suivis de 5 mois de stage en régiment, puis de 11 mois en école d'armes (selon la fonction opérationnelle choisie). Les emplois sont les suivants : chef de section d'une unité opérationnelle (de 10 à 30 hommes), puis d'une compagnie (environ 100 hommes), premier contrat de 10 ans, possibilité de renouveler dans la limite de 20 ans en obtenant le diplôme d'état-major (stage de 4 mois).

Sous statut militaire dès la signature du contrat, les élèves officiers sont logés durant toute la durée de la formation. Les meilleurs d'entre eux peuvent, selon les besoins de l'armée de terre, accéder à l'état d'officier de carrière au grade de lieutenant, mais surtout aux grades de capitaine ou de commandant.

Devenir sous-officier de carrière dans l'armée de terre

Exemple permanent pour les militaires de rang, cadre de contact, le sous-officier est un homme de terrain par excellence. Il commande, encadre, forme, conseille et guide les hommes, ayant pour objectif le succès de l'engagement.

L'École nationale des sous-officiers d'active (ENSOA) de Saint-Maixent (Deux-Sèvres) forme les futurs sous-officiers au commandement. Les conditions d'intégration à l'ENSOA sont les suivantes : avoir entre 17 ans et demi et moins de 25 ans (30 ans pour les musiciens) à la signature du contrat, être bachelier, avoir été reconnu apte à l'engagement (évaluations médicale, psychotechnique et physique).

La formation à l'école militaire de Saint-Maixent est de 8 mois. Elle prépare à endosser rapidement des responsabilités d'encadrement direct. Les 5 composantes de la formation reposent sur le comportement militaire, la mission opérationnelle, l'entraînement physique, l'entraînement académique, le management au sein d'une unité élémentaire. La solde durant la scolarité à Saint-Maixent est invariable et s'élève à 1 356,93 euros brut sans accessoires des soldes (primes).

On quitte l'école militaire de Saint-Maixent avec le grade de sergent. On se spécialise ensuite durant 3 à 36 mois dans le domaine choisi au moment du recrutement. Dans un premier temps, on est responsable d'une équipe d'une dizaine de personnes que l'on commande et instruit dans un domaine technique et dans le métier de soldat. Après une dizaine d'années de pratique du métier, on peut accéder à un niveau supérieur de responsabilité, en ayant en charge un groupe d'une trentaine de personnes. On peut présenter des concours permettant de devenir officier.

Les sous-officiers peuvent évoluer dans 6 grands domaines : la mêlée regroupe les personnels spécialistes du combat au contact de l'adversaire ; les appuis facilitent l'action des soldats de la mêlée en sécurisant leur zone d'accueil et en améliorant leur mobilité ; le soutien est composé de soldats spécialistes de la maintenance, de la logistique, du service de santé, nécessaires à la bonne marche des combattants ; les soldats du « commandement-renseignement » permettent aux groupes engagés sur le terrain d'être renseignés, de communiquer entre eux et d'assurer ainsi la cohérence des actions en cours ; les militaires spécialistes de l'administration et des ressources humaines gèrent l'ensemble du personnel ; la santé est composée d'infirmiers et de personnels administratifs et techniciens.

Les domaines d'emploi où il est possible de travailler sont donc la mêlée (infanterie, arme blindée et cavalerie), les appuis (artillerie, combat technique du génie, travaux et infrastructure, aéromobilité, défense nucléaire biologique, sécurité), le soutien (mouvement et logistique, maintenance spécifique, maintenance technique, maintenance mécanique), le commandement-renseignement (renseignement, guerre électronique, télécommunications, systèmes d'information et communication), l'administration des ressources humaines (gestion des ressources humaines, administration de l'homme, entraînement physique et sportif, la musique), le service de santé des armées (infirmier, administration et logistique du service de santé, technicien du matériel de santé).

Le montant net des soldes en fonction des grades des sous-officiers est le suivant (taux en vigueur en janvier 2010) : 1 322 euros (sergent), 1 472 euros (sergent-chef), 1 832 euros (adjudant), 1 977 euros (adjudant-chef), 2 057 euros (major).

Devenir officier sous contrat dans l'armée de terre par la filière pilote

Ouverte depuis 2009, la filière pilote forme des officiers destinés à servir comme pilotes d'hélicoptère de combat au sein de l'Alat.

Les conditions à remplir sont les suivantes : détenir au minimum un bac général, technologique ou professionnel, ou titre ou diplôme au moins de niveau IV ; être âgé de moins de 29 ans, être médicalement apte et avoir réussi les tests de sélection Alat.

On suit une formation en deux temps sous le statut d'élève officier : formation militaire de 14 semaines à l'École de Saint-Cyr Coëtquidan ; formation de 10 à 14 mois à l'école de l'Alat de Dax, suivie de la formation de pilote d'hélicoptère de combat, d'une durée variable selon la spécialité choisie, à l'école de l'Alat du Luc.

Aspirant H., 21 ans, élève officier pilote d'hélicoptère

« Actuellement en formation de pilote d'hélicoptère au sein de l'école de l'Alat, j'ai choisi cette filière pour devenir avant tout militaire et pilote. À mon goût, l'armée de terre était la seule à réunir ces deux aspects.

« Pour en savoir plus, j'ai donc commencé des recherches sur Internet qui m'ont amené à entrer dans un centre d'information et de recrutement des forces armées (Cirfa). Les conseillers m'ont alors présenté cette filière avec soin (tests d'aptitude, déroulement des formations, vie d'un pilote en unité…).

« C'est à l'issue de mon baccalauréat que j'ai décidé de commencer les tests d'aptitude qui m'ont amené aujourd'hui à rentrer en formation à l'école de l'Alat.

« Cette formation théorique et pratique va me permettre d'acquérir les connaissances, la rigueur et les responsabilités que tout pilote militaire doit avoir.

« À terme, je souhaiterais me spécialiser en tant que pilote d'hélicoptère de combat sur Gazelle puis sur Tigre, pour accomplir des missions en opérations extérieures : c'est ce pour quoi je me suis engagé » (ministère de la Défense, Paris).

On choisit la filière d'emploi (hélicoptère de manœuvre, hélicoptère d'appui destruction ou de reconnaissance) à l'issue du stage de pilote d'hélicoptère.

L'obtention de la qualification de pilote d'hélicoptère de combat conditionne le recrutement comme officier sous contrat pilote. À l'issue de 4 ans de formation de pilote, on signe un premier contrat de 10 ans au cours duquel on obtient la qualification de chef de bord. Cette qualification est indispensable pour envisager un second contrat de 10 ans, durant lequel il est possible d'acquérir une qualification de moniteur ou de chef de patrouille. Les meilleurs commandent une escadrille de vol (en moyenne 20 pilotes et 8 hélicoptères).

Devenir officier de carrière dans l'armée de terre

L'École spéciale militaire (ESM) de Saint-Cyr est la grande école du commandement de l'armée de terre. Implantée à Coëtquidan, dans le Morbihan, elle forme chaque année les officiers des armes de recrutement direct.

L'intégration à l'ESM de Saint-Cyr se fait par voie de concours :

- **Entrée sur concours à bac pour une formation de 6 ans en France et en Allemagne :** on suit une formation militaire à Saint-Cyr durant 6 mois, puis une formation en langues (allemand, anglais) au CFIAR (Centre de formation interarmées du renseignement), à Strasbourg, durant 5 mois. On suit après cela une formation militaire de 15 mois à la Bundeswehr (armée de terre allemande) en Allemagne, puis un cursus de 4 ans à l'université de la Bundeswehr, au terme duquel on est diplômé d'un mastère. Les conditions à remplir sont les suivantes : être titulaire ou en cours d'obtention du bac, avoir entre 17 ans révolus et 19 ans au plus le 1er janvier de l'année de recrutement, avoir été reconnu apte médicalement, avoir effectué la journée citoyenneté défense et maîtriser parfaitement l'allemand et l'anglais.

- **Entrée sur concours bac à bac + 2 pour une formation de 3 ans :** le concours comprend des épreuves écrites qui, si réussies, donnent accès aux épreuves orales et sportives d'admission. Il correspond au programme des classes préparatoires des grandes écoles scientifiques, littéraires ou de management. Les conditions à remplir sont les suivantes : être titulaire du bac, avoir 22 ans au plus au 1er janvier de l'année du concours, avoir été reconnu apte médicalement et avoir effectué la journée citoyenneté défense.

- **Entrée sur concours à bac + 3 pour une formation de 3 ans :**
  ce concours comporte des épreuves écrites, orales et sportives. Le contenu et le programme des épreuves sont définis chaque année par la direction des admissions et concours de la chambre de commerce et d'industrie de Paris. Les conditions à remplir sont les suivantes : être titulaire d'une licence de l'enseignement supérieur général ou technologique ou d'un autre titre reconnu équivalent au 1er décembre de l'année de recrutement, avoir 22 ans au plus le 1er janvier de l'année du concours, avoir été reconnu apte médicalement et avoir effectué la journée citoyenneté défense.

- **Entrée sur concours à bac + 5 pour une formation d'un an :**
  on constitue un dossier entre octobre A − 1 et février de l'année de recrutement. La présélection sur dossier a lieu en mars. Suivent, en avril, un entretien oral et des épreuves sportives, pour une intégration en dernière année de Saint-Cyr en septembre au grade de sous-lieutenant. Les conditions à remplir sont les suivantes : être titulaire d'un bac + 5 avant le 1er décembre de l'année de recrutement, avoir 25 ans au plus le 1er janvier de l'année de recrutement, avoir été reconnu apte médicalement et avoir effectué la journée citoyenneté défense.

Dans tous les cas, l'admission n'est définitive qu'après vérification de l'aptitude médicale et la signature de l'acte d'engagement.

La formation présente de multiples aspects : à la fois académique, militaire et humaine, la formation à l'ESM forge l'aptitude au commandement de l'officier. Elle le prépare à la fois à discerner dans la complexité, à décider dans l'incertitude et à agir dans l'adversité. À bac et bac + 3, la 1re année comprend un 1er semestre d'intégration, un 2e semestre de formation générale ; la 2e année comprend un 3e semestre d'enseignements académiques et un 4e semestre d'enseignements optionnels ; la 3e année comprend un 5e semestre international et un 6e semestre « autonomie et aguerrissement ». À bac + 5, la formation d'une année comprend un 1er semestre d'intégration et 2e semestre « autonomie et aguerrissement ».

Les frais de scolarité, l'habillement et l'hébergement des élèves sont pris en charge par l'armée de terre.

La carrière présente l'évolution suivante : à l'issue de la scolarité, on obtient le grade de lieutenant. Au terme de 4 ans d'ancienneté à ce grade, on est promu automatiquement capitaine. La promotion au grade de commandant a lieu ensuite dans un créneau de 4 à 10 ans. La première partie de carrière de 10 à 12 ans, caractérisée par le commandement d'une section (environ 30 hommes), puis d'une unité (environ 100 hommes), s'achève par la scolarité à l'école d'état-major. Débute ensuite la seconde partie de carrière avec, pour les meilleurs, le concours d'accès à l'École de guerre. Si l'on réussit ce concours, on accède aux scolarités conduisant aux plus hautes responsabilités militaires.

Depuis 2005, les saint-cyriens ont la possibilité, en fin de 3e année de scolarité, de choisir la gendarmerie, au prorata du nombre de places offertes par la direction générale de la gendarmerie nationale. Tout au long de son parcours professionnel, l'officier ESM à la possibilité d'intégrer, de manière temporaire ou définitive, d'autres corps de la fonction publique militaire (contrôleur général des armées, gendarmerie, service des essences des armées…) ou civile (poste de catégorie A au sein des fonctions publiques d'État, territoriale ou hospitalière).

L'officier issu de l'ESM a la possibilité de servir jusqu'à la limite d'âge autorisée en fonction du grade détenu (entre 59 et 63 ans).

Les filières de recrutement de l'armée de l'air

L'armée de l'air offre de multiples possibilités d'accomplir un métier dans un cadre mettant en valeur les compétences de chacun au service de la nation. On y trouve toute une gamme de métiers se complétant les uns les autres pour rendre efficace et opérationnelle l'armée de l'air, une des composantes essentielles des forces armées françaises.

Officier et ingénieur

Ce sont des postes à haute responsabilité : officier de l'air, officier système aéronautique, officier des bases de l'air.

- **Les concours :**
    - Concours d'admission sur épreuves ouverts aux candidats titulaires d'un diplôme de fin de cycle de l'enseignement secondaire général, technologique ou professionnel ou titre reconnu équivalent, ou d'un autre titre ou diplôme classé au moins au niveau IV. Il convient d'être âgé de 22 ans au plus au 1er janvier de l'année du concours, d'être apte médicalement pour le corps d'officier postulé.
    - Concours d'admission sur épreuves option « sciences » ouverts aux candidats titulaires d'une licence de l'enseignement supérieur général, ou technologique, ou titre reconnu équivalent d'un autre titre ou diplôme classé au moins au niveau II (licence). Il convient d'être âgé de 22 ans au 1er janvier de l'année du concours, d'être apte médicalement pour le corps d'officier postulé.
    - Concours d'admission sur titre ouvert aux candidats, titulaires d'un diplôme ou d'un titre relatif à la création du grade de mastère. Il convient d'être âgé de 22 ans au plus au 1er janvier

de l'année du concours, d'être apte médicalement pour le corps d'officier postulé.

- **La formation :** formation de 3 années à l'École de l'air de Salon-de-Provence ; avec notamment dans le cadre du diplôme d'ingénieur les disciplines suivantes : combattant et chef militaire, dirigeant, expert du milieu aéronautique et spatial.

- **Le cursus au sein de l'armée de l'air :** une carrière évolutive conduisant, dans un premier temps, à des postes opérationnels et, dans un deuxième temps, à des postes à forte responsabilité au sein du ministère de la Défense, d'autres ministères ou de grandes institutions internationales.

- **Solde mensuelle :**
    - Aspirant : 1 375 euros net ; indemnité pour services aériens : 354 euros net.
    - Lieutenant : 2 259 euros net ; indemnité pour services aériens : 462 euros net.

Officier et diplômé de l'institut d'études politiques (IEP)

- **Conditions :** être âgé de 22 ans au plus au 1er janvier de l'année du concours.

- **Mode de recrutement :** concours ouvert aux candidats titulaires d'une licence de l'enseignement supérieur général ou technologique, ou titre reconnu équivalent, ou d'un autre titre au diplôme classé au moins au niveau II (licence).

- **Formation :** 3 années à l'École de l'air de Salon-de-Provence, avec la formation pluridisciplinaire suivante de l'institut d'études politiques d'Aix-en-Provence : combattant et chef militaire, dirigeant, expert du milieu aéronautique et spatial.

- **Statut :** des postes à responsabilité dans le corps des officiers des bases de l'air.

- **Cursus au sein de l'armée de l'air :** une carrière évolutive conduisant à des postes à forte responsabilité au sein du ministère de la Défense, d'autres ministères ou de grandes institutions internationales.

- **Solde mensuelle :**
    - Aspirant : 1 375 euros net.
    - Lieutenant : 2 045 euros net.

Commissaire de l'air

- **Conditions :** être âgé de 26 ans au plus et 27 au plus selon le mode de recrutement, ou être titulaire de l'un des diplômes exigés au concours externe d'entrée à l'École nationale d'administration ou d'un mastère II selon le mode de recrutement.
- **Mode de recrutement :** concours annuel (niveau licence/26 ans au plus au 1er janvier de l'année du concours) ou admission sur titres (mastère II/27 ans au plus au 1er janvier de l'année du recrutement).
- **Statut :** officier de carrière.
- **Formation :** formation de 2 années à l'école des commissaires de l'air de Salon-de-Provence ; formation mastère II : combattant et chef militaire, haut dirigeant, expert administratif et financier (droit, finance, ressources humaines, logistique).
- **Solde mensuelle :**
    - Élève commissaire : 1 375 euros net.
    - Commissaire lieutenant : 2 045 euros net.

Officier sous contrat du personnel non navigant

- **Conditions :** être titulaire d'une licence ou d'un diplôme classé au moins niveau II ; être âgé de moins de 30 ans à la date de la signature du contrat.
- **Mode de recrutement :** sur sélection, en fonction des ouvertures de postes.
- **Formation :** formation militaire de 12 semaines ; formation professionnelle selon la spécialité.
- **Statut :** officier sous contrat.
- **Solde mensuelle :**
    - Élève officier : 1 258 euros net.
    - Lieutenant : 2 086 euros net.

Officier sous contrat du personnel navigant

- **Conditions :** être âgé de moins de 22 ans au dépôt du dossier ; être titulaire d'un baccalauréat de l'enseignement général ou technologique.

- **Formation :** instruction militaire, formation de l'officier, instruction théorique du personnel navigant, pilotage de base, formation spécialisée pour l'obtention du brevet de pilote de chasse, ou de pilote d'hélicoptère, ou de pilote de transport, ou de navigateur officier systèmes d'armes.
- **Statut :** officier sous contrat, avec possibilité d'accès au corps des officiers de l'air par concours interne.
- **Solde mensuelle :**
  - Aviateur : 1 271 euros net.
  - Aspirant : 1 715 euros net.
  - Indemnité pour services aériens : 875 euros net.

Sous-officier dans l'armée de l'air

- **Conditions :** être âgé de moins de 24 ans au dépôt de dossier ; être titulaire d'un baccalauréat de l'enseignement général, technologique ou professionnel.
- **Modes de recrutement :** à toute période de l'année en fonction des spécialités. Sélection basée sur des tests psychotechniques, une épreuve de langue anglaise écrite (niveau lycée), des épreuves sportives (soumises à barèmes), une visite médicale ainsi qu'un entretien de motivation.
- **Formation :**
  - Militaire initiale : 16 semaines à la division de la formation militaire de Rochefort (Charente-Maritime).
  - Professionnelle : durée en fonction de la spécialité.
- **Statut :** sous-officier sous contrat puis sous-officier de carrière après sélection ; possibilité d'accès au corps des officiers par concours internes.
- **Solde mensuelle :**
  - Aviateur : 1 267 euros net.
  - Sergent : 1 341 euros net.
  - Sergent-chef (breveté supérieur) : 1 633 euros net.
  - Une prime à l'engagement initiale de 1 067 euros est versée le 13e mois suivant l'engagement. Une prime d'attractivité peut être versée pour certaines spécialités.

Les spécialités de sous-officier de l'armée de l'air

- **Opérations aériennes :**
    - Contrôleur de défense aérienne.
    - Contrôleur de circulation aérienne.
    - Météorologiste.
    - Moniteur de simulateur de vol.
- **Mécanique :**
    - Mécanicien vecteur.
    - Mécanicien structure aéronefs.
    - Mécanicien avionique.
    - Mécanicien armement opérationnel.
    - Mécanicien électrotechnique opérationnelle.
    - Mécanicien véhicules et matériels d'environnement.
    - Mécanicien mécanique générale.
    - Spécialiste des systèmes et supports de télécommunication.
    - Spécialiste des systèmes de détection et traitement de l'information.
- **Sécurité, protection, défense :**
    - Pompier de l'armée de l'air.
    - Fusilier commando de l'air.
    - Maître-chien de l'air.
    - Opérateur défense sol-air.
- **Renseignement :**
    - Intercepteur technique.
    - Intercepteur réseaux télécom.
    - Interprète images.
    - Exploitant renseignement.
    - Intercepteur traducteur de langues.

✔ **Soutien et support de bases :**
- Logisticien.
- Spécialiste bâtiment et infrastructure opérationnelle.
- Spécialiste du soutien opérationnel infrastructure.
- Gestionnaire ressources humaines-secrétariat.
- Acheteur public.
- Comptable-finances.
- Moniteur d'entraînement physique militaire et sportif.
- Gestionnaire restauration et hôtellerie.
- Infirmier diplômé d'État.
- Administrateur des systèmes d'information et de communication.
- Concepteur et manager des systèmes d'information.
- Spécialiste de la sécurité des systèmes d'information et de communication.

Militaire technicien de l'air

✔ **Conditions :** être âgé de moins de 25 ans à la date de la signature du contrat ; justifier d'un niveau scolaire de fin de classe de 3e à la terminale de l'enseignement général ou technologique, ou être titulaire d'un CAP, d'un BEP ou d'un baccalauréat professionnel.

✔ **Modes de recrutement :** toute l'année auprès du Cirfa-bureau air ou d'une cellule recrutement locale ; évaluation des aptitudes par une visite médicale, des tests psychotechniques et des épreuves sportives, suivie d'un entretien avec l'employeur.

✔ **Formation :**
- Militaire initiale : 6 semaines au centre de formation militaire élémentaire (CFME) de Saintes (Charente-Maritime).
- En fonction des spécialités, courte formation professionnelle en école ou en unité.
- Parrainage en unité par un sous-officier.

✔ **Statut :**
- Le premier contrat est de 4 ans (5 ans pour la spécialité de pompier). Par contrats successifs, et sous réserve de remplir certaines conditions, notamment la réussite à des sélections internes, les durées de service peuvent aller jusqu'à 18 années, voire 25 ans exceptionnellement.

- Pour les meilleurs, possibilité d'accéder à une carrière de sous-officier après des épreuves de sélection.
- Bénéfice d'une aide à la reconversion, sous réserve d'avoir accompli au moins 4 ans de service.

✔ **Solde mensuelle :**
- Aviateur : 1 267 euros net.
- Caporal : 1 325 euros net.
- Une prime à l'engagement initial de 1 067 euros est versée le 13e mois suivant l'engagement.

Les métiers de militaire technicien de l'air

✔ **Mécanique :**
- Opérateur vecteur.
- Opérateur chaudronnerie-soudure-peinture avion.
- Opérateur avionique.
- Opérateur armement opérationnel.
- Aide électrotechnicien.
- Aide mécanicien véhicules et matériels d'environnement.
- Aide mécanicien mécanique générale.
- Agent du transit aérien.
- Agent de soutien des systèmes d'information et de communication.

✔ **Sécurité, protection :**
- Équipier pompier de l'armée de l'air.
- Équipier fusilier commando de l'air.
- Équipier maître-chien de l'air.
- Agent sécurité cabine.
- Activités de soutien et de support :
- Conducteur routier ou conducteur grand routier de transport de fret.
- Agent de magasinage.
- Agent bâtiment et infrastructure opérationnelle.
- Agent du soutien opérationnel infrastructure.

- Agent d'opérations.
- Agent bureautique.
- Agent de comptabilité-finances.
- Agent de restauration.
- Auxiliaire sanitaire.

Cours d'enseignement technique (élève technicien)

- **Conditions :** en 1re année de scolarité, par concours sur épreuves ouvert aux candidats suivant ou ayant suivi une classe de 2de générale, technologique ou professionnelle. En 2e année de scolarité : par concours sur titres ouvert aux candidats ayant suivi avec succès une classe de 1re scientifique option « sciences de l'ingénieur », technologique option « génie électronique », STI2D option « systèmes d'information et numérique », ou professionnelle aéronautique option « mécanicien systèmes cellule ». Être âgé de 16 à 18 ans.
- **Mode de recrutement :** sur concours annuel.
- **Formation :** 2 années d'enseignement scolaire (classes de 1re et de terminale), militaire et sportif, au cours d'enseignement technique de l'armée de l'air de Saintes. Les élèves doivent présenter les épreuves du baccalauréat la 2de année dans l'une des 3 filières suivantes :
    - S option « sciences de l'ingénieur ».
    - STI2D option « systèmes d'information et numérique ».
    - Professionnel aéronautique option « mécanicien systèmes cellule ».
- **Perspectives :** après l'obtention du baccalauréat et du certificat d'aptitude militaire (CAM), orientation dans une école de spécialisation (Rochefort, Mont-de-Marsan, Cazaux, Bourges...) pour suivre une formation professionnelle.

L'École des pupilles de l'air (EPA)

- **Les classes d'enseignement général et professionnel :** l'EPA est un lycée de la défense dépendant de l'armée de l'air, qui a été créé pour venir en aide essentiellement aux familles de l'aéronautique militaire et civile. Les élèves, sélectionnés sur dossier selon des critères sociaux et familiaux, peuvent suivre un enseignement général de la classe de 6e au baccalauréat ou un enseignement professionnel avec un bac pro option « comptabilité ». Depuis 2008, au titre du plan Égalité des chances, elle accueille, à concurrence de 15 % des effectifs du lycée, des élèves issus des milieux défavorisés, méritants scolairement, et n'ayant aucun rapport avec la défense. Tous les professeurs qui enseignent dans cet établissement sont détachés de l'Éducation nationale.

- **Les classes prépas :** vous êtes en terminale scientifique option « mathématiques » ou « physique-chimie ». Vous désirez suivre les classes préparatoires aux grandes écoles (CPGE) en vue d'intégrer une grande école militaire (École de l'air, Saint-Cyr, École navale, etc.). Sélection sur dossier (sur critères scolaires uniquement, à la différence des classes de collège et de lycée).

Depuis 2008, toujours au titre du plan Égalité des chances, une classe préparatoire aux études supérieures (CPES) a été créée pour des élèves bacheliers et boursiers n'ayant pu être directement admis aux CPGE.

Volontaires de l'armée de l'air

- **Conditions :** avoir entre 17 ans et moins de 26 ans à la date de dépôt du dossier de candidature. Tous niveaux pour les volontaires militaires du rang (VMDR). Diplôme égal ou supérieur au BTS, au DUT ou détenir un diplôme du second cycle de l'enseignement supérieur pour les volontaires aspirants (VASP).
- **Mode de recrutement :** dépôt de candidature à toute époque de l'année auprès d'une base aérienne ou d'un Cirfa-bureau air.
- **Formation :** la formation militaire initiale dure 6 semaines pour les volontaires militaires du rang ; 4 semaines pour les volontaires aspirants.
- **Engagement :** contrat de 1 an, renouvelable 4 fois.
- **Spécialités volontaires militaires du rang :** solde mensuelle de 726 euros net.
    - Assistant matériels aériens.
    - Assistant matériels électroniques.
    - Assistant photocommunication.
    - Assistant matériels sol.
    - Assistant mécanique générale.
    - Assistant manutention.
    - Assistant surveillant d'installations.
    - Assistant entretien infrastructure.
    - Assistant bureautique.

- Assistant moniteur de sport.
- Assistant restauration.
- Assistant sécurité cabine.

✔ **Spécialités volontaires aspirants :** solde mensuelle de 866 euros net.
- Ingénieur aéronautique.
- Informaticien.
- Enseignant.
- Instructeur de langues.
- Communicant-journaliste.
- Juriste-finances-reconversion.

Les filières de recrutement de la Marine nationale

Chaque année, la Marine nationale propose à 3 000 jeunes de 16 à 29 ans du niveau 3e à bac + 5 de rejoindre ses équipages. Devenir marin, c'est choisir de devenir militaire, professionnel de la mer, c'est choisir d'évoluer dans une entreprise où les valeurs de solidarité et d'autonomie se vivent au quotidien. C'est apporter une réponse pleine de sens à ses interrogations sur son devenir.

De la 3e au niveau bac, devenir matelot de la flotte

Le matelot de la flotte tient, en mer comme à terre, des fonctions d'opérateur au sein des équipages de la marine. Il est recruté dans l'un des métiers suivants :

✔ **Opérations navales :** radars, sonars, navigation, informatique et systèmes d'information.

✔ **Maintenance aéronautique :** mise en condition et maintenance des aéronefs.

✔ **Machine :** maintenance et fonctionnement des moteurs de tous types.

✔ **Pont :** manœuvre, conduite des embarcations, maintenance des systèmes d'armes.

- **Bureautique :** soutien administratif.
- **Fusilier marin :** surveillance et sécurité des unités de la marine.
- **Pompier :** prévention et sécurité des personnes et des biens.
- **Pont d'envol :** préparation et mise en place des aéronefs à bord des bateaux.
- **Restauration :** gestion, cuisine, service.

L'École des mousses et autres filières

L'École des mousses offre un parcours pour entrer dans la marine comme matelot de la flotte, avec la formation d'un an accessible entre 16 et 17 ans.

La marine offre également une formation intégrée inédite pour devenir plongeur. Les bacs pros marine : une formation originale pour intégrer la marine à l'issue d'un bac professionnel en mécanique, électrotechnique ou électronique.

Figure 17-1 : Jeune marin de l'École des mousses (Cirfa Bordeaux).

Devenir volontaire et découvrir la marine

La marine propose des stages professionnels (ou années de césure) pour découvrir la vie de marin et l'ambiance d'un équipage. Volontaire matelot ou volontaire officier, chacun en fonction de son niveau scolaire et de ses aspirations peut vivre au sein de la marine une première expérience professionnelle valorisante dans un univers hors du commun.

La marine propose également des préparations militaires marines et des stages accessibles à tous les niveaux scolaires.

De bac à bac + 3, devenir officier marinier (sous-officier)

À la fois marin, militaire et technicien, l'officier marinier (sous-officier) choisit d'exercer des responsabilités dans une trentaine de métiers très variés : des métiers maritimes (navigateur timonier, manœuvrier...) aux métiers des opérations navales (détecteur, détecteur anti-sous-marin, électronicien d'armes...), de l'aéronautique (technicien aéronautique, contrôleur aérien...), de la maintenance des forces navales et sous-marines (mécanicien naval, mécanicien d'armes), des réseaux et télécommunications (spécialiste des réseaux et télécommunications), de la protection (fusilier marin), de la sécurité (marin-pompier) ou du soutien de l'homme (infirmier, gérant de collectivité, assistant du commandement, gestionnaire des ressources humaines).

De bac + 3 à bac + 5 et plus, devenir officier

À la fois professionnel de la mer, spécialiste dans son domaine d'activité et militaire, l'officier de marine tient des fonctions de management et d'expertise.

Différentes voies d'accès permettent de devenir officier :

- **Pour une carrière :** l'officier de carrière (recrutement sur concours après classes préparatoires ou sur titres après mastère 1 ou mastère 2) est formé à l'École navale, grande école militaire et d'ingénieurs. Il y acquiert les savoir-faire et les « savoir-être » nécessaires aux responsabilités opérationnelles, cœur du métier et de la culture de l'officier. Il développe également les aptitudes qui feront de lui l'un des chefs de la marine de demain.

- **Pour une première partie de carrière :** jeune diplômé formé en université ou en école, l'officier sous contrat vit dans la marine une première expérience professionnelle valorisante. De nombreux domaines d'emploi sont proposés : opérations maritimes, mécanique navale, aéronautique, communication, informatique, ressources humaines...

- **Il est également possible d'entrer dans la marine comme commissaire (officier administrateur militaire).** La formation se déroule alors à l'École du commissariat de la marine et permet ensuite d'occuper des postes dans les domaines suivants : logistique, audit, finances, contrôle de gestion, conseil juridique.

Une carrière de pilote ouverte aux bacheliers de 17 à 23 ans

L'élève officier pilote de l'aéronautique navale (EOPAN) est un des futurs pilotes de la Marine nationale. Il peut être pilote de chasse (sur Rafale et Super-Étendard), pilote de multimoteurs (sur Atlantique 2, Falcon 50…), ou pilote d'hélicoptère (sur Lynx, Panther, NH 90…). Après avoir suivi pendant plusieurs mois une formation pratique et théorique rigoureuse, il obtient le brevet de pilote militaire et intègre les forces aéronautiques navales.

Les conditions à remplir suivant les filières

Quelle que soit leur filière d'accès (matelot, officier marinier, officier), les marins suivent une formation initiale dans l'une des écoles de la marine. Ils peuvent être affectés à terre ou en mer, en métropole ou outre-mer. Tout au long de leur carrière, ils ont la possibilité de suivre des formations et de passer des concours internes pour évoluer et accéder à des responsabilités supérieures.

- **Mousse :** une formation valorisante à l'École des mousses, sélection sur dossier, être âgé de 16 ans à moins de 18 ans, niveau scolaire de 3e ou 2de, être de nationalité française, être physiquement et médicalement apte, savoir nager, avoir effectué la journée citoyenneté défense.

- **Quartier-maître et matelot de la flotte :** un début de carrière comme opérateur, sélection sur dossier, être âgé de 17 ans à moins de 25 ans, niveau scolaire de la 3e au baccalauréat, être de nationalité française, être physiquement et médicalement apte, savoir nager, avoir effectué la journée citoyenneté défense.

- **Officier marinier :** un parcours de technicien et de chef d'équipe, sélection sur dossier, être âgé de 18 ans à moins de 25 ans, niveau scolaire après baccalauréat, être de nationalité française, être physiquement et médicalement apte, savoir nager, avoir effectué la journée citoyenneté défense.

- **Officier :** des fonctions de cadre et de décideur, sélection sur concours ou dossier, être âgé de 17 ans à moins de 30 ans, niveau scolaire après CPGE ou bac + 3, être de nationalité française, être physiquement et médicalement apte, savoir nager, avoir effectué sa journée citoyenneté défense.

> ✔ **Volontaire :** une première expérience professionnelle, sélection sur dossier, être âgé de 17 ans à moins de 26 ans, niveau scolaire de la 3ᵉ à bac + 5, être de nationalité française, être physiquement et médicalement apte, savoir nager, avoir effectué sa journée citoyenneté défense.

Les filières de recrutement de la gendarmerie nationale

Les nombreuses responsabilités et missions qu'ils exercent amènent les gendarmes à travailler étroitement avec les autorités administratives, judiciaires et militaires, ainsi qu'avec les élus, qu'ils côtoient régulièrement. Cette multiplicité d'actions nécessite des filières de recrutement à forte technicité, offrant la possibilité de développer ensuite des compétences dans des domaines variés : police judiciaire, sécurité routière, formateur, pilote, plongeur, moniteur de sport, musicien, informaticien, membre du groupe d'intervention de la gendarmerie nationale (GIGN)… Les gendarmes sont des professionnels de la sécurité, au cœur de l'événement, au contact de la population et des citoyens.

Devenir officier de la gendarmerie

Très tôt dans leur carrière, les officiers de gendarmerie se voient confier de véritables commandements, qui requièrent une excellente pratique des relations humaines, un goût prononcé pour les responsabilités et de véritables qualités de décideur opérationnel. Experts des questions de sécurité, ils sont à ce titre amenés à développer de nombreuses compétences professionnelles, dans des domaines aussi variés que la police judiciaire, la sécurité routière, la sécurité publique générale, le maintien de l'ordre, mais également le renseignement ou encore les relations internationales appliquées au monde de la sécurité et de la défense.

> ✔ **Principales conditions et épreuves :** être de nationalité française, être apte physiquement, taille minimale de 1,54 m pour les hommes et 1,50 m pour les femmes.
>
> - Concours/universitaire : être âgé de 27 ans au 1ᵉʳ janvier de l'année du concours, être titulaire d'un diplôme, ou d'un titre conférant le grade de mastère, ou d'un diplôme ou titre homologué ou enregistré au répertoire national des certifications professionnelles au niveau I à la date d'admission. Les épreuves écrites d'admissibilité : culture générale, synthèse de dossier,

épreuve d'option. Les épreuves d'admission : épreuve d'aptitude générale (entretiens avec un psychologue et avec un jury), épreuve orale sur l'organisation générale de la défense et de la sécurité intérieure, épreuve orale de langue vivante étrangère. Les épreuves sportives : natation, course de vitesse, course de demi-fond, tractions et abdominaux.

- Concours/fonctionnaire de catégorie A : être âgé de 28 ans au moins et de 35 ans au plus au 1er janvier de l'année du concours. Compter moins de 5 années de service dans un corps de fonctionnaires de catégorie A ou assimilé. Les épreuves écrites d'admissibilité : culture générale, synthèse de dossier, option. Les épreuves d'admission : épreuve d'aptitude générale (entretiens avec un psychologue et avec un jury), épreuve orale sur l'organisation générale de la défense et de la sécurité intérieure, épreuve orale de langue étrangère. Les épreuves sportives : natation, course de vitesse, course de demi-fond, tractions et abdominaux.

- Concours/sur titres : être âgé de 27 ans au 1er janvier de l'année du concours, être titulaire d'un titre conférant le grade de mastère dans une des matières scientifiques ou techniques pour lesquelles le recrutement est ouvert à la date d'admission. Les épreuves d'admissibilité : examen du dossier du candidat. Les épreuves d'admission : épreuve orale sur un thème général se rapportant à des idées ou à des faits dont la connaissance est nécessaire à la compréhension du monde contemporain.

- Concours/officier des armes : être âgé de 35 ans au plus au 1er janvier de l'année du concours, être officier d'une des trois armées et titulaire d'un diplôme ou d'un mastère, ou titre homologué ou enregistré au répertoire national des certifications professionnelles au niveau I à la date d'admission. L'épreuve écrite d'admissibilité : culture générale. L'épreuve d'admission : épreuve d'aptitude générale (entretiens avec un psychologue et avec un jury). Les épreuves sportives : natation, course de vitesse, course de fond, tractions et abdominaux.

✔ **Formation en école :** une formation rémunérée de 2 ans à l'École des officiers de la gendarmerie nationale (EOGN), à Melun (77). Les officiers des armes suivent une formation de 1 an. À l'issue, affectation sur le territoire national en fonction du rang de classement.

✔ **Rémunération et logement :** solde en sortie d'école pour un officier (issu du concours universitaire ou du concours sur titres) de 2 595 euros (net pour un célibataire), logement concédé par nécessité absolue de service.

Devenir sous-officier de la gendarmerie

Dynamique, loyal et avec un sens aigu du service public, être sous-officier de gendarmerie offre une carrière aux multiples possibilités et permet de valoriser les qualités humaines au sein d'une institution militaire, avec l'affectation dans des unités variées : unités de gendarmerie départementale, escadrons de gendarmerie mobile, groupe d'intervention de la gendarmerie nationale, garde républicaine, brigades de prévention de la délinquance juvénile, gendarmerie de l'air, gendarmerie des transports aériens, gendarmerie maritime, gendarmerie de l'armement, unités d'outre-mer, états-majors, ambassades de France à l'étranger, organismes internationaux…

- **Principales conditions et épreuves :** être de nationalité française, avoir de 18 ans à de moins de 36 ans au jour de la signature du contrat d'engagement, être apte physiquement. Taille minimale : 1,70 m pour les hommes et 1,60 m pour les femmes.

  - Premier concours : être titulaire d'un baccalauréat. Les épreuves écrites d'admissibilité : composition de culture générale, tests psychotechniques, test de langues. Les épreuves orales d'admission : entretiens avec un jury et avec un psychologue. L'épreuve sportive : épreuve physique gendarmerie (parcours d'endurance).

  - Deuxième concours : être gendarme adjoint volontaire (GAV) ou adjoint de sécurité (ADS) avec 1 an de service, être militaire avec 4 ans de service ou être réserviste de la gendarmerie nationale. Les épreuves écrites d'admissibilité : épreuve de connaissances professionnelles, tests psychotechniques, test de langues (facultatif). Les épreuves orales d'admission : entretiens avec un jury et avec un psychologue. L'épreuve sportive : épreuve physique gendarmerie.

  - Troisième concours : justifier de 3 ans d'expérience professionnelle. Les épreuves du concours : un arrêté définira les épreuves du troisième concours.

- **Formation en école :** une formation rémunérée de 12 mois, sous le régime de l'internat, dans une des écoles de gendarmerie suivante : Châteaulin (29), Chaumont (52), Montluçon (03) ou Tulle (19).

- **Rémunération et logement :** solde en sortie d'école de 1 662 euros (net pour un célibataire). Logement concédé par nécessité absolue de service.

Devenir volontaire dans la gendarmerie

Ouvert sans condition de diplôme pour le gendarme adjoint volontaire, ou à bac + 2 pour l'aspirant de gendarmerie issu du volontariat, le contrat de volontaire dans les filières opérationnelles est une première expérience dans l'optique de responsabilités plus importantes.

Le gendarme adjoint volontaire est l'équipier des sous-officiers et il les seconde dans la plupart des missions de la gendarmerie (prévention de la délinquance, enquêtes judiciaires, interventions sur des accidents, assistance et secours…). Au cours de ce contrat, on bénéficie de formations pour rejoindre les rangs des sous-officiers.

L'aspirant de gendarmerie issu du volontariat occupe des postes à responsabilité, en groupement, en école ou en état-major. Il a vocation à intégrer les corps des officiers ou celui des sous-officiers. Ce type de contrat est un tremplin, qui permet d'approcher les futures fonctions.

Contrat initial d'une durée de 2 ans, puis possibilité d'un second contrat de 3 ans.

- **Principales conditions et épreuves :** être de nationalité française, avoir de 17 ans à moins de 26 ans à la date de dépôt de la demande, être apte physiquement.
  - Sélection de gendarme adjoint volontaire : taille minimale de 1,70 m pour les hommes et 1,60 m pour les femmes, aucun diplôme exigé. Les épreuves de sélection : un test psychotechnique, un questionnaire de connaissances générales et une épreuve de compréhension de texte.
  - Sélection d'aspirant de gendarmerie issu du volontariat : taille minimale de 1,54 m pour les hommes et 1,50 m pour les femmes. Posséder au minimum un diplôme à bac + 2. Les épreuves de sélection : un test psychotechnique, un questionnaire de connaissances générales et une épreuve de compréhension de texte, un entretien avec un officier.

- **Formation en école :**
  - Formations rémunérées, sous le régime de l'internat. À l'issue, affectation possible sur l'ensemble du territoire en fonction du rang du classement.
  - 12 semaines pour l'aspirant de gendarmerie issu du volontariat à l'École des officiers de la gendarmerie nationale (EOGN), à Melun (77).

- 13 semaines pour le gendarme adjoint volontaire dans une des écoles de gendarmerie suivantes : Châteaulin (29), Chaumont (52), Montluçon (03) ou Tulle (19).

✔ **Rémunération et logement :**

- Solde d'un gendarme adjoint volontaire en sortie d'école : 878 euros (net pour un célibataire).

- Solde d'un aspirant gendarme issu du volontariat : 972 euros (net pour un célibataire).

- Hébergement gratuit, allocation d'alimentation de 217 euros (évolue en fonction du lieu d'affectation).

Devenir officier du corps technique et administratif

Les officiers du corps technique et administratif (CTA) de la gendarmerie exercent des fonctions de soutien à la direction générale de la gendarmerie nationale (DGGN) à Paris, au sein d'états-majors répartis sur l'ensemble du territoire métropolitain et en outre-mer, ou dans un organisme central externe à la gendarmerie. Ces fonctions réparties dans trois grands domaines professionnels (administration, finances et logistique), subdivisés en familles d'emploi, consistent selon le grade détenu à mener des études, des travaux et participer à la définition et à l'évaluation de la politique générale de la gendarmerie ; à diriger une section, un bureau ou un centre à compétence régionale ou nationale ; à conduire un projet ou des études particulières de haut niveau.

Les trois grands domaines professionnels sont l'administration (ressources humaines et droits individuels), les finances (gestion économique et financière, achats et marchés), la logistique (stocks et approvisionnement, affaires immobilières, automobiles et engins blindés, imprimerie, restauration collective).

✔ **Principales conditions et épreuves :** être de nationalité française, être apte physiquement, taille minimale de 1,54 m pour les hommes et 1,50 m pour les femmes.

- Concours direct : être âgé de 26 ans au plus au 1er janvier de l'année du concours. Les conditions d'âge sont reculées d'un temps égal à celui effectué au titre de volontariat dans les armées, sans toutefois pouvoir excéder un an ou d'une durée égale au temps effectif de service civique accompli. Être titulaire d'une licence de l'enseignement supérieur général ou technologique, ou titre reconnu équivalent ou un autre titre ou diplôme classé au moins niveau II à la date d'admission. Les épreuves écrites d'admissibilité : culture générale, langue vivante, épreuve d'option. Les épreuves d'admission : épreuve d'aptitude générale. Les épreuves sportives : natation, course de vitesse, course de demi-fond, tractions et abdominaux.

- Concours sur titres : être âgé de 27 ans au plus au 1er janvier de l'année du concours. Les conditions d'âge sont reculées d'un temps égal à celui effectué au titre de volontariat dans les armées, sans toutefois pouvoir excéder un an ou d'une durée égale au temps effectif de service civique accompli. Être titulaire d'un titre conférant le grade de mastère dans une des matières scientifiques ou techniques pour lesquelles le recrutement est ouvert à la date d'admission. L'épreuve d'admissibilité : examen du dossier du candidat. L'épreuve d'admission : épreuve orale sur un thème général se rapportant à des idées ou à des faits dont la connaissance est nécessaire à la compréhension du monde contemporain.

✔ **Formation en école :** une formation rémunérée de 2 ans. Une 1re année consacrée à la formation militaire, une 2de dispensant une formation universitaire en vue de l'obtention d'un diplôme dans les domaines administratif, financier et logistique.

✔ **Rémunération :** solde en sortie d'école de 2 081 euros (net pour célibataire).

Devenir sous-officier du corps de soutien technique et administratif

La gendarmerie propose une carrière en qualité de sous-officier du corps de soutien technique et administratif (CSTAGN), dans une des sept spécialités suivantes :

✔ **Administration et gestion du personnel :** affecté au niveau central, régional ou départemental de la gendarmerie, on sert au sein d'un bureau des ressources humaines pour participer à l'application de la réglementation et à la mise en œuvre des procédures nécessaires à l'administration et à la gestion des militaires de la gendarmerie, ou au sein d'un centre administratif, pour assurer l'appréciation et le suivi des droits des militaires de la gendarmerie.

✔ **Gestion logistique et financière :** affecté au niveau central, régional ou départemental de la gendarmerie, on sert au sein d'une cellule budget ou d'un service des finances d'un centre administratif de la gendarmerie nationale, pour effectuer des opérations de gestion et de comptabilité, au sein d'une cellule matériels, pour participer au suivi et à la gestion des matériels, ou encore dans le domaine des achats marchés, pour établir et suivre les achats sur factures, en répondant aux demandes des utilisateurs.

✔ **Affaires immobilières :** affecté au niveau central, régional ou départemental de la gendarmerie, on est responsable de la gestion du parc immobilier de la gendarmerie (crédits et loyers), de la préparation des travaux d'infrastructure (entretien, restructuration…), des travaux d'entretien du parc immobilier, de l'initialisation de projets de construction, des relations internes et externes liées aux logements.

✔ **Restauration collective :** affecté dans un cercle mixte de la gendarmerie, on est amené à exercer des activités de gestion, des activités de restauration et de loisirs (restauration, bar, hôtellerie, comptoir des ventes), de tenue de la comptabilité du cercle, de participation à l'encadrement du personnel d'exécution, de suivi et de gestion des approvisionnements et des stocks.

✔ **Autos et engins blindés :** affecté dans un atelier automobile de la gendarmerie, on assure l'entretien et les réparations des véhicules.

✔ **Armurerie et pyrotechnie :** affecté au niveau régional de la gendarmerie, on a comme mission principale d'assurer le maintien en condition de l'armement, des réparations des matériels (armement, optique, balistique). On doit également assurer la gestion des munitions.

✔ **Imprimerie :** affecté au sein du service de diffusion ou au sein d'un service d'infographie de la gendarmerie, on doit soit concevoir des documents à l'aide de logiciels de publication assistée par ordinateur et en préparer la forme imprimante, soit conduire des machines d'impression offset. On peut également conduire des machines de finition et assurer les mouvements du stock de papier.

✔ **Principales conditions :** être de nationalité française, avoir de 17 ans révolus à moins de 35 ans au 1er janvier de l'année des épreuves de sélection, être apte physiquement. Taille minimale de 1,54 m pour les hommes et de 1,50 m pour les femmes. Être titulaire d'un baccalauréat (candidats civils), être gendarme adjoint volontaire (GAV) ou adjoint de sécurité (ADS) avec 1 an de service, être militaire avec 4 ans de service, être réserviste de la gendarmerie nationale ou justifier de 3 ans d'expérience professionnelle.

✔ **Les épreuves de sélection :**

- Administration et gestion du personnel : 1re phase avec épreuve d'aptitude professionnelle, test de mémorisation, test de compréhension verbale ; 2de phase avec dictée, rédaction, entretien de recrutement. Des épreuves sportives.

- Gestion logistique et financière : 1re phase avec épreuve d'aptitude professionnelle, test de raisonnement verbal, test de connaissances professionnelles ; 2de phase avec dictée, rédaction, entretien de recrutement. Des épreuves sportives.

- Affaires immobilières : 1re phase avec épreuve d'aptitude professionnelle, test de raisonnement verbal, test de connaissance de la langue française, test de mathématiques et de physique ; 2de phase avec dictée, rédaction, entretien de recrutement. Des épreuves sportives.

- Restauration collective : 1re phase avec épreuve d'aptitude professionnelle, test de connaissance professionnelle, test de connaissance de la langue française ; 2de phase avec épreuve d'aptitude professionnelle, test de connaissances professionnelles, test de connaissance de la langue française. Des épreuves sportives.

- Auto et engins blindés : 1re phase avec épreuve d'aptitude professionnelle, test de connaissances techniques, test de connaissance de la langue française ; 2de phase avec épreuve en atelier (panne électrique et panne mécanique), entretien de recrutement. Des épreuves sportives.

- Armurerie et pyrotechnie : 1re phase avec épreuve d'aptitude professionnelle, test de connaissances techniques, test de mathématiques ; 2de phase avec dictée, rédaction, entretien de recrutement. Des épreuves sportives.

- Imprimerie : 1re phase avec épreuve d'aptitude professionnelle, épreuve à option (production imprimée ou production graphique), test de connaissance de la langue française ; 2de phase avec épreuve pratique à option (production imprimée ou production graphique), entretien de recrutement. Des épreuves sportives.

- ✔ **Formation en école :** une formation rémunérée de 12 à 20 semaines (selon les spécialités), sous le régime de l'internat en école de gendarmerie ou interarmées. Cette formation comporte deux modules : un module militaire et un module spécialisé.

- ✔ **Rémunération :** solde en école de 1 406 euros (net pour un célibataire).

Devenir volontaire pour occuper un emploi particulier

Sur demande et selon la formation professionnelle, il est possible d'accéder à des postes à compétences spécifiques dans des domaines très variés :

- ✔ **Entretien casernement :** électricien, horticulteur, maçon, menuisier, plombier…
- ✔ **Mécanique et maintenance :** mécanicien, carrossier, électricien, tourneur-fraiseur…

- **Transport et magasinage :** conducteur, magasinier…
- **Restauration :** barman, cuisinier, serveur…
- **Employé de bureau :** secrétaire, imprimeur, juriste assistant, opérateur de saisie…
- **Télécommunication et informatique :** électronicien, informaticien…
- **Divers :** aide moniteur en éducation physique et sportive, archiviste assistant, coiffeur, linguiste, assistant…
- Contrat initial d'une durée de 2 ans, puis possibilité d'un second contrat de 3 ans.
- **Principales conditions :** être de nationalité française, avoir entre 17 ans et 26 ans au plus à la date de dépôt de la demande, être apte physiquement, posséder au minimum un baccalauréat pour les postes d'employé de bureau et télécommunications et informatique, un CAP ou une expérience professionnelle pour les autres.
- **Les épreuves de sélection :** un test psychotechnique et un entretien avec un officier.
- **Formation en école :** formation rémunérée de 6 semaines d'enseignement militaire élémentaire dans une des écoles de gendarmerie suivante : Châteaulin (29), Chaumont (52), Montluçon (03) ou Tulle (19). Choix du poste préalable à la formation.
- **Rémunération et logement :** solde en sortie d'école de 833 euros (net pour un célibataire), hébergement gratuit, allocation d'alimentation de 217 euros (évolue en fonction du lieu d'affectation).

La classe préparatoire intégrée de la gendarmerie

Au sein de la classe préparatoire intégrée, on prépare dans les meilleures conditions le concours d'officier de gendarmerie. Hébergé par la garde républicaine, à Paris, on bénéficie de ressources pédagogiques efficaces et on est encadré par un officier qui nous accompagne tout au long de l'année. Rémunéré, on est formé militairement pour assurer certaines missions au sein de la garde. Cette connaissance de la gendarmerie est un avantage décisif pour l'accès au corps d'officiers de gendarmerie.

- **Principales conditions :** être de nationalité française, être âgé de moins de 26 ans au moment du dépôt, être apte physiquement, avoir accompli son parcours universitaire dans des conditions matérielles, géographiques ou familiales difficiles (faible revenu des parents, bourse d'études). Être titulaire d'un titre conférant le grade de mastère.

- **Les épreuves de sélection :**
  - L'épreuve écrite d'admissibilité : examen du dossier du candidat.
  - L'épreuve d'admission : épreuve orale sur un thème général se rapportant à des idées ou à des faits dont la connaissance est nécessaire à la compréhension du monde contemporain.
- **La formation :**
  - Préparation académique adaptée et accompagnement permanent par un officier de gendarmerie au sein de la garde républicaine.
  - Accompagnement dans la durée, quelle que soit l'issue de la préparation.
- **Rémunération et logement :**
  - Solde de 833 euros (net pour un célibataire).
  - Hébergement gratuit au sein de la garde républicaine, à Paris, allocation d'alimentation de 217 euros.

Quatrième partie
La partie des Dix

Dans cette partie…

Dix grandes batailles, dix chefs militaires de légende, dix décorations, dix œuvres artistiques (cinéma, littérature, document historique, peinture et musique) militaires, dix théâtres actuels d'opérations sont des compléments indispensables pour mieux connaître l'armée française.

Chapitre 18

Dix grandes batailles de l'armée française

Dans ce chapitre :
- Des batailles souvent décisives
- L'importance des qualités tactiques du commandement
- L'immense courage des soldats

La connaissance de l'armée française est inséparable des batailles ayant parcouru son histoire. Elles ont souvent été déterminantes pour le sort du pays. Elles ont permis à la France de se hisser au rang des grandes puissances mondiales. L'instruction des combattants, la qualité tactique des chefs et la puissance de l'armement y ont joué un rôle souvent décisif.

Poitiers (732)

En 720, les Arabes s'emparent de Narbonne et menacent le royaume des Francs. Les Arabes ont déjà conquis la Syrie, la Perse, l'Égypte, le littoral méridional de la Méditerranée, l'Espagne et franchi les Pyrénées. Pendant dix ans, le roi Eudes d'Aquitaine les a contenus, mais, en 732, il est débordé et appelle Charles Martel, roi des Francs, à la rescousse. Les forces musulmanes atteignent le Poitou et quelques Sarrasins sont dans la vallée de la Loire et le bassin de la Seine. La rencontre principale a lieu dans les plaines de Poitiers. Durant six jours, les deux armées adverses s'observent. Au matin du septième, le 17 octobre, les cavaliers arabes s'élancent à l'attaque sans parvenir à rompre la phalange des Francs malgré leurs charges vingt fois renouvelées. Débordés alors par la cavalerie d'Aquitaine, ils tournent la bride et s'enfuient. Charles Martel sauve ainsi son royaume de l'invasion arabe.

Bouvines (1214)

Cette bataille a lieu le dimanche 27 juillet 1214, près de Lille. Elle oppose les troupes royales françaises de Philippe Auguste, renforcées par les milices communales, à une coalition anglo-germano-flamande menée par l'empereur allemand Otton IV. Environ 7 000 combattants français, dont 1 500 chevaliers, affrontent 9 000 adversaires.

Les chevaliers français d'Eudes de Bourgogne chargent l'aile gauche de l'armée d'Otton IV, qu'ils parviennent à mettre en fuite. Au centre, l'infanterie de l'empereur met en danger le dispositif de Philippe Auguste. L'intervention des chevaliers français renverse la situation. La charge des troupes françaises (fantassins et cavaliers) au centre et aux deux ailes sème la panique dans les rangs adverses. Otton manque de se faire occire par les chevaliers français. Il ne doit son salut qu'à sa fuite du champ de bataille. Les soldats anglais s'enfuient également. Matthieu de Montmorency s'empare de 12 bannières ennemies. La victoire de Philippe Auguste est totale, ses pertes humaines sont minimes et une bonne partie des seigneurs coalisés se trouve entre ses mains : 900 combattants français sont hors de combat, contre 6 000 dans les rangs adverses.

Castillon (1450)

L'armée française s'établit à 1 800 m à l'est de Castillon, dans la vallée, sur la rive droite de la Dordogne. Elle aligne 10 000 hommes, 1 800 lances, des francs-archers, une artillerie de 300 pièces servies par 700 personnes, auxquels il faut ajouter l'armée bretonne de 1 000 hommes, dont une cavalerie de 240 lances : soit un total de 11 000 soldats et auxiliaires. L'armée anglaise de Talbot repose sur 9 000 hommes.

Les troupes françaises aménagent une solide position pour leur artillerie, véritable camp retranché, de telle sorte que le champ de bataille jusqu'à la Dordogne se trouve sous le feu des canons.

Le 17 juillet 1453, les pages français et les bagages inutiles au combat quittent le camp retranché. Talbot, persuadé que les troupes françaises prennent la fuite en voyant des nuages de poussière s'élever des positions adverses, n'hésite pas un seul instant à lancer l'assaut, afin de mettre les Français en déroute. Il charge à cheval à la tête de ses hommes et se heurte aux tirs dévastateurs des 300 pièces françaises d'artillerie, qui, chargées de mitraille, causent un effroyable carnage dans les rangs anglais. Les survivants se regroupent courageusement pour attaquer de nouveau, mais de nouvelles décharges jettent la débandade parmi eux. L'artillerie de Talbot n'a pu arriver à temps. Les cavaliers français et bretons, maintenus en réserve à

Horable, chargent et précipitent la déroute des Anglais. Les Français ouvrent également les barrières du camp retranché et poursuivent les Anglais. Dans la mêlée qui s'ensuit, Talbot, dont le cheval est tué par un boulet, est précipité à terre et achevé par un archer français, Michel Pérunin. Le fils de Talbot, Lord L'Isle, est également tué dans cette bataille.

Les survivants anglais s'enfuient, les uns en franchissant la Dordogne, où beaucoup se noient, les autres en refluant vers l'ouest jusqu'à Saint-Émilion, d'autres enfin en s'abritant dans la place de Castillon. Refuge bien éphémère : le 18 juillet, les Français postent quelques pièces d'artillerie et obtiennent rapidement la reddition de la ville. Le reste du commandement anglais capitule au château de Pressac, à Saint-Étienne-de-Lisse.

Cette bataille met fin à la guerre de Cent Ans et permet d'asseoir l'autorité de Charles VII sur l'ensemble du royaume de France, libéré de toute présence anglaise. La bataille de Castillon est une grande victoire française : seulement 100 hommes tués ou blessés dans les rangs des troupes françaises, contre 4 000 tués ou blessés dans l'armée anglaise.

Marignan (1515)

La cinquième guerre d'Italie (1515-1516) permet au roi de France François Ier de récupérer le duché de Milan, à la suite de la victoire de Marignan, où 2 500 cavaliers et 35 000 fantassins français et vénitiens affrontent 200 cavaliers et 22 000 fantassins suisses et milanais. À l'issue de cette bataille meurtrière, les troupes françaises et vénitiennes perdent 6 000 hommes, contre 14 000 dans les rangs ennemis. L'artillerie joue une fois de plus un rôle important, de même que la cavalerie légère, selon un schéma tactique proche de la bataille de Castillon.

Rocroi (1643)

Le 19 mai 1643, à Rocroi, dans les Ardennes, l'armée française, conduite par Louis de Bourbon, duc d'Enghien, âgé seulement de 22 ans, affronte sa rivale espagnole, commandée par Francisco de Melo. On compte 17 000 fantassins et 8 000 cavaliers dans les rangs français, contre 18 000 fantassins et 9 000 cavaliers du côté espagnol.

L'artillerie espagnole ouvre le feu la première. L'armée française lance des attaques de flanc qui déconcertent l'adversaire, puis un assaut frontal qui enfonce l'infanterie ennemie. Les Espagnols contre-attaquent en divers endroits, parvenant même à faire plier certains secteurs tenus par les Français. Le duc d'Enghien, parvenu au centre de la ligne ennemie, charge l'aile droite et la réserve ennemie, pendant qu'une partie des troupes françaises, conduites par Gassion, disperse la gauche espagnole. La victoire française semble certaine mais encore incomplète : au centre de cette plaine jonchée de cadavres, un gros bataillon espagnol reste immobile, c'est le noyau dur de cette armée. Ils sont 4 500 vieux soldats, principalement espagnols et italiens. Le duc d'Enghien engage sa cavalerie et fonce sur le dernier carré d'irréductibles. Le bataillon italo-espagnol s'ouvre et 18 canons se dévoilent et tirent leur mitraille sur les intrépides cavaliers français, qui doivent reculer. Le duc d'Enghien, d'un courage exemplaire, ramène sa cavalerie à la charge à trois reprises. Les Espagnols et les Italiens sont cependant cernés et pilonnés par l'artillerie française. La cavalerie française de Gassion, conduite par Simon Gibert de Lhène d'une part et la réserve de Sirot d'autre part, se rue sur les Espagnols et les Italiens, qui sont finalement ébranlés puis culbutés.

Avec les Espagnols, les meilleurs régiments italiens et wallons sont détruits. L'armée espagnole ne sera jamais en mesure de se remettre de cette défaite. Le renom de supériorité militaire qu'avaient les Espagnols passe aux Français. La bataille de Rocroi, victoire française décisive, se termine par la mise hors de combat de 4 500 soldats (tués et blessés) dans les rangs français et 3 500 tués ou blessés et 3 826 prisonniers dans les rangs adverses.

Fontenoy (1745)

La bataille qui se déroule le 11 mai 1745, dans la plaine de Fontenoy à 7 km au sud-est de Tournai, oppose 47 000 soldats français avec 65 canons à 60 500 soldats alliés (Britanniques, Hollandais, Autrichiens et Allemands) avec 80 canons. Louis XV et le maréchal de Maurice de Saxe dirigent les opérations du côté français, tandis que les officiers William de Cumberland, Joseph Lothar Dominik von Königsegg-Rothenfelds et Charles Auguste de Waldeck commandent le camp adverse.

Prévoyant l'arrivée de l'armée alliée, le maréchal de Saxe fortifie solidement ses positions. La bataille débute le mardi 11 mai dès 5 heures du matin par de violents duels d'artillerie. Deux attaques hollandaises sont repoussées par les troupes françaises vers 9 heures. Voulant enfoncer les positions françaises sans tarder, le duc de Cumberland, commandant l'ensemble des forces alliées, ordonne aux bataillons anglo-hanovriens d'attaquer vers 10 h 30. Malgré une riposte meurtrière des canons français, l'infanterie britannique arrive au contact de la première ligne adverse vers 11 heures.

Les premiers tirs des fusils partent des lignes françaises, causant de lourdes pertes dans les rangs britanniques. Cependant, tirant à leur tour des salves meurtrières, les Britanniques enfoncent les premiers rangs français. Craignant que son armée ne soit coupée en deux, le maréchal de Saxe lance de furibondes contre-attaques qui parviennent à arrêter les Britanniques. Le duc de Richelieu, Louis-François Armand de Vignerot du Plessis, se distingue particulièrement lors de cette opération de colmatage. Contraints de se réorganiser défensivement, les régiments anglo-hanovriens adoptent une position de rectangle à trois côtés fermés.

Vers 13 heures, les troupes françaises repoussent l'adversaire. Un des régiments du maréchal de Saxe s'empare même du drapeau du second bataillon des gardes britanniques. La bataille prend fin vers 14 heures. Les troupes alliées battues par l'armée française se replient vers la place d'Ath.

La bataille de Fontenoy, victoire française décisive, comptabilise les pertes militaires suivantes : 3 000 morts et 4 600 blessés dans les rangs des troupes françaises, 6 500 morts et 8 500 prisonniers ou blessés chez les Alliés.

Figure 18-1 : La bataille de Fontenoy (musée de l'Armée, DR).

Austerlitz (1805)

La bataille d'Austerlitz, aujourd'hui Slavkov en République tchèque, à 8 km à l'est de Brno, se déroule le 2 décembre 1805. L'armée française, conduite par Napoléon Ier, forte de 73 200 soldats et 139 canons, affronte une armée austro-russe de 85 400 soldats (70 400 Russes, 15 000 Autrichiens) et 278 canons, commandée par le général russe Koutouzov et le général autrichien von Weyrother.

Le plan français, conçu par l'Empereur en personne, est habile : abandonner le plateau de Pratzen à l'adversaire, l'amener à attaquer son aile droite, puis concentrer ses forces pour briser le centre du dispositif adverse, qui se trouvera alors dégarni. C'est exactement la manière dont les choses se passent. Coupé en deux, l'ennemi s'enfuit en désordre et espère échapper à l'encerclement en traversant les marais et les étangs gelés proches des villages de Melnitz et de Satschan. L'artillerie française fait pleuvoir des boulets qui rompent la glace. La victoire française est totale.

Figure 18-2 : Napoléon à son bivouac la veille de la bataille d'Austerlitz (musée de l'Armée, DR).

Les actes de bravoure ont été innombrables durant la bataille. La cavalerie française, bien que luttant à un contre quatre, taille en pièces l'élite de la cavalerie russe, les chevaliers de la garde de Constantin.

L'armée française déplore 1 290 tués et 6 943 blessés, contre 16 000 morts (11 500 Russes, 5 500 Autrichiens) et 15 000 prisonniers chez l'ennemi. Les troupes françaises s'emparent de 45 drapeaux, qui iront orner la voûte de l'église Saint-Louis des Invalides. Les 185 canons également pris seront fondus pour former la colonne Vendôme de Paris.

Solferino (1859)

La bataille de Solferino, le 24 juin 1859, en Lombardie, conclut la participation française à la campagne d'Italie : 350 000 soldats s'affrontent lors de cette gigantesque mêlée, 120 000 Français et 70 000 Piémontais-Sardes contre 160 000 Autrichiens. Cette bataille voit l'utilisation de techniques nouvelles, comme le transport des troupes françaises en train, les canons et fusils à canon rayé, plus précis et puissants. L'artillerie joue un rôle important dans le déroulement des combats : 522 canons français et piémontais-sardes contre 688 pièces autrichiennes.

On assiste durant dix-huit heures à une lutte générale et chaotique. L'absence de plan de bataille ordonné, l'équilibre des forces et la détermination féroce des deux camps sont les principales causes de l'importance des pertes. Les assauts constamment répétés des troupes françaises (infanterie, tirailleurs, zouaves, légionnaires) et des *bersaglieri* (tirailleurs) piémontais-sardes enfoncent finalement les positions adverses. L'armée autrichienne, vaincue, doit se replier. Les pertes sont lourdes dans les deux camps : 17 926 Français et Piémontais-Sardes hors de combat (tués, blessés, disparus), contre 25 445 Autrichiens.

Verdun (1916)

Le 21 février 1916, la Ve armée allemande, commandée par le Kronprinz impérial (Guillaume de Hohenzollern), fils de Guillaume II, se lance à l'assaut de Verdun, avec 10 divisions, appuyées par 1 257 pièces d'artillerie. Dix autres divisions allemandes sont maintenues en réserve. L'armée française ne peut opposer que 3 divisions et 281 canons dans ce secteur.

Un véritable déluge de feu s'abat sur les tranchées françaises, sur un front d'environ 30 km. La résistance des troupes françaises est acharnée. Deux bataillons français comptent en quelques heures 1 120 tués et seulement 210 rescapés !

Le 22 février, l'offensive allemande prend toute son ampleur. Les soldats français, qui survivent par miracle au milieu des cratères d'obus, continuent à lutter avec une énergie stupéfiante et parviennent à freiner considérablement l'avance allemande. Le 24, la pression allemande se fait sentir de plus en plus, la deuxième ligne française est atteinte, les avant-gardes arrivent seulement à 10 km de Verdun. Le soir même, le général Joffre appelle le général Pétain, afin qu'il organise la défense de la ville avec sa 2e armée.

Pétain rétablit la situation

Philippe Pétain arrive le 25 février sur place, le jour même où le fort de Douaumont, le plus important du système fortifié français, est conquis par les soldats allemands. Il annule les ordres de destruction des autres forts, défendant le secteur, renforce le front en première ligne, si bien que les effectifs français passent de 3 à 11 divisions contre 20 divisions ennemies. Il met surtout en place le ravitaillement de son armée, en organisant judicieusement la relève des divisions par la Voie Sacrée, l'unique route menant à Verdun, qu'il fait agrandir, afin de permettre à 3 000 camions, 90 000 hommes et 50 000 t de munitions d'y transiter chaque semaine. Il renforce l'artillerie française, ce qui va lui permettre d'aligner 1 727 canons le 28 mai 1916, contre 2 200 canons allemands.

Le 9 mars 1916, l'armée allemande attaque en direction du Mort-Homme, une hauteur qui domine le champ de bataille. L'armée française s'y accroche et parvient à repousser l'assaillant. Le Kronprinz tente alors d'élargir le front vers l'ouest, à la cote 304, où les fantassins français parviennent également à enrayer les assauts de l'ennemi.

En juin 1916, l'armée allemande, qui veut en finir au plus vite et dont les pertes s'accumulent, redouble d'activité sur la rive droite de la Meuse. Elle s'empare du fort de Vaux, malgré la résistance héroïque des poilus du commandant Raynald. L'infanterie allemande tente ensuite son va-tout dans le secteur de Fleury, fin juin et début juillet. À bout de souffle, elle parvient à quelques centaines de mètres de la côte de Belleville, qui domine Verdun, mais ne peut progresser au-delà, en se heurtant à une résistance féroce des troupes françaises.

La contre-offensive victorieuse de l'armée française

Dès la mi-août 1916, l'armée française passe à la contre-offensive pour dégager Souville et, après les poussées successives des divisions du général Mangin sur l'ouvrage de Thiaumont et la brillante reprise des ruines de Fleury par le régiment d'infanterie coloniale du Maroc (RICM), les Allemands ont définitivement perdu l'initiative des opérations devant Verdun.

En septembre 1916, l'armée française améliore ses positions et se rapproche du fort de Douaumont, que Nivelle compte bien reprendre à la faveur d'une puissante offensive, qui débute le 24 octobre 1916 et semble irrésistible. Les trois divisions d'infanterie (DI) françaises du général Mangin – la 38e DI (général Guyot de Salins), la 133e DI (général Passaga) et la 74e DI (général de Lardemelle) – s'élancent avec une fougue extraordinaire et s'emparent de tous les objectifs, dont principalement le fort de Douaumont, pour des pertes légères et la capture de 6 000 soldats allemands lors de l'unique journée du 24 octobre.

Le 2 novembre 1916, la victoire française est complétée par la reprise du fort de Vaux. En décembre, un nouvel assaut permet de récupérer la plus grande partie du terrain perdu depuis février. La bataille de Verdun se termine par une incontestable victoire française. En l'espace de quelques jours, les troupes françaises reprennent un terrain que l'armée allemande avait mis plusieurs mois à conquérir. Les pertes militaires sont sensiblement identiques dans les deux camps : 423 000 soldats français hors de combat (tués ou blessés), contre 420 000 soldats allemands.

Garigliano (1944)

Au début de mai 1944, sur le front italien, le corps expéditionnaire français du général Juin (120 000 hommes), occupe l'étroite tête de pont du Garigliano inférieur, dominé par des montagnes culminant à 1 200 m. Alors que les troupes anglo-britanniques piétinent dans les vallées, les troupes franco-africaines font une fois de plus la différence en s'emparant des sommets les plus escarpées. La 2e division d'infanterie marocaine enlève le mont Majo le 13 mai, la 1re division française libre nettoie la bouche du Garigliano et progresse en direction de San Andrea. La 3e division d'infanterie algérienne fait sauter le verrou de Castelforte après un terrible corps à corps.

Les jours suivants la 4e division marocaine de montagne et le groupement de tabors marocains (25 000 hommes et 4 000 mulets) effectuent la percée décisive au massif des Aurunces, à plus de 1 200 m d'altitude. Le front allemand s'écroule. Les Alliés entrent dans Rome le 5 juin 1944.

Chapitre 19
Dix chefs militaires français de légende

Dans ce chapitre :
- Du Guesclin, Turenne et Vauban
- Napoléon, Murat et Foch
- Juin, Leclerc de Hauteclocque, De Lattre de Tassigny et Bigeard

Le chef militaire tient une place importante dans l'histoire de France. Les rues de nos villes et villages portent les noms de ces militaires illustres. Une armée est souvent victorieuse grâce à la qualité de son commandement, capable de prévoir, de diriger et de conclure les opérations sur le terrain. La guerre évolue non seulement en fonction de l'armement, mais également du fait des choix tactiques des chefs. La qualité combative du simple soldat, portée par le charisme du chef, joue également un rôle décisif dans la victoire.

Bertrand Du Guesclin (1320-1380)

Né en 1320, au château de la Motte-Broons, près de Dinan, au sein d'une famille de la noblesse bretonne, Bertrand Du Guesclin devient un chef de guerre redouté des Anglais. Lors du siège de Rennes (1356-1357), il ravitaille la ville et accomplit plusieurs coups de main. En 1359, il défend Dinan avec succès.

Admirable chevalier, prudent, avisé et audacieux, Du Guesclin mène une véritable guérilla contre l'occupant anglais. Frappant là où l'on ne l'attend pas, il intervient avec une rapidité et une soudaineté remarquables, marchant de nuit, par tous les temps et dans tous les terrains, avec sa petite armée.

Fait lieutenant en 1360, puis capitaine en 1364, il accumule les succès militaires, en s'emparant de plusieurs villes occupées par les Anglais et remporte la victoire de Cocherel. En 1365, il délivre le royaume de France des grandes compagnies, amas de soldats indisciplinés qui ravagent les provinces.

Fait connétable de France par le roi Charles V en octobre 1370, il bat les troupes anglaises à la bataille de Pontvallain le 4 décembre 1370, poursuivant les Anglais, il les défait devant Bressuire le 8 décembre et fait tomber Saumur le 15. Il accumule les succès militaires en 1371 et 1372, en parvenant à chasser les Anglais de nombreuses localités fortifiées. En mars 1373, il remporte la bataille de Chizé. En avril, Du Guesclin prend Niort, Lusignan, La Roche-sur-Yon, Cognac, Mortemer.

Figure 19-1 : Bertrand Du Guesclin (collection privée, DR).

D'août à septembre 1374, Du Guesclin et le duc d'Anjou lancent une offensive en Guyenne, qu'ils libèrent en grande partie. D'avril à juin 1378, Du Guesclin et ses troupes chassent les Anglais de la Normandie. Son armée, mobile et souple, anticipe les actions commandos du XXe siècle en frappant vite, à l'improviste, en restant insaisissable, en entretenant l'insécurité chez l'ennemi et en le décourageant petit à petit. Cette guérilla est la mieux adaptée aux circonstances, puisqu'il s'agit de reprendre des châteaux dispersés, qui commandent routes et carrefours. Du Guesclin meurt, le 13 juillet 1380, lors du siège de Châteauneuf-de-Randon. Son corps est déposé à la basilique de Saint-Denis.

Henri de Turenne (1611-1675)

Henri de La Tour d'Auvergne, vicomte de Turenne, fils du duc de Bouillon et de Charlotte de La Marck, est né, le 11 septembre 1611, au château de Sedan. Élevé dans la religion protestante, il se convertit au catholicisme en 1668 sous l'influence de Bossuet. Il épouse en 1653 Charlotte de Caumont La Force. Passionné par l'armée, il s'illustre au siège de Bois-le-Duc en 1629. Richelieu le nomme colonel, et il participe au siège de La Mothe en 1634, où sa brillante conduite lui vaut une promotion au grade de maréchal de camp. Il participe à diverses campagnes en Lorraine, sur le Rhin et dans les Flandres. En 1636, il s'empare de Saverne, manquant de perdre un bras, puis conquiert Landrecies l'année suivante. Il dirige l'assaut de la puissante forteresse de Brisach et obtient sa capitulation le 17 décembre 1638.

Il sert en Italie de 1639 à 1641 et se distingue à plusieurs reprises, puis participe à la conquête du Roussillon en 1642. À 32 ans, il est fait maréchal de France, le 16 décembre 1643. Envoyé en Alsace, il réorganise l'armée et traverse le Rhin en juin 1644. Il participe aux sièges de Mayence et de Philippsburg, puis aux batailles de Fribourg (1644) et Nördlingen (1645). Il mène ensuite une campagne décisive qui se termine par la victoire de Zusmarshausen, le 17 mai 1648.

Le maréchal de Turenne bat les Espagnols à la bataille du faubourg Saint-Antoine, le 2 juillet 1652. Il les vainc de nouveau à Arras le 25 août 1654 et remporte la victoire décisive des Dunes, près de Dunkerque, le 14 juin 1658. Le 16 juin 1674, à la bataille de Sinsheim, il empêche la jonction de deux armées ennemies. Il écrase finalement ses adversaires à la bataille d'Entzheim, en octobre 1674.

Contrairement aux usages militaires de son époque, il n'hésite pas à attaquer en plein hiver, s'empare de Belfort le 27 décembre 1674, entre dans Mulhouse le 29. Il surprend l'ennemi en l'attaquant par la montagne et le met en déroute à la bataille de Turckheim, le 5 janvier 1675. Il trouve la mort à la bataille de Salzbach, le 27 juillet 1675, tué par un boulet de canon. Son adversaire, Raimondo Montecuccoli se serait écrié, en apprenant la nouvelle : « Il est mort aujourd'hui un homme qui faisait honneur à l'Homme. »

D'abord ensevelie à la basilique de Saint-Denis, avec les rois de France, la dépouille du maréchal de Turenne repose à l'église Saint-Louis des Invalides depuis le 22 septembre 1800, à la demande de Napoléon Bonaparte, grand admirateur du chef de guerre.

Figure 19-2 : Henri de Turenne (collection privée, DR).

Sébastien Le Prestre de Vauban (1633-1707)

Issu de la petite noblesse du Morvan, Vauban entre en 1651 dans l'armée de Condé et s'occupe du génie. Il est nommé ingénieur ordinaire du roi en 1655. Honnête, laborieux, habile dans toutes les techniques, il est promu commissaire général des fortifications, en 1678. Il perfectionne la défense des villes, dirige lui-même de très nombreux sièges, porte au plus haut degré l'art de défendre et d'attaquer les places. Il est l'inventeur de la baïonnette à douille, introduit le tir à ricochet dans l'artillerie de siège.

À Lille, devant Louis XIV, il obtient, en 1667, la reddition de 50 000 hommes en huit jours. Un bombardement intensif préalable et le creusement de tranchées jusqu'au pied des bastions ont raison de la résistance adverse.

À Maastricht, en 1673, il lui faut treize jours pour s'emparer de la citadelle imprenable. Vauban fait creuser, par plus de 2 000 ouvriers, un système de lignes concentriques parallèles aux lignes adverses. Il s'installe ainsi, au fond des boyaux, à proximité des murailles ennemies. Il peut y disposer des canons (une cinquantaine de pièces approvisionnées de 50 000 boulets) et les troupes d'assaut, qui d'un bond pourront s'engouffrer dans la citadelle, une fois les brèches creusées par l'artillerie et les mines, ce qui permet de minimiser les pertes. De nouveau, le roi Louis XIV assiste en direct au prodigieux événement.

En 1674, il obtient la capitulation de la forteresse de Besançon en six jours, après un puissant pilonnage de l'artillerie. En 1684, il assiège la forteresse de Luxembourg, défendue par 3 000 soldats espagnols et une puissante artillerie : après vingt-six jours de siège, la citadelle finit par se rendre.

De 1678 à 1698, Vauban fait construire ou améliorer 333 fortifications, s'étalant sur l'ensemble des frontières et des côtes françaises. Il révolutionne le système défensif par l'implantation d'une double et même triple rangée de fortifications, par l'absence totale d'angles morts pour permettre aux canons de l'assiégé de tirer dans tous les coins, par l'élargissement des bastions équipés de pièces d'artillerie à la place de mousquets ou de fusils, par l'élargissement des fossés protecteurs remplis d'eau, par l'établissement de demi-lunes entre les bastions en forme semi-circulaire, aptes à résister au canon. Fait maréchal de France, il meurt, à Paris, en 1707.

Figure 19-3 : Vauban (collection privée, DR).

Napoléon Bonaparte (1769-1821)

Né le 15 août 1769, à Ajaccio, en Corse, fils de Charles Bonaparte et de Letizia Ramolino, Napoléon étudie au collège d'Autun (1779), à l'école militaire de Brienne (1779-1784). Énergique, tenace, ambitieux, il est à 16 ans, après un an à l'école militaire de Paris, nommé lieutenant en second dans un régiment d'artillerie (1785). La vie monotone des garnisons (Valence en 1785, Lyon en 1786, Douai en 1787, Auxonne en 1788, Valence en 1791) lui permet de se cultiver par la lecture.

Lors du siège de Toulon (1793), le jeune capitaine d'artillerie Bonaparte, grâce à son génie tactique, chasse de la ville 12 000 soldats britanniques et 15 000 royalistes. Promu au grade de général, à la suite de cet exploit militaire, il prend le commandement de l'armée française d'Italie (30 000 hommes) en 1796, écrase successivement cinq armées piémontaises et autrichiennes (300 000 hommes), conquiert l'Italie en l'espace d'une année. De 1798 à 1799, il dirige l'expédition d'Égypte, à la tête d'une armée de 32 300 soldats. Il remporte de multiples victoires, qui lui coûtent 20 000 hommes, mais inflige des pertes dix fois supérieures à ses adversaires (Mamelouks, Turcs, Égyptiens et Britanniques).

Lors d'une seconde campagne en Italie, il bat les Autrichiens, à Marengo, le 14 juin 1800. Afin d'asseoir davantage son autorité en France, avec cependant l'assentiment du peuple français par un vaste plébiscite, Napoléon Bonaparte se proclame empereur des Français, le 28 mai 1804, et se couronne, le 2 décembre, avec la bénédiction du pape.

Chef de la Grande Armée

En 1805, Napoléon Ier doit faire face à une nouvelle coalition, regroupant l'Angleterre, l'Autriche, la Russie et Naples. À la tête de la Grande Armée, il bat les Autrichiens à Ulm, le 20 octobre, et remporte une victoire décisive à Austerlitz, contre les Austro-Russes, le 2 décembre 1805.

En octobre 1806, il écrase l'armée prussienne en deux batailles (Iéna et Auerstedt), puis se tourne contre l'armée russe, qu'il vainc successivement à Eylau, le 8 février 1807, et à Friedland, le 14 juin de la même année. Afin d'isoler davantage l'Angleterre économiquement, il décide d'envahir l'Espagne en 1807, et se trouve contraint d'y laisser d'importantes troupes pour lutter contre les armées espagnole, britannique et portugaise. Profitant de cette dispersion de l'armée française, l'Autriche passe à l'offensive en 1809, mais subit face à Napoléon Ier une suite retentissante de revers militaires (Thann, Abensberg, Landshut, Eckmühl, Ratisbonne, Wagram).

En 1812, à la tête d'une armée de 615 000 hommes, Napoléon Ier envahit la Russie, bat ses adversaires à Smolensk (17 août), à Borodino (7 septembre) et s'empare de Moscou le 14 septembre. Contraint de battre en retraite par la suite, en plein hiver, il sauve cependant près de la moitié de son armée, tout en infligeant des pertes sévères à l'armée russe (400 000 soldats hors de combat).

Face à une nouvelle coalition

En 1813, Napoléon doit faire face à une nouvelle coalition regroupant la Prusse, la Russie, la Suède, puis l'Autriche, forte de 765 000 soldats le 27 juin. Pour y faire face, Napoléon parvient à rassembler 350 000 soldats en août. Malgré un rapport des forces défavorable, Napoléon remporte encore d'étonnants succès sur le terrain. Il bat les Russes à Weissenfels, puis les Prussiens à Lutzen, respectivement les 1er et 2 mai 1813. Les 20 et 21 mai, il inflige une nouvelle défaite aux armées prussienne et russe, à Bautzen. Le camp adverse quémande un armistice, que Napoléon consent à accorder : faute incroyable, qui permet à l'ennemi de se renforcer.

Les hostilités reprennent finalement le 11 août 1813, lorsque l'Autriche, désormais rangée dans le camp de la coalition, déclare la guerre à la France. À Dresde, les 26 et 27 août, Napoléon, à la tête d'une armée de 135 000 hommes, affronte 214 000 soldats autrichiens, russes et prussiens. Malgré la disproportion des forces en présence, l'Empereur écrase la coalition lors de cette bataille, en mettant hors de combat 40 000 soldats ennemis et en perdant de son côté 10 000 hommes (tués ou blessés).

Cependant, la coalition se renforce en effectifs, avec notamment l'apport des troupes suédoises. À Leipzig, du 16 au 19 octobre 1813, l'armée napoléonienne, forte de 190 000 hommes et 700 canons, livre bataille à 450 000 soldats ennemis (Prussiens, Autrichiens, Russes et Suédois) et 1 500 canons. C'est la plus grande confrontation des guerres napoléoniennes. Les Coalisés, décimés par de très lourdes pertes, sont incapables de poursuivre Napoléon : 60 000 soldats français et 140 000 soldats coalisés sont hors de combat (tués, blessés et disparus). Contrairement à ce qui est souvent affirmé, la bataille de Leipzig n'est en rien une victoire décisive de la coalition : elle est en fait un succès tactique pour Napoléon qui condamne l'adversaire à devoir lutter encore six mois supplémentaires, malgré son écrasante supériorité numérique.

Fait plus remarquable encore, à la bataille de Hanau, les 30 et 31 octobre 1813, Napoléon inflige une sévère défaite à une armée austro-bavaroise. Cependant, trahi par divers États allemands, il doit quitter l'Allemagne pour défendre la France.

Les incroyables victoires de 1814

C'est l'invasion de la France par une armée coalisée de 700 000 soldats (prussiens, autrichiens, russes, suédois et allemands). Napoléon parvient à lever une armée de 110 000 hommes durant l'hiver, dont des conscrits de 16 ans. Laissant une partie de ses troupes autour de Paris, c'est avec 70 000 hommes que l'Empereur part affronter les Coalisés, dix fois supérieurs en nombre. Presque sans cavalerie, avec bien peu d'artillerie, Napoléon n'a aucune chance de vaincre. Pourtant, il va tenir en échec les Coalisés avec un tel brio, durant deux mois, que la campagne de France de 1814 demeure un modèle encore enseigné dans toutes les écoles militaires du monde ! L'armée française défend avec héroïsme chaque pouce de terrain, remporte de multiples victoires : Champaubert (10 février), Montmirail (11 février), Château-Thierry (12 février), Vauchamp (14 février), Montereau (18 février), Craonne (7 mars 1814), Reims (13 mars), Arcis-sur-Aube (20 et 21 mars).

Napoléon tente de rallier les nombreuses garnisons françaises des places alsaciennes pour se retourner ensuite de nouveau contre les Coalisés. Mais contrairement à ses plans, les Coalisés ne le poursuivent pas dans sa marche vers l'est : ils foncent droit sur Paris et franchissent la Marne à Meaux. Les 30 et 31 mars 1814, la bataille se déroule aux portes de Paris. S'étant aperçu de la progression des Coalisés sur la capitale, Napoléon accourt à marche forcée avec de nouvelles troupes par la rive gauche de la Seine. Mais il a trois jours de marche de retard sur les adversaires. Paris doit tenir sans lui jusqu'au 1er avril. C'est trop tard. Son frère Joseph capitule le 31 mars, livrant Paris à l'ennemi. Constatant l'échec de sa tentative, Napoléon parvient à Fontainebleau le même jour. Le 6 avril, il doit abdiquer sous la contrainte, abandonné par ses proches. Il obtient l'île d'Elbe comme résidence et une garde d'honneur de 800 hommes.

Le retour de l'Aigle

Le 26 janvier 1815, Napoléon quitte l'île d'Elbe, accompagné des 800 soldats de sa garde d'honneur. Il débarque au golfe de Juan et rallie les troupes que l'on envoie pour l'arrêter. En vingt jours de marche forcée, il atteint Paris, abandonné par Louis XVIII. Les Coalisés le déclarent hors-la-loi et rassemblent en hâte une armée. Napoléon organise un plébiscite, où il obtient 1,5 million de « oui » en sa faveur contre 4 800 « non ».

En mai, Napoléon reconstruit, avec l'aide de Davout (ministre de la Guerre), une armée de qualité de 250 000 hommes, afin de faire face à la coalition ennemie, regroupant pour le moment la Prusse, la Grande-Bretagne, les Pays-Bas et divers États allemands, avec 700 000 hommes. Le 14 juin 1815, il bat les Coalisés britanniques, hollandais et allemands, commandés par Wellington, aux Quatre-Bras, près de Bruxelles, en Belgique. Également en Belgique, à Ligny, le 16 juin 1815, il parvient à vaincre les Prussiens.

Napoléon se retourne contre les Coalisés de Wellington (britanniques, hollandais et allemands) et les attaque à proximité de Waterloo, le 18 juin 1815. Alors que son armée est sur le point d'écraser l'armée britannique, il est finalement battu, à cause de l'arrivée des renforts prussiens.

Le 21 juin, Napoléon est de retour à Paris. Le peuple l'acclame et le maréchal Davout aligne une armée de 117 000 hommes, pour faire face aux 116 000 Prusso-Britanniques. Même si militairement Napoléon peut envisager de continuer la lutte, sa chute est précipitée par une impossibilité politique de se maintenir au pouvoir. Divers politiciens véreux pactisent avec l'ennemi pour obtenir sa destitution. Placé devant le fait accompli, Napoléon abdique une seconde fois le 22 juin 1815. Les Coalisés, dont principalement l'Angleterre, l'exilent à l'île de Sainte-Hélène, où il décède, le 5 mai 1821. Le corps de l'Empereur est rapatrié triomphalement à Paris, dix-neuf ans après sa mort, et placé aux Invalides, devant des millions de Français venus lui rendre hommage.

Joachim Murat (1771-1815)

Né en 1771, dans le Lot, fils d'un aubergiste, il désire entrer dans les ordres avant de s'engager dans un régiment de cavalerie, d'où il est renvoyé pour insubordination, en 1789. Il devient commis épicier à Saint-Céré. De nouveau engagé dans l'armée, il est promu officier, en 1792. Aide de camp de Napoléon Bonaparte en Italie, son intrépidité et ses talents militaires le font nommer général de brigade, en 1796. Il épouse la sœur de Napoléon, Caroline Bonaparte, en janvier 1800. Commandant de la garde consulaire, il se distingue à la bataille de Marengo (14 juin 1800). Maréchal (1804) et prince d'Empire (1805), il dirige la cavalerie durant la campagne de 1805 et contribue largement à la victoire d'Austerlitz.

Grand-duc de Berg et de Clèves, il se révèle bon administrateur de son État. Il reprend du service dans l'avant-garde et la cavalerie pendant la guerre contre la Prusse (1807) et se couvre de gloire à Eylau. Il mate l'insurrection espagnole (1808) jusqu'à ce que Napoléon lui offre à Naples le trône du royaume des Deux-Siciles (1809), où il opère d'importantes réformes : allègements fiscaux, travaux publics, abolition de la féodalité. Pendant la campagne de Russie (1812), les batailles de Smolensk et de Borodino sont remportées en grande partie grâce à lui. Revenu ensuite à Naples, il entame, sur les conseils de sa femme, des négociations avec les Anglais et les Autrichiens, afin de sauver son royaume. Cependant, il revient se battre au côté de Napoléon à Dresde et à Leipzig (1813), avant de retourner sur son trône signer un traité qui paralyse l'offensive ennemie en Italie.

Resté sur son trône après la première abdication de Napoléon (1814), il se rallie à lui lors des Cent Jours (1815) et attaque les Autrichiens. Vainqueur puis battu, il doit quitter Naples. L'Empereur refuse son concours militaire pour la campagne de Belgique. Murat se réfugie en Corse. Il tente de reconquérir son ancien royaume avec 250 soldats. Une tempête disperse sa flottille et le capitaine de son bateau, qui l'a trahi, l'oblige à débarquer à Pizzo, où il est fait prisonnier. Il est fusillé, le 13 octobre 1815. Cavalier d'une folle bravoure, il a marqué son époque par des charges au sabre qui ont souvent fait la différence sur les champs de bataille.

Figure 19-4 : Murat (collection privée, DR).

Ferdinand Foch (1851-1929)

Né à Tarbes, c'est au collège Saint-Clément de Metz, où il prépare Polytechnique, qu'il apprend en mai 1871 l'annexion de l'Alsace et de la Lorraine : dès lors sa voie militaire est tracée. Sorti de Polytechnique en 1873 dans l'artillerie, Foch appartient très vite au comité technique de son arme et entre, en 1885, à l'École supérieure de guerre. Il y sera plus tard, comme lieutenant-colonel, professeur de tactique générale, puis en prendra le commandement comme général, en 1907.

En 1914, Foch commande à Nancy le 20ᵉ corps d'armée, avec lequel, sous les ordres du général de Castelnau, il prend part à la bataille de Morhange. Dès le 29 août 1914, le général Joffre le charge de maintenir la liaison entre les 4ᵉ et 5ᵉ armées, durant la retraite. À la tête de la 9ᵉ armée, Foch contribue largement à la victoire de la Marne, en septembre 1914, par son action vigoureuse aux marais de Saint-Gond.

Lors de la bataille de la Course à la mer, d'octobre à décembre 1914, le général Joffre le prend comme adjoint, afin de coordonner l'action des troupes françaises, britanniques et belges, qu'il mène à bonne fin. Commandant du groupe d'armées du Nord en 1915, il dirige les offensives en Artois. En 1916, il commande brillamment les divisions françaises engagées sur la Somme. Lorsqu'en mai 1917, le général Pétain remplace le général Nivelle à la tête des armées françaises, Foch devient chef d'état-major général, c'est-à-dire qu'il tente de coordonner les opérations militaires des diverses armées alliées.

En mars 1918, le général Foch est désigné comme généralissime des armées alliées sur le front occidental, puis sur tous les fronts. Les Alliés disposent enfin d'un chef hors du commun et peuvent ainsi repousser les offensives allemandes de l'été. Promu maréchal de France, le 6 août 1918, il dirige ensuite les principales offensives victorieuses qui condamnent finalement l'Allemagne à signer un armistice le 11 novembre 1918.

Figure 19-5 : Le maréchal Foch (collection privée, DR).

Alphonse Juin (1888-1967)

Fils de gendarme, Alphonse Juin est né le 16 décembre 1888, à Bône, en Algérie. Après des études à Constantine puis à Alger, il est reçu à Saint-Cyr en 1909. Sorti major de sa promotion, la même que celle de Charles de Gaulle, en 1912, il opte pour les tirailleurs algériens. Affecté au Maroc fin 1912, le sous-lieutenant Juin prend part aux opérations de pacification du pays. En août 1914, le lieutenant Juin monte au front avec les troupes marocaines, débarquées en France. En septembre, il participe à la bataille de la Marne. Grièvement blessé en Champagne en mars 1915, il perd en partie l'usage du bras droit. Capitaine en 1916, il rejoint le 5e bataillon de tirailleurs marocains au Chemin des Dames. En février 1918, il suit les cours d'état-major à Melun avant d'être détaché en octobre à la mission française auprès de l'armée américaine.

Breveté de l'École supérieure de guerre en 1921, il sert en Tunisie avant de rejoindre à la fin de l'année 1923 le Maroc, où il participe à la campagne du Rif. À l'automne 1925, il rentre en France avec le maréchal Lyautey et travaille sous ses ordres au Conseil supérieur de la guerre. Promu chef de bataillon en 1926, il part l'année suivante rejoindre le 7e régiment de tirailleurs algériens à Constantine.

En 1929, il est chef du cabinet militaire du résident général au Maroc, Lucien Saint, et prend une part active à la réalisation de la dernière phase de pacification de l'Atlas. Lieutenant-colonel en mars 1932, il devient professeur de tactique générale à l'École supérieure de guerre en 1933, avant d'être affecté comme commandant en second au 3e régiment de zouaves à Constantine. Il prend le commandement de ce régiment le 6 mars 1935. En juin, il est promu colonel. En 1937, il est affecté auprès du résident général du Maroc, le général Noguès, et suit parallèlement les cours du Centre des hautes études militaires.

Vainqueur à Gembloux et en Italie

Nommé général de brigade le 26 décembre 1938, il est affecté à la mobilisation de l'état-major du théâtre d'opérations d'Afrique du Nord. Alors que la situation se durcit en Europe, il prépare à Alger les mesures relatives à la levée de divisions en Algérie et en Tunisie. À la déclaration de la guerre, en septembre 1939, il demande à servir en France métropolitaine. Le 4 décembre suivant, il prend le commandement de la 15e division d'infanterie motorisée (DIM). Sa division s'illustre à Gembloux, en Belgique, les 14 et 15 mai 1940, en parvenant à stopper l'offensive allemande à cet endroit du front. Juin défend ensuite Valenciennes puis les faubourgs de Lille, couvrant la retraite de la 1re armée française vers Dunkerque. Il est fait prisonnier à Lille le 30 mai 1940 et incarcéré à la forteresse de Königstein. Nommé général de division durant sa captivité, il est libéré en juin 1941 à la demande du maréchal Pétain, au titre de spécialiste de l'Afrique du Nord. Nommé adjoint au général commandant supérieur des troupes du Maroc le 16 juillet 1941, il est promu général de corps d'armée et remplace le général Weygand à la tête des forces d'Afrique du Nord le 20 novembre suivant. Il prépare l'armée française d'Afrique à reprendre le combat contre l'Axe.

Le 8 novembre 1942, les Anglo-Américains débarquent en Algérie et au Maroc. Juin, qui n'a pas été informé de l'opération, est arrêté à Alger par des membres de la Résistance locale. Les autorités reprennent toutefois rapidement le contrôle de la ville. Libéré, Juin intervient pour obtenir le cessez-le-feu entre les forces alliées et les troupes françaises. L'armée d'Afrique reprend officiellement le combat contre l'Axe. Durant la campagne de Tunisie (novembre 1942-mai 1943), le général Juin commande en partie les troupes françaises. Il est nommé général d'armée le 25 décembre 1942. Il occupe le poste de résident général de France en Tunisie, par intérim, à partir du 8 mai 1943. Au cours de l'été, il met sur pied le corps expéditionnaire français (CEF) à la tête duquel il participe à la campagne d'Italie. Après plusieurs combats menés avec succès, sur le Pantano en décembre 1943, sur le Rapido et au Belvédère en janvier 1944, il remporte la victoire du Garigliano le 13 mai, ouvrant les portes de Rome aux Alliés, puis remonte sur Sienne et le nord de la Toscane. Juin quitte le CEF et l'Italie en août.

Maréchal de France

Nommé chef d'état-major général de la défense nationale auprès du général de Gaulle, chef du gouvernement provisoire, Juin entre le 25 août 1944 à son côté dans Paris libéré. Tandis que la libération de la France se poursuit, il se consacre à la réorganisation des forces armées françaises. Il est également amené, en qualité d'expert militaire, à effectuer de nombreuses missions qui le conduisent, en décembre 1944, à Moscou, où il prend part aux négociations relatives au futur pacte franco-soviétique, et, en avril 1945, aux États-Unis pour la création de l'Organisation des Nations unies. En avril 1946, il est envoyé en Extrême-Orient, pour négocier le retrait des troupes chinoises qui occupent le nord de l'Indochine.

En 1947, Juin rejoint l'Afrique du Nord, où il occupe le poste de résident général de France à Rabat, au Maroc. En octobre 1950, il effectue une nouvelle mission en Indochine. Inspecteur général des forces armées françaises en janvier 1951, il prend au mois suivant le commandement en chef des forces alliées du secteur centre-Europe dans le cadre de l'alliance atlantique. Dans le même temps, il est élevé à la dignité de maréchal de France, le 7 mai 1952, et reçu à l'Académie française le 26 juin. En février 1957, il fait paraître son premier livre sur le Maghreb, puis se consacre à la rédaction de ses Mémoires et de divers ouvrages. Il s'éteint le 27 janvier 1967. Des funérailles nationales lui sont rendues.

Jean de Lattre de Tassigny (1889-1952)

Issu d'une vieille famille de la noblesse des Flandres françaises, Jean de Lattre de Tassigny est né le 2 février 1889, à Mouilleron-en-Pareds (Vendée), d'un père poitevin, maire de Mouilleron-en-Pareds, et d'une mère vendéenne. Il accomplit ses études au collège Saint-Joseph à Poitiers et Paris. Il est reçu quatrième à Saint-Cyr, où il entre en 1909 (promotion Mauritanie), après avoir effectué, comme c'est l'usage, une année de service militaire comme simple soldat, puis comme brigadier au 22e régiment de dragons. Ayant choisi la cavalerie à la sortie de Saint-Cyr, il fait un stage d'un an à Saumur, à l'issue duquel, en 1912, il est affecté comme sous-lieutenant au 12e régiment de dragons à Pont-à-Mousson.

Le plus jeune général de France

Le 11 août 1914, il est blessé au genou et, un mois plus tard, reçoit un coup de lance à la poitrine lors d'une mission de reconnaissance. Il sert ensuite dans l'infanterie en 1915, au sein du 93e régiment d'infanterie (RI), prend part aux combats de Verdun en 1916 et du Chemin des Dames en 1917. Il est de nouveau blessé à trois reprises. Officier de la Légion d'honneur à la fin de la guerre, il est également titulaire de huit citations et de la Military Cross.

Après la guerre, le capitaine de Lattre de Tassigny est affecté à la section franco-américaine de Bordeaux, puis au 49e RI à Bayonne avant de se porter volontaire, en 1921, pour le Maroc (1921-1926), où il est chef d'état-major de la région de Taza durant la campagne du Rif. Deux fois blessé lors de ces opérations, il reçoit trois nouvelles citations et est promu au grade de chef de bataillon à titre exceptionnel. En 1927, il entre premier à l'École de guerre. De 1929 à 1931, il sert au 5e RI à Coulommiers. Il est ensuite affecté au 4e bureau de l'état-major de l'armée, puis promu lieutenant-colonel à l'état-major du général Weygand de 1932 à 1935. Il commande ensuite le 151e RI à Metz, avec le grade de colonel, jusqu'en 1937. En 1938, il passe une année au Centre des hautes études militaires, puis est nommé chef d'état-major du gouverneur militaire de Strasbourg. Promu général de brigade en 1939, à Strasbourg, il est alors le plus jeune général de France.

La gloire et les lauriers de la victoire

Chef d'état-major de la 5e armée, il prend, en janvier 1940, le commandement de la 14e division d'infanterie (DI). En mai-juin 1940, la 14e DI repousse tous les assauts ennemis sur le front de Rethel, malgré la supériorité numérique allemande de trois contre un. La 14e DI fait 2 000 prisonniers et continue à se battre à Mourmelon, Nevers et devant Clermont-Ferrand, où elle se replie. Après l'armistice de juin 1940, nommé adjoint au commandement de la 13ᵉ division militaire à Clermont-Ferrand, il se consacre à la formation des cadres à Opme, dans le Puy-de-Dôme. En septembre 1941, il est nommé commandant supérieur des troupes de Tunis et fonde une nouvelle école des cadres à Salammbô. Rappelé en France en janvier 1942, il est nommé commandant de la 16ᵉ division militaire à Montpellier et promu général de corps d'armée. En novembre 1942, à l'arrivée des forces allemandes en zone sud, il donne l'ordre à ses troupes de résister. Trahi, arrêté, il est interné à Toulouse, puis au fort Montluc, à Lyon. Condamné à dix ans de prison en janvier 1943, il est transféré à Riom, d'où il s'évade, grâce à la Résistance française, dans la nuit du 2 au 3 septembre 1943, pour rejoindre Londres en octobre de la même année. Le 11 novembre 1943, il est promu général d'armée par le général de Gaulle, qu'il rejoint à Alger cinq semaines plus tard.

Il se voit confier la formation et le commandement de la future 1ʳᵉ armée française. Ayant libéré l'île d'Elbe en juin 1944, l'armée De Lattre débarque en Provence, le 15 août, aux côtés des Alliés. Après la libération de Toulon et de Marseille commence la remontée de la vallée du Rhône avec les durs combats de Chalon-sur-Saône, Beaune et Autun. Le 24 septembre 1944, le général de Gaulle lui remet la croix de la Libération au château de Bournel (Doubs). Le général de Lattre de Tassigny met alors au point l'offensive qui mènera la 1ʳᵉ armée française jusqu'au Rhin.

La 1ʳᵉ armée française fait tomber en novembre 1944 les villes de Montbéliard et Gérardmer, atteint le Rhin, première de toutes les armées alliées. La 1ʳᵉ armée française libère Colmar le 2 février 1945, passe le Rhin de vive force le 30 mars, pénètre en Autriche et pousse jusqu'à Arlberg : c'est la célèbre campagne Rhin et Danube, où sont capturés près de 300 000 soldats allemands. Le 9 mai 1945, le général de Lattre de Tassigny signe à Berlin, au nom de la France, aux côtés des Alliés, l'acte de capitulation de l'Allemagne nazie.

La fin du « roi Jean »

Chef d'état-major général de la défense nationale et inspecteur général de l'armée de terre en mars 1947, il est nommé en 1948 inspecteur général des forces armées alliées en Allemagne de l'Ouest, aux côtés du maréchal britannique Montgomery. Nommé haut-commissaire en Indochine et commandant en chef en Extrême-Orient en décembre 1950, il rétablit la situation au Tonkin par les victoires de Vinh-Yen et de Mao-Khé. Après plusieurs missions à Washington, Londres et Rome, Jean de Lattre de Tassigny repart pour le Vietnam. Il rentre en France pour la conférence des États associés et meurt, le 11 janvier 1952, à Paris. Quatre jours plus tard, ses obsèques sont célébrées en la cathédrale Notre-Dame. Le jour même, il est élevé à la dignité de maréchal de France. Il est inhumé dans son village de Mouilleron-en-Pareds.

Philippe Leclerc de Hauteclocque (1902-1947)

Philippe de Hauteclocque est né le 22 novembre 1902 au château de Belloy-Saint-Léonard, dans la Somme, au sein d'une vieille famille de la noblesse picarde. Il entre à Saint-Cyr en 1922 (promotion Metz et Strasbourg) et en sort major de cavalerie en 1924. Il réédite ce succès en 1925 à l'école d'application de cavalerie de Saumur. Il est affecté au 5e régiment de cuirassiers en occupation en Allemagne. Après avoir passé une année à Trèves, il obtient une affectation au 8e régiment de spahis algériens au Maroc. Il participe à la pacification du territoire, puis prend le commandement du 38e goum en 1929. Il est rappelé en métropole en 1931 et devient instructeur à Saint-Cyr. Après un séjour au Maroc, il se présente à l'École de guerre. Il en sort major en juillet 1939, ayant entre-temps obtenu la Légion d'honneur et le grade de capitaine à titre exceptionnel.

Le refus de la défaite

Fin mai 1940, faisant alors partie de l'état-major de la 4e DI, il est fait prisonnier. Il parvient cependant à s'évader et à rejoindre les lignes françaises. Le 15 juin, lors d'une contre-attaque face à des blindés allemands dans la plaine de Champagne, il est blessé à la tête et de nouveau capturé. Il s'évade le 17 et, *via* l'Espagne et le Portugal, parvient à gagner Londres, où il se présente le 25 juillet au général de Gaulle sous le pseudonyme de Leclerc. Il est promu chef d'escadrons.

Le 6 août 1940, envoyé en Afrique équatoriale française (AEF), avec Claude Hettier de Boislambert et René Pleven, par le général de Gaulle, il quitte l'Angleterre pour le Cameroun. Il a pour mission de ramener ce territoire dans la guerre et, le 26 août 1940, à Douala, où il a débarqué en pirogue avec 22 hommes, il reçoit le ralliement du Cameroun à la France libre. Il est nommé ensuite commissaire général. En novembre 1940, il rallie le territoire du Gabon à la France libre. Promu colonel, il est désigné commandant militaire du Tchad. De fort Lamy (Tchad), il lance avec la colonne Leclerc, dès le 25 janvier 1941, à travers 650 km de désert, une opération contre le fort italien de Koufra, qu'il conquiert le 1er mars. Le lendemain, il proclame : « Jurons de ne déposer les armes que lorsque nos couleurs, nos belles couleurs, flotteront sur la cathédrale de Strasbourg » ; c'est le serment de Koufra. Le 6 mars 1941, il est nommé compagnon de la Libération par le général de Gaulle.

Promu général en août 1941, il mène alors contre les Italiens une campagne de harcèlement et lance, du 2 février au 14 mars 1942, une expédition victorieuse sur le sud du Fezzan, en Libye. Un butin important est pris ou détruit. Alors que Rommel avance sur l'Égypte, différentes patrouilles sont organisées au nord et à l'est du Tibesti, en Libye. À la mi-décembre 1942, Leclerc entreprend la conquête du Fezzan avec plus de 3 000 soldats, formant la force L. L'attaque est fulgurante et très en profondeur, allant jusqu'à Tripoli, en Libye. Le succès est total. Le 24 janvier 1943, la jonction est opérée avec les troupes britanniques. La force L s'installe alors en Tunisie pour protéger le flanc de la 8e armée britannique, entre dans Kairouan le 12 avril et défile le 8 mai 1943 dans Tunis libéré, ce qui vaut à Leclerc d'être présenté par Montgomery au roi d'Angleterre, George VI.

L'épopée de la 2e division blindée

Le 15 mars 1943, la force L devient la 2e division française libre, qui, trois mois plus tard, prend la forme de 2e DB au Maroc, à Temara, où elle est organisée, entraînée et équipée de matériel américain. En avril 1944, la 2e DB est transférée en Angleterre, où elle attend impatiemment l'heure du débarquement en France. Leclerc passe sous le commandement du général Patton et débarque en Normandie, près de Saint-Martin-de-Varreville, le 1er août 1944. Leclerc dirige la 2e DB pendant les difficiles combats de Normandie : Alençon, la forêt d'Écouves, Écouché, Carrouges et Argentan. Le 22 août 1944, Leclerc obtient l'autorisation de mettre en mouvement la 2e DB en direction de Paris. Le 25, il entre dans la capitale par la porte d'Orléans, reçoit la reddition du général allemand von Choltitz et installe son PC dans la gare Montparnasse.

Début septembre 1944, il reprend sa route vers l'est et, après avoir forcé les Vosges, fait hisser le drapeau français, timbré de la croix de Lorraine, sur la flèche de la cathédrale de Strasbourg, le 23 novembre 1944. Il nettoie l'Alsace et la Lorraine, participe à la réduction de la poche de Colmar et, fin avril 1945, ayant atteint la Bavière, reçoit comme objectif le nid d'aigle de Hitler, à Berchtesgaden. Une partie de la 2e DB participe également à la réduction de la poche de Royan, en Charente-Maritime.

Aussitôt après la capitulation allemande, le général Leclerc est désigné pour commander le corps expéditionnaire français en Extrême-Orient. Le 22 juin 1945, la 2e DB est rassemblée dans la forêt de Fontainebleau pour recevoir l'adieu de son chef. Leclerc quitte la France le 18 août 1945 et signe, le 2 septembre, pour la France, l'acte de capitulation du Japon. Il parvient à Saigon le 5 octobre 1945, pacifie en trois mois le Cambodge et la Cochinchine, débarque en mars 1946 au Tonkin : le 15 juin, ses troupes se trouvent à la frontière chinoise. Il est alors promu général de corps d'armée et devient inspecteur général des forces terrestres en Afrique du Nord. Le 12 avril 1947, il est nommé inspecteur des forces terrestres, maritimes et aériennes en Afrique du Nord. Lors d'une mission, le 28 novembre 1947, son avion s'écrase près de Colomb-Béchar, en Algérie. Il est inhumé dans la crypte des Invalides. Par décret du 23 août 1952, le titre suprême de maréchal de France lui est conféré à titre posthume.

Figure 19-6 : Le général Leclerc de Hauteclocque en 1944 (collection privée, DR).

Marcel Bigeard (1916-2010)

Né le 14 février 1916, à Toul, Marcel Bigeard est le fils de Charles Bigeard (1880-1948), aiguilleur à la Compagnie des chemins de fer de l'Est, et de Marie-Sophie Ponsot (1880-1964). Après avoir travaillé six ans à la Société générale comme employé de banque, tout en pratiquant la boxe, il accomplit son service militaire au 23e régiment d'infanterie de forteresse, à Haguenau. Incorporé comme simple soldat de seconde classe en septembre 1936, il est libéré de ses obligations militaires avec le grade de caporal-chef, en septembre 1938. Devant l'imminence de la guerre, il est rappelé le 22 mars 1939 au sein du même régiment.

Les corps francs de 39-40 et les paras de la Libération

En septembre 1939, Bigeard est affecté au 79e régiment d'infanterie de forteresse, secteur de Hoffen de la ligne Maginot. Volontaire dans les corps francs, il forme un groupe de combat à Trimbach, en Alsace, et devient rapidement sergent-chef, puis adjudant à l'âge de 24 ans. Il se bat avec une grande bravoure, donnant toujours l'exemple à ses hommes, même dans les situations les plus périlleuses. Fait prisonnier le 25 juin 1940, il passe dix-huit mois de captivité au stalag 12A, à Limbourg, en Allemagne. Le 11 novembre 1941, après deux précédentes tentatives, il parvient à s'évader et à rejoindre la zone non occupée en territoire français. Le 6 janvier 1942, il épouse à Nice son amie d'enfance Gabrielle Grandemange (5 décembre 1919-4 juillet 2011). L'unique enfant du couple, Marie-France, verra le jour le 13 février 1946.

Volontaire pour l'Afrique occidentale française, Bigeard est envoyé en février 1942 au camp de Bandia, près de Thiès, au Sénégal, dans un régiment de tirailleurs sénégalais de l'armée d'armistice. Promu sous-lieutenant en octobre 1943, il est dirigé avec son régiment sur Meknès, au Maroc, au sein de l'armée française d'Afrique, qui, depuis novembre 1942, reprend le combat contre l'Axe. Recruté comme parachutiste, Bigeard effectue une formation avec les commandos britanniques au club des Pins, près d'Alger, durant trois mois, puis se trouve affecté à la direction générale des services spéciaux. Avec le titre de délégué militaire départemental, il est parachuté dans l'Ariège le 8 août 1944, avec trois camarades, afin d'encadrer l'action de la Résistance locale. Lors de la libération de ce département, le 22 août 1944, Bigeard et ses maquisards déplorent seulement 44 tués et blessés, tout en ayant mis hors de combat 1 650 soldats allemands (tués, blessés et prisonniers), grâce à des embuscades et des encerclements particulièrement bien menés. Au début de l'année 1945, Bigeard fonde et dirige durant un semestre l'école régionale des cadres du Pyla, près de Bordeaux, destinée à former militairement des officiers issus de la Résistance intérieure. Décoré de la Légion d'honneur et du Distinguised Service Order britannique pour ses succès militaires en Ariège, il est également promu au grade de capitaine d'active en juin 1945.

L'Indochine

Durant l'été 1945, Bigeard commande la 6e compagnie du 23e régiment d'infanterie coloniale (RIC), à Villingen, en Allemagne. Le régiment débarque à Saigon le 25 octobre 1945 et participe jusqu'en mars 1946 à la reconquête de la Cochinchine. Le 1er juillet 1946, Bigeard quitte le 23e RIC, afin de former des commandos à Thuan Chau, au sud-est de Diên Biên Phu. En octobre, il prend le commandement d'une compagnie commando de 400 hommes. Il quitte l'Indochine le 17 septembre 1947 pour retourner en France. Bigeard est affecté le 1er février 1948 au 3e bataillon colonial des commandos parachutistes, à Saint-Brieuc, qui débarque à Saigon en novembre 1948.

Le 1er octobre 1949, Bigeard met sur pied, à Son, le 3e bataillon thaï, fort de 2 350 soldats. Le 5 avril 1950, il prend le commandement du bataillon de marche indochinois, qui reçoit, en août, le drapeau du 1er régiment de tirailleurs tonkinois décoré de la croix de guerre avec palme. Le 12 novembre 1950, Bigeard quitte de nouveau l'Indochine pour la France. Au printemps 1951, il est affecté à Vannes, à la demi-brigade coloniale du colonel Gilles, et se voit confier le commandement d'un des bataillons. En septembre 1951, il obtient le commandement du 6e bataillon de parachutistes coloniaux (BPC) de Saint-Brieuc. Il est promu au grade de chef de bataillon en janvier 1952.

Le 28 juillet 1952, le commandant Bigeard, à la tête du 6e BPC, débarque à Haiphong pour un troisième séjour en Indochine et prend ses quartiers à Hanoi. Le 16 octobre, le 6e BPC est parachuté à Tu Lê et affronte avec succès, durant une semaine, les CCCVIIIe et CCCXIIe divisions viêt-minh. Le 6e BPC se distingue de nouveau lors de la bataille de Na San le 27 décembre 1952, lors de l'opération *Hirondelle* sur Lang Son le 17 juillet 1953 et durant l'opération *Castor* sur Diên Biên Phu, le 20 novembre 1953. Le 31 décembre 1953, à la tête du 2e bataillon du 1er régiment de chasseurs parachutistes (RCP) et du 6e BPC, Bigeard intervient victorieusement au moyen Laos, entre Thakhek et Savannakhet, contre deux divisions ennemies.

Le 16 mars 1954, Bigeard est parachuté avec son bataillon sur Diên Biên Phu. Nommé lieutenant-colonel durant les combats, il se distingue particulièrement par son héroïsme sur le terrain, toujours à la tête de ses troupes pour les opérations les plus risquées. Totalement encerclé par des forces ennemies nettement supérieures en nombre et en armement lourd, le lieutenant-colonel Marcel Bigeard est fait prisonnier le 7 mai 1954 lors de la chute du camp retranché. Libéré quatre mois plus tard, il quitte l'Indochine le 25 septembre 1954.

L'Algérie

Le 25 novembre 1955, Bigeard prend le commandement du 3e BPC dans la région de Constantine, en Algérie. Le 21 février 1956, Bigeard accomplit la première opération militaire héliportée de l'histoire, à la tête de son unité, devenue le 3e régiment de parachutistes coloniaux (RPC), lors de l'opération *744* en Kabylie. Méthode de combat révolutionnaire qui va inspirer ensuite toutes les armées modernes dans la lutte contre la guérilla, dont les troupes américaines. Cette méthode est de nouveau utilisée avec succès en mars 1956. Le 16 juin 1956, Bigeard est gravement blessé d'une balle au thorax, lors d'un assaut dans les Nementchas. Rapatrié en métropole, il reçoit la plaque de grand officier de la Légion d'honneur, le 14 juillet 1956, des mains du président René Coty. De retour en Algérie, le 5 septembre, il est blessé de deux balles, une dans l'humérus et l'autre dans le foie.

En mars 1957, Bigeard et le 3e RPC se rendent dans les massifs au sud de Blida et participent aux opérations *Atlas* et *Agounnenda*, durant lesquelles 90 % des combattants locaux du Front de libération nationale (FLN) sont mis hors de combat. Le régiment est appelé en juillet 1957 à Alger, afin de mettre fin aux attentats du FLN. La capture des principaux chefs neutralise pour un temps les opérations terroristes à l'explosif contre les civils. Nommé colonel au début de l'année 1958, Bigeard quitte l'Algérie le 1er avril, afin de fonder un centre d'instruction des cadres de l'armée, à la demande de Jacques Chaban-Delmas, alors ministre des Armées.

Une carrière fulgurante

Bigeard repart en Algérie et prend le commandement du secteur de Saida, en Oranie, le 25 janvier 1959, en ayant sous ses ordres 5 000 soldats, répartis dans diverses unités. Le général de Gaulle lui confie ensuite, le 1er décembre, le commandement du secteur de Ain-Sefra, représentant un effectif de 15 000 militaires.

De juillet 1960 à janvier 1963, il commande le 6e régiment interarmes d'outre-mer, à Bouar, en République centrafricaine. Après un passage à l'École supérieure de guerre de Paris de juin 1963 à juin 1964, il prend le commandement de la 25e brigade parachutiste à Pau le 31 août 1964, puis celui de la 20e brigade parachutiste à Toulouse. Il est promu au grade de général de brigade le 1er août 1967. Il est nommé ensuite au poste de commandement supérieur des forces terrestres françaises au Sénégal, à Dakar, le 7 février 1968. Il retrouve Paris en juillet 1970 avec une affectation à l'état-major de l'armée de terre durant dix mois, puis, le 7 août 1971, occupe le poste de commandant en chef des forces françaises dans l'océan Indien, à Tananarive. Il obtient, le 1er décembre 1971, sa seconde étoile de général de division.

Le militaire français le plus décoré de son vivant

À son retour en France, Bigeard devient, de septembre 1973 à février 1974, le second adjoint du gouverneur militaire de Paris. Promu général de corps d'armée le 1er mars 1974, il prend le commandement de la IVe région militaire de Bordeaux, regroupant 40 000 militaires, dont 10 000 parachutistes. Il occupe ensuite le poste de secrétaire d'État à la défense, de février 1975 à août 1976.

Député de Meurthe-et-Moselle de 1978 à 1981, il occupe également le poste de président de la commission de la défense, jouant ainsi un rôle important dans la modernisation de l'armée française. Il est réélu député en juin 1981 et en mars 1986. Battu en 1988, il se retire dans sa maison de Toul, pour écrire des livres sur sa carrière militaire et sur l'évolution de la France. Il décède à son domicile, le 18 juin 2010, à l'âge de 94 ans.

Par une proposition du ministre de la Défense, Gérard Longuet, les cendres du général Marcel Bigeard doivent être transférées à l'hôtel des Invalides, avec l'accord de sa fille, Marie-France. Il a longtemps été le militaire français le plus décoré de son vivant. Ses méthodes de combat contre la guérilla sont enseignées dans toutes les écoles militaires du monde.

Chapitre 20
Dix décorations militaires françaises

Dans ce chapitre :
- Le prestige de la médaille
- Une tradition valorisante
- Les décorations militaires les plus prestigieuses

*L*a décoration militaire récompense les soldats méritants. C'est un hommage rendu à ceux qui se sont distingués sur les théâtres de guerre ou dans diverses missions, qu'ils soient vivants ou morts. Une hiérarchie des décorations existe, en fonction de l'importance de l'acte et des mérites accomplis, de l'ancienneté du bénéficiaire, de sa carrière au sein de l'institution militaire. Parfois, un acte exceptionnel de bravoure bouscule les critères habituels, permettant ainsi de décorer un militaire nullement chevronné. Les civils sont également honorés par ces décorations.

L'ordre national de la Légion d'honneur

La décoration la plus prestigieuse, à savoir la Légion d'honneur, se rattache à un ordre, véritable institution qui, sous l'égide du grand chancelier et du grand maître, est chargée de décerner cette médaille honorifique française. Instituée le 19 mai 1802 par Napoléon Bonaparte, elle récompense depuis ses origines les mérites éminents militaires ou civils rendus à la nation. Romaine par son nom, inspirée de la Légion de l'Antiquité par le symbolisme de ses aigles, elle rompt avec la tradition des ordres de l'Ancien Régime en étant ouverte à tous et non uniquement aux officiers. L'ordre hiérarchique de cette décoration débute avec le titre de chevalier, se poursuit avec ceux d'officier, de commandeur, de grand officier et de grand-croix.

La toute première remise des Légions d'honneur par Napoléon Bonaparte aux militaires méritants se déroule en la chapelle des Invalides, le 15 juillet 1804, lors d'une fastueuse cérémonie officielle. Au 15 juillet 2010, le nombre des titulaires intronisés est le suivant : 74 834 chevaliers, 17 032 officiers, 3 009 commandeurs, 314 grands officiers, 67 grands-croix et 1 grand maître.

Le général de corps d'armée Jean Valette d'Osia, décoré en 1917, à l'âge de 19 ans, figure héroïque de la Résistance, est celui qui a appartenu à l'ordre le plus longtemps de son vivant : 82 ans.

La devise de l'ordre est *Honneur et Patrie*. Le président de la République est le grand maître de l'ordre. Le grand chancelier est choisi parmi les grands-croix par le président de la République. Depuis 1969, il est nommé pour six ans. La plupart des grands chanceliers sont des militaires.

Des villes martyres de la guerre ont reçu cette décoration, ainsi que des institutions et bien entendu des unités militaires, dont principalement des régiments d'infanterie, de tirailleurs, de chasseurs, de zouaves, la brigade des sapeurs-pompiers de Paris, le 1er régiment de fusiliers marins, l'École des mousses, le régiment de chasse Normandie-Niémen, l'École militaire de Saint-Cyr, l'École militaire interarmes...

L'ordre de la Libération

Cet ordre a été fondé par le général de Gaulle, le 16 novembre 1940, dans le but de récompenser les personnes ou les collectivités, militaires et civiles, qui se sont distinguées lors de la libération de la France durant la Seconde Guerre mondiale. Second ordre national français après la Légion d'honneur, la croix de compagnon de la Libération n'a été accordée qu'à 1 061 personnes, regroupant des résistants de l'intérieur, des combattants des forces françaises libres (FFL) et de l'armée d'Afrique (devenue 1re armée française). Le statut de cet ordre dans la remise de cette décoration prestigieuse est clos depuis 1946.

Parmi les compagnons de la Libération figurent des personnalités diverses, comme le résistant Jean Moulin, l'aviateur Pierre Clostermann (as des as français de la Seconde Guerre mondiale), le maquisard Georges Guingouin, l'officier de marine Philippe Auboyneau, le tirailleur algérien Mohamed Bel Hadj, le parachutiste de la France libre Georges Bergé, le résistant et homme politique Jacques Chaban-Delmas...

La médaille militaire

Cette décoration militaire, instituée le 22 janvier 1852 par Louis Napoléon Bonaparte, récompense les simples soldats, les sous-officiers et, à titre exceptionnel, les généraux ayant commandé devant l'ennemi. Sa devise, *Valeur et Discipline*, réunit les soldats les plus anonymes et les héros les plus populaires, comme Georges Guynemer et Jean Moulin. Elle compte parmi ses récipiendaires de grands chefs militaires, comme les maréchaux Joffre, Foch, Pétain, Gallieni, Lyautey, Leclerc, Juin, de Lattre de Tassigny… et alliés, comme le général Pershing et le maréchal Montgomery, ainsi qu'à titre exceptionnel des civils, comme le président Roosevelt et sir Winston Churchill. Les deux premières femmes à avoir obtenu cette décoration, le 17 juin 1859, sont Jeanne-Marie Rossini, née Barbe, cantinière aux zouaves de la Garde, et Madeleine Trimoreau, née Dagobert, cantinière au 2e régiment de zouaves.

Son port la place hiérarchiquement en troisième position, après la croix de compagnon de la Libération et la Légion d'honneur.

Cette décoration a également été remise à des unités militaires qui se sont particulièrement distinguées au combat, comme les bataillons de chasseurs à pied (décret du 24 février 1918), le 3e régiment de zouaves, le 2e régiment de marche de tirailleurs et le régiment d'infanterie coloniale du Maroc (décret du 5 juillet 1919). À titre exceptionnel, la 3e compagnie du 1er régiment de chasseurs parachutistes, dont 58 soldats périrent dans un attentat à l'explosif à Beyrouth le 23 octobre 1983, a été décorée de la médaille militaire, par décret du 14 décembre 1983.

Figure 20-1 : La première version de la médaille militaire (collection privée, DR).

À l'occasion du 150ᵉ anniversaire de la médaille militaire, par décret du 25 janvier 2002, quatre écoles de sous-officiers ont été décorées de cette décoration prestigieuse, en reconnaissance des sacrifices consentis : l'école de gendarmerie de Chaumont, l'École nationale des sous-officiers d'active de Saint-Maixent, le centre d'instruction naval de Saint-Mandrier et l'école de formation des sous-officiers de l'armée de l'air de Rochefort.

Le général Jean Simon, héros de la France libre et compagnon de la Libération, est le dernier officier général à avoir reçu la médaille militaire, par décret du 16 octobre 2002.

La croix de guerre

Décernée pour conduite exceptionnelle lors de la Première Guerre mondiale, la Seconde Guerre mondiale ou lors d'opérations militaires sur les territoires d'outre-mer (TOE), elle est officiellement reconnue par une loi votée le 2 avril 1915 et promulguée le 8 du même mois, à l'initiative de l'officier combattant Émile Driant, du député Henri Tournade, du général Boëlle, de l'écrivain Maurice Barrès et du député Georges Bonnefous.

La croix de guerre est conférée de plein droit aux militaires français et étrangers, aux unités (armée, corps d'armée, division, brigade, régiment et bataillon), aux villes martyres et même à certains civils.

Un décret d'application du 23 avril 1915 fixe les distinctions entre les différents niveaux des citations : étoiles (bronze : citation à l'ordre du régiment ou de la brigade ; argent : citation à l'ordre de la division ; vermeil : citation à l'ordre du corps d'armée) ; palmes (bronze : citation à l'ordre de l'armée ; argent : cinq citations à l'ordre de l'armée).

Au 1ᵉʳ mars 1920, le ministère de la Guerre estimait à 2 055 000 le nombre des citations de la croix de guerre attribuées aux combattants des armées françaises et alliées. Mais ce chiffre ne tient pas compte des citations à titre posthume et des croix de guerre avec palme, accompagnant d'office la Légion d'honneur et la médaille militaire.

La croix de guerre la plus prestigieuse est celle de l'as des as français René Fonck, avec 28 palmes et une étoile. Les décorés ne sont pas seulement des militaires, on trouve également des aumôniers, des ambulanciers et des ambulancières, des civils et même, en 1916, un pigeon voyageur nommé Vaillant.

La croix de guerre 14-18, décernée à titre collectif, a récompensé plus de 600 unités de l'armée de terre, une quarantaine de navires militaires, plus de 80 bâtiments auxiliaires et de commerce, plus de 70 escadrilles de l'aviation.

Enfin, entre 1917 et 1931, 2 951 communes sont décorées de la croix de guerre 14-18.

La croix de la valeur militaire

Par décret du 11 avril 1956 est créée la croix de la valeur militaire. Une décision du 30 avril 1956 précise qu'elle est décernée pour action d'éclat dans le cadre des opérations en Tunisie depuis le 1er janvier 1952, au Maroc depuis le 1er juin 1953, en Algérie depuis le 31 octobre 1954.

Une nouvelle décision du 13 février 1957 ajoute les opérations en Mauritanie depuis le 10 janvier 1957. Une décision du 13 novembre 1968 permet de décerner cette décoration aux personnels militaires en service au Tchad. De nouvelles décisions ont été prises pour son attribution aux militaires engagés en Côte d'Ivoire et en Afghanistan. En 2010, 1 281 croix de la valeur militaire ont été attribuées.

La médaille de la gendarmerie nationale

Décoration militaire française créée le 5 septembre 1949, elle récompense les officiers, sous-officiers et militaires du rang de la gendarmerie nationale, ayant fait l'objet d'une citation à l'ordre de cette prestigieuse institution militaire. Elle est également décernée à des personnes qui ont apporté, dans le cadre de missions spéciales, un concours efficace à la gendarmerie.

La médaille de la Résistance

Cette décoration a été instituée à Londres, par ordonnance du 9 février 1943, à la demande du général de Gaulle, afin de reconnaître les actes remarquables de foi et de courage qui, en France, dans l'empire et à l'étranger, ont contribué à la résistance du peuple français contre l'ennemi et contre ses complices depuis le 18 juin 1940. C'est la seconde médaille créée, après l'ordre de la Libération, durant la Seconde Guerre mondiale par le général de Gaulle.

La médaille de la Résistance a été décernée à environ 44 000 personnes vivantes et à 20 000 autres à titre posthume, appartenant aussi bien à la Résistance intérieure qu'à la France libre. Elle a été également conférée à 18 collectivités territoriales (villes et villages, comme Lyon, Oyonnax, l'île de Sein), à 21 unités militaires des trois armées et à 15 autres collectivités (lycées, hôpitaux, couvents et autres). Elle n'est plus attribuée depuis 1947.

La croix du combattant volontaire

La loi du 4 juillet 1935 crée cette décoration militaire, destinée aux engagés volontaires de la guerre de 14-18, ayant servi au front dans une unité combattante. Elle est ensuite prolongée selon les mêmes critères pour les engagés volontaires de 1939-1945, de l'Indochine, de la Corée et de l'Afrique du Nord.

La croix du combattant volontaire de la Résistance

La loi du 15 avril 1954 est à l'origine de cette décoration. Pour être autorisé à porter cette médaille, il faut avoir appartenu pendant trois mois au moins, avant le 6 juin 1944, dans une zone occupée par l'ennemi, soit aux forces françaises de l'intérieur (FFI), soit aux forces françaises combattantes, soit à une organisation homologuée de la Résistance. Elle est également décernée aux membres des FFL ayant servi au moins trois mois dans une unité combattante.

La médaille de la défense nationale

Cette décoration militaire a été créée par Charles Hernu, ministre de la Défense de l'époque, par décret du 21 avril 1982. Elle récompense les services particulièrement honorables rendus par les militaires d'active et de réserve lors des activités opérationnelles des armées et les interventions au bénéfice des populations. Elle est également attribuable à des civils ayant rendu des services particulièrement honorables à la défense de la France. Elle comporte trois échelons : or pour 10 ans de service, argent pour 5 ans de service et bronze pour 1 an de service.

Chapitre 21
Dix théâtres d'opérations de l'armée française

Dans ce chapitre :
- L'armée française présente en de nombreux endroits
- Des missions sous mandat international
- Des actions ponctuelles ou prolongées

L'armée française est l'une des plus importantes contributrices aux opérations de maintien de la paix, aux interventions sous mandat international, aux missions de présence ou de souveraineté dans le monde. Au début de l'année 2011, on recense 228 opérations extérieures de l'armée française depuis 1963 : 616 militaires y sont morts au service de la France. Durant la guerre de Bosnie (1992-1995), l'armée française a subi les pertes les plus importantes de la coalition, avec 70 tués et 700 blessés. Depuis 2003, 30 000 soldats français en moyenne sont engagés chaque année hors de la métropole, dont un total de 29 242 militaires à la fin de l'année 2011.

Opération Épervier

Le dispositif de mise en place d'assistance militaire d'instruction au Tchad, permettant de maintenir une sécurité conforme aux accords signés entre les deux pays, repose actuellement sur 950 militaires français. Les soldats français instruisent militairement les forces locales, tout en maintenant un dispositif de défense, pouvant évoluer en fonction de la situation politique du Tchad. En moyens matériels, on comptabilise notamment 14 chars légers ERC 90 Sagaie, 25 blindés d'infanterie VAB, 4 hélicoptères SA 330 Puma.

Opération Licorne

L'opération *Licorne* symbolise la participation de l'armée française, sous commandement français, au maintien de la paix en Côte d'Ivoire, mise en place à la suite de la crise politique et militaire de ce pays. Elle regroupe 900 militaires français, constituant une force de réaction rapide susceptible d'agir au profit de la force onusienne, également présente. L'opération *Licorne* peut également assurer la sécurité des ressortissants français et étrangers.

La contribution française à la Finul

La France est le troisième pays contributeur de la force intérimaire des Nations unies pour le Liban (Finul), avec 1 300 soldats. Plus de 350 militaires français sont affectés dans les états-majors de la Finul à Naqoura, près de 850 arment la Force Commander Reserve (FCR) et sont en mesure d'agir en moins de trois heures au profit de tous les contingents, déployés sur la zone d'action de l'Organisation des Nations unies (ONU), afin de maintenir la paix dans la région. L'équipement militaire français repose principalement sur des véhicules blindés de combat d'infanterie (VBCI), des canons de 155 mm, des radars Cobra, des postes de tir de missiles Mistral et Milan.

Les forces françaises en République centrafricaine

En République centrafricaine, l'armée française, forte de 240 soldats, soutient la Micopax, la mission de consolidation de la paix de la Communauté économique des États d'Afrique du centre (CEEAC), mission visant à consolider la paix et la stabilité, à aider au développement du processus politique et au respect des droits de l'homme. Le détachement français assure le soutien logistique, administratif et technique du volet militaire de la Micopax.

Opération Atalante et présence militaire à Djibouti

L'armée française, avec 220 militaires, est engagée, aux côtés de huit autres pays européens (Pays-Bas, Espagne, Allemagne, Grèce, Italie, Suède,

Belgique, Luxembourg) dans la lutte contre la piraterie dans la zone couvrant le sud de la mer Rouge, le golfe d'Aden et une partie de l'océan Indien comprenant les Seychelles, ce qui représente une surface comparable à celle de la mer Méditerranée. Elle participe à des missions de présence et de dissuasion dans la zone d'opérations, avec notamment le déploiement permanent d'une frégate de la Marine nationale et l'action ponctuelle d'un avion de patrouille maritime ATL2. La France apporte également un solide soutien logistique et dissuasif grâce à ses 2 900 militaires basés à Djibouti, comprenant notamment dix avions de combat Mirage 2000 et une dizaine d'hélicoptères.

Les forces françaises au Kosovo

L'armée française est présente au Kosovo, avec 300 militaires, afin de maintenir la paix et la sécurité dans la région. Les troupes françaises sont principalement déployées au nord du pays, au camp de Novo-Selo. Elles arment une unité mobile déployée au sein du Battle Group Est, ainsi qu'un élément de soutien national. Certains militaires français sont détachés au quartier général de la coalition militaire, à Pristina, sous le commandement de l'Otan.

Mission humanitaire en Tunisie

L'armée française participe à de nombreuses missions humanitaires dans le monde, comme en mars 2011, au bénéfice de la Tunisie et de l'Égypte, lorsque le bâtiment de projection et de commandement *Mistral* a accosté dans le port tunisien de Zarzis, afin de décharger plus de 16 000 couvertures, des tentes, des citernes, des bouteilles d'eau et des denrées alimentaires pour le compte de la population.

Le dispositif militaire en Afghanistan

Le dispositif militaire français engagé dans le cadre des opérations en Afghanistan repose sur 3 600 militaires qui opèrent sur le territoire afghan, à partir du Tadjikistan et dans l'océan Indien. La mission est de sécuriser les zones placées sous la responsabilité de l'armée française, afin de permettre les opérations de développement, de reconstruction, et le déploiement des services de l'État. La France soutient également la montée en puissance de l'armée afghane, pour lui permettre de reprendre à son compte les missions de sécurisation.

Mission aérienne en Islande et aux pays Baltes

De mai à juin 2008, quatre Mirage 2000, du groupe de chasse des Cigognes, de la base aérienne 102 de Dijon, se sont posés sur l'aéroport de Keflavik, en Islande, afin d'assurer la sécurité aérienne de l'île. Historiquement, les États-Unis assuraient la défense de l'espace aérien islandais dans le cadre d'un accord bilatéral de 1951. À la suite du retrait des forces aériennes américaines, en septembre 2006, l'Islande a sollicité l'Otan pour assurer la mission de police du ciel au-dessus de son territoire.

Du 4 janvier au 30 avril 2010, la France a assuré la sûreté aérienne de l'espace aérien des pays Baltes (Estonie, Lettonie, Lituanie) avec quatre avions de combat Mirage 2000 de l'escadron de chasse Cambrésis, de la base aérienne 103 de Cambrai.

Forces de présence et de souveraineté

Outre les 2 900 militaires français présents à Djibouti, l'armée française maintient 1 200 soldats au Sénégal, 1 000 au Gabon et 500 autres aux Émirats arabes unis, en tant que forces de présence, chargées de missions diverses, notamment la défense des intérêts français et un soutien militaire aux pays concernés.

En tant que forces de souveraineté, chargées de défendre les territoires français d'outre-mer, l'armée française maintient 1 980 militaires et 800 gendarmes en Guyane ; 1 700 militaires et 1 500 gendarmes aux Antilles ; 2 000 militaires et 760 gendarmes en Nouvelle-Calédonie ; 1 500 militaires et 540 gendarmes en Polynésie ; 1 460 militaires et 1 150 gendarmes sur l'île de La Réunion et à Mayotte.

Chapitre 22
L'armée française en dix œuvres

Dans ce chapitre :
- Films et livres
- Peinture
- Musique

L'armée française a inspiré les artistes et les écrivains, aussi bien dans les domaines littéraire et historique, que dans ceux du cinéma, de la musique et de la peinture. Les écrivains et les historiens y ont trouvé la source inspiratrice d'un ouvrage, tant le sujet est riche en événements inoubliables, par l'intensité des émotions et des actions. L'œuvre cinématographique regorge de films de guerre, exaltant le courage des combattants, dénonçant les horreurs des conflits, explorant les blessures intérieures des rescapés. La musique militaire est devenue une institution célébrée à de nombreuses occasions, notamment lors des défilés et des commémorations. La peinture est riche en tableaux représentant des événements militaires, des chefs de guerre ou de simples soldats.

« Histoire de l'armée française »

Ce classique des ouvrages historiques, publié en 1938 aux éditions Flammarion, retrace toute l'histoire militaire de la France, des plus lointaines origines de nos armées à la période de la veille de la Seconde Guerre mondiale. Une nouvelle édition de 1961 prolongera ensuite la période jusqu'à la guerre d'Indochine. Son auteur, Maxime Weygand, brillant officier de cavalerie, chef d'état-major du futur maréchal Foch durant la guerre de 14-18, commandant suprême de l'armée française de fin mai à fin juin 1940, s'applique à raconter en détail l'histoire militaire de la France, à travers une chronologie détaillée, démontrant l'évolution de l'armement, du commandement, de la tactique sur le terrain, tout en mettant en valeur les grandes figures, sans oublier de souligner les qualités et les faiblesses de cette institution, à travers les victoires et les défaites. Neutre politiquement, l'ouvrage s'attarde aussi bien sur les armées françaises de l'Ancien Régime que sur celles issues de la République.

« La France et son armée »

Le futur général de Gaulle développe dans cet essai érudit et brillant, publié aux éditions Plon en 1938, l'idée que l'histoire de France est étroitement liée à celle de son armée. Il démontre également que l'évolution militaire reste conditionnée par le système politique dans lequel l'armée évolue. Dans un style captivant, De Gaulle retrace l'histoire de nos armées et de nos héros, de nos défaites et de nos victoires, toujours soucieux de dégager la signification humaine de tant de faits guerriers. Son sujet, c'est la France, souffrante et héroïque, dont il évoque la vie millénaire dans le but de nous la faire aimer. *La France et son armée* met en relief ce qu'il y a de grand et d'émouvant dans le destin d'une nation qui s'abaisse et s'élève en même temps que sa force militaire, pour d'innombrables raisons.

« Napoléon »

Considéré comme l'un des plus grands films du cinéma français, ce chef-d'œuvre, sorti en 1927, d'une durée de 330 minutes, retrace le parcours de Napoléon Bonaparte de 1781 à 1796, c'est-à-dire de son passage à l'école militaire de Brienne à la fin de la première campagne d'Italie. Le réalisateur Abel Gance souligne les exploits militaires du jeune Bonaparte, dans une vision épique, mythique et patriotique, marquée par la volonté et le charisme du personnage central (Napoléon Bonaparte), joué par un remarquable Albert Dieudonné, au physique saisissant de réalisme.

En 1960, Abel Gance tourne un *Austerlitz* qui peut être considéré comme le second volet de la vie héroïque de Napoléon Bonaparte, joué par un excellent Pierre Mondy. La bataille est relatée avec une rare intelligence, soulignant le génie tactique de l'Empereur. Durant près de trois heures, ce cinéaste de la démesure nous invite à un impressionnant défilé de vedettes, dont Claudia Cardinale, Vittorio de Sica, Martine Carol, Elvire Popesco, Orson Welles, Jack Palance et l'inoubliable Michel Simon en grognard de la Garde, jouant une scène mémorable d'assaut à la baïonnette, rythmé par le chant guerrier « On va leur percer le flanc »…

« Les Duellistes »

Ce superbe film britannique de Ridley Scott, sorti en 1977, est tiré de la nouvelle *Le Duel*, de Joseph Conrad, publiée en 1908.

En France, durant la période napoléonienne du Premier Empire, deux officiers français, Gabriel Féraud et Armand d'Hubert, s'affrontent plusieurs fois en duel jusqu'au dénouement final. Tourné dans le sud-ouest de la France, notamment dans le Périgord, ce film, au réalisme esthétique saisissant, marque à jamais le spectateur par la beauté picturale et intemporelle des images, aux plans fixes inspirés de tableaux comme autant de transitions entre les scènes.

Les deux principaux acteurs, Harvey Keitel (Gabriel Féraud) et Keith Carradine (Armand d'Hubert), offrent une interprétation exceptionnelle de l'état d'esprit des militaires français de la Grande Armée, fondé sur un sens de l'honneur poussé à son paroxysme et un courage transcendant les pires difficultés.

« Les Dernières Cartouches »

Alphonse de Neuville (1836-1885) est un peintre français académique, élève d'Eugène Delacroix. Il est l'un des principaux représentants de la peinture militaire du XIXe siècle, dans laquelle il s'est spécialisé par des scènes relatant la guerre franco-allemande de 1870-1871, mettant souvent en valeur le courage malheureux des soldats français. Il peint les défaites dans ce qu'elles ont eu d'honorable pour l'armée française, donnant ainsi un témoignage d'estime aux soldats tricolores, un encouragement pour l'avenir.

Son œuvre la plus célèbre, *Les Dernières Cartouches*, date de 1873 et est une peinture militaire illustrant un épisode héroïque de la bataille de Bazeilles, le 31 août et le 1er septembre 1870, dans les Ardennes. Elle représente la défense héroïque de la maison Bourgerie par les troupes de marine du commandant Lambert face aux soldats allemands. Alphonse de Neuville en a été récompensé par la Légion d'honneur.

Ce tableau saisissant de réalisme fut, à la fin du XIXe siècle, le plus cher de son époque. De nombreuses copies et reproductions existent à travers le monde. L'original a été racheté en 1960 et se trouve depuis conservé au musée de Bazeilles, nommé pour l'occasion « Maison de la dernière cartouche », qui n'est autre que l'ancienne auberge Bourgerie dans laquelle s'est déroulée la scène historique dépeinte dans le tableau.

La bataille de Bazeilles voit pour la première fois l'engagement en France des marsouins des 1er, 2e, 3e et 4e régiments d'infanterie de marine et du 1er régiment d'artillerie de marine, regroupés au sein de la même division surnommée « division bleue », en raison de la couleur des uniformes, et commandée par le général de Vassoigne. Chaque année, les troupes de marine fêtent l'anniversaire de cette héroïque bataille qui coûta la vie à 2 655 des leurs. Les Allemands, cinq fois plus nombreux, laissèrent sur le terrain 7 000 tués, dont plus de 200 officiers.

« Les Chemins de la gloire »

L'héroïsme des soldats français de 14-18, filmé par le cinéma américain d'Hollywood ! Ce grand film de Howard Hawks datant de 1936 mêle une peinture très réaliste des combats et une description sans concession des horreurs de la guerre de tranchées. Deux officiers français transcendent leurs différends, au sujet de l'amour d'une même femme, par un sens du sacrifice culminant au sublime et un lien fraternel unissant les combattants. Les acteurs américains Fredric March, Warner Baxter et Lionel Barrymore se métamorphosent en des poilus tricolores très convaincants, pour lesquels se confrontent le désir ardent de servir et la peur qui colle au ventre. Le film est un classique qui résume bien la diversité des sentiments humains et les paradoxes que le destin se plaît à nourrir.

« Les Croix de bois »

Ce roman, paru en 1919 aux éditions Albin Michel, raconte le quotidien des soldats français durant la Grande Guerre, 14-18. L'écrivain Roland Dorgelès s'inspire de sa propre expérience de la guerre des tranchées. L'ouvrage se découpe en succession de chapitres sans liens entre eux, tels des tableaux de situations propres aux poilus (les missions périlleuses, les conditions de vie dans les tranchées, la mort, les quelques jours passés à l'arrière…). On y découvre un panel de personnages aux origines sociales diverses mais unis fraternellement par l'horreur du conflit et par un patriotisme humaniste poignant.

Gilbert Demachy, nouveau au front, est un étudiant bourgeois, dont la gentillesse et le doux caractère en font le meilleur ami des autres soldats, plus rustiques. Sulphart incarne le poilu gouailleur et rouspéteur, capable cependant de se battre comme un lion. Bouffioux est le contraire du guerrier, cherchant tous les moyens pour ne pas aller au front, mais débrouillard dans le danger pour aider les autres. Bréval, caporal de l'escouade, est un sentimental qui ne veut blesser personne de son unité, tout en sachant se faire obéir par l'exemplarité de son indéniable courage. Regroupés dans un monde dévasté par la guerre moderne, les poilus s'unissent dans un esprit de camaraderie tissant l'histoire de ce roman réaliste.

Les croix de bois, omniprésentes le long des chemins du front, donnent le titre de ce livre. C'est en hommage au sacrifice et au courage des légendaires poilus que Dorgelès écrit ce livre, qui obtient le prix Fémina en 1919.

« La Madelon »

La chanson la plus populaire de l'armée française de la guerre de 14-18 est écrite par Louis Bousquet (1870-1941) et composée par Camille Robert (1872-1957). Elle est chantée la première fois, le 19 mars 1914, à l'Eldorado à Paris, par le chanteur Bach (Charles-Joseph Pasquier). Elle obtient un succès considérable durant le conflit, les combattants la diffusent. Le chant est alors fréquemment interprété par les comiques troupiers. Le chanteur Marcelly est le premier à l'enregistrer, en 1917.

Cette chanson devient très vite une marche militaire. Le sujet du texte traite de la misère sexuelle du soldat, de son sentiment de séparation et des remèdes à ses maux par le vin et la servante, la Madelon, peu farouche et si joyeuse. Le vin, la jolie servante et la sociabilité masculine de la taverne expliquent en partie la ténacité des légendaires poilus de 14-18, retrouvant ainsi le moral en oubliant pour un temps les horreurs de la guerre.

« La Marche de la 2e DB »

Composée par Maurice Leroux en 1944 et jouée pour la première fois au château de Saint-Germain-en-Laye le 11 mars 1945, en présence du légendaire général Leclerc de Hauteclocque, cette marche militaire entraînante est devenue le symbole de la France combattante de la victoire, de la Libération, de l'héroïsme des combattants de la France libre et de l'armée d'Afrique.

Formée au Maroc, à Temara, entre Casablanca et Rabat, en août 1943, la 2e division blindée (DB), commandée par le général Philippe Leclerc de Hauteclocque, rejoint la Grande-Bretagne, à bord de divers navires, en avril-mai 1944. Cette unité représente un amalgame étonnant de Français libres, d'évadés de France, de soldats de l'armée d'Afrique. Français de souche ou pieds-noirs, Libanais, Algériens, Marocains, Noirs d'Afrique équatoriale, Indiens des Comptoirs, catholiques, protestants, juifs, musulmans, traditionalistes et libres penseurs, anciens combattants des brigades internationales en Espagne, tous possèdent la même volonté de libérer la France.

La division comprend un régiment de reconnaissance (1er régiment de marche de spahis marocains du colonel Rémy), un régiment d'infanterie (régiment de marche du Tchad du colonel Dio), trois régiments de chars de combat (501e régiment de chars de combat du colonel Warabiot, 12e régiment de chasseurs d'Afrique du colonel de Langlade, 12e régiment de cuirassiers du colonel Noiret), un régiment de chasseurs de chars (régiment blindé de fusiliers marins du capitaine de corvette Maggiar), trois groupes d'artillerie, un bataillon du génie, un groupe de DCA, un groupe d'escadrons de réparation, un bataillon médical… L'ensemble représente 17 000 hommes, 4 000 véhicules, dont 130 blindés légers ou automitrailleuses, 153 chars de combat Sherman M4, 44 chars Destroyer M10. La totalité du matériel lourd est américain.

Leclerc organise sa division en trois ou quatre groupements tactiques (GT), avec pour ossature un régiment de chars de combat, un bataillon d'infanterie, un escadron de reconnaissance et un escadron de chasseurs de chars (GTD du colonel Dio, GTL du colonel de Langlade, GTB du colonel Billote et GTR du colonel Rémy). Cette grande souplesse d'utilisation, qui exige des qualités de commandement certaines, permet à la 2e DB de s'adapter au mieux aux différentes missions.

La division Leclerc débarque à Utah Beach, dans le Cotentin, le 1er août 1944, et participe à la fin de la bataille de Normandie. Elle libère Paris les 24 et 25 août 1944, livre une terrible bataille à Dompaire, le 13 septembre, contre la CXIIe panzerbrigade (125 chars lourds Panther) du général von Manteuffel, dont elle détruit 59 chars, pour des pertes limitées de son côté. La 2e DB participe à la terrible campagne d'Alsace, libérant Strasbourg le 23 novembre 1944, puis s'empare, le 4 mai 1945, du nid d'aigle de Hitler, en Allemagne du Sud, à Berchtesgaden, en investissant le Berghof quelques heures avant les parachutistes américains de la 101e division aéroportée. Une partie de la 2e DB participe également à la libération de la poche de Royan, en avril 1945.

Du 1er août 1944 au 8 mai 1945, la 2e DB compte 1 687 tués, dont 108 officiers, 3 300 blessés, 58 chars légers et moyens détruits, tandis qu'elle cause aux forces allemandes la perte de 4 500 soldats tués, le double de blessés, 8 800 prisonniers et 118 chars lourds et moyens détruits.

« La 317e section »

Considéré par beaucoup de cinéastes comme l'un des meilleurs films sur la guerre, son action se déroule lors du conflit en Indochine en 1954. Pierre Schoendoerffer, qui a été cinéaste aux armées durant cette période, donne une expression superbement réaliste et quasi documentaire à son film, sorti en 1965. Durant un mois, il oblige les acteurs et techniciens à bivouaquer au milieu de la forêt cambodgienne. La prise de vues se déroule caméra sur l'épaule.

Jacques Perrin interprète magnifiquement le personnage d'un sous-lieutenant français, tandis que Bruno Cremer incarne à merveille l'adjudant alsacien Willsdorff, criant de vérité. Le film raconte la difficile évacuation d'une garnison française d'un poste isolé et son pénible repli, au milieu des guerriers ennemis, où les embuscades causent de lourdes pertes dans les deux camps.

Cinquième partie
Annexes

Dans cette partie...

*L*es grandes dates, les grades, un glossaire et la présentation des sources principales finalisent un ouvrage unique en son genre, offrant un panorama complet et détaillé de l'armée française, à travers son histoire prestigieuse et son rôle actuel dans le monde en tant que grande puissance, respectée et admirée.

Annexe A

Les grandes dates de l'armée française

Tableau A-1 : Les grandes dates de l'armée française

Date	Événement
Les origines lointaines	
390 avant J.-C.	Le chef gaulois Brennus occupe Rome.
360 avant J.-C.	Les Celtes occupent Corinthe.
52 avant J.-C.	Victoire gauloise de Gergovie.
53 avant J.-C.	Défaite gauloise d'Alésia.
IIe siècle	Apogée de l'armée gallo-romaine du Rhin.
IIIe siècle	Déclin de l'armée gallo-romaine du Rhin.
L'armée des Francs	
486	Victoire du chef franc Clovis à Soissons contre son rival Syagrius.
507	Victoire des Francs à Vouillé contre les Wisigoths.
17 octobre 732	Victoire de Charles Martel à Poitiers contre les Arabes.
772-804	Charlemagne soumet les Saxons.
773-774	Charlemagne conquiert le royaume de Lombardie.
777-778	Charlemagne sécurise les Pyrénées.
L'armée féodale et royale	
14 octobre 1066	Victoire de l'armée franco-normande de Guillaume le Conquérant, à la bataille d'Hastings, contre l'armée anglo-saxonne.
1096-1099	Première croisade, où le royaume de France joue un rôle prépondérant.

Date	Événement
15 juillet 1099	Prise de Jérusalem par les croisés.
1129	Fondation de l'ordre des Templiers par des chevaliers français.
1147-1149	Seconde croisade, regroupant des combattants français et allemands.
1185	Création du titre de maréchal de France.
1189-1192	Troisième croisade, regroupant des combattants français, anglais et allemands.
27 juillet 1214	Victoire française de Bouvines contre une coalition européenne.
1244	Perte définitive de Jérusalem par les croisés.
1291	Perte définitive de Saint-Jean-d'Acre par les croisés.
La guerre franco-anglaise de Cent Ans	
24 juin 1340	Défaite navale française de l'Écluse.
26 août 1346	Défaite française de Crécy.
19 septembre 1356	Défaite française de Poitiers.
7 avril 1364	Victoire française de Mantes.
13 avril 1364	Victoire française de Meulan.
16 mai 1364	Victoire française de Cocherel.
4 mai 1370	Victoire française de Pontvallin.
8 décembre 1370	Victoire française de Bressuire.
15 décembre 1370	Victoire française de Saumur.
Mars 1373	Victoire française de Chizé.
Avril 1373	Victoires françaises de Niort, Lusignan, La Roche-sur-Yon, Cognac, Mortemer.
Juin-juillet 1373	Victoires françaises de Montmorillon, Chauvigny, Lussac, Moncontour, Saint-Sévère.
Août-septembre 1373	Victoires françaises de Penne-d'Agenais, Saint-Sever, Lourdes, Mauléon, Condom, Moissac, Sainte-Foy-la-Grande, Langon, Saint-Macaire, Sainte-Bazeille, La Réole.
Avril-juin 1378	Victoires françaises de Bernay, Carentan, Valognes, Avranches, Remerville, Beaumont, Breteuil, Saint-Lô, Évreux, Pacy-sur-Eure, Gavray, Nogent-le-Roi, Anet, Mortain, Pont-Audemer.
25 octobre 1415	Défaite française à Azincourt.

Annexe A : Les grandes dates de l'armée française

Date	Événement
8 mai 1429	Victoire française à Orléans.
12 juin 1429	Victoire française de Jargeau.
15 juin 1429	Victoire française de Meung-sur-Loire.
18 juin 1429	Victoire française de Patay.
4 novembre 1429	Victoire française de Saint-Pierre-le-Moûtier.
17 juillet 1453	Victoire française de Castillon.
De la Renaissance à la fin de l'Ancien Régime	
10 avril 1500	Victoire française de Novare, en Italie.
13 et 14 septembre 1515	Victoire française de Marignan, en Italie.
1622	Création des mousquetaires du roi de France.
19 mai 1643	Victoire française de Rocroi contre les Espagnols.
1645	Victoire française de Nördlingen.
1648	Victoire française de Zusmarshausen.
1658	Victoire française des Dunes.
1667	Victoire française de Lille.
1673	Victoire française de Maastricht.
1674	Victoire française de Besançon.
1684	Victoire française de Luxembourg.
1690	Victoire française de Fleurus.
1693	Victoire française de Neerwinden.
1701 à 1713	L'armée française mobilise 700 000 hommes.
1715	L'armée française est la plus puissante d'Europe.
11 mai 1745	Victoire française de Fontenoy.
11 octobre 1746	Victoire française de Raucoux.
2 juillet 1747	Victoire française de Lawfeld.
3 juillet 1754	Victoire française de Fort Necessity.
9 juillet 1755	Victoire française de la Monongahela.
3 septembre 1755	Victoire française de Peticoudiac.
14 août 1756	Victoire française de Fort Oswego.

Cinquième partie : Annexes

Date	Événement
27 juillet 1757	Victoire française de Hastenbeck.
8 août 1757	Victoire française de Fort William Henry.
5 novembre 1757	Défaite française de Rossbach.
8 juillet 1758	Victoire française de Fort Carillon.
14 septembre 1758	Victoire française de Fort Duquesne.
10 octobre 1758	Victoire française de Lutterberg.
31 juillet 1759	Victoire française de Beauport.
1er août 1759	Défaite française de Minden.
28 avril 1760	Victoire française de Sainte-Foy.
16 octobre 1760	Victoire française de Clostercamp.
6 juillet 1779	Victoire française navale de La Grenade.
18 décembre 1779	Victoire française navale de la Martinique.
17 avril 1780	Victoire française navale de la Dominique.
28 septembre 1781	Victoire franco-américaine de Yorktown.
20 juin 1783	Victoire française navale de Gondelour.
La Révolution et le Premier Empire	
20 septembre 1792	Victoire française de Valmy.
6 novembre 1792	Victoire française de Jemmapes.
8 septembre 1793	Victoire française de Hondschotte.
14 octobre 1793	Victoire française de Wattignies.
26 juin 1794	Victoire française de Fleurus.
18 septembre 1794	Victoire française de Sprimont.
12 avril 1796	Victoire française de Montenotte.
13 avril 1796	Victoire française de Millesimo.
14 avril 1796	Victoire française de Dego.
21 avril 1796	Victoire française de Mondovi.
10 mai 1796	Victoire française de Lodi.
4 août 1796	Victoire française de Lonato.
5 août 1796	Victoire française de Castiglione.

Annexe A : Les grandes dates de l'armée française

Date	Événement
17 novembre 1796	Victoire française d'Arcole.
19 novembre 1796	Victoire française de Rivoli.
14 janvier 1797	Nouvelle victoire française de Rivoli.
16 janvier 1797	Victoire française de La Favorite.
2 février 1797	Victoire française de Mantoue.
21 juillet 1798	Victoire française des Pyramides.
2 août 1798	Défaite navale française d'Aboukir.
7 octobre 1798	Victoire française de Sédiman.
8 avril 1799	Victoire française de Nazareth.
11 avril 1799	Victoire française de Cana.
16 avril 1799	Victoire française du mont Thabor.
20 mars 1800	Victoire française d'Héliopolis.
9 juin 1800	Victoire française de Montebello.
14 juin 1800	Victoire française de Marengo.
3 décembre 1800	Victoire française de Honhenlinden.
18 octobre 1805	Victoire française de Vérone.
20 octobre 1805	Victoire française d'Ulm.
21 octobre 1805	Défaite navale française de Trafalgar.
30 octobre 1805	Victoire française de Caldiero.
2 décembre 1805	Victoire française d'Austerlitz.
14 octobre 1806	Victoire française d'Iéna.
14 octobre 1806	Victoire française d'Auerstaedt.
8 février 1807	Victoire française d'Eylau.
14 juin 1807	Victoire française de Friedland.
14 juillet 1808	Victoire française de Medina del Rioseco.
22 juillet 1808	Défaite française de Bailen.
11 novembre 1808	Victoire française d'Espinosa.
23 novembre 1808	Victoire française de Tuleda.
30 novembre 1808	Victoire française de Somosierra.

Date	Événement
20 février 1809	Victoire française de Saragosse.
19 au 23 avril 1809	Victoires françaises à Thann, Abensberg, Landshut, Eckmühl et Ratisbonne.
12 mai 1809	Défaite française à Porto.
22 mai 1809	Bataille indécise à Essling.
6 juillet 1809	Victoire française à Wagram.
3 mai 1811	Défaite française à Funtes de Oro.
16 mai 1811	Victoire française à Albufeira.
17 août 1812	Victoire française de Smolensk.
7 septembre 1812	Victoire française de Borodino.
18 octobre 1812	Début de la retraite de l'armée française de Russie.
17 novembre 1812	Victoire française de Krasnoïe.
14 décembre 1812	L'armée française repasse le Niémen.
1er mai 1813	Victoire française de Weisenfels.
2 mai 1813	Victoire française de Lutzen.
21 mai 1813	Victoire française de Bautzen.
27 août 1813	Victoire française de Dresde.
16-19 octobre 1813	Bataille indécise de Leipzig.
31 octobre 1813	Victoire française de Hanau.
10 février 1814	Victoire française de Champaubert.
11 février 1814	Victoire française de Montmirail.
12 février 1814	Victoire française de Château-Thierry.
14 février 1814	Victoire française de Vauchamp.
18 février 1814	Victoire française de Montereau.
7 mars 1814	Victoire française de Craonne.
13 mars 1814	Victoire française de Reims.
20 et 21 mars 1814	Victoire française d'Arcis-sur-Aube.
30 et 31 mars 1814	Défaite française aux portes de Paris.
16 juin 1815	Victoire française des Quatre-Bras.

Annexe A : Les grandes dates de l'armée française

Date	Événement
16 juin 1815	Victoire française de Ligny.
18 juin 1815	Défaite française de Waterloo.
La Restauration	
17 avril 1823	Victoire française de Pancorbo, en Espagne.
18 avril 1823	Victoire française de Guetaria.
23 avril 1823	Victoires françaises de Laredo et de Rosas.
26 avril 1823	Victoires françaises de Vittoria et de Bilbao.
26 avril 1823	Victoire française de Saragosse.
6 mai 1823	Victoire française de Burgos.
8 mai 1823	Victoire française de Monzons.
12 mai 1823	Victoire française de Bailen.
31 mai 1823	Victoire française de Léon.
8 juin 1823	Victoire française de Visillo.
26 juin 1823	Victoire française de Campos d'Arenas.
4 octobre 1823	Victoire française de Cadix.
7 octobre 1823	Victoire française de Tarragone.
5 juillet 1830	Victoire française d'Alger.
1841	Victoires françaises en Algérie de Mascara, Tagdempt, Boghar, Taza et Saïda.
10 mai 1843	Victoire française de Smala.
Le Second Empire et les débuts de la République	
9 septembre 1855	Victoire franco-britannique de Sébastopol.
20 mai 1859	Victoire franco-italienne de Montebello.
31 mai 1859	Victoire franco-italienne de Palestro.
4 juin 1859	Victoire franco-italienne de Magenta.
24 juin 1859	Victoire franco-italienne de Solferino.
Mai 1862	Défaite française de Puebla, au Mexique.
30 avril 1863	Bataille de Camerone, où 62 légionnaires français tiennent en échec 1 200 fantassins et 800 cavaliers mexicains.
Mai 1863	Victoire française de Puebla, au Mexique.

Date	Événement
Février 1865	Victoire française d'Oaxaca, au Mexique.
3 juillet 1866	Victoire française de l'Incarnation, au Mexique.
4 août 1870	Défaite française de Wissembourg.
6 août 1870	Défaite française de Forbach.
6 août 1870	Défaite française de Froechwiller.
14-16 août 1870	Batailles indécises de Borny-Colombey et Mars-la-Tour.
18 août 1870	Bataille indécise de Saint-Privat.
2 septembre 1870	Défaite française de Sedan.
17 septembre 1870-21 janvier 1871	Siège de Paris.
La Première Guerre mondiale	
17 au 24 août 1914	Défaite française de la bataille des frontières.
10 septembre 1914	Victoire française de la Marne.
12 septembre 1914	Victoire française de Nancy.
Septembre-octobre 1914	Victoire défensive des Alliés (Français, Britanniques et Belges) dans les Flandres.
Mai-juin 1915	Offensive française en Artois.
Septembre-novembre 1915	Offensive française en Champagne.
Septembre-décembre 1915	Violents combats en Argonne et dans les Vosges.
21 février-2 novembre 1916	Bataille de Verdun, l'armée française repousse l'offensive allemande.
24 juin-30 novembre 1916	Bataille de la Somme, succès locaux des troupes françaises.
16 avril-5 mai 1917	Bataille du Chemin des Dames, échec offensif français, sauf à l'est de Reims et à l'est de Soissons, où l'armée française s'empare de nombreuses positions allemandes.
3 juin-31 juillet 1917	Les troupes allemandes lancent de nombreux assauts au mont Cornillet, sur le plateau de Californie, au Doigt d'Hurtebise et autour de la grotte du Dragon. Les soldats français résistent opiniâtrement et conservent leurs positions.
25 août 1917	Nombreux succès offensifs français dans le secteur de Verdun.
23-24 octobre 1917	Victoire française de La Malmaison.

Annexe A : Les grandes dates de l'armée française

Date	Événement
26 mars 1918	L'armée française sauve l'armée britannique d'un désastre en Picardie.
15 avril 1918	L'armée française sauve l'armée britannique d'une défaite dans les Flandres.
27 mai 1918	Offensive allemande au Chemin des Dames.
1er juin 1918	Contre-offensive française à Villers-Cotterêt avec les chars Renault FT 17.
9 juin 1918	Échec de l'offensive allemande entre Noyon et Montdidier contre l'armée française.
15 juillet 1918	Échec de l'offensive allemande en Champagne contre l'armée française.
18 juillet-2 août 1918	Victoire française de la seconde bataille de la Marne.
8 août 1918	Victoire franco-britannique en Picardie.
12-15 septembre 1918	Victoire franco-américaine de Saint-Mihiel.
26 septembre-4 novembre 1918	Succès des offensives alliées des Flandres aux Ardennes (221 divisions alliées, dont 111 divisions françaises, repoussent 181 divisions allemandes).
11 novembre 1918	Signature de l'armistice, l'Allemagne est vaincue.
L'entre-deux-guerres	
1921-1926	Guerre du Rif, au Maroc.
1925-1926	Guerre du Djebel druze, au Levant.
1929	Début de la construction de la ligne Maginot.
1934	Parution du livre du lieutenant-colonel Charles de Gaulle *Vers l'armée de métier*.
La Seconde Guerre mondiale	
2 septembre 1939	La France déclare la guerre à l'Allemagne.
10 avril-7 juin 1940	Victoire franco-britannique de Narvik, en Norvège.
10-15 mai 1940	Résistance héroïque d'une dizaine de divisions françaises contre une cinquantaine de divisions allemandes sur la Meuse et dans les Ardennes.
12-15 mai 1940	Victoire française d'Hannut-Gembloux, en Belgique.

Cinquième partie : Annexes

Date	Événement
14-25 mai 1940	Bataille de Stonne, dans les Ardennes, succès défensif des troupes françaises (3e division cuirassée et 3e division d'infanterie motorisée contre cinq divisions allemandes).
15 mai 1940	Bataille de chars de Flavion, où la 1re division cuirassée française lutte avec héroïsme contre deux panzerdivisions.
15-20 mai 1940	Résistance héroïque de la 2e division cuirassée française contre quatre panzerdivisions, sur un front de 100 km, de la Meuse à l'Aisne et sur l'Oise.
15-22 mai 1940	Bataille de Rethel, succès défensif de la 14e division française d'infanterie (général de Lattre de Tassigny), qui repousse deux divisions allemandes.
17-23 mai 1940	Violents combats en forêt de Mormal.
17-30 mai 1940	La 4e division cuirassée française du colonel puis général de Gaulle attaque avec vigueur à Montcornet, Crécy-sur-Serre et Abbeville.
21-22 mai 1940	Combats acharnés à Arras, Cambrai et Mont-Saint-Éloi.
22-25 mai 1940	Résistance héroïque de l'armée française à Boulogne.
23-27 mai 1940	Résistance héroïque des troupes franco-britanniques à Calais.
24-28 mai 1940	Résistance héroïque des troupes françaises sur le canal de l'Aa.
26 mai-4 juin 1940	Résistance héroïque de 30 000 soldats français contre 160 000 soldats allemands à Dunkerque, permettant le rembarquement de 347 781 soldats alliés, dont 224 686 soldats professionnels britanniques.
28-31 mai 1940	Résistance héroïque de 40 000 soldats français contre 130 000 soldats allemands à Lille.
5-11 juin 1940	Résistance héroïque de 40 divisions françaises contre 120 divisions allemandes sur la Somme et l'Aisne.
14 juin 1940	Succès défensif français en Moselle, où 18 000 soldats français repoussent 155 000 soldats allemands.
15-25 juin 1940	La ligne Maginot repousse les attaques allemandes de tous les côtés.
15-25 juin 1940	350 000 soldats français luttent avec héroïsme sur la Loire, le Cher, l'Indre, la Claise et la Creuse.
18-25 juin 1940	215 000 soldats français de l'armée des Alpes repoussent les assauts de 377 000 soldats allemands et italiens.

Annexe A : Les grandes dates de l'armée française

Date	Événement
22 juin 1940	Signature de l'armistice franco-allemand qui entre en vigueur le 25 juin 1940.
15 septembre 1940	Le 1er bataillon d'infanterie de marine de la France libre combat à la frontière égypto-libyenne.
Janvier-avril 1941	Brillante campagne en Érythrée de la brigade française libre du colonel Monclar.
Janvier 1941-mars 1942	Nombreux raids victorieux au sud de la Libye de la colonne motorisée du colonel puis général Leclerc de Hauteclocque.
27 mai-11 juin 1942	Résistance héroïque à Bir Hakeim, en Libye, de la 1re brigade française libre du général Koenig (3 700 soldats contre 37 000 soldats allemands et italiens.)
27 novembre 1942	Sabordage d'une partie de la flotte française à Toulon.
Décembre 1942-janvier 1943	Offensive victorieuse du général Leclerc de Hauteclocque en Libye.
Décembre 1942-mai 1943	L'armée française d'Afrique et les forces françaises libres (FFL) se couvrent de gloire en Tunisie.
15 septembre-4 octobre 1943	L'armée française libère la Corse.
15 décembre 1943	Victoire française (général Juin) du mont San Michele, en Italie.
16 décembre 1943	Victoire française du mont Pantano, en Italie.
28 décembre 1943	Victoire française du massif de la Mainarde, en Italie.
29 décembre 1943	Victoire française de Monna Casale, en Italie.
11-22 janvier 1944	Victoires françaises de Molino, Pantano, Marrone, Lago, Raimo, Ferro, du col d'Areina, d'Acquafonda et de Vallerontonda, en Italie.
25-30 janvier 1944	Victoire française du Belvédère, en Italie.
11-27 mai 1944	Victoire française du Garigliano et du massif des Aurunces, en Italie.
5 juin 1944	Plusieurs unités parachutistes de la France libre sont parachutées en Bretagne et en Normandie.
6 juin 1944	Débarquement de commandos de marine de la France libre en Normandie.
17-18 juin 1944	L'armée française s'empare de l'île d'Elbe.
1er août 1944	La 2e division blindée française du général Leclerc de Hauteclocque débarque en Normandie.

Date	Événement
15 août 1944	Débarquement de l'armée française du général de Lattre de Tassigny en Provence.
20-27 août 1944	L'armée française s'empare de la forteresse de Toulon.
21-29 août 1944	L'armée française et les forces combattantes de la Résistance libèrent Marseille.
24-25 août 1944	La 2e division blindée française et les forces combattantes de la Résistance libèrent Paris.
25 août-5 septembre 1944	Les forces combattantes de la Résistance libèrent la moitié du territoire national. De nombreuses garnisons allemandes sont capturées.
8 septembre 1944	Victoire française d'Autun.
13 septembre 1944	Victoire française de Dompaire.
Octobre 1944	Bataille des Vosges, où les troupes françaises s'emparent de nombreuses positions allemandes.
14-28 novembre 1944	Victoire française de la trouée de Belfort et de la Haute-Alsace.
23 novembre 1944	La 2e division blindée française libère Strasbourg.
20 janvier-9 février 1945	L'armée française réduit la poche allemande de Colmar.
31 mars-7 mai 1945	Campagne victorieuse de l'armée française en Allemagne.
14 avril-9 mai 1945	L'armée française s'empare des poches allemandes de l'Atlantique (La Rochelle, Royan, Pointe-de-Grave). L'armée française des Alpes occidentales enfonce les positions ennemies et progresse en Italie jusqu'à Turin.
8-9 mai 1945	Le général de Lattre de Tassigny représente la France lors de la reddition de l'Allemagne à Berlin.
La décolonisation	
Octobre 1945-février 1946	Le général Leclerc de Hauteclocque et ses 25 000 soldats rétablissent la souveraineté française en Indochine.
Mars 1946	Le corps expéditionnaire français s'empare du Tonkin.
Octobre-décembre 1950	Violents combats entre 7 bataillons français et 25 bataillons ennemis à Lang Son, Dong Khe et Cao Bang, en Indochine.
Janvier-juin 1951	Victoires françaises en Indochine de Vinh Yen, Mao Ken et Phat Diem.
Novembre-décembre 1952	Nombreux succès français à Nan San.

Annexe A : Les grandes dates de l'armée française

Date	Événement
Avril 1953	Succès français à Lang Son.
Novembre 1953-7 mai 1954	Bataille de Diên Biên Phu, défaite militaire française, après une résistance héroïque.
1er novembre 1954	Début de la guerre d'Algérie.
1955-1956	L'armée française multiplie les opérations contre la guérilla.
7 janvier 1957	Début de la bataille d'Alger, l'armée française décapite une partie du FLN algérien.
Mars-avril 1958	Victoire française de Souk-Arhas, en Algérie.
1959-1960	Les opérations militaires françaises *Étincelle*, *Rubis*, *Pierres précieuses*, *Zodiaque*, *Capricorne*, *Cigale*, *Trident* se soldent par de nombreux succès sur le terrain, en Algérie. La guerre est gagnée militairement sur le terrain.
Février 1960	Premier essai nucléaire français à Reggane, dans le Sahara algérien.
22 avril 1961	Putsch des généraux français Zeller, Jouhaud, Challe et Salan contre l'indépendance de l'Algérie.
1er juillet 1962	Indépendance de l'Algérie, de nombreux Algériens fidèles à la France sont massacrés, dont principalement des supplétifs militaires.
L'armée française de 1963 à nos jours	
1963 au début de l'année 2011	On recense 228 opérations extérieures de l'armée française, durant lesquelles 616 militaires y sont morts au service de la France.
Octobre 1964	Le premier escadron de bombardiers stratégiques Mirage IV, équipés de l'armement nucléaire, est opérationnel. L'installation des premières fusées en silos enterrés du plateau d'Albion débute durant la même période.
Mars 1966	La France se retire de l'Otan, qu'elle avait intégrée en avril 1949.
29 mars 1967	Lancement du premier sous-marin nucléaire, le *Redoutable*, à Cherbourg, en présence du général de Gaulle. Il sera opérationnel en décembre 1971.
Octobre 1972	Deux escadrons d'avions Mirage IIIE de la 4e escadre de chasse de la force aérienne tactique (Fatac) sont équipés de la bombe nucléaire AN 52.
1973	60 Mirage IV répartis sur 9 bases sont désormais en alerte.

Date	Événement
1er mai 1974	Les premiers chars Pluton armés d'un missile nucléaire tactique entrent en service dans l'armée de terre.
1er octobre 1974	Deux escadrons de bombardiers Jaguar sont officiellement déclarés « nucléaire tactique ».
1976	Les concours militaires de l'air sont ouverts aux femmes.
19-20 mai 1978	Victoire française de Kolwezi, au Zaïre.
10 décembre 1978	Le porte-avions *Clemenceau* reçoit cinq armes nucléaires AN 52, pouvant être utilisées par des avions Super-Étendard de la Marine nationale.
1980	L'armée française aligne 15 divisions, 2 220 chars légers et moyens de combat, 675 pièces d'artillerie, 570 hélicoptères, 471 avions de combat, 2 porte-avions, de 4 à 6 sous-marins nucléaires lanceurs d'engins.
1981	Valérie André, première femme promue au grade de général de l'armée française.
Juin 1981	Le porte-avions *Foch* est à son tour équipé de l'armement nucléaire.
Juillet 1981	La capacité effective de destruction minimale de la force de frappe française, avec 500 ogives nucléaires, est de l'ordre de 35 % de la population soviétique et de 45 % de la capacité de production industrielle de l'Union soviétique.
1983	Deux premières femmes sont admises à l'École militaire de Saint-Cyr.
1er juillet 1984	Création de la force d'action rapide (FAR), forte de 47 000 hommes.
24-25 février 1991	La division française Daguet écrase la XLVe division irakienne, lors de la libération du Koweït.
1993	Un bâtiment de la Marine nationale est commandé par une femme.
27 juin 2001	Le décret no 2001-550 met fin à la conscription, anticipant la fin de la période de transition entre l'armée d'appelés et l'armée professionnelle.
3-4 avril 2009	La France réintègre l'Otan, tout en conservant l'indépendance de commandement de son armée.

Annexe A : Les grandes dates de l'armée française

Date	Événement
Septembre 2009	Le journal britannique *Jane's Defense Weekly* classe l'armée française deuxième armée du monde, derrière les États-Unis et devant la Russie, la Chine et la Grande-Bretagne.
2010	L'armée française est devenue en Afghanistan, avec un effectif de 4 000 hommes sur place, la quatrième contributrice de la coalition, qui regroupe plus d'une trentaine de pays.
19 mars-20 octobre 2011	Lors de la guerre en Libye, la France prend la tête de la coalition en alignant le plus grand nombre d'aéronefs (avions et hélicoptères), avec 72 appareils, contre 50 pour les États-Unis, 22 pour la Grande-Bretagne, 12 pour l'Italie…
Début 2012	L'armée française aligne 330 000 militaires professionnels (terre, marine, air, gendarmerie), 670 chars légers et lourds, 6 677 blindés d'infanterie, 393 pièces d'artillerie (canons et lance-roquettes multiples), 300 avions de combat (armée de l'air et marine), 473 hélicoptères (terre, air et marine), 75 bâtiments de combat et 300 armes nucléaires. Elle se classe première armée d'Europe et deuxième armée du monde, en tenant compte de sa puissance militaire nucléaire et conventionnelle, de la qualité exceptionnelle de son personnel et de son armement, de son expérience militaire des conflits.

Annexe B
Les grades de l'armée française

Armée de terre, armée de l'air et gendarmerie

Officiers généraux

- Général d'armée
- Général de corps d'armée
- Général de division
- Général de brigade

Officiers supérieurs

- Colonel
- Lieutenant-colonel
- Commandant

Officiers subalternes

- Capitaine
- Lieutenant
- Sous-lieutenant
- Aspirant

Sous-officiers

- Major
- Adjudant-chef
- Adjudant
- Sergent-chef
- Sergent

Militaires du rang

- Caporal-chef
- Caporal (brigadier dans la gendarmerie)
- Soldat (gendarme adjoint)

Marine nationale

Officiers amiraux

- Amiral
- Vice-amiral d'escadre
- Contre-amiral

Officiers supérieurs

- Capitaine de vaisseau
- Capitaine de frégate
- Capitaine de corvette

Officiers subalternes

- Lieutenant de vaisseau
- Enseigne de vaisseau 1
- Enseigne de vaisseau 2
- Aspirant

Officiers mariniers (sous-officiers)

- Major
- Maître principal
- Premier maître
- Maître
- Second maître

Militaires du rang

- Quartier-maître 1
- Quartier-maître 2
- Matelot

Annexe C
Sigles et abréviations

Alat : aviation légère de l'armée de terre.

AS : armée secrète.

Avia : aviation navale.

BA : brigade alpine.

BA : brigade aéroportée.

Baac : brigade aérienne de l'aviation de chasse.

Baap : brigade aérienne d'appui et de projection.

Bace : brigade aérienne de contrôle de l'espace.

Bafsi : brigade aérienne des forces de sécurité et d'intervention.

BB : brigade blindée.

BCC : bataillon de chars de combat.

BCP : bataillon de chasseurs portés.

BFL : brigade française libre.

BFS : brigade des forces spéciales.

BI : brigade d'infanterie.

Bima : brigade d'infanterie de marine.

BMPM : bataillon des marins-pompiers de Marseille.

BP : brigade parachutiste.

BPC : brigade de parachutistes coloniaux.

BSPP : brigade des sapeurs-pompiers de Paris.

CDAOA : commandement de la défense aérienne et des opérations aériennes.

CEF : corps expéditionnaire français.

CEA : Commissariat à l'énergie atomique.

Cema : chef d'état-major des armées.

Cemm : chef d'état-major de la marine.

CFA : commandement des forces aériennes.

CFAS : commandement des forces aériennes stratégiques.

CSFA : commandement de soutien des forces aériennes.

Cirfa : centre d'information et de recrutement des forces armées.

Comalat : commandement de l'aviation de l'armée de terre.

COMLE : commandement de la Légion étrangère.

DB : division blindée.

DCA : défense contre les avions.

DCR : division cuirassée.

DGGN : direction générale de la gendarmerie nationale.

DFL : division française libre.

DI : division d'infanterie.

DIA : division d'infanterie alpine.

DIA : division d'infanterie d'Afrique.

DIC : division d'infanterie coloniale.

DIF : division d'infanterie de forteresse.

DIM : division d'infanterie motorisée.

Dina : régiment d'infanterie nord-africaine.

DLC : division légère de cavalerie.

DLM : division légère mécanique.

DMM : division marocaine de montagne.

Annexe C : Sigles et abréviations

Evat : engagé volontaire de l'armée de terre.

FAFL : forces aériennes françaises libres.

FAN : force d'action navale.

FAR : force d'action rapide.

Fatac : force aérienne tactique.

FFA : forces françaises d'Allemagne.

FFI : forces françaises de l'intérieur.

FFL : forces françaises libres.

Fias : force internationale d'assistance et de sécurité.

Finul : force intérimaire des Nations unies pour le Liban.

FNFL : forces navales françaises libres.

Forfusco : force maritime des fusiliers marins et commandos.

Fost : force océanique stratégique.

FSM : forces sous-marines.

FTP : francs tireurs et partisans.

GIGN : groupe d'intervention de la gendarmerie nationale.

GN : gendarmerie nationale.

GRCA : groupe de reconnaissance de corps d'armée.

GRDI : groupe de reconnaissance de division d'infanterie.

GTM : groupements de tabors marocains.

OAS : Organisation de l'armée secrète.

ODC : officier de carrière.

ORA : Organisation de résistance de l'armée.

OSC : officier sous contrat.

Otan : Organisation du traité de l'Atlantique nord.

PC : poste de commandement.

RA : régiment d'artillerie.

RAC : régiment d'artillerie coloniale.

RCP : régiment de chasseurs parachutistes.

RDP : régiment de dragons portés.

RDP : régiment de dragons parachutistes.

REC : régiment étranger de cavalerie.

REP : régiment étranger de parachutistes.

RHC : régiment hélicoptère de combat.

RHFS : régiment hélicoptère des forces spéciales.

RI : régiment d'infanterie.

RIC : régiment d'infanterie coloniale.

RICM : régiment d'infanterie coloniale du Maroc.

RICM : régiment d'infanterie chars de marine.

RICMS : régiment d'infanterie coloniale mixte sénégalais.

REI : régiment étranger d'infanterie.

RIF : régiment d'infanterie de forteresse.

RH : régiment de hussards.

RHP : régiment de hussards parachutistes.

RPC : régiment de parachutistes coloniaux.

Rima : régiment d'infanterie de marine.

RPIMA : régiment parachutiste d'infanterie de marine.

RSA : régiment de spahis algériens.

RSM : régiment de spahis marocains.

RTA : régiments de tirailleurs algériens.

RTM : régiment de tirailleurs marocains.

RTT : régiment de tirailleurs tunisiens.

RTS : régiment de tirailleurs sénégalais.

SIC : système d'information et de communication.

SNA : sous-marin nucléaire d'attaque.

SNLE : sous-marin nucléaire lanceur d'engins.

Annexe D
Pour aller plus loin

Livres

- Stéphane Audoin-Rouzeau, Annette Becker, *La Grande Guerre. 1914-1918*, éditions Gallimard, 2006.
- Stéphane Audoin-Rouzeau, Jean-Jacques Becker, *La France, la Nation, la Guerre : 1850-1920*, éditions Sedes, 1995.
- Stéphane Audouin-Rouzeau, Jean-Jacques Becker, *Encyclopédie de la Grande Guerre. 1914-1918*, éditions Bayard, 2004.
- Général Beaufre, *La Revanche de 1945*, éditions Plon, 1966.
- Robert Belot, Klaus Peter Sick, *La Seconde Guerre mondiale pour les Nuls*, éditions First, 2010.
- Sous la direction de François Broche, de Georges Caïtucoli et de Jean-François Muracciole, *Dictionnaire de la France libre*, éditions Robert Laffont, 2010.
- Yves Buffetaut, *Atlas de la Première Guerre mondiale*, éditions Autrement, 2005.
- Jean-Louis Crémieux-Brilhac, *Les Français de l'an 40*, éditions Gallimard, 1990.
- Jean-Claude Damamme, *Les Soldats de la Grande Armée*, éditions Perrin, 2008.
- Colonel Jean Delmas, colonel Paul Devautour, Éric Lefèvre, *Mai-juin 1940. Les combattants de l'honneur*, éditions Copernic, 1980.
- *Défense et sécurité nationale. Livre blanc*, préface de Nicolas Sarkozy, président de la République, éditions Odile Jacob, La documentation française, 2008.
- Jacques Demougin, *La Grande Armée*, éditions Trésor du Patrimoine, 2004.
- Marc-André Fabre, *Avec les héros de 40*, éditions Hachette, 1946.

- Patrick Facon, *Histoire de l'armée de l'air française*, éditions La documentation française, 2009.
- Liliane et Fred Funcken, *L'Uniforme et les armes des soldats du Premier Empire*, éditions Casterman, 1968.
- Liliane et Fred Funcken, *L'Uniforme et les armes des soldats de la guerre 1914-1918*, éditions Casterman, 1970.
- Karl-Heinz Frieser, *Le Mythe de la guerre éclair. La campagne de l'Ouest de 1940*, éditions Belin, 2003.
- Paul Gaujac, *L'Armée de la victoire 1943-1945*, éditions Lavauzelle, 1985.
- Général de Gaulle, *La France et son armée*, éditions Plon, 1938.
- Général Giraud, *Un seul but, la victoire*, éditions Julliard, 1945.
- Général de Lattre de Tassigny, *Histoire de la première armée française*, éditions Plon, 1950.
- Jean-Yves Le Naour, *La Première Guerre mondiale pour les Nuls*, éditions First, 2008.
- Michel Marmin, *Leclerc*, éditions Chronique, 1997.
- Philippe Masson, *Histoire de l'armée française de 1914 à nos jours*, éditions Perrin, 1999.
- Philippe Masson, *Histoire de la marine française*, éditions Lavauzelle, 1992.
- Denis Prache, *Les Soldats de Napoléon*, éditions Hatier, 1983.
- Gilles Ragache, *La Fin de la campagne de France. Les combats oubliés des armées du Centre. 15 juin-25 juin 1940*, éditions Economica, 2010.
- Général Jean-Étienne Valluy et Pierre Dufourcq, *La Première Guerre mondiale*, éditions Larousse, 1968.
- Général Maxime Weygand, *Histoire de l'armée française*, éditions Flammarion, 1938.

Revues

- *14-18*
- *2ᵉ Guerre mondiale*
- *39-45 magazine*
- *Actualité de l'histoire*
- *Armée d'aujourd'hui*

- *Batailles & Blindés*
- *Champs de bataille*
- *Guerre, blindés et matériel*
- *Guerres et histoire*
- *Histoire de la dernière guerre*
- *Historia*
- *La Gazette des armes*
- *La Revue Napoléon*
- *Ligne de front*
- *Miroir de l'histoire*
- *Raids*
- *Militaria*
- *Revue historique des armées*
- *Seconde Guerre mondiale*
- *Uniformes*

Site internet

- Ministère de la Défense : www.defense.gouv.fr

Index

A

Abd el-Kader, *119*
Abd el-Krim, Mohamed, *170, 171*
Aboville, Augustin Gabriel d', *69*
Accart, Jean, *189*
Addington, Lord, *85*
Aigle, Caroline, *233*
Ailleret, Charles, *225*
Alaric, *24, 25*
Alençon, duc d', *38, 39, 42*
Alexander, Harold, *200*
Alexandre Ier, *91, 98, 101*
Ambrogi, Jean-Paul, *161*
André, Valérie, *232, 233*
Anjou, duc d', *39*
Anterroches, comte d', *65*
Anthoine, François, *150*
Antoine d'Orléans, *76*
Aron, Raymond, *220*
Artagnan, Charles de Batz-Castelmore, sieur d', *59, 63*
Aublet, Marcel, *187*
Auboyneau, Philippe, *352*
Audechamp, marquis d', *69*
Augereau, Charles, *87, 89*
Auguste, *23*
Aumale, Henri d'Orléans, duc d', *119*

B

Balizot, Roger, *211*
Ballesteros, Francisco, *117*
Bao Dai, *212*
Baracca, Francesco, *162*
Barrès, Maurice, *354*
Barrymore, Lionel, *364*
Barthou, Louis, *130*
Baudricourt, Robert de, *42*
Baxter, Warner, *364*
Bazaine, François Achille, *124, 125*
Beaulieu, Johann von, *78*
Beaurepaire, Nicolas-Joseph, *74*
Becays Ferrand, Jean, *76*
Bedeau, Marie-Alphonse, *117*
Bel Hadj, Mohamed, *352*
Bennigsen, Levin August von, *99, 100*
Bérard de Montalet, Jean de, *59*
Bergé, Georges, *352*
Bernadotte, Jean-Baptiste, *88, 89*
Berrier, Kléber, *138*
Berthelot, Henri, *158*
Berthier, Louis Alexandre, *82, 89*
Bessières, Jean-Baptiste, *82, 89, 102*
Bessonneau, Pierre, *45*
Bey, Mourad, *82*
Bigeard, Marcel, *213, 329, 346, 347, 348, 349, 350*
Bismarck, Otto von, *125*
Blücher, Gebhard Leberecht von, *109, 111, 113*
Boëlle, Victor René, *354*
Bonaparte, Charles, *334*
Bonaparte, Joseph, *101, 102, 110*
Bonaparte, Napoléon, *voir* Napoléon Ier
Bonnefous, Georges, *354*
Bourcke, Jean Raymond Charles, *116*
Bourjade, Léon, *161*
Bourmont, Louis Auguste Victor, *117*
Bousquet, Louis, *365*
Boyan, Maurice, *161*
Brennus, *20*
Brissaud-Desmaillet, Georges, *153*

Broglie, Jean de, *220*
Brosset, Diego, *199*
Brueys, François Paul, *82*
Brune, Guillaume, *89*
Brunswick, Charles Guillaume, duc de, *74, 75, 99*
Bugeaud, Thomas-Robert, *118, 119*
Bülow, Karl von, *137*
Bureau, Gaspard, *45*
Bureau, Jean, *45, 46*
Buron, Robert, *220*

C

Cambronne, Pierre Jacques Étienne, *112*
Canrobert, François Certain de, *117*
Carbillet, Jean Baptiste Jules, *171*
Cardinale, Claudia, *362*
Carnot, Lazare, *71*
Carol, Martine, *362*
Carpentier, Marcel-Maurice, *211*
Castanos, Francisco Javier, *102*
Castelnau, Édouard de, *137, 138*
Castries, Charles de La Croix, marquis de, *70*
Castries, Christian de La Croix de, *212*
Cauchon, Pierre, *44*
Cavour, Camillo, *121*
César, Jules, *10, 21, 23*
Chaban-Delmas, Jacques, *225, 349, 352*
Challe, Maurice, *219, 220, 378*
Championnet, Jean Étienne, *78*
Changarnier, Nicolas, *118*
Chaput, Jean, *161*
Charlemagne, *26, 28, 368*
Charles V, *40, 330*
Charles VII, *42, 43, 44, 45, 46, 48*
Charles VIII, *55*
Charles d'Autriche, *103, 104*
Charles le Chauve, *28*
Charles le Gros, *28*
Charles le Simple, *28*

Charles Martel, *26, 319*
Charton, Pierre, *211*
Chirac, Jacques, *234, 272*
Choiseul, César Gabriel de, *70*
Choltitz, Dietrich von, *345*
Christiani, Charles-Joseph, *112*
Churchill, Winston, *4, 113, 173, 184, 185, 353*
Clairfayt, François de Croix, comte de, *74*
Clarck, Mark, *200*
Clodion, *25*
Clostermann, Pierre-Henri, *206, 352*
Clovis, *10, 25, 368*
Cluzel, François, *264*
Coiffard, Michel, *161*
Coignet, Jean-Roch, *96*
Colbert, Jean-Baptiste, *70*
Colson, Louis, *190*
Conrad, Joseph, *362*
Coppens de Hauthulst, Willy, *162*
Cornwallis, Lord, *68, 69*
Costes, Dieudonné, *161*
Coty, René, *225, 348*
Cremer, Bruno, *366*
Crèvecœur, Philippe de, *50*
Cumberland, William, duc de, *65, 322*
Curely, Jean-Nicolas, *93*
Custine, marquis de, *69*

D

Dabrowski, Jean-Henri, *108*
Danjou, Jean, *124*
Darlan, François, *172*
Davout, Louis Nicolas, *87, 89, 91, 106, 107, 111, 113, 336*
Degoutte, Jean-Marie, *158*
Delacroix, Eugène, *363*
Demange, Edgar, *131*
Desaix, Louis Charles Antoine, *84*
Desbordes, Chantal, *233*
Deullin, Albert, *161*

Deux-Ponts, comte de, *69*
Diaz, Porfirio, *124*
Diesbach, Guillaume de, *50*
Dieudonné, Albert, *362*
Dio, Louis, *365*
Doddy, André, *199*
Dode de La Brunerie, Guillaume, *116*
Dorance, Michel, *189*
Dorgelès, Roland, *364*
Dorizon, Prosper, *196*
Dorme, André, *161*
Dreyfus, Alfred, *131*
Driant, Émile, *143, 354*
Drusus, *23*
Du Guesclin, Bertrand, *39, 40, 329, 330*
Duchêne, Denis Auguste, *156*
Duffet, Camille, *182*
Dumouriez, Charles François, *74, 76*
Dunois, Jean, *42*
Duperré, Guy-Victor, *117*
Dupont de L'Étang, Pierre, *102*
Duval, Raymond, *215*

E

Éblé, Jean-Baptiste, *106*
Édouard III, *37*
Ehrlich, Jacques, *161*
Eisenhower, Dwight David, *224*
Enghien, Louis de Bourbon, duc d', *57, 321, 322*
Erulin, Philippe, *230*
Estaing, Charles Henri d', *68, 70*
Esterhazy, Marie Charles Ferdinand Walsin, *131*
Estienne, Jean-Baptiste, *163, 164, 175*
Estrées, Louis Charles César Le Tellier, maréchal d', *66*
Eudes, *26, 27, 319*

F

Fayolle, Marie Émile, *154, 157*
Ferdinand VII, *101, 116*
Fillon, François, *272*
Foch, Ferdinand, *155, 156, 158, 159, 165, 329, 338, 339, 353, 361*
Fonck, René, *15, 161, 162, 163, 354*
Fontaines, comte de, *57*
Forey, Elie Frédéric, *124*
Franceschi, Michel, *113*
Franchet d'Esperey, Louis, *137*
Franco, Francisco, *171, 224*
François Ier, *52, 54, 55, 74, 321*
François-Joseph Ier, *120*
Frédéric-Guillaume II de Prusse, *74*
Frédéric-Guillaume III de Prusse, *98, 99*
French, John, *135*

G

Gaillard, Félix, *225*
Gallieni, Joseph, *137, 138, 353*
Gallwitz, Max von, *152*
Gambetta, Léon, *128*
Gamelin, Maurice, *171, 176, 181*
Gance, Abel, *362*
Garibaldi, Giuseppe, *121*
Gassion, Jean de, *57, 322*
Gaulle, Charles de, *9, 169, 175, 176, 183, 192, 204, 219, 220, 221, 224, 225, 226, 234, 262, 340, 341, 343, 344, 349, 352, 355, 362*
George VI, *192, 345*
Giacometti, Colette, *233*
Gibert de Lhène, Simon, *57, 322*
Gilles, Jean, *348*
Giraud, Henri, *153, 181, 196, 219*
Giscard d'Estaing, Valéry, *227, 230*
Godwinson, Harold, *32*
Gouraud, Henri Joseph Eugène, *157*
Gouvion-Saint-Cyr, Laurent de, *89, 103, 115*
Grasse, François Joseph Paul de, *68, 69, 70*

Grouchy, Emmanuel de, *89, 100, 112, 113*
Guderian, Heinz, *183, 187*
Guérin, Charles, *161*
Guichen, Luc Urbain de Bouexic, comte de, *70*
Guillaumat, Adolphe, *152*
Guillaume Ier, empereur d'Allemagne, *129*
Guillaume II, empereur d'Allemagne, *146*
Guillaume le Conquérant, *31, 32, 368*
Guillaume, Augustin, *199*
Guingouin, Georges, *352*
Guynemer, Georges, *161, 353*
Guyot de Salins, Arthur, *146, 326*
Gyulai, Ferencz, *121*

H

Haegelen, Marcel, *161*
Hafid, Moulay, *170*
Haig, Douglas, *154, 155*
Hawks, Howard, *364*
Hay, Charles, *65*
Henri II, *55*
Henri IV, *54, 59*
Henri V d'Angleterre, *41, 42*
Henri VI, *46*
Hernu, Charles, *228, 356*
Hettier de Boislambert, Claude, *344*
Heurtaux, Alfred, *161, 162*
Hindenburg, Paul von, *146*
Hitler, Adolf, *184, 188, 345, 366*
Hô Chi Minh, *210*
Hohenzollern, Guillaume de, *143, 325*
Hubert, Armand d', *362*
Humbert, Georges Louis, *157*

J

Jacquin, François-Joseph, *92*
Janvier, Bernard, *231*
Jean II le Bon, *39*
Jean de Luxembourg, *39*
Jean-Baptiste d'Autriche, *85*
Jeanne d'Arc, *42, 43, 44*
Joffre, Joseph, *130, 136, 137, 138, 145, 147, 149, 325, 339, 353*
Jospin, Lionel, *272*
Joubert, Joseph Antoine, *80, 82*
Jouhaud, Edmond, *219, 220, 378*
Jourdan, Jean-Baptiste, *73, 78, 89, 234*
Joxe, Louis, *220*
Juarez, Benito, *124*
Juin, Alphonse, *192, 196, 199, 200, 201, 327, 329, 340, 341, 353*
Jünger, Ernst, *147*
Juppé, Alain, *257, 272*

K

Kadhafi, Mouammar, *257, 259, 276, 278*
Kazakov, Alexandre, *162*
Kellermann, François Christophe, *74, 75, 76*
Kesserling, Albert, *200*
Kléber, Jean-Baptiste, *78, 83*
Kluck, Alexander von, *137*
Koenig, Pierre, *193, 205*
Königsegg-Rothenfelds, Joseph Lothar Dominik von, *65, 322*
Koutouzov, Mikhaïl, *97, 106, 324*

L

Laborde, Jean de, *191*
Ladmirault, Paul de, *117*
La Fayette, Marie Joseph de, *68, 74*
La Meslée, Marin, *189*
Lamoricière, Christophe Louis Léon Juchault de, *117*
La Motte-Picquet, Toussaint Guillaume, *70*
Langeron, Alexandre Louis, *108*
Langlade, Paul de, *365*
Langlais, Pierre, *213*
Lannes, Jean, *88, 89, 100, 102, 104*

Lanrezac, Charles, *135*
La Porte du Theil, Joseph de, *187, 190*
Lardemelle, Charles de, *146, 326*
Lasalle, Antoine Charles Louis de, *105*
Latrille de Lorencez, Guillaume, *124*
Lattre de Tassigny, Jean de, *186, 201, 202, 204, 211, 342, 343, 353*
Lauzun, Armand Louis de Gontaut-Biron, duc de, *69*
Laval, marquis de, *69*
Law de Lauriston, Jacques Alexandre, *116*
Le Bœuf, Edmond, *117, 125*
Leclerc, Philippe de Hautecloque, dit, *192, 202, 206, 210, 329, 344, 345, 353, 365, 366*
Lefol, Georges, *189*
Le Gloan, Pierre, *189*
Le Nigen, Édouard, *189*
Leroux, Maurice, *365*
Lespinois, Jean de, *242*
Levavasseur, Octave, *95*
Lloyd George, David, *154*
Lohéac, André de, *46*
Longuet, Gérard, *279, 350*
Lothaire, *28*
Louis II de Bourbon-Condé, *61*
Louis VII, *33*
Louis XI, *10, 49, 50, 51*
Louis XII, *55*
Louis XIII, *58, 59, 70*
Louis XIV, *4, 11, 15, 58, 60, 61, 62, 63, 64, 70, 172, 332, 333*
Louis XV, *15, 64, 65, 66, 70, 322*
Louis XVI, *4, 15, 59, 64, 68, 69, 70, 71, 76*
Louis XVIII, *111, 115, 336*
Louis-Philippe d'Orléans, *76*
Louvois, Michel de, *60*
Luckner, Nikolaus, *74*
Ludendorff, Erich, *146, 153, 154, 156, 157*
Lyautey, Hubert, *171, 340, 353*

M

Macdonald, Étienne Jacques Joseph, *89*
Mac-Mahon, Patrice de, *117, 120, 121, 125*
Macmillan, Harold, *224*
Madelin, Antoine, *155*
Madon, Georges, *161*
Maginot, André, *169, 173*
Magrin-Vernerey, Raoul, *192*
Maistre, Paul, *152, 156*
Mangin, Charles, *146, 150, 158, 326*
Mannock, Edward, *162*
Manteuffel, Hasso von, *366*
Mao Zedong, *211*
Marbot, Jean-Baptiste, *94*
March, Fredric, *364*
Marinovitch, Pierre, *161*
Marmont, Auguste, *87, 89, 108, 110*
Marquis, Hugues, *77*
Masséna, André, *80*
Massenet, André Joseph Emmanuel, *155*
Masson, Philippe, *215, 220*
Massu, Jacques, *217*
Maunoury, Michel Joseph, *137*
Maximilien de Habsbourg, *124*
Mazarin, Jules, *59*
Mecklembourg-Strelitz, Louise de, *98*
Melas, Michael von, *84*
Méline, Jules, *130*
Melo, Francisco de, *57, 321*
Mendès France, Pierre, *225*
Menou, Jacques de, *84*
Merchet, Jean-Dominique, *277*
Mérovée, *25*
Micheler, Joseph Alfred, *156*
Mitry, Antoine de, *155*
Mitterrand, François, *228*
Mobutu, Sese Seko, *230*
Molay, Jacques de, *33*
Molitor, Gabriel Jean Joseph, *116*
Mollard, Émile, *190*
Mollet, Guy, *225*

Moncey, Bon Adrien de, *89, 116*
Mondy, Pierre, *362*
Monnier, Jean-Charles, *84*
Monsabert, Joseph Jean de Goislard de, *196, 199, 200*
Montcalm, Louis de, *67*
Montecuccoli, Raimondo, *331*
Montesquiou, Pierre de, *59*
Montgomery, Bernard, *192, 343, 353*
Montmorency, Matthieu de, *37, 320*
Moreau, Jean, *85*
Morillo, Pablo, *116*
Morris, Louis Michel, *117*
Mortier, Adolphe, *88, 89, 100, 110*
Moulin, Jean, *352, 353*
Murat, Joachim, *82, 88, 89, 97, 100, 101, 107, 337, 338*

N

Napoléon Ier, *11, 15, 77, 79, 80, 81, 82, 84, 85, 87, 91, 93, 96, 97, 98, 99, 101, 102, 104, 105, 107, 110, 111, 113, 323, 331, 334, 335, 336, 337, 351, 352, 362*
Napoléon III, *119, 120, 121, 123, 125, 128*
Navarre, Henri, *212*
Navarre, Jean, *161*
Nelson, Horatio, *82*
Neuchèze, Robert Jean-Marie de, *191*
Neuville, Alphonse de, *363*
Ney, Michel, *87, 89, 100, 111*
Ngo Dinh Diêm, *213*
Niel, Adolphe, *117*
Nivelle, Robert Georges, *146, 149, 150, 151, 326, 339*
Noailles, Adrien de, *64*
Noguès, Charles, *340*
Noguès, Maurice, *161*
Nungesser, Charles, *161*

O

O'Hara, Charles, *68, 69*
Olleris, Pierre, *191*
Olsufiev, Zakhar Dmitrievich, *109*
Osten-Sacken, Fabian Gottlieb von, *108*
Otton IV, *36, 37, 320*
Oudinot, Nicolas Charles, *89*

P

Painlevé, Paul, *150*
Palance, Jack, *362*
Patton, George, *345*
Paty de Clam, Armand du, *131*
Pégoud, Adolphe, *161*
Pépin de Herstal, *26*
Perrin, Jacques, *366*
Pershing, John, *353*
Pérunin, Michel, *48, 321*
Pétain, Philippe, *142, 145, 149, 150, 151, 152, 153, 154, 155, 156, 157, 171, 174, 176, 189, 190, 219, 325, 326, 339, 341, 353*
Peyrer, Jean-Armand du, *59*
Philippe VI, *37, 38*
Philippe Auguste, *29, 34, 36, 37, 89, 320*
Philippe le Bel, *33, 37*
Picquart, Marie-Georges, *131*
Pierre le Cruel, *40*
Pin, Charles-Louis du, *124*
Pinsard, Armand, *161*
Piroth, Charles, *213*
Pitt, William, *84*
Playfair, Robert, *194*
Pleven, René, *344*
Plubeau, Camille, *189*
Poincaré, Raymond, *130*
Pommiès, André, *190*
Pondeux, vicomte de, *69*
Poniatowski, Josef Antoni, *89, 107*
Popesco, Elvire, *362*
Prioux, René, *181*
Probus, *24*

R

Ramolino, Letizia, *334*
Raynald, Sylvain, *326*
Rémy, Jean, *365*
Renault, Louis, *163*
Repnine, colonel, *97*
Revers, Georges, *211*
Richelieu, Armand Jean du Plessis, cardinal, duc de, *58, 59, 65, 70, 331, 323*
Rickenbacker, Edward Vernon, *162*
Riego, Rafael del, *116*
Rimailho, Émile, *164*
Rivet, Louis, *191*
Robert, Camille, *365*
Rochambeau, Jean-Baptiste de, *68, 69, 74*
Roguet, François, *112*
Rollon, *28*
Romanet, Bernard de, *161*
Rommel, Erwin, *2, 182, 183, 186, 193, 194, 344*
Roosevelt, Franklin Delano, *353*
Roquejoffre, Michel, *231*
Rossini, Jeanne-Marie, *353*

S

Saint-Arnauld, Armand Jacques Leroy de, *117*
Sainte-Claire Deville, Jean, *164*
Saint-Maime, marquis de, *69*
Saint-Simon, Louis de Rouvroy, duc de, *59*
Saladin, *34*
Salan, Raoul, *211, 212, 219, 220, 221, 378*
Sardier, Gilbert, *161*
Sarkozy, Nicolas, *272*
Sarrail, Maurice, *137*
Sartine, Antoine de, *70*
Saxe, Maurice de, *64, 65, 66, 322*
Saxe-Cobourg, Frédéric de, *78*
Saxe-Teschen, Albert de, *76*
Schlieffen, Alfred von, *134, 136, 137*
Schmettau, Samuel von, *99*
Schoendoerffer, Pierre, *366*
Scott, Ridley, *362*
Senès, Victor, *166*
Sevez, François, *199*
Sica, Vittorio de, *362*
Simon, Jean, *354*
Simon, Michel, *362*
Slade, Henri Hay de, *161*
Soult, Nicolas Jean de Dieu, *87, 89, 102, 113*
Soustelle, Jacques, *215*
Staline, Joseph, *223*
Strozzi, Piero, *55*
Suchet, Louis Gabriel, *89, 103, 113*
Suffren, Pierre-André de, *70*
Swinton, Ernest Dunlop, *163*
Syagrius, *25*

T

Talbot, John, *46, 47, 48, 320, 321*
Tallent, Maurice, *189*
Tascher, Maurice de, *93*
Tibère, *23*
Tournade, Henri, *354*
Trastamare, Henri de, *40*
Trimoreau, Madeleine, *353*
Trochu, Louis Jules, *128*
Truman, Harry, *223*
Tubert, Paul, *215*
Turenne, Armand de, *161*
Turenne, Henri de La Tour d'Auvergne, vicomte de, *61, 62, 331, 332*
Tutschek, Adolf Ritter von, *162*

V

Valée, Syvain Charles, *116*
Valette d'Osia, Jean, *352*
Vallin, Louis, *117*
Valluy, Jean-Étienne, *211*
Vandamme, Dominique Joseph René, *78*

Vauban, Sébastien Le Prestre de, *63, 332, 333*
Vercingétorix, *22, 23*
Vialannes, Jean-Baptiste, *99*
Victor, Claude, *89*
Victor-Emmanuel II de Savoie, *120*
Victoria, *119*
Võ Nguyên Giap, *211, 212, 213, 214*
Vuillemin, Joseph, *161*

W

Waldeck, Charles Auguste de, *65, 322*
Washington, George, *68*
Welles, Orson, *362*
Wellington, Wellesley Arthur, duc de, *103, 111, 113, 337*
Weygand, Maxime, *176, 185, 186, 190, 192, 342, 361*
Weyrother, Franz von, *97*
Wurmser, Dagobert Sigmund von, *80*

X

Xaintrailles, Jean Poton de, *42*
York, duc d', *77*

Z

Zeller, André, *190, 219, 220, 378*

Achevé d'imprimer en France par EPAC Technologies
N° d'édition: 4550414300918
Dépôt légal: mai 2012